Extremoduro

DE PROFUNDIS

Biografías y Memorias

Biografía

Javier Menéndez Flores (Madrid, 1969) es autor de una veintena de libros, entre novelas, biografías y ensayos. Su novela *Todos nosotros* (Planeta, 2020; Booket, 2022) fue galardonada con el Premio Cartagena Negra de Novela 2021 y con el Premio Pop Eye al Mejor Libro de Ficción 2022. Como biógrafo se ha acercado a las vidas y desmenuzado las obras de grandes figuras de la música española —Joaquín Sabina (*Perdonen la tristeza,* Libros Cúpula, 2018; Booket, 2023), Extremoduro (*De profundis,* Libros Cúpula, 2022), Miguel Bosé, Dani Martín (Temas de Hoy, 2011/2017; Booket, 2017)...—, y ha escrito un exhaustivo diccionario enciclopédico sobre la Movida, *Madrid sí fue una fiesta* (Libros Cúpula, 2021).

Periodista cultural de largo recorrido, ha firmado en reconocidas revistas, diarios y webs: *Guía del Ocio, Interviú, Man, Rolling Stone, El Mundo,* Uppers... En la actualidad escribe en las páginas de cultura del diario *La Razón,* donde tiene la sección de entrevistas a músicos «Selvático animal».

@javiermenendezflores

JAVIER MENÉNDEZ FLORES

Extremoduro
DE PROFUNDIS

LA HISTORIA AUTORIZADA

EDICIÓN REVISADA Y ACTUALIZADA

LIBROS CÚPULA

PEFC Certificado

Este libro procede de bosques gestionados de forma sostenible

PEFC

PEFC/14-38-00305 www.pefc.es

Av. Diagonal, 662-664, 08034 Barcelona (España)
Libros Cúpula es marca registrada por Editorial Planeta, S. A.
Este libro se comercializa bajo el sello Libros Cúpula
www.planetadelibros.com

Adaptación de la cubierta: Booket / Área Editorial Grupo Planeta
Primera edición en Colección Booket: noviembre de 2025
Segunda impresión: diciembre de 2025
Tercera impresión: enero de 2026
Cuarta impresión: abril de 2026
Quinta impresión: mayo de 2026

Depósito legal: B. 18.423-2025
ISBN: 978-84-480-4533-3
Impreso en España

A Margarita, Javier y Rodrigo,
extremadamente míos.
Y a todos aquellos
que en mi pequeño corazón
tienen un sitio infinito.
Ellos saben quiénes son

ÍNDICE

II. LOS ORÍGENES

III. EXTREMODURO: *DE PROFUNDIS.* LA HISTORIA DEL GRUPO A TRAVÉS DE SUS DISCOS

IV. RECOPILACIONES CON VOLUNTAD DE DISCOS NUEVOS

PRÓLOGO A LA REEDICIÓN

Cuando un libro tiene un gran éxito comercial y ve sucesivas ediciones, que sea imposible encontrarlo en las librerías porque ha sido descatalogado resulta frustrante para el autor y una faena para los lectores que, interesados en él, no tuvieron ocasión de hacerse con un ejemplar. Eso es justo lo que pasó con este, y esa es una de las razones, la de mayor peso, que justifican esta reedición debidamente revisada y actualizada.

La publicación de *Extremoduro. De profundis. La historia autorizada* se produjo en mayo de 2013, y algo menos de seis años después, y a pesar del ya señalado buen recorrido en tiendas, el sello editorial que lo publicó, tras distintos recambios en su dirección, decidió sacarlo de su catálogo y recuperé los derechos de explotación de la obra. Desde entonces, principios de 2019, se cuentan por decenas los mensajes que he recibido a través de las redes sociales de personas que querían saber si se iba a volver a poner a la venta.

Además de ese motivo de, insisto, sobrada justificación, había novedades que incorporar al texto primigenio. El último disco de creación de Extremoduro, *Para todos los públicos,* se lanzó en noviembre de 2013, esto es, seis meses más tarde de la edición del libro, por lo que no pude incluir ese trabajo y su correspondiente análisis. A eso hay que sumarle los discos que, al margen de Extremoduro, han alumbrado sus dos cabezas pensantes, Roberto Iniesta e Iñaki «Uoho» Antón.

En el caso del primero, en 2015 inició una carrera en solitario en la que lo acompaña un grupo de músicos extremeños y hasta la fecha ha editado tres discos de estudio y un doble cedé/deuvedé en directo.

En cuanto a Iñaki, publicó dos discos más con Inconscientes, el grupo que creó en 2006, y después ha puesto en marcha, junto con el batería y el bajista de Extremoduro, José Ignacio Cantera y Miguel Colino, y el teclista Aiert Erkoreka, la banda Uoho, en la que Iñaki es quien canta y el único guitarra, y con la que ha lanzado, en Spotify, varios discos de «interpretaciones» de temas de Platero y Tú, Extremoduro e Inconscientes, e inició una gira española que aún sigue abierta.

Pero la mayor novedad que se ha producido en estos años es que Extremoduro ha dejado de existir. En diciembre de 2019, Robe e Iñaki ofrecieron una rueda de prensa para explicar los motivos por los que habían decidido poner fin a la formación de la que Robe fue su fundador, allá por 1987, y a la que Iñaki se incorporó plenamente en 1996, aunque llevaba algunos años colaborando en ella. En esa comparecencia pública los dos músicos anunciaron una gira de despedida que sirvió para calmar en parte el disparo de tristeza que recibieron sus seguidores, quienes no podían creer que el grupo que tanta felicidad les había reportado cerrase por defunción.

Mas el hombre propone y la naturaleza cruel dispone, y el infame covid-19 obligó a postergar las fechas iniciales de la gira, que volvió a aplazarse por causa del bicho. Finalmente, y tras discrepancias y desencuentros con la promotora que puso a la venta las entradas, Live Nation, y luego entre Robe e Iñaki, la gira fue cancelada. Y hasta hoy.

En el aspecto formal, el cambio más importante respecto a la primera edición es que aquella fue editada como un libro ilustrado, es decir, con fotografías o ilustraciones en todas las páginas, y en formato grande —un tocho de cerca de un kilo—, mientras que esta reedición tiene las hechuras de una biografía al uso: todo texto y unos pliegos de fotografías. Aunque muchos fans agradecieron ese aluvión de imágenes, he de decir que a mí me habría gustado que aquella edición fuese como es esta: texto corrido y cuadernillos con fotos, pues así es como concibo los libros biográficos.

Otro cambio que se aprecia en esta reedición es que está escrita en pasado, mientras que para la anterior me serví del tiempo presente porque entonces el grupo aún estaba en activo.

Aparte de las novedades ya citadas, este libro cuenta con muchas declaraciones inéditas y sustanciosas de Iñaki Antón, y con las voces, que no estuvieron en la primera edición, de José Ignacio Cantera y Miguel Colino, batería y bajista. Aunque ninguno de los dos participó en la composición de las canciones de Extremoduro, su papel como músicos fijos de la banda fue fundamental, por lo que sus manifestaciones poseen un valor incuestionable. A su vez, Aiert Erkoreka y Félix Landa, pianista y guitarra auxiliar en las giras desde 2002, también han hablado conmigo sobre sus experiencias con el grupo.

Roberto Iniesta declinó mi ofrecimiento de aportar nuevas declaraciones para esta reedición, algo, tener su voz, que me habría gustado mucho. Aunque he de decir que, en lo medular, su opinión ya quedó expresada en la primera edición, que con todas las novedades incorporadas posee una mayor musculatura y riqueza.

JAVIER MENÉNDEZ FLORES

Julio de 2022

I

La creación según Extremoduro

La emoción es una transformación del mundo.

JEAN-PAUL SARTRE

ROCK TRANSGRESIVO: ROCK, SÍ, PERO OTRA COSA

Cuando Roberto Iniesta bautizó el tipo de música que Extremoduro hacía como «rock transgresivo» no solo estaba mandando un mensaje inequívoco acerca de su intención de alejarse por completo de todo lo que se cocinaba en el resto del país, sino que la autoasignada etiqueta trataba de explicar un modo hasta entonces inédito de entender y concebir la música: ojo, prestad mucha atención porque esto que traemos es rock, sí, pero *otra cosa*.

Para aclarar en qué consistía eso de «transgresivo», Robe se resistía a gastar saliva y apelaba sin más a la etérea mercancía que despachaban —sus canciones— y al significado estricto del término: «Buscad *transgredir* en el diccionario y sabréis lo que quiere decir», sentenciaba.

Pues bien, transgredir es infringir, quebrantar, violar. Y en este caso, la transgresión perseguía el doble propósito ya expresado: abandonar la senda del rock imperante —ellos no eran Héroes del Silencio ni Loquillo y Trogloditas ni Siniestro Total, no; ni siquiera, pese a ciertas similitudes, Barricada o Rosendo— y aportar un sonido diferente, menos encorsetado, y, sobre todo, unas letras que no se asemejaban a nada de lo que se escribía entonces —y aún hoy—, y las cuales estaban compuestas a partes iguales de poesía y nitroglicerina, o viceversa.

Extremoduro anticipaba, en fin, ese milagro que es una voz nueva, propia, y que, en contra de lo que su legión de imitadores cree, sigue siendo tan intransferible como el primer día. Tanto como los recuerdos de la infancia o los estigmas que un varapalo emocional deja en el alma.

Es muy revelador que al reeditar en 1994, corregido y aumentado, su disco de debut, *Tú en tu casa, nosotros en la hoguera,* el título que le estamparon fuera el de su primera maqueta, *Rock transgresivo.* Lo que significaba que, siete años después del nacimiento del grupo, aquella seguía siendo una denominación de origen con la que se sentían del todo identificados, y que gozaba de plena vigencia.[1]

No se trataba de una cuestión de soberbia: aquella falta de acomodo era patente —«la música que sonaba cuando empezábamos era bastante moña, no había nada parecido a nosotros», declaró con el tiempo Robe— y, pese a las ineludibles influencias recibidas, el motor que tiraba de ellos era el deseo de ser originales, ellos mismos, y cuanto más, mejor.

De entrada, la estructura de las canciones de Extremoduro se negaba a someterse a la fórmula tradicional, la cual incide en una machacona reiteración de estrofas y estribillos, aliviada levemente por un puente musical y rematada, en el mejor de los casos, por una coda.

A lo largo del desarrollo de la mayor parte de sus temas, estos van tomando diversos derroteros: sin previo aviso, frenan en seco y cambian de dirección; suben como una flecha, bajan en picado, hacen trompos. Y lo mismo vuelven al punto en el que se produjo la ruptura que tiran para otro lado y, al cabo de un rato, allí mueren. Son, pues, imprevisibles, y están vivísimos. Ya que, más allá de lo que en ellos se cuenta —que puede cautivar u horrorizar, pero jamás dejar indiferente—, desde que arrancan hasta que concluyen se tiene la sensación de entrar en un mundo sonoro en el que *suceden* muchas cosas. Esto hace que escuchar a Extremoduro por vez primera sea algo similar a cuando de niño te subías

1. Ocho años más tarde, en marzo de 2002, en el acto de presentación del disco *Yo, minoría absoluta,* Robe advirtió: «Somos un grupo de rock transgresivo y lo que nos gusta es transgredir». Dejaba claro así, para quien lo dudara, que aquella denominación era mucho más que un simple golpe de efecto que utilizó, con gran habilidad, al principio de su carrera: era toda una filosofía musical, y continuaba viva.

a una montaña rusa: un viaje frenético y estupefaciente. Una experiencia adictiva e inolvidable.

Esos cambios de ritmo pueden exasperar a los que prefieren la mansedumbre pop del dos más dos y la eme con la a y se niegan a complicarse la vida prestando demasiada atención a lo que suena, o a quienes consumen tan solo las canciones creadas o adaptadas para el perfecto encaje en las radiofórmulas, algo que a este grupo jamás le quitó el sueño. O quizá sí, pero muy al principio, en su prehistoria. Aunque, dichosos ellos, no lo necesitaron para hacer llegar su discurso a un público mayoritario. Pues por fortuna había otra mucha gente hastiada del más de lo mismo y ávida de un sonido distinto, y gracias a ello la audaz apuesta de Extremoduro, de Robe, terminó por encontrar su recompensa y se impuso.

Basta con escuchar «Decidí», «Romperás» o «La hoguera», todas ellas contenidas en su ópera prima, para entender la novedad que constituían sus canciones en los agónicos años ochenta. Por no hablar ya del zarpazo que era, que sigue siendo, «Jesucristo García», que al escucharla te decías, entre perplejo y excitado: «Pero... ¡¿esto qué es?!».

Desde el principio, Extremoduro fusionó rock duro de trazas melódicas con —y quizá sin saberlo— una muy particular lectura de la canción de autor. O lo que es lo mismo, la pócima mágica que sustentaba aquel «rock transgresivo» estaba hecha a base de caña de la buena y una lírica emocionante, de gran calibre (*«Tu cintura, qué hermosura, / todo el día me paso en ella. / Tu cabeza, qué tristeza, / cómo quieres que sepa dónde está»*, «Romperás»), mezclada con un lenguaje directo y muchas veces soez (*«Hizo el mundo en siete días, / Extremaydura el octavo, / a ver qué coños salía, / y ese día no había jiñado»*, «Extremaydura») que lo mismo retrataba la sordidez y el lumpen (*«Tu corazón, / mitad de coca y de caballo. / Como te atrevas a decir / que estás de mono, te machaco»*, «Tu corazón») que la soledad homicida (*«Me acuerdo de sus caricias / y la memoria me engaña. / Me se*[2] *come la desidia / y me cuelgan las arañas. / Voy a*

2. El «me se» es un solecismo que Roberto Iniesta empleó adrede en más de una ocasión. Pues si hay que traicionar al diccionario en aras de una mayor efectividad,

empaparme en gasolina una vez más. / Voy a rasparme a ver si prendo», «Quemando tus recuerdos»).

La mayor parte de las canciones de Extremoduro son píldoras para soñar en un entorno de pesadilla. Como las buenas películas de terror, que son pocas, dan miedo, pero no hay forma de que apartes los ojos de la pantalla.

En sus albores esas canciones fueron definidas por su creador, Roberto Iniesta, como «de amor y de guerra», una manera inusual y fascinante de referirse a la propia obra. Y esa leyenda de resonancias épicas, en donde él vendría a ser una suerte de héroe sufriente, o tal vez sería más acertado decir antihéroe, se me antoja el perfecto subtítulo para su esencia transgresiva.

Esa epopeya tan del gusto de Robe recorre la columna vertebral del cancionero de Extremoduro y llega hasta el último de sus trabajos, *Para todos los públicos,* donde en la canción «Locura transitoria» —la locura está de igual modo presente en sus letras con una insistencia desconcertante— nos regala un verso definitorio y, quizá, autobiográfico: *«Siempre soy yo mi guerra»*. Pero aún hay más épica en los últimos versos de la canción que cierra ese disco postrero, «El camino de las utopías», algo —ese canto de cisne teatral— que cuesta atribuir al simple azar:

Estoy... buscando una respuesta
que lleva el viento
y voy... detrás de todas las tormentas
y no la encuentro y voy...
detrás de todas las tormentas
por si la encuentro y voy...

---

adelante con ello. Es como cuando en la rueda de prensa que ofrecieron para presentar el disco en directo *Iros todos a tomar por culo*, Robe reconoció saber que lo correcto era «Idos», pero que nadie utilizaba esa forma del imperativo y que, por lo tanto, él tampoco iba a hacerlo, y no le faltaba razón. E incluso añadió, para reforzar esa decisión, que un amigo, se entiende que poeta, le había dicho que podía escribir como quisiera, siempre y cuando se entendiera lo que quería decir. Esto segundo ya sería más discutible, pero tratándose de Robe, bien, vale.

Tan arriesgada apuesta artística, léase «rock transgresivo», no entusiasmaba, sin embargo, a todo el mundo, pues ningún músico, nadie, es de consenso. Y si bien su armada de adeptos fue en aumento, contándose en los últimos años de vida del grupo por decenas de miles, había otra mucha gente a la que lo que Extremoduro decía y representaba le causaba un indisimulado rechazo, incluso espanto. ¿«Objetivo conseguido», pensarían ellos? Pudiera ser. Sí, tal vez.

Es obvio que si Robe hubiese querido alcanzar el éxito masivo antes y llegar a otro tipo de público, podría haberlo hecho suavizando algo su discurso —sus letras como proyectiles— y estandarizando su sonido. De haber sido así, Extremoduro no habría necesitado casi una década para obtener el refrendo de las mayorías y la atención de los medios.

Pero eso habría sido un error. Y una lástima.

El que resiste, vence. Y uno de los muchos aciertos de Extremoduro fue, justamente, permanecer fieles a sus raíces, a su naturaleza bizarra, a su modo de entender la música. Mantener una línea de coherencia y no haberse dejado sobornar por muy tentadoras que fueran las ofertas. ¿Pactar con el diablo? ¡Ja! Ellos eran el diablo. Años después, cuando ya estaban confortablemente instalados en la cima, dejaban patente esa firme incorruptibilidad:

> «En nuestro caso no hay concesiones. Hacemos la música ante todo para nosotros, para que nos guste y nos ponga. No sabemos hacerlo de otra manera. Luego confiamos en que si a nosotros nos gusta de verdad es porque es bueno».

Mostrarse leales a unas señas de identidad no significaba en absoluto quedarse estancados y no evolucionar. De hecho, y a diferencia de otros muchos grupos que se apoltronan en los esquemas musicales que les han funcionado y que siguen repitiendo la misma canción, idéntica fórmula, disco tras disco, hasta la náusea, Extremoduro evidenció una mayor ambición: su sonido, en el que la conjunción de fuerzas de Iñaki (guitarra solista), Miguel (bajo), José Ignacio (batería) y Robe (guitarra rítmica y voz) funcionaba con la precisión de un reloj suizo, progresó y mejoró de un modo notorio y gradual hasta el día de su extinción. Por cierto, se seguía hablando de Extremoduro como de un grupo extremeño, pero lo cierto es que durante sus mejores años, y dado que Uoho, Colino y Cantera son vascos, fue, por aplastante mayoría, vascoextremeño.

La llegada de Iñaki para quedarse tuvo mucho que ver con esa evolución, ya que sin su sensibilidad musical y su maestría en la ejecución de su instrumento, así como en los arreglos/mejora de los temas, sería imposible entender el salto cualitativo que Extremoduro dio en los últimos años. Lo que Robe hacía con las palabras, Iñaki, ayudado de aquel, lo hacía con la música, y eso los convertía en un tándem invencible: sus canciones nunca sonaron tan bien ni fueron tan buenas como a partir de la creación de esa sociedad.

Por su parte, tanto Colino como Cantera demostraron ser dos músicos eficacísimos, capaces de sostener la base rítmica de la banda, tan determinante, y darle a esta una mayor rotundidad y poderío en los directos. La voz de Robe y la voz de la guitarra de Uoho —pues de tan orgánico como es su sonido parece que esté viva— se habrían perdido sin remisión de no ser por tan sólidos cimientos. Por la seguridad que aportaban los otros dos miembros, que nunca fallaban.

Y luego estaban, claro, los textos. Unos textos que desde el momento en que el grupo se dio a conocer tenían la virtud de no parecerse en absoluto a cuanto se escribía en este país con la intención de ser cantado, y que nos hablaban —lo siguen haciendo: ahí están sus discos— de un ser, Robe, tan inspirado como prolijo. Pues su natural talento, sin la profusa labor de investigación, de afinación, de afán de superación y excelencia que experimentó a lo largo de las tres décadas que Extremoduro estuvo en activo, los últimos veintitrés años junto a Iñaki, habría tocado fondo mucho tiempo antes de la extinción del grupo, y no fue así.

También es cierto que a todo escritor de fuste cumplir años lo rejuvenece. La visión de la vida, más visceral en la juventud, se va tornando más reposada, y ese sosiego permite dar con matices que antes, debido a la velocidad y al ímpetu con los que se acometía un escrito, pasaban inadvertidos.

Seguían estando intactas las mismas obsesiones, idéntico «territorio mítico», del cual hablaré más adelante, pero Robe, en su última etapa al frente de Extremoduro, era más sabio y, sobre todo, mejor escritor.

Solo hay que comparar las letras de sus primeros discos con las de los últimos, pues si aquellas eran buenas, estas son directamente sobresalientes, como atestigua este fragmento de ese logrado ejercicio de nudismo que es «Si te vas...», una canción que al poco de nacer se convirtió en un clásico del grupo:

> *Ojalá que me despierte*
> *y no busque razones.*
> *Ojalá que empezara de cero*
> *y poderle decir que he pasado la vida*
> *sin saber que la espero.*

Roberto Iniesta ha conseguido en muchas ocasiones lo que todo poeta ansía lograr al menos una vez en la vida: alcanzar la belleza con los mínimos elementos. Conmover mediante el ejercicio de verbalizar lo que uno piensa —no solo con la cabeza, sino también con el estómago, y aún más abajo, con las ingles— cuando siente/sabe que su amor peligra y que su vida va a ser tomada por las sombras.

A lo largo de su ya dilatada trayectoria como letrista, para emocionar se ha servido de un lenguaje dotado de guadaña y seda en el que las expresiones obscenas, esas que nadie, o casi nadie, emplea, en vez de chirriar y malograr la canción, de arruinarla sin remedio, encuentran, increíblemente, su justo acomodo.

Nunca antes, insisto, no, desde luego, de un modo tan radical y continuado, tan extendido, palabras atroces, proscritas hasta entonces en una canción, se mezclaron con los sentimientos que pueblan el universo de todo poeta, como la soledad, el desamor y el vértigo de la existencia. Iniesta, dueño de una lírica personalísima, emocionante por su armazón de sensibilidad y furia, cultivaba en su jardín imaginario rosas que tenían tres espinas por pétalo, y encontró la manera de anudar aquel lenguaje de napalm al trueno amigo de las guitarras eléctricas. Y en vez de causar espanto, aquellos textos de fuego, purísima lava, brutalísimos, pronto hallaron consumidores que se convirtieron en adictos. En apóstoles.

SATÁN CON LIRA: LA EXQUISITEZ DE LA BESTIA

Además de transgresión, ya el nombre del grupo —extremo duro— anunciaba una voluntad procaz. Una procacidad que se convertiría en una de sus principales señas de identidad, en un símbolo, y que nutrió sin excepción todos sus discos, desde el primitivo *Rock transgresivo* al misceláneo *Para todos los públicos*.

Es decir, que las convenciones sociales y la barrera de eso que se llama «el buen gusto», Robe, que es un salvaje integral, se las llevaba por delante con la tempestad sin tregua de su poesía. Pues se negaba —y sigue haciéndolo fuera de Extremoduro, en solitario, aunque menos— a acatar, a observar lo establecido, y de esa forma se adentraba en territorios vírgenes para lo que es un grupo con afán de perpetuidad y no un simple divertimento de fin de semana. Por decirlo con propiedad: Roberto Iniesta, a través de Extremoduro, hizo del vulgarismo una de las bellas artes.

Keith Richards declaró que lo mejor de haber triunfado era no tener que decir nunca más «sí, señor». Y esa máxima vital fue la que empujó al músico y poeta placentino, desde sus inicios, aun antes de conocer el éxito, a hacer, como él decía, lo que le salía de los «güevos». Y en esa libérrima filosofía de vida se incluía, por supuesto, el tipo de canciones que aspiraba a componer.

Ahora bien, que nadie se llame a engaño: no se trata de armar tu cancionero a partir de un esqueleto de caca-culo-pedo-pis, sino de que la frase obscena o la bala de argot tengan una justificación plena y se acoplen de un modo natural en la canción, y que ese verso/latigazo esté a su vez perfectamente arropado por otros de pura poesía que le sirvan de contrapeso.

La canción «A fuego» es un claro ejemplo de esto:

A fuego lento no se calientan mis huesos.
Y bajé al infierno a ver dónde se cuecen tus besos
cansado de buscar un trocito de cielo
lleno de pelos.

Y más adelante:

Y llega en tu braguita el amor de visita,
y en mis pantalones, entre los cojones,
voy a tatuarme, azul, una casita
para que allí vivan nuestros corazones.

En «Deltoya» se cumplen también esos preceptos:

Fotos de un cajón rompen mi cabeza:
recuerdo su olor y se me pone tiesa.
Me cuelgo de su pelo, me engancho de su miel,
me encuentro con mi hada, que está loca también.

Al igual que en «Volando solo»:

... cierro los ojos y el recuerdo me mata,
vuelvo a la vida si te abres bien de patas.

Y en «Desarraigo»:

Van tan deprisa nuestras almas, que se arrollan;
que se encuentran cuando nuestros cuerpos follan y follan.
Son, nuestras almas son, dos versos que se rozan.
Nuestros cuerpos como dos cerdos que hozan y hozan.

Y en ese artefacto irónico que es «Mama»:

Se sentó,
las patas en alto
y el chichi asomando,
pidiéndome amor.

Se cansó,
y el chichi lloraba,
mientras lo encerraban,
diciéndome adiós.

Ya lo señaló Bunbury con muy buen tino: «Recordad: Robe es Robe, y tú no». Es decir, lo que en Roberto Iniesta no solo está de sobra justificado, sino que además suena veraz y bello, en cualquier otro tiene el palmario perfume del despropósito. Es el suyo, en fin, un traje de un solo dueño, y eso es así porque no es un simple trozo de tela, es una piel, y si la arrancas te la cargas, rompes la magia, la vida.

Es como aquello que manifestó Sabina: «El colega cree que hablo su lenguaje, y yo pienso: "Querido, cojo el lenguaje de la calle para devolvértelo literariamente dignificado"». Porque Robe, al igual que el compositor y cantante ubetense, posee lo que el poeta Pedro Salinas llamaba «calidad de párrafo». En este caso, llevada a la canción, a la estrofa.

Siguiendo con esa tendencia a la palabra gruesa, en negrita, que caracterizó la obra de Extremoduro, aunque los ejemplos son innúmeros voy a detenerme a analizar una serie de versos tanto por su fuerza como por su explicitud.

Comenzaré señalando de qué manera tan distinta retratan un acto similar Roberto Iniesta y José Ignacio Lapido, exintegrante del grupo 091 y uno de los autores más reivindicados por muchos como lo que debe ser un buen escritor de canciones.

En «La noche en que la luna salió tarde», Lapido canta:

Me tumbé en el suelo
solo para oír crecer la hierba.

Pues bien, en «Otra inútil canción para la paz» llega Robe y brama:

Me acurruco al calor de mis pelotas
y me fijo en cómo les crece el pelo.

Ahí queda expresada la diferencia. El *sello Robe* consiste en ir diez pasos más allá; en *trans-gre-dir* las normas no escritas sobre cómo ha de hacerse una canción. Los dos, Lapido e Iniesta, sienten u observan crecer algo, pero es un *algo* muy distinto. En ambos casos hay poesía, pero la del segundo es absolutamente feroz. Es un rugido, el estallido de una bomba, un tsunami.

Tal vez se trate de un modo de bordear la cursilería cuando atisba que corre el riesgo de adentrarse en ella. Igual que cuando en «Si te vas...», después de unos versos de trasfondo filosófico —*«Me pregunta por qué el hombre inventó la guerra / y en silencio pregunta aun de cosas más serias»*— añade: *«Yo me pongo palote solo con que me toque»*. Como si tuviera un dispositivo interno que se activa de forma automática en el momento en que el texto amenaza con volverse almibarado. Llegado el caso, ¡chas!, salta cual resorte mecánico un hacha que pone las cosas en su sitio. Es, sí, un contrapeso. Una especie de control de calidad sui géneris o un recordatorio de quién es y de dónde viene.

Algo semejante sucede en «Quemando tus recuerdos», una pieza bellísima, de las más hermosas que ha dado el rock español, como tantas otras, muchas, de Extremoduro.

El comienzo revela el optimismo del enamorado, posee un tono triunfalista:

Vivir a la deriva.
Sentir que todo marcha bien.
Volar siempre hacia arriba
y pensar que no puedo perder.

Quien la escucha por vez primera, piensa: vaya, qué canción, qué bonita, qué buena. Hasta que llega el estribillo y el vello se le pone tieso:

Voy a hacer un tambor de mis escrotos...

Parece como si su autor la hubiese dotado de un código encriptado que imposibilitara que ningún otro músico alejado de ese universo —submundo, dirán algunos— pudiera caer en la tentación de interpretarla, de versionarla. ¿Alguien se imagina a cualquiera de nuestros eximios cantantes pop berreando *«voy a hacer un tambor de mis escrotos»*? Por supuesto que no. Entre otras razones, porque no pisarían Los 40 Principales, y hasta ahí podíamos llegar.

Pero Robe, fiel a su costumbre de aplicar la ley de las compensaciones, el ya mencionado contrapeso, prosigue el estribillo con un verso que contiene toda la melancolía que cabe en una vida:

Solo dejó... dejó solo una foto.

Y después somos acribillados sin misericordia por una ráfaga de poesía existencialista:

Y vivir, qué cuesta arriba.
Y sentir que no sé qué hago aquí.
Y andar siempre arrastrado.
Y perder... que no puedo pensar.

Y sin solución de continuidad arranca una letanía furiosa, pura explosión de la carne y el espíritu. Una catarata de estados de ánimo que la visión de la amada le provoca y para la que el poeta se sirve del efectista recurso de la anáfora (repetición del comienzo de un verso):

Y cada vez que la miro me pongo malo.
Cada vez que la miro me salen granos.
Cada vez que la miro me pongo tieso.
Cada vez que la miro me pega el palo.
Cada vez que la miro 'me se' encoge el alma.
Cada vez que te miro te como el higo.
Cada vez que la miro me como el tarro.
Cada vez que la miro me tiro al barro.

Lo que suena estremece por su hondura, por el peso aplastante de su filosofía vital. Pero también, ya ha quedado dicho, mete miedo. Acojona.

He ahí la *esencia Extremoduro,* su rúbrica. Sus escritos/escrotos. Esa dualidad, esa mezcla de contrarios —la rosa y el látigo— abunda en sus canciones.

Ahí están, entre otras tantas, «Tu corazón» *(«Mi corazón, / que lo perdí en un mes de mayo, / se lo encontraron en un bar / donde se moja / con luces rojas»);* «Sol de invierno» *(«Ella era la reina de las aves / y yo le puse cara de ratón: / me desabrochó algo que no sabes / y me comió el corazón. / Chup-chup...»);* «De acero» *(«Abre los ojos que te quiero ver, / abre las piernas que te quiero amar. / [...] Abre los ojos que te quiero ver, / abre las piernas que te quiera más»);* «Volando solo» *(«Yo que empezaba a mirarte de mañana, / sales corriendo y me quedo con las ganas»);* «Papel secante» *(«Acompáñame si quieres hacer que me sienta bien / y ponte del revés si quieres hacer que te sienta bien»);* «El duende del parque» *(«Me gusta poderte cantar. / No me gusta no poderte chupar»);* «Golfa» *(«Su piel... ¡que me corro si me roza su piel!»);* «La vereda de la puerta de atrás» *(«Si me espera la muerte traicionera / y antes de repartirme del todo / me veo en un cajón, / que me entierren con la picha por fuera / pa' que se la coma un ratón»);* «Buitre no come alpiste» *(«Tírate en el suelo, vete colocando. / De tu entrepierna quiero beber caldo. / Y como ratas de basura: Desorden y Soledad / se fueron viéndote llegar»);* «Cuarto Movimiento: La realidad» *(«Para contarte / que quisiera ser un perro y oliscarte, / y vivir como animal que no se altera, / tumbado al sol lamiéndose la breva / sin la necesidad de preguntarse / si vengativos dioses nos condena-*

rán. / Si, por Tutatis, / el cielo sobre nuestras cabezas caerá»);[1] «Tango suicida» *(«Y el olor de un día de enero, / estribadito en tu agujero, / sigue en mi cabeza»);* «Locura transitoria» *(«Tieso. / Yo sigo todo tieso la misma trayectoria / y no entiendo por qué estás cada vez más lejos»),* y «Mama» *(«Dime, niña, dónde está / la fuente que da el poder de ver. / Bebo de la fuente a ver qué pasa / si ella me traspasa su poder»).*

Son pocos, muy pocos, los escritores de canciones, incluso entre los más dotados, que se adentran en tierras tan pantanosas y consiguen resolver con éxito la empresa.

Joaquín Sabina, considerado por muchos como el mejor letrista español, me confesó lo siguiente respecto al verso *«lluvia de semen»* de la canción «Delirium tremens», incluida en el disco que grabó con Fito Páez, *Enemigos íntimos:*

«A mí me gusta mucho Henry Miller, no tanto Bukowski, pero siempre he querido meter *polla, coño, teta, huevos,* todo eso, en mis canciones, y que sonara con naturalidad, como se dice en el lenguaje cotidiano, y casi nunca lo he conseguido. He fracasado por completo en eso. Nunca he conseguido hacer una canción absolutamente porno sin decirlo a bandera: "¡Cuidado, que esto es una canción porno!". Cosa que sí consiguió, por ejemplo, Henry Miller y, a su modo, Bukowski, y creo que se ha conseguido más en prosa que en verso. Muchas veces pensé decir *semen* y nunca entró de un modo natural. Me lo dio, como casi siempre, la rima: *delirium tremens* era muy difícil de rimar, y me encantó que entrara con esa naturalidad *"lluvia de semen"».*

Le pregunté entonces cómo era posible que alguien como él, que había coqueteado desde siempre con el argot, no se hubiera esforzado por encontrarle encaje a una palabra más barriobajera, marginal, en este caso «lefa», y me respondió:

1. Guiño de Robe al personaje de cómic Astérix, pues lo único que temen los aguerridos habitantes de la famosa aldea gala es que el cielo se desplome sobre sus cabezas.

«Pues porque *lefa* me parece que tiene un sonido... ¡Imagínate! Si no he conseguido decir *polla* con naturalidad, ¿cómo voy a poder decir *lefa,* que es el semen más obsceno? Por lo pronto, he conseguido decir *semen...*».

Pues bien, Roberto Iniesta, en cambio, no ha tenido ese tipo de reparos, que quizá podrían definirse como prejuicios estéticos. De hecho, el susodicho palabro, «lefa», o, utilizando la expresión de Sabina, «el semen más obsceno», se emplea al menos en dos ocasiones a lo largo del cancionero de Extremoduro. La primera, en *Pedrá* —aunque este es, en realidad, un proyecto al margen de Extremoduro que, por exigencias de la discográfica, DRO, salió bajo el nombre del grupo—: *«La vida, desperdiciada; / tanta lefa para nada».* Y la segunda de ellas en *La ley innata,* en el «Segundo movimiento: Lo de fuera»: *«Tú y yo en la habitación, para que vuelva, amor, chorros de lefa».* Y en «Con un latido del reloj», de *Deltoya,* debió de darle un ataque de contención, ya que suavizó el vocablo en el verso *«Te doy todo mi esperma y no sé si te alimenta».*[2]

La pluma, a veces, puede ser un machete, y Robe, a la hora de escribir del amor y sus demonios, hace suyo el espíritu tremendista de estos versos de Francisco Umbral:

El sexo tiene días de cuchillo,
de violar a una virgen con un sable,
de beber las entrañas a una mujer morena,
de montar a una madre mientras reza a su hijo.

Ahí, en esa crudeza extrema que retrotrae al principio de los tiempos, a los días en los que solo éramos bestias, y que puede aflorar, sin embargo, en la persona más civilizada —pues cuando nuestro yo reptil se activa es imparable—, el músico y poeta,

2. En «Posado en un nenúfar», canción de *¿Dónde están mis amigos?*, se incluyen unos versos del poemario *Mierda bañada en mentiras de sangre (Poesía desnuda),* de Raúl Lomas, los cuales inciden en la semilla del hombre: *«Sucio. / Miro suave y luego rompo, / y calma. / Escupo semen y más semen».*

enemigo natural de los eufemismos y la corrección política, se encuentra en su hábitat. Declaró que cuenta las cosas tal y como le salen, que canta como habla, y hay que reconocerle que en muchas ocasiones no yerra al definir las acciones utilizando su santo —o puto— nombre, ya que estas, en momentos concretos, adquieren de esa forma su verdadero significado.

Por ejemplo: ¿cómo utilizar un pasteloso «hacer el amor» cuando el deseo es un incendio que abrasa cuerpo y cabeza? No, para eso es mejor decir: hoy te la meto hasta las orejas. Una canción, «Hoy te la meto hasta las orejas», de una gran fuerza, y la cual resume, quizá como ninguna otra, el espíritu «transgresivo»:

¡Hoy te la meto de todas todas!
«¿Por qué anda sola esta amapola?»
¡Hoy te la meto de mil maneras!
Y ya anda con la lengua fuera.
¡Hoy te la meto hasta las orejas,
solito con mover las cejas!
¡Hoy te la meto hasta el mismo corazón,
solo con que digas calor!
¡Calor!

La explicitud, aquí, como en tantos otros pasajes del cancionero de Extremoduro, cobra todo el sentido, ya que el que la escucha se identifica de manera instantánea con ella porque eso es justo lo que él piensa y siente en el momento en que el deseo carnal lo gobierna. Porque ahí, cuando solo somos «calor», lo que se quiere hacer es coger, apretar y hundir en la otra boca tu vida (*«hundo en tu boca mi vida»,* Miguel Hernández), pero no «hacer el amor» y mucho menos «acostarse». Robe transgrede, pero acierta, o acierta al transgredir, y eso le infiere un enorme valor a su osadía, a su ferocidad, a su hallazgo literario.

La filosofía transgresiva en estado puro recorre de igual forma el esqueleto de la cañera «Enemigo», en donde Robe, además de enarbolar la bandera de misántropo, nos relata con señales y —sobre todo— pelos su volcánico modo de amar:

Ha nacido una mañana, pego un salto de la cama,
y hoy me voy a hacer un join.[3]
Me dice: —Tío, estoy mojada —con su carita de hada.
Y ahí le doy, y ¡ay, ay, me voy!

Me paso el día entre su braga
y su mata de pelo,
y me alimento
de sentir que late dentro
el corazón.

Meto el dedo en toa la llaga,
igual remonto el vuelo,
igual me invento
que hace tiempo que no encuentro
una razón.

Ese nutrirse *de* y *en* la persona amada lo expresaría aún mejor años después en el «Tercer movimiento: Lo de dentro», de *La ley innata.* En esa canción, Robe confiesa su condición de apátrida cuando está fuera (físicamente) de ella:

Sin patria ni banderas,
ahora vivo a mi manera.
Y es que me siento extranjero
fuera de tus agujeros.

Miente el carné de identidad:
tu culo es mi localidad.

Pese al choque inicial, los versos resultan de una gran belleza, y son ingeniosos. Y con ellos el poeta vuelve a dar en el clavo: ¿quién, alguna vez, no se ha sentido así al estar *desgajado* de Ella?

3. Del inglés *joint,* «porro».

La poesía y el mazazo visual se fusionan también sin interferencias en algún pasaje del disco precedente, *Yo, minoría absoluta.* Es el caso de «Puta», un tema muy roquero (el *riff* de guitarra que arranca tras el engañoso preludio recuerda muchísimo a «2 Minutes to Midnight», de Iron Maiden):

Casi que a la fuerza recorro las horas,
y no me encuentra el día si no encuentro su boca
diciendo: —¡Venga, venga, que me vuelvo loca!
Y ando entre su pelo y hay un agujero.
Me subo a las estrellas
y me tiro de cabeza.

Pero en esa misma canción, Robe nos sorprende con una sutileza preciosista que no necesita enseñar tanto para que su mensaje sea captado:

Llego a tus rincones llenos de flores,
y por mis esquinas, llenas de colores,
se ha desbocao la primavera
la noche entera.

Ya en «Su culo es miel», quinto corte de *Canciones prohibidas,* realizaba con éxito un eficaz malabarismo:

Vida,
aunque me cueste la vida,
me pego hasta con las olas
por ir cogido del viento
y tú agarradita a mi cola.

Y mucho antes, en la pretérita «Bulerías de la sangre caliente», de *Deltoya,* supo situarse en un plano intermedio:

Soy trozos de lluvia y de sol.
Siento que se me acaba el calor.

Busco entre tus piernas la fe,
y hundo mi sol mojado en tu piel.

Al igual que en «Locura transitoria», de *Para todos los públicos:*

Ahora que ya no entiendo nada
y no me funciona un hemisferio,
quiero saber si entre tus bragas
está la clave del misterio.
Y entro y rebusco en tu colada
a ver si allí estoy yo.

Y a continuación, dos versos con el ingenio —es fácil deducir el verdadero significado de *«habitación»*— que caracteriza a Robe:

¡Coño, qué noche tan cerrada
hay en tu habitación!

Y se da también en la magnífica «El camino de las utopías», del mismo disco:

Concédeme un deseo:
si no es mucho pedir,
yo pido libertad para este minero
que quiere entrar en ese agujero.

Ardo. Te veo pasar y ahí me caliento y ardo.
Y entro a hacer en tus caderas prospección.

A lo largo de su discografía hay otros momentos —y regresamos así al Robe más salvaje y deslenguado, al hijo de *«Lucifer y una patá»,* como inmortalizó en *Pedrá*— en los que los textos poseen una crudeza absoluta, con imágenes de un grafismo brutal que no hay forma humana de mitigar.

Quizá el ejemplo más claro de ese letrista áspero en grado sumo se dé precisamente en *Pedrá,* una sola canción de algo menos de media hora que fue concebida como una aventura independiente de Extremoduro y que, tras su realización, Robe aseguró que era lo que más le gustaba de cuanto había hecho hasta entonces. De ese trabajo ya me ocuparé más adelante, en el capítulo correspondiente.

Pero ya que andamos metidos en la harina del disparo a cañón tocante, no me gustaría terminar este sin antes dejar constancia de una serie de títulos en los que el poeta, para transmitir sus emociones, recurre a la escatología en su acepción más usual.

Hay evidentes muestras de ello en «Volando solo», de *Deltoya* *(«Ya ni me lavo y la mierda me da su sabor»);* en la tremenda «Los tengo todos», de *¿Dónde están mis amigos? («Me follo hasta las cabras, / me cago en los sembrados, / me están saliendo cuernos, no te pongas al lado. / Estoy sudando estiércol, / ¡me está creciendo el rabo!»);* en la miscelánea «Luce la oscuridad», de *Yo, minoría absoluta,* en donde la coña marinera es de un marrón intenso y bestial *(«Sigo buscándole a la vida una respuesta: / "¿Por qué caga un burro cuadrado teniendo el culo redondo?". / "Porque en el fondo del culo donde la mierda guarda / hay un picapedrero que los cagajones cuadra"»);* en «Tango suicida», de *Material defectuoso: «Dinos qué te pasa. "Estoy jodido: / perdí la conciencia / y ahora busco, siempre sumergido, / en montones de mierda"»,* y en «El camino de las utopías» se queda a las puertas: *«Salgo a la calle desnudo, / nadie piense que es locura, / que con el ojo del culo / mido la temperatura».*

Nadie debería escandalizarse, puesto que, como ya se ha dicho, las suyas son canciones «de amor y de guerra». Y en el proceloso trayecto que acontece entre esos dos extremos, no siempre tan distantes, cualquier elemento, por malsonante que resulte, tiene cabida, y ninguno sobra.

Aun así, y por si a alguien pudieran quedarle dudas, Roberto Iniesta lo ha advertido en más de una ocasión: «No hago canciones para niños ni para abuelas, sino para adultos». Y son los adultos quienes deben fijarse sus propios límites y decidir si lo que escuchan, leen o contemplan puede ser tolerado por su sensibilidad.

Extremoduro está ahí, al alcance de quien lo desee, como está, en el lado opuesto de la paleta, Hombres G, y en medio de ambos, pongamos por caso, Josele Santiago. Pues bien, que cada cual vaya al estante que quiera y se sirva en las dosis que estime conveniente.

Porque no, no hay engaño alguno. Solo hay verdad y confirmación de la propia índole. De la propia esencia extrema y dura.

EL AMOR Y SUS REVERSOS, EL INDIVIDUO ANTE EL MUNDO Y LAS DROGAS COMO FORMA DE EVASIÓN: HE AHÍ LOS FUNDAMENTOS DE LA LÍRICA ROBEANA

«Es muy fácil hacer música. Lo realmente difícil es transmitir algo con la letra. Aunque si tienes solo la letra, no lo tienes todo. Es muy importante conseguir ambas cosas. Pero a mí lo que más me llena es la letra. Lo que está bien escrito, está bien independientemente de la música.»

Esas palabras de Roberto Iniesta revelan la enorme importancia que la escritura tuvo en la obra de Extremoduro. Y si bien es cierto que él ha sabido encontrar siempre el ansiado y complejo equilibrio entre el texto y la melodía, sigue siendo el primero lo que más horas de sueño le quita, pero también lo que más le motiva y satisface.

Analizar la letra de una canción o un poema es una tarea en exceso frustrante y nunca del todo certera. Ya que por más que se descifren ciertos enigmas o crea uno aproximarse a la idea que apunta el autor, siempre te embarga la sensación de que el trabajo se queda a medias, que cojea. A esto habría que añadirle que, en muchos casos, ni siquiera los padres de las canciones son capaces de explicar el significado de lo que crean. Eso es algo que el poeta y músico extremeño también ha reconocido en más de una ocasión. Como cuando en la rueda de prensa que Extremoduro ofreció con motivo de la publicación de *Canciones prohibidas* confesó, con una carga transgresiva:

> «Las letras son algo muy personal. Hay veces que ni yo mismo las entiendo. No sé lo que quiero decir. Muchas letras las tiro, no se las enseño a nadie porque me da vergüenza. Para mí, escribir canciones es como empalmarme: no lo controlo».

Erecciones aparte, no era esa la primera vez que aludía de ese modo al significado de una composición. Años antes, durante la promoción de *Agila,* aseguró:

> «Nuestras letras no son concretas. Nos gusta hacer pensar a la gente, que cada uno le pueda dar su propia interpretación».

Por todo ello, este capítulo, más que deconstruir y diseccionar las letras de Extremoduro en un vano intento de explicarlas, tiene por objeto fijar los temas más recurrentes del universo creador de Roberto Iniesta. Esto es, aquellas cuestiones sobre las que el poeta vuelve una y otra vez, incansablemente. Quizá porque si la forma puede —y debe— ser diversa, el fondo, la idea, ha de permanecer en cambio inmutable. Esa es una de las condiciones inexcusables para acuñar una voz propia.

No obstante, para poder llevar a cabo esa labor es inevitable interpretar en algunos casos lo que el autor quiere transmitir. Leer con mucha atención sus versos, tanto de manera separada como en su conjunto, con el fin de tratar de averiguar qué quiso decir. Es lo que tiene cantar poesía.

Amor sufriente

En lo que llevamos de libro ya se ha dicho varias veces que las suyas son canciones «de amor y de guerra». Pero en esa definición caben —y esto también ha sido dicho— otras cosas, puesto que ambos polos poseen a su vez distintos afluentes.

En el título de este capítulo digo «el amor y sus reversos» porque, en efecto, Robe escribe del inigualable deleite que produce amar, pero, sobre todo, de lo muchísimo que se padece cuando ese amor no es correspondido o cesa o es una constante batalla campal o una agotadora guerra fría.

Digo a continuación «el individuo ante el mundo» porque Robe nos muestra siempre a un hombre que clama sus cuitas con ferocidad. Un hombre afligido que intenta ser feliz, que aspira sin recato a tan utópica meta, y que en buena medida es él, *tiene* que ser él, aunque en muchos momentos sea un *él* de ficción. Ya que aparte de aquello que le afecta de un modo directo, personal, la inspiración le nace de lo que observa a su alrededor y que, de forma consciente o no, hace suyo.[1] La barrera entre este punto y «el amor y sus reversos» resulta en ocasiones muy tenue, casi inapreciable, y por eso este primer tramo se ocupa de los dos aspectos.

Hay que señalar que para él, como para cualquier poeta, la mujer es, en general, sinónimo de salvación o de condena, según la dirección en la que soplen los impredecibles vientos del corazón de su álter ego.

Por ello, a lo largo del cancionero de Extremoduro el sentimiento amoroso es abordado en todas sus vertientes: desde la dicha hasta la desolación, con alguna que otra parada en tierra de nadie. He aquí unos cuantos ejemplos de esos distintos estados.

Para empezar, iré a la contra: «Jesucristo García», además de un autorretrato parcial, es una canción de amor. Esto queda patente en los siguientes versos: *«Y perdí / la cuenta de las veces que te amé. / Desquicié / tu vida por ponerla junto a mí. / Vomité / mi alma en cada verso que te di. ¿Qué te di? / Olvidé... / me quedan tantas cosas que decir. ¿Qué decir?»*. Sucede que las alusiones autobiográficas y estupefacientes, así como la irreverencia sobre la que se

1. Todas las letras de Extremoduro están escritas en primera persona, salvo en dos casos: «La carrera», canción de la época de Dosis Letal, cuya autoría corresponde a Roberto Iniesta y a Zósimo Pascual, «Zosi», y que fue recuperada para *Agila,* y «Standby», de *Yo, minoría absoluta.*

apuntala el tema, son tan poderosas que han eclipsado la verdadera intención del autor.

Ya en el primero de sus discos el amor tiene un papel protagonista: aparte de la citada «Jesucristo García», otras como «Arrebato», «Romperás», «Decidí» y «Amor castúo» entrarían en esa categoría. Incluso «Extremaydura», en contra de lo que muchos creen —incluido Juan Carlos Rodríguez Ibarra, expresidente de la Junta de Extremadura—, es una canción de amor. O para ser más exactos, de amor despechado. Aunque en este caso sea la tierra natal y no una mujer quien castiga al poeta, o tal vez ambas: *«Desde que tú no me quieres / yo todos los días me muero / y alimento, con mi carne, / en Monfragüe,*[2] *buitres negros».*

La presencia de la amada es como un salvoconducto hacia la libertad, hacia una vida que así merezca ser llamada, en «Romperás»: *«Me abrirás con tu luz, / duermo todas las noches dentro de un baúl».*

Avanzando en su discografía, el poeta remarca la diferencia entre la enamorada —la auténtica patria— y el exterior —el peligro— en «De acero». Ante el segundo tiene que mostrarse indestructible, pero para ella es fieramente humano: *«De acero soy de la cabeza a los pies / y el cielo es solo un trozo de mi piel. / De carne y hueso para ti. / De carne y hueso solo para ti».*[3] Algo que se da también en *Pedrá: «Grito por dentro, / por fuera me hago el remolón».* E insiste: *«Grito por dentro, / por fuera no me oigo ni yo».*

El perfume de la conquista, tan propio de un alma joven, y el cual despide siempre una dosis de optimismo, envuelve a la brutal «Hoy te la meto hasta las orejas», que cuenta con unos versos magníficos: *«Planeo el atraco a mano armada de su corazón. / Cada palabra he calculado, ahora falta el valor».*

Y si hay que quemar las naves con tal de estar con ella, a su lado, no hay mayor problema, como se evidencia en la «Coda

2. Parque Nacional enclavado en la provincia de Cáceres. Cuenta con la mayor colonia de buitres negros del mundo.

3. Mucho después, en el «Segundo movimiento: Lo de fuera», de *La ley innata,* Robe retoma esa idea: *«Carne y hueso. / Se muere de hambre el mundo alrededor. / Tú y yo, total, de carne y hueso».*

flamenca (Otra realidad)»: *«Agarrados del aire viviremos. / No me importa adónde vamos»*. Y después, sabedor de sus debilidades, añade: *«¿Y qué si me condeno por un beso? / ¿Y qué si necesito respirar?»*.

La pérdida se aborda de muy diferente forma en «Bribriblibli (En el más sucio rincón de mi negro corazón)» y en «No me calientes que me hundo», dos de las más bellas canciones de Extremoduro.

El resentimiento se activa con toda la artillería «transgresiva» en la primera, cuando le visita, inclemente, el ayer: *«Me acuerdo de ti, me cago en tus muertos. / No puedo dormir, me sueño que has vuelto»*.

En la segunda, en cambio, tras el vendaval en sangre viva se impone la calma: *«Con lágrimas en los ojos, con el pene ensangrentado... / Fue un adiós muy doloroso, pero ya se me ha pasado»*.

Hay casos en los que el cantante/poeta, al lamentarse del deterioro de la relación amorosa, levanta el dedo acusador, pero no duda en hacer al mismo tiempo un noble ejercicio de autocrítica, como en «Tu corazón»: *«Tú, por hacer; / yo, por quedarme tan parado. / Y los dos juntos por tener / nuestra cabeza en otro lado. / Tú, por hablar; / yo, por callarme demasiado. / Tú, por robarme esa canción / que ya te había regalado»*. La intención es muy similar a la de Sabina en la hermosa «Amor se llama el juego», canción incluida en el disco *Física y química*: *«Y cada vez peor / y cada vez más rotos. / Y cada vez más tú / y cada vez más yo / sin rastro de nosotros»*,[4] si bien la de Extremoduro fue dada a conocer un año antes, en su disco *Somos unos animales* (1991).

Ante el temor de volver a caer, de ingresar de nuevo en el túnel de la aflicción, Robe se despoja de la máscara en «A fuego» y nos regala esta joya: *«...Que nunca llevo el corazón encima por si me lo quitan»*, para más adelante manifestar su condición de guiñapo carente del menor valor: *«Y harto de buscarte siempre a oscuras y de volverme en puro hielo / tiré toda mi vida a la basura y ni las ratas se la comieron»*.

4. En su cancionero *Con buena letra*, Joaquín confiesa que esos versos fueron «robados» a Pablo del Águila, un poeta con el que estudió en la Universidad de Granada y que murió joven y dejó un hermoso cadáver.

Hay que fortalecerse, pues, para sufrir lo menos posible. Así, de nuevo en la experimental *Pedrá* nos encontramos con un hombre de kevlar y titanio, una suerte de cruce de Robocop y Terminator: *«Soy terco como una mula, y duro: no siento el dolor. / No necesito armadura, tengo costra alrededor»*.

Quizá la solución pase por hacer borrón y cuenta nueva. Purificarse después de haber llegado al límite de lo soportable. Una idea, la de la catarsis, expresada a la brutal manera de Robe en el «Tercer movimiento: Lo de dentro...»: *«Y revolcarme por el suelo / para empezar todo de cero»*.

Volver, en fin, a los orígenes, a la pureza. Aquello que inmortalizó Gimferrer en el poemario *Arde el mar: «Si pierdo la memoria, qué pureza»*.

El sol que lo alimenta

Sin abandonar aún el amor y sus aledaños, en las letras de Extremoduro hay una serie de elementos recurrentes que cumplen, o casi, el papel de talismanes. He ahí las flores en general y las amapolas —ay, las amapolas— en particular. O la luna, que posee también un acusado protagonismo.

Pero tras sumergirme hasta en el último recoveco de su cancionero creo que el sol, o mejor dicho lo que este representa para Robe, es el que más fuerza tiene, ya que parece ejercer de guía supremo de la felicidad, esa utopía. Es, en fin, la máxima alegoría de la dicha (la luz) en contraposición con el dolor de la pérdida (las tinieblas).

En su poema «Convalecencia», Juan Ramón Jiménez se lamentaba de su soledad con el verso: *«Solo tú me acompañas, sol amigo»*, y Roberto Iniesta, como él, parece encontrar en el astro rey la compañía perfecta. Igual que parece compartir aquella sentencia de Umbral: «No hay otra resurrección de la carne que el verano». Puesto que el verano no es sino la suma glorificación del sol. El momento en el que este impone su luminosa tiranía.

Yendo a sus canciones, en «Arrebato» el sol ejerce de termómetro y va marcando las distintas fases: el enamoramiento —*«¡Desde entonces cómo brilla el sol!»*—, el posterior abandono —*«¡Desde entonces ya no sale el sol!»*— y el horror insoportable de la vida sin ella, sumado a la vuelta de la vida noctámbula: *«¡Desde entonces ya no quiero sol!»*.

Las tres estrofas de «Ni príncipes ni princesas», que se encuentran bañadas por el infortunio o la desdicha, son de igual modo rematadas por un verso potentísimo: *«De una patada rompo el sol»*.

En «Resolución», Robe compone una suerte de máxima que tal vez guiara en aquella época —los incipientes años noventa— sus pasos: *«No me importa, todo el día trabajando de cabrón. / Me importa que salga el sol: no cobra, y es lo mejor»*. Es decir, aunque la existencia oprima, estrangule, asfixie, y él se vea sumido en la más absoluta grisura, cada mañana le invade el más preciado alimento: la luz, y con ella la esperanza de una vida mejor. Como en la bárbara «Sin dios ni amo», que contiene lo que puede entenderse como un lema de vida de entonces —*«No tengo amo ni dios, vivo la vida a saco»*— y concluye con el verso *«voy buscando el sol detrás de las esquinas»*, una bella imagen que nos habla de su deseo de que el futuro le depare buena fortuna. Aunque también podría entenderse, dada la naturaleza excesiva de la canción, como ir en busca del vicio (putas y drogas).

El poeta escribe en «Sol de invierno»: *«Y su calor es como el sol / en una cama fría en una noche de un invierno. / Y su calor es como el sol: / me levanto a mediodía, hace ya noches que no duermo»*. Si está con ella, ¿para qué dormir? Y si está sin ella, ¿cómo hacerlo?

La doliente «Bribriblibli...», como tantas otras letras de Robe, encierra un significado dual, pues nos muestra al protagonista mortificándose por la ausencia de ella y, al mismo tiempo, nos confiesa la vuelta a la vida crápula de los bares, a la existencia nocherniega: *«Me vuelvo a quedar sin sol, sin sol, sin sol...»*. Y huir del sol es, en cambio, lo que parece pretender en «Sucede»: *«¡Eh, lejos de mí! / Deja que corra el aire, / no te quemes, va a salir el sol. / ¡Sol, déjame en paz! / La luna me ilumina, / en esta ruina entra la claridad»*.

Unos versos de un gran lirismo abren la hermosísima «Golfa»:

«Si hace sol, se tira de la cama / y por el ascensor, las nubes se levantan...».[5] Aquí, el sol actúa de motor, impele a la vida, a vivir. Al igual que en «A fuego», donde copa unos versos que no precisan de música para emocionar: *«Cuando ya no puedo más saco para respirar / un ratito el corazón, que lo tengo en carne viva. / Solo un poco de calor hace que me vuelva la vida, / y lo pongo a secar al sol escondido en un renglón».* Y continúa: *«Y a deshora, sale el sol alumbrando una esquina, y alegrándome el día».*

El sol es casi un contrincante en «La vereda de la puerta de atrás»: *«Si no fuera / porque hice colocado / el camino de tu espera / me habría desconectado. / Condenado / a mirarte desde fuera / y dejar que te tocara el sol».*

Incluso el último verso de *Pedrá* contiene a esa omnipotente bola de fuego que, sin embargo, puede ser vencida por Ella: *«Tú enfrías al sol, y yo, majareta».*

El sol como elemento vital llega hasta el último de sus discos, y en distintas canciones. Así, en «Locura transitoria» es una mosca cojonera existencial:

Hoy, según dice el calendario,
vuelve a llegar la primavera,
y me molesta el sol.
Alma que nunca se deshiela
y se queja del calor.

Pero en «Entre interiores» está asociado al amor, a la luminosidad de ella:

No sale el sol si no encuentro esa luz que tú llevas.
—Hoy puede ser que llueva.

5. En esta canción se da también aquello que apunté sobre «Quemando tus recuerdos», que alterna de forma magistral la caricia y el zarpazo. A un verso de extrema sensibilidad como es: *«Y ahí voy yo, a romper las telarañas de tu corazón...»,* le sigue una bocanada de fuego: *«...Verás cómo se escampa, ¡golfaaa! / ¡Golfaaa!».*

Y en la juguetona «Mama» el sol es lo que único que se necesita para estar en el paraíso:

—Mama.
—Ya he mamado.
Dime qué más te hace falta.
—Sol, en el tejado
de este amanecer.

En «Pequeño rocanrol endémico», Robe recurre, como tantas otras veces, a la personificación o prosopopeya para dotar al sol y a otros elementos de la naturaleza de vida:

Me regaña el viento al oído:
—¡Venga, arriba y arriba y arriba!
Me pregunta el sol si me mira:
—¿Por qué estás tan desconocido?
Es que aquí la vida
no tiene sentido.

Pero hay un grupo de canciones, cinco exactamente —«Puta», «Coda flamenca (Otra realidad)», «Mi espíritu imperecedero», «Su culo es miel» y «Si te vas...»—, en las que se resume con nitidez la verdadera importancia del sol —de lo que, insisto, este simboliza para Robe— como tabla de salvación.

En la primera, la voz se torna desesperada y el fiero poeta acaba por enternecerse:

¡No me mira el sol, que no me mira
si no me viene a ver una sonrisa!
Y se me sale, dando pedales,
sin mi permiso, una lagrimilla.[6]

6. El llanto masculino ya estaba expresado en canciones mucho más antiguas, como «Decidí», incluida en su primer disco, en donde el protagonista enseguida se corrige por aquello de que los chicos no lloran: *«Hoy lloré, / se me habrá metido un poco de arena, / eso no es para mí».*

En la pieza con la que se cierra esa obra maestra que es *La ley innata*, la «Coda flamenca (Otra realidad)», Iniesta nos pinta el sol como la *entidad* a la que rendir cuentas y, a la vez, la estrella que lo conduce sano y salvo (con un *quejío* que rompe los cristales):

Arráncate a cantar y dame algún motivo
para decirle al sol que sigo estando vivo.

¡Ay del desánimo! Que no puede conmigo.
¡Ay del destino! Que no juegue conmigo.
Hay un brillo mágico que alumbra mi camino.

En «Mi espíritu imperecedero», un gran título y una enorme canción, el sol es una suerte de juez todopoderoso cuya voluntad no puede ser discutida (la melodía de esta estrofa guarda un ligero parecido con un fragmento del solo de guitarra de «Amor castúo»):

Si el sol dice que te desenamoras,
si dice que te olvide, vida mía,
maldigo cada día
y maldigo el correr de las horas.

Aunque es en un verso de «Su culo es miel» donde queda expresada la importancia del sol en toda su magnitud:

Si sale el sol mi estrella se atreve a brillar...

Al igual que en estas dos estrofas de «Si te vas...»:

«¿Dónde vamos tan deprisa?»,
me pregunta su sonrisa.
Si tú quieres, tengo el plan de caminar
salga que salga el sol,
por donde salga el sol,
qué más me da.

Y llegar hasta tu corazón,
salga que salga el sol,
por donde salga el sol.

Tremendo atracón de sol. Demasiado, de hecho, para tratarse de un grupo tan insistentemente asociado a la oscuridad. O quizá es por ello por lo que Robe lo necesita tantísimo: para no quedarse a ciegas. Para no sucumbir.

Surrealismo Extremo

Resplandecen en algunas canciones de Extremoduro —y seguimos anclados aún en el amor y el individuo— imágenes de fuerte carga surrealista que rozan lo fantástico y que vuelven a hablarnos de un poeta de finísima sensibilidad y fecunda imaginación.

Dos versos del «Segundo movimiento: Lo de fuera», de *La ley innata,* ilustran esa veta: *«Cuando su recuerdo se me clava entre las cejas, / sueño con melones encima de la mesa».* Los surrealistas franceses, con André Breton y Paul Éluard a la cabeza, no lo habrían mejorado.

También en «Desarraigo» hay alguna buena muestra de esto: *«La puerta pinto de color de rosa, / del laberinto que hay en mi cabeza».*

Pero es en *Yo, minoría absoluta* donde se da una mayor sobreabundancia de surrealismo. Así, en «La vereda de la puerta de atrás» nos encontramos con esta joya: *«Sus soldados / son flores de madera / y mi ejército no tiene / bandera, es solo un corazón / condenado / a vivir entre maleza / sembrando flores de algodón».*

Y en «Menamoro» el instinto y el deseo son fuente de sabiduría, lo saben todo: *«No vi la playa pero sé de la espuma, / y un acantilado baja de tu cintura».*

Lo imposible se encuentra al alcance de la mano en «Cerca del suelo»: *«Y se desarma la luna solo con tocarla».* Y también (qué imagen): *«Juntos somos como cataratas puestas del revés...».* Eso es, desde luego, poesía. De altísimo voltaje, además.

Aunque es, sobre todo, en «Standby», esa canción en la que un hombre permanece *«en estado de espera»* como un dócil electrodoméstico, en donde las imágenes se desbordan con el ímpetu de un río loco: *«Sueña con su calavera / y viene un perro y se la lleva. / Y aleja las pesadillas / dejando en un agujero / unas flores amarillas / pa' acordarse de su pelo. / [...] Sueña con su melena / y viene el viento y se la lleva, / y desde entonces su cabeza / solo quiere alzar el vuelo. / Y bebe rubia la cerveza / pa' acordarse de su pelo»*.

Hasta que en «Puta», Robe, fiel a sus raíces, a su esencia animal, da un sonoro puñetazo en la mesa y alterna el trazo onírico con el exabrupto marca de la casa: *«Que nada me interesa de alrededor, / me subo a lo más alto de la locura. / Me encuentro a mi princesa hablando con la luna / echándose carreras a ver quién es más... ¡puta!»*.

Respecto al significado de determinadas imágenes, Robe no da demasiadas pistas, se niega. Aunque reconoce que le afectan anímicamente:

> «Las metáforas tienen muchas interpretaciones. Hay algunas que con el paso del tiempo me dicen cosas nuevas, pero hay otras que me niego a cantar para no sentir lo que sentía cuando las hice».

Hay en él una clara intención de preservar bajo siete llaves los moldes que emplea, de no soltar prenda para mantener vivo el misterio. Ya lo advirtió en cierta ocasión:

> «Mis canciones son como trucos de magia. Si desvelara el secreto de la composición se rompería el encanto».

No nos deja otra opción, entonces, que la escucha concentrada y la mera intuición. Y también, claro, la empatía.

El Robe más grave

A veces, el poeta se ve atravesado por una gravedad que recuerda a la de los grandes desconsolados de la historia de la poesía. A aquellos que nunca, jamás, encuentran alivio, pese a su confeso amor por la vida. O quizá, precisamente, por ello.

En *La ley innata,* un disco de una elevada temperatura lírica y filosófica, se encuentran tal vez los versos más heladores de la poesía de Roberto Iniesta. Aunque en el capítulo correspondiente ahondaré más en él, voy a hacer una pequeña parada de urgencia.

El amor en peligro, como siempre, vuelve a desasosegarle en el «Primer movimiento: El sueño», y nos regala algunos de los mejores versos que han salido nunca de la cabeza y el corazón de Iniesta:

La vida es roja si te vas
y me derrota igual
que en los sueños.

Y olvido y ya no sé qué hacer,
no dejo de correr,
como en sueños.

Si no te vuelvo a ver
no quiero despertar,
la realidad no me abandona.

Busco un mundo mejor
y escarbo en un cajón
por si aparece entre mis cosas.

Más adelante, en el «Segundo movimiento: Lo de fuera», encontramos piedras preciosas tan lacerantes como esta:

Hay un desierto, hay un vergel
lleno de flores de papel.
Pensaba
que sería frío el amanecer.

Te equivocabas otra vez:
quemaba.

Y en el «Cuarto Movimiento: La realidad», Robe nos sorprende con otra hipnótica sobredosis de un dolor que ya había sido anticipado, en parte, en el primer movimiento:

Sin ser,
me vuelvo duro como una roca,
si no puedo acercarme
ni oír
los versos que me dicta esa boca.
Y ahora que ya no hay nada
ni dar
la parte de dar que a mí me toca.
Por eso no he dejado de andar...

buscando mi destino,
viviendo en diferido,
sin ser, ni oír, ni dar.

Y a cobro revertido
quisiera hablar contigo
y, así, sintonizar.

En «Entre interiores», de *Para todos los públicos,* esa gravedad queda expresada en los siguientes versos:

Y yo ¿para qué las quiero,
todas las palabras,
si todo lo que sueño
está en las entrañas?

Quiero decirte en silencio
que sobran palabras,
que faltan momentos,

que no siento nada,
que vengo a buscarte
y que nunca te encuentro.

Busco una paz negociada
con mis sentimientos
y encuentro un vacío
llenito de nada,
y empieza otra guerra
a cada momento.

Pero es en este verso donde ese rasgo se intensifica hasta romperlo todo:

Quiero morir, si no estás, de una muerte violenta.

La ironía según Roberto Iniesta

En las antípodas de ese poeta hondísimo está ese otro Robe que, aun en los momentos de tensión amorosa, maneja la ironía con destreza, y del que paso a citar unos pocos ejemplos.

El vapuleado protagonista de *Pedrá* se lamenta: «*Pena no estuvieras para ver el cuerpo que me dio Dios*», y algo más adelante no duda en seguir riéndose de sí mismo con el recurso de la hipérbole: «*¡Hostia, anoche qué pasada! Aquello no era yo*».

También en esa canción, larguísima canción, la venganza se sirve con bilis. Literal: «*Acabo de potar dentro de tu portal: / si no te vuelvo a ver, algo te va a quedar*».

Los siguientes versos de «Tango suicida», de *Material defectuoso*, ilustran de un modo directo esa vena irónica: «*¿Qué te corre por las venas / que te noto que te falta, nena, / temperatura? / Que algo te hiela. / Eso me apura, / toma una velà*». Y en la estrofa siguiente se supera: «*Deja que te diga, nena, / que lo nuestro no es equitativo: / todas las noches / que estoy contigo, / tú eres quien come / y yo soy co-*

mido». Para más adelante soltar, con sus dos huevazos: *«Ya que preguntas, / pa' ahogar mis penas / me fui de putas la noche entera. / Dijiste que nunca mintiera, / que dijera la verdad aunque duela. / ¿Por qué me miras / de esa manera? / Después te fuiste / y adiós, muy buenas»*.

Son estos, en fin, pequeños ejercicios de contrapeso que Robe se permite para ayudarnos a digerir la carga pasional *(«Tú deja que te claven un arpón / justo en el corazón, / así lo mismo te contesta»)* o existencial *(«Yo, la vida doy por saber / si un mundo mejor está esperándome mañana. / Un mundo mejor que ayer»)* de la canción antes citada. Para atemperarla.

Las drogas como forma de evasión

Y llegamos así al otro gran tema de la poética robeana, las drogas. Esas sustancias capaces de distorsionar la realidad y trasladar a quienes las consumen a «paraísos artificiales» (Baudelaire).

Pese a la denodada defensa intelectual que sobre la despenalización de las drogas y el derecho a la embriaguez —el individuo es lo suficientemente adulto como para decidir qué quiere hacer con su cuerpo— han llevado a cabo pensadores de fuste como Antonio Escohotado[7] y Fernando Savater, estas nunca han gozado de buena prensa en una sociedad tan restrictiva como hipócrita. Ya que suele hacer bajo cuerda justo lo contrario de lo que pregona. Por ese motivo su sola mención, aunque sea con fines artísticos, implica controversia.

Un estudio realizado por el Centro de Atención Integral a las Drogodependencias de Torrejón de Ardoz (Madrid), publicado en 2003 en la revista *Adicciones,* aseguraba que en España el estilo

7. Este filósofo (Madrid, 1941-Ibiza, 2021) es el autor de la biblia sobre la materia, *Historia general de las drogas,* un título sin parangón en la bibliografía universal. Con algo menos de mil seiscientas páginas, vio la luz en 1983 y, desde entonces, ha alcanzado cerca de una veintena de ediciones y ha sido traducido a diversas lenguas, entre ellas el inglés, el francés, el italiano y el portugués.

musical en el que más se habla de drogas, legales o no, es el pop, seguido del punk y, por último, el rock.

Entre los *poperos* se citaba a Los Secretos y a Los Rodríguez (estos eran puro rock). Los punkis tenían en Manolo Kabezabolo y La Polla (antes La Polla Records) a sus máximos representantes a la hora de tirar de las drogas y el alcohol como fuente de inspiración, y en el rock los que se llevaban la palma eran Porretas, Siniestro Total y Extremoduro.

El cierre lo ponían los cantautores, grupo en el que Joaquín Sabina, qué sorpresa, ganaba por goleada.

No es necesario que ningún estudio, avalado por el organismo que sea, nos recuerde que las drogas son citadas con bastante frecuencia en las canciones de Extremoduro. Puesto que cualquiera que se haya asomado a alguno de sus discos, sobre todo, los de la primera época, habrá podido constatar que estas tienen un peso importante.

El listado de temas en los que se hace alusión a ellas es extensísimo, y recorre la columna vertebral de toda su discografía, por lo que me detendré tan solo en unos pocos.

La delirante «Jesucristo García» vuelve a servir de punto de partida: *«Por conocer a cuantos se margina, / un día me vi metido en la heroína. / Y aún hubo más, menuda pesadilla, / crucificado a base de pastillas»*. A pesar de la conseguida imagen de ese último verso, el mensaje es directísimo, sin maquillaje alguno, pues esa es la pretensión del autor: llegar al que la escucha de forma nítida.

Idéntica falta de sutileza se da en «Necesito droga y amor (Los camellos no me fían)»: *«No necesito alas para volar, prefiero LSD»*, y más adelante: *«No solo vivo del aire y de ponerme noche y día, / no se lo digas a nadie: los camellos no me fían»*.

El ritual de la heroína y la cruda realidad del yonqui quedan fielmente retratados en la sórdida «Perro callejero»: *«No son putas, son princesas, / y un castillo es tu pensión. / Pon la cuchara en la mesa, / que va a empezar la función»*.

En «La canción de los oficios», Robe equipara al traficante de drogas con el ministro y el banquero, a quienes aprovecha para darles un capón: *«Paso costo tocho y bueno, / me persiguen los maderos. / En mi casa sí hay dinero, / traficando barcos llenos. / Soy muy listo, me administro / a tu costa, soy ministro. / [...] En mi casa sí hay dinero; / cuanto más tengo, mucho más quiero. / Mato y robo cuando puedo, / nunca lloro: soy banquero».*

La agreste y oscura «Deltoya»,[8] una canción con la que una remota tribu de caníbales experimentaría algo parecido a una revelación divina o experiencia religiosa, es uno de los himnos de Extremoduro. La voz de Robe emerge de las sombras insondables: *«Se apagó el fogón. No funciona nada. / ¿Dónde está la luz que hay en tu mirada? / Me cuelgo de su pelo, me engancho de su miel, / me encuentro con mi hada, que está loca también...».* Y a medida que avanza se delata la verdadera naturaleza del tema: *«Y yo me quedo en casa, me duele todo. / ¿Quién va a aguantarme con este mono? / [...] Y yo me quedo en casa, no necesito / tenerte cerca cuando vomito. / Me da igual, me voy a poner deltoya sin parar. / Me da igual: deltoya».*

En «Papel secante» la referencia a la droga es mucho más liviana: *«... empiézate a reír y dame de fumar».* Aunque, bien mirado, esa demanda podría ser de una sustancia más fuerte que el hachís o la marihuana. Solo Robe lo sabe.

Y en «Volando solo», canción que es, entre otras cosas, un largo viaje estupefaciente, Robe otorga a las drogas, en general, la categoría de hogar con un verso explícito y rotundo: *«Todas las drogas me dan un poco de calor».*

De hecho, un sitio sin drogas puede llegar a resultar tan asfixiante como una carretera sin final o una habitación sin ventanas. No, no mola *niente*. Así lo advierte su autor en «El duende del parque»: *«Me gusta poder elegir, / no me gusta tenerme que callar. / Si no encuentro drogas por aquí, / no me gusta... no me gusta nada este*

8. «Deltoya» es una contracción de «del todo ya». Robe declaró que así es como se llama a cuando vuelcas todo lo que queda en la papela de heroína, los restos, y te lo metes «¡deltó ya!», sin dejar nada para más tarde. El disco llevó ese título porque era doble y, a diferencia de lo que les había sucedido hasta entonces, pudieron incluir todas las canciones en él (deltoya) y no tuvieron que sufrir pensando en cuáles iban a ser sacrificadas. El vídeo (no oficial) de «Deltoya» resulta escalofriante: es como volver al origen de todo. Y comparado con el cráneo que Robe se cala, confeccionado para la ocasión, la máscara de Hannibal Lecter parece de Disney.

lugar».Y en «Sin dios ni amo» nos relata una noche de excesos: *«Vamos a un garito, sale un camarero, / nos ha mirao de lado, / tiene cara de lelo. / Le pido unas cervezas, / está malhumorado, / si no me baja el tripi / ya la hemos preparado»*.

La historia de un camello es el argumento de «Pepe Botika (¿Dónde están mis amigos?)», que ya desde el comienzo sienta las bases: *«Pepe Botika es un honrado traficante...»*. Y luego se dan más pistas (autobiográficas): *«El contrabando era su oficio más brillante [...]. / Era de Plasencia, me parece que decía»*. Y finaliza así: *«Un día le hicieron un registro al soterrizo / y le incautaron veinte kilos de chorizo, / hachís, caballo y cocaína pa'l que compre, / pues ya lo dijo Dios: no solo de pan vive el hombre. / ¿Dónde están mis amigos?»*. Por cierto, en esa canción se encuentran dos de los versos más populares de la primera etapa del grupo. Aquellos en donde se enumeran una serie de prisiones: *«Carabanchel, La Modelo, Herrera de La Mancha, / Cáceres II, Alcalá Meco, Puerto de Santa María...»*. Siniestros lugares que a Robe tanto rechazo le producían. ¿Y a quién no?

La idea de la inmolación a través de una panzada de todas las drogas existentes, queda inmejorablemente plasmada en la alucinógena «Cabezabajo»: *«Probaré la droga, una de cada, / y volver, fiel, a repetir / pa' encontrarme la que más me degrada / y abrazarme a ella hasta morir»*.

Compuesta a medias con otro integrante de Dosis Letal (ojito al nombre del grupo, más que oportuno en este capítulo), «La carrera» versa sobre un drogadicto sin solución: *«Esta es la vida de un estudiante / que estudiaba sin parar, / se estaba haciendo una carrera / y no era en la universidad. / Era una carrera que no tenía final. / [...] Solo te han dado un carné / politoxicomanía total / y te quedan muchas venas por chutar»*. Es evidente que se trata de una letra primeriza, a años luz, en términos de calidad, de lo que Roberto Iniesta llegaría a escribir después.

En la magnífica «Salir», una de sus canciones más célebres, el bandarra que canta echa indudablemente de menos a su chica. Pero no por ello se va a encerrar en un convento, que la vida son cuatro tardes: *«Salir, beber, el rollo de siempre. / Meterme mil rayas, hablar con la gente. / Llegar a la cama y... joder, qué guarrada sin ti»*.

El niño ya es un hombre hecho y derecho en la irreverente «Villancico del rey de Extremadura». Por eso, a falta de reyes se conforma con sus monturas, que transportan carbón de todos los colores menos negro: *«Y no me importa / que los reyes ya no vengan para mí, / con que vengan los camellos / soy, bastardos, más feliz».*

Y en «La vereda de la puerta de atrás» confiesa cómo combate la ausencia de ella: *«Si no fuera / porque hice colocado / el camino de tu espera / me habría desconectado».*

Robe vuelve a abordar el tráfico de drogas en «Menamoro», que cuenta con un verso final que mezcla transgresión y belleza: *«De un sitio a otro todo cambia, / yo hago siempre lo que quiero. / De Colombia hasta Tailandia / y nos llaman los culeros, / que traemos dentro del culo / un pedacito del cielo».*

Y en «La vieja (Canción sórdida)» basta con prestar un poco de atención para acabar cantando ¡bingo! (o mejor aún, ¡línea!): *«Había una calleja / y pasaba una vieja / con un monedero. / Y hablando del cielo... / Cayó Dios del cielo. ¡Corre! / Cogió las pesetas / y se fue a una caseta / to' llena de... / Y hablando de flores... / Allí no había flores. ¡Qué va!».*

Las drogas llegan a su penúltimo disco de estudio, *Material defectuoso*. Así, en «Si te vas...» nos encontramos con unos versos de aire confesional: *«He robado y he mentido, / y he matado, también, el tiempo, / y he buscado en lo prohibido / por tener buenos alimentos».*

La cosa se hace aún más explícita en «Otra inútil canción para la paz»: *«Quiero que caiga una droga del cielo. / Puro veneno / que haga del mundo un lugar más ameno...».*

En esta última queda reflejada sin maquillajes la idea de las sustancias estupefacientes como forma o vehículo de evasión de una realidad áspera, desapacible, enemiga del hombre. Una realidad que el autor, por una cuestión de sensibilidad, lleva tratando de burlar a través de sus canciones desde el primero hasta el último de sus discos. Aunque sepa que la huida que emprende es más ilusoria que efectiva.

Solo que si en su juventud Roberto Iniesta, como el ciclón que era, cumplía al milímetro la esencia contenida en un verso del poema «Así son», de José Agustín Goytisolo, en el que este afirmaba de los poetas *«le piden a la vida más de lo que esta ofrece»*, e incluso la de aquellos desesperados versos de «Colgado de ti», de Alarma!!!: *«Llevo una vida tan inhumana / los trece días de la semana»*, en su actual madurez se acerca más al ideal expresado por Gil de Biedma en «Por lo visto». Es decir, sin furia pero sin pausa:

Por lo visto es posible declararse hombre.
Por lo visto es posible decir no.
[...] Y será preciso no olvidar la lección:
saber, a cada instante, que en el gesto que hacemos
hay un arma escondida, saber que estamos vivos
aún. Y que la vida
todavía es posible, por lo visto.

Llegados a este punto es necesario saltar de la poesía a la prosa. Porque no sería justo pasar por alto que en Extremoduro las referencias a las drogas han trascendido, desde sus inicios, las canciones, y que sus integrantes han contribuido activamente a ello: años ha, en los conciertos, Robe se ausentaba unos minutos del escenario después de anunciar: «Me voy a meter una rayita», y aún hoy, en su etapa en solitario, sigue diciendo, cuando se inician las pausas que dividen sus actuaciones, cosas como: «Ahora venimos. Mientras tanto podéis hacer lo que queráis, pero que no os vean».[9]

Asimismo, las contadas ruedas de prensa que el grupo ha ofrecido les han servido para explayarse al respecto. En la presentación de *Yo, minoría absoluta*, Robe aconsejó a los *manteros* —ven-

9. Así explicaba Robe la peculiar costumbre de Extremoduro de hacer intermedios en los conciertos —ese momento «visite nuestro bar»— y prescindir de los bises: «Lo hacemos por el público, para que puedan ir a tomarse una cerveza tranquilamente. Si yo estuviera entre el público, me gustaría que fuera así. Además, luego no hacemos bis. Preferimos esa manera. Partimos la actuación por la mitad y luego no hacemos el paripé de "¡otra, otra, que salgan!", y tú allí escondido para salir al final. Eso no va con nosotros».

dedores de discos piratas, hoy retirados en su mayoría por obra y gracia de internet, mucho más cómodo y barato— que se pasaran al tráfico de drogas, pues «está más desabastecido y hay mucha más demanda que en el mundo de la música».

En dicho acto, Robe declaró lo siguiente sobre el fenómeno del botellón:

«Cualquier día van a prohibir la gripe, y al que tenga tos le van a dar de hostias. Las cosas no se solucionan prohibiéndolas. La verdad es que no sé qué les molesta más, si el ruido, la basura o que beban los menores».

Y aprovechó para dar su opinión sobre el consumo de drogas:

«Yo soy partidario de la legalización. Si no sabes lo que te metes en la boca, allá que te va eso».

Precisamente en los créditos de ese disco, en el capítulo de los agradecimientos, señalaban con todo el cinismo: «Y a nuestros camellos (lo sentimos, pero todavía no podemos poner el nombre)».

En una entrevista de Carlos Marcos publicada en el diario *El País* en septiembre de 2008, Robe declaró lo siguiente a propósito de su leyenda de excesos:

«He vivido siempre como me ha dado la gana. Lo que pasa es que vivimos en un país muy moña en el que hay tantas cosas que no se pueden hacer ni decir que parece que si no ocultas las cosas eres un demonio. Se mete cocaína la mitad de la población, pero lo hace a escondidas. Y, de repente, lo hace un tío, lo dice, y la gente grita: "¡Eh, mírale! ¡Ese es el que se la mete toda!"».

Hablé con Robe sobre las drogas e hizo la siguiente reflexión:

«El cerebro de cada persona absorbe las drogas de distinta manera, a cada uno le sientan de una forma. La solución a todos los males está dentro de uno, y las cosas que están fuera, pues fuera están. Y te pueden ayudar o no, pero a cada uno de una manera. Las drogas no son ni buenas ni malas. Buenas o malas son las acciones, y la gente, pero no las cosas, no pueden serlo. ¿Que si creo que un mundo sin drogas sería un mundo mejor? No, ¿por qué? Las drogas han existido desde siempre... Pero no lo sé. De lo que sí estoy seguro es de que un mundo sin religiones sería mejor, pero un mundo sin drogas no lo sé. Las soluciones, insisto, están dentro de nosotros, sin más. Echarle la culpa a las cosas no tiene ningún sentido. Si te das un golpe con una mesa y le echas la culpa, estás haciendo como los niños pequeños».

Con las drogas, en fin, se completa el capítulo de las fijaciones artísticas de Roberto Iniesta, que, creo, han quedado de sobra esbozadas.

Como espero que haya quedado claro que, de todos los temas aquí tratados, el mascarón de proa de Extremoduro ha sido capaz de extraer oro de gran pureza. Por más que a veces el hallazgo consiga descolocar casi tanto como seducir.

Pero la poesía —y nadie con un mínimo de sensibilidad e información, es decir, de criterio, puede negarles a sus letras esa categoría— no es, ni debería serlo nunca, un tratado de buenas maneras, al contrario.

Por eso, cuando Robe lleva al papel el torrente de imágenes que galopan por su cabeza no saca una pluma, sino un bardeo: su hálito poético es el de un hombre que ha vivido y vive sin miedo a gozar, a sentir, a, valga la redundancia, vivir. Y la fiereza y la brutalidad que exhibe no son otra cosa que el ritmo trepidante de ese pulso vital.

Tal y como cantó, a sus cuarenta y nueve años, en «Desarraigo»:

La vida vivo dando volteretas,
los pies al suelo a mí no me sujetan,
que soy viento y me embalo
y arranco las veletas.

Es el suyo el latir de un corazón que llora y al mismo tiempo se rebela. Que maldice y se lamenta, pero golpea.

Y si tantas veces ha conseguido —y sigue logrando— conmovernos, es porque el arma que utiliza es la belleza tensionada, agredida. La belleza «transgresiva». Mas belleza, al fin y al cabo.

Y LA CARNE SE HIZO VERBO: LA CARGA AUTOBIOGRÁFICA EN SUS CANCIONES

Cuando se anunció la gira *Robando perchas del hotel,* Extremoduro, fiel a sus principios de poco ruido y muchas nueces, prescindió de las prácticas promocionales al uso: rueda de prensa, entrevistas, encuentros digitales, etcétera. El grupo ya había hecho eso mismo, o sea, nada, tras la edición de su penúltimo trabajo, *Material defectuoso,* y dado que ese silencio no afectó en absoluto a sus ventas, pues la respuesta del público fue, como siempre, enormemente entusiasta, sus integrantes se evitaron el mal trago de tener que ponerse a tiro delante de los periodistas.

Pero sí ofrecieron a sus seguidores la posibilidad de preguntarles lo que quisieran a través de su página web. Una fórmula que ya habían empleado otras veces. Si bien les advirtieron que no podrían contestarles a todos.

En apenas unos días habían recibido miles de preguntas, y el criterio de selección que se siguió fue el del sentido común y la ecuanimidad: eligieron las que más se repetían y las que abordaban aquellos temas que interesaban a un mayor número de personas, y dentro de estas, todas las que pudieron.

En la primera de las respuestas —¿casualidad o intencionalidad?, que cada cual saque sus conclusiones—, se pronunciaron sobre la legitimidad de mentir a la prensa en aras de preservar el derecho a la intimidad:

«¿Es lícito mentir a la prensa? Sí, completamente lícito. ¿Por qué? Pues porque hay quien piensa que el que pregunta no yerra o no ofende, y eso es falso. Y hay veces que la mejor manera de mantener tu vida privada a salvo es mintiendo. Y ¿a la gente? ¿Es lícito mentir cuando te pregunta la gente, como en este caso, pudiendo, encima, elegir las preguntas? No. Creemos que no. No mentiremos. Pero tenemos derecho a nuestra intimidad».

Su intimidad es algo que Roberto Iniesta ha defendido con gesto hosco y lengua presta desde que se convirtió —¿a su pesar?— en una estrella de rock. Por eso cuesta creer que todas sus *supuestas* canciones autobiográficas contengan pasajes nítidos de su vida, como tantas veces se ha apuntado.

Que escribe sobre lo que conoce y ha vivido es un hecho. Ya ha quedado claro en las páginas precedentes. De otro modo no conseguiría semejante temperatura emocional. Pero su forma de trasladar la propia existencia al papel es bastante sui géneris. Pues de ahí a convertir sus canciones en un diario fidelísimo de su biografía, o en un escaparate de sus miserias, median dos abismos.

Alguien tan celoso de su privacidad como él, y tan hábil, tan sumamente astuto que ha sobrevivido y triunfado moviéndose durante años en un ambiente en exceso hostil —¿y no es acaso la inteligencia la plena adaptación al medio?—, sabe con seguridad cómo hay que diseminar esos rastros de vida para, valga la redundancia, no dejar el menor rastro de ella. Cuando quiere, por supuesto. Porque a veces no quiere. O no puede evitarlo.

Esa defensa a ultranza de lo privado, de lo íntimo, la vindicó con creces en una entrevista de Mikel López Iturriaga que se publicó en *El País de las Tentaciones* en octubre de 1996, cuando Extremoduro ya había alcanzado el éxito con *Agila*. En ella, Robe manifestó sin titubeos su opinión sobre el que para él era el aspecto menos grato de la popularidad, y dejó constancia de cuáles seguían siendo sus prioridades:

«No me gusta que todo el mundo conozca mi cara. No es mi cara la que tiene que llegar a todos los lados, sino mi obra. Quiero que los medios hablen de nuestros discos y de nuestras actuaciones, no de cómo soy, cómo es mi cara, cómo es mi rollo, cómo me divierto y qué hago. Eso me parece una tontería. [Soy] Un poeta, nada más. Todos los poetas somos bichos raros, y ya está. Y cómo seamos es lo de menos. Lo importante de los poetas es la poesía, no la cara».

Desde el principio de su carrera, Roberto Iniesta supo lo que a esta le convenía y lo que no. O lo que es lo mismo, qué cosas merecía la pena publicitar y qué otras eran innegociables.

Canciones autobiográficas

A pesar de esas prevenciones hay algunos temas de Extremoduro cuyas letras albergan trozos palpables de la vida de su autor. Aunque su cancionero, insisto, esté infestado casi más de su aliento vital que de su historia personal, digamos que en esas canciones Robe se ha mostrado más explícito, más sincero. Sin que eso signifique que no fuera consciente de que estaba escribiendo una obra de creación.

El ejemplo más notable de esto se da en «Jesucristo García» —siempre esa canción, pues reúne todos los elementos de la poética extremoduriana—, en donde nos encontramos con el siguiente verso:

[...] Antes era chapista.

En efecto, ese es uno de los trabajos que desarrolló, en el taller propiedad de su padre, antes de poderse dedicar enteramente a la música. Y más adelante, casi al final del tema, Robe se confiesa:

Por conocer a cuantos se margina,
un día me vi metido en la heroína.
Y aún hubo más, menuda pesadilla,
crucificado a base de pastillas.

El autor, ahí, nos habla de lo que conoció bien. Pero ya está, es suficiente. A partir de esos datos, o por debajo de ellos, resplandece el poeta, el novelista. El artista. Porque él, ante todo, es un creador. Cuidado.

Vale que la vida, el caldo de los sucesivos días, se derrama en la propia obra de un modo ineludible —y ahí, en esa canción, tenemos el ejemplo—, pero no es el todo.

Robe me confesó que ha escrito a veces del desamor y del abandono desde la felicidad conyugal, desde el amor, y para hacer eso tienes antes que haber vivido. Mucho.

Sin biografía, pues, no hay profundidad. Es más, no hay nada peor que escribir sobre lo que no se ha conocido, un rasgo común entre los creadores jóvenes, ya que esa impostura se detecta enseguida. Pero la vida por sí sola, sin talento de por medio, no es arte. Ni transmite ni emociona ni llega. Hay, claro, que saber contarlo y servirse de elementos como la imaginación y el lenguaje, con sus infinitas posibilidades, para sacar un hermoso conejo de la chistera.

Robe ha construido un estado/decorado que no es del todo real, pero no por ello es menos verdadero. «Es otro nivel de verdad», me dijo. Y no le faltaba razón. Porque los sentimientos creados existen y contienen su propia dimensión y entidad, su propia mecánica y aliento. Son, también, verdad.

El arte de veras, el que así merece ser llamado —y no el plástico envuelto en papel de colores con fines exclusivamente comerciales, como una comida rápida que sacia de forma momentánea pero no alimenta—, está tan vivo como la realidad de la que se extrajo, de la cual procede.

En ese sentido, la espléndida «Jesucristo García» es una película. Un poema. Pero no la confesión de un reo ante el juez («sí, señoría, yo lo hice»). Por más que encierre, como ya se ha dicho, una dosis confesional de la propia existencia. O dos.

El poeta/músico introduce un par de píldoras autobiográficas en una canción en la que actualiza la figura de Jesucristo en clave marginal *(«¿Cuánto más necesito para ser Dios? / ¿Cuánto más necesito convencer?»)*. Es un tema polémico, él bien lo sabe, y más aún veintitantos años atrás, cuando fue dado a conocer. Un tema que a aquel artista emergente le dio muchísimo juego y le sirvió como coartada perfecta para hacer dos cosas: volcar todas sus obsesiones —el amor herido, el desprecio por la religión,[1] las drogas como instrumento al servicio del hombre para obtener placer— y demostrar, de paso, su gran habilidad como letrista, su condición de poeta de raza.

Por otro lado, su esencia, su naturaleza salvaje, está vertida en canciones en donde el poeta se reafirma en su rol de hombre libre, sin ataduras de ninguna clase. Como un indio que se orienta por la posición del sol —¡el sol!— y satisface a cada momento sus propias necesidades. Esto puede apreciarse en «Desidia» y en «Resolución», dos temas de *Somos unos animales*.

En el primero, la explicación anterior es exacta:

Quiero comer donde me entre hambre.
Quiero dormir donde me entre sueño.

Y en el segundo advierte que lo importante es no traicionarse jamás, y que Dios es lo que a cada cual le sugiere:

No me importa si en mi vida ni hay remedio ni entra Dios.
Me importa ser siempre yo. Mis dioses, colores son.

Si rastreamos en todas sus letras con la sola intención de hallar guiños inequívocamente biográficos, es posible que el disco de Extremoduro que más de ellos contenga sea *¿Dónde están mis amigos?* Por algo es considerado como su trabajo más «personal». Aunque eso, claro, es mucho decir. Pues no creo que lo sea más que *La ley innata* o *Material defectuoso*. Ahora bien, lo que sí tiene,

1. Hablando con Robe sobre religión me confesó lo siguiente (y aprovechó para hacer una llamada al sentido común de carácter ecologista): «No sé si existe Dios, pero odio a los curas. Principalmente no me gusta la Iglesia, y las religiones cada día me dan más por culo. Tienen la culpa de los grandes males desde hace muchos años, y si no nos cargamos el planeta antes con nuestros residuos y nuestra porquería, será la religión la que acabe con él. La religión es una de las cosas que más diferentes nos hacen. Pienso, por ejemplo, que un iraquí puede resultarme más familiar que mi puto vecino, y creo que no hay nada que nos separe más que las religiones, que nos hacen ver a los otros como a bichos raros».

eso es innegable, son referencias muy directas —o que, al menos, lo parecen— a la vida de Robe.

Así, en «Bribriblibli (En el más sucio rincón de mi negro corazón)» él se incluye en la canción como un personaje más:

Os regalo mis canciones y me apuntan con el dedo:
—¡Mira por dónde va el Robe! Para mí que ya está pedo.

Cuando le pregunté a Robe por el origen de ese título, ese ininteligible «bribriblibli», me habló de cuando el alcohol empieza a actuar en el organismo y la lengua termina por trabarse y no obedece a su dueño.

En «Historias prohibidas (Nos tiramos a joder)» el chico terrible, tras un acceso de contrición, se lamenta del sufrimiento ocasionado a sus progenitores:

A mi padre robé
muchos años de tranquilidad.
A mi madre dejé
mil secretos aún sin confesar.

En «El duende del parque», el tema que abre el disco *¿Dónde están mis amigos?,* es fácil reconocer al autor —en un momento en el que su vida andaba a la deriva— en la voz que confiesa su estado de ánimo, y aun en su manera de obrar ante lo que se le presenta. Estilísticamente, vuelve a utilizar la anáfora para dotar a la pieza de una mayor intensidad:

Que a codo con la sinrazón voy navegando.
Que a codazos con mi corazón voy dando tumbos.
Que encuentro un poco de calor, hoy no me derrumbo.
Que hoy la vida me sonríe, ¡demasiado para mí!

Y en «Los tengo todos» se nos muestra a alguien que atesora los siete pecados capitales, un joyón. Aunque en este caso hay —creo— más de caricatura que de fiel trasunto de la realidad:

Otra vez quiero más,
que la lujuria no es mi único pecado capital.
El orgullo y la envidia,
la gula, la soberbia, la pereza y la avaricia.

Fuera ya de ese disco, Robe vuelve a la caricatura en «Autorretrato», de *Canciones prohibidas,* en donde se muestra dispuesto a sembrar la confusión por medio del exceso. La semblanza aquí se hiperboliza, se infla, se deforma. Pero no para, como suele ser habitual, sacarse más guapo, sino para envilecerse:

Soy yonki, soy chuloputa, traficante, delincuente...
Soy amante del alcohol.
Soy la hostia de obediente, dime: —Arrasa, y dios tirita [...].

No entiendo de construcciones,
no encuentro qué demoler,
me da lo mismo hombre o mujer.
Soy muy listo, un poco autista,
no hago caso —¡calla, lista!—,
y yo hago con que me he enterao.

Hay otros temas en los que la desnudez de Robe hace referencia a su falta de acomodo en el mundo que habita: él es un inadaptado y no solo lo asume, sino que lo canta, como en «Extraterrestre», también de *Canciones prohibidas:*

Cada día me doy más cuen:[2]
estoy equivocao de planeta.

[...] Os veo andar, nada que ver conmigo.
Yo soy desigual, un poco confundido.

2. Robe cita aquí al maestro Chiquito de la Calzada, ese «fistro pecadorrr de la pradera».

Ese sentimiento de qué es lo que hago yo aquí, en medio de toda esta peña, ya había sido expresado años atrás en «Volando solo»:

Vente conmigo me dice algún marciano
que este planeta está lleno de enanos.

Las pinceladas de índole autobiográfica se prolongan en sus discos posteriores hasta arribar a su penúltimo trabajo, *Material defectuoso*. En «Si te vas...», Robe esparce unos versos que ya cité en el capítulo de las drogas llevadas a la canción, y que suenan a confesión impúdica:

He robado y he mentido
y he matado, también, el tiempo,
y he buscado en lo prohibido
por tener buenos alimentos.

Y en el último trabajo del grupo, *Para todos los públicos,* hay una estrofa que es un estallido de nostalgia —ay, Plasencia, patria querida— en «¡Qué borde era mi valle!», cuyo título ya tiene algo de hostiazo a la propia tierra:

Vamos a robar cerezas
de las del Valle del Jerte.
Soy capaz de cualquier cosa
por volver a verte.

¿Qué sabemos de Roberto Iniesta después de escuchar y leer todos estos versos? Me temo que mucho y nada.

Es decir, ya nos constaba que se trata de alguien muy sensible y sentimental, y con una acusada tendencia a la nostalgia o, mejor aún, a la melancolía. Un idealista que sufre, que se hace preguntas a voz en grito y que no cesa de cuestionar lo establecido. Sobre todo, si es, o así se lo parece a él, injusto. Y a eso hay que añadirle sentimientos tan contradictorios —o quizá no tanto— como son el arrepentimiento y la voluntad de no cambiar nunca. De permanecer fiel a unos principios, a unas firmes convicciones.

Desconocemos todavía si prefiere el dulce o el salado; si le gustan más las películas del Oeste o las policíacas; si ve mucho deporte; si se echa la siesta... En fin. Todas aquellas menudencias del prosaico día a día que él, con acierto, considera «tonterías», ya que forman parte de su esfera estrictamente privada y a nadie que se encuentre fuera de ella, sostiene, le incumben.

Levantando ese muro nos está haciendo un favor y, de paso, se lo hace a sí mismo. Pues si dejamos a un lado su inalienable derecho a la intimidad y su sincero deseo de gozar de esa parcela sin que nadie le importune, Robe sabe muy bien —porque es, ya se ha dicho, muy listo— que mostrar al hombre conlleva humanizar el mito y desposeerlo de sus atributos más preciados. Y es así como se pone fin a las leyendas.

Debemos quedarnos, pues, con el arte y no con el artista, ya que este respira y suda y sangra igual que nosotros, pero su obra, por la que nos sentimos atraídos, lo hace en cambio único. Lo eleva.

Lo que hay que entender es que lo que él ha querido enseñar en esas canciones, en esos pedazos inasibles de su ser, es lo que mejor lo define, y no el saber a qué coño dedica el tiempo libre, que diría José Luis Perales.

Iggy Pop, alias «La Iguana», uno de los grandes innovadores del punk/rock y un tipo dado, como Robe en sus inicios, a lucir torso desnudo, dijo algo con lo que el músico y poeta extremeño se sentiría seguro bastante identificado:

> «Yo tuve suerte porque, cuando tenía cierta edad, estaba tan disgustado con la vida misma, y tan colocado y tan feliz con el placer de tocar cierto tipo de música, que lo que me importaba era mantener mi imagen. Era más importante mantener la autoestima, aunque tampoco pensabas en ser un santo. Yo no puedo ser un jodido santo: soy vicioso, avaro, malo, ambicioso y todo eso».

Aquel «malo» podría traducirse como humano, mortal, *pecador.* Y Robe, que se ha declarado públicamente una buena persona, es todo eso en grado sumo.

Pero sigue manteniendo, como Iggy, su imagen casi intacta y, por supuesto, su autoestima. Ajeno a cualesquiera presiones e intentos de alterar o confundir su ritmo vital, su independencia sagrada.

Así, eso, es Roberto Iniesta. Y todo lo demás se lo lleva el viento.

EN BUSCA DE LA CANCIÓN MÁS HERMOSA DEL MUNDO

La indesmayable aspiración a la excelencia dilata por fuerza la labor del artista. Es tan alta la meta, tan elevado el propósito, que el trabajo se vuelve no ya lento, sino eterno. Robe, tal y como ha reconocido, escribe pensando que esa canción que tiene entre manos va a ser lo mejor que haya hecho nunca. Cierto es que ese debería ser el espíritu de todo creador, al margen de cuáles sean los resultados, pues es mejor empezar a construir mentalizado de que se va a hacer algo grande que dudando de las propias posibilidades. Pero ¿qué ha de tener una canción para ser considerada perfecta?

Mick Jagger dijo que «Every breath you take», de The Police, lo era, opinión que comparto. Pero es que se me ocurren tantos títulos que pueden meterse en ese saco... Y aunque en esto, como en casi todo, interviene la subjetividad, para que una canción cumpla esa condición ha de emocionar a mucha gente durante mucho tiempo, y ese «consenso» conlleva a la fuerza un alto grado de objetividad.

En la entrevista que Lorenzo Silva les hizo a Robe y a Iñaki para *Rolling Stone,* el primero aseguró que la clave del éxito de un músico residía en la calidad de las canciones que hace, y confesó carecer de prejuicios en materia musical siempre que esta —la calidad— se dé:

«Creo que el único secreto está en hacer canciones buenas, independientemente del estilo. Cualquier estilo, cualquier cosa, si las canciones son buenas, mola».

Silva, que demostró estar atentísimo a las palabras de su interlocutor, lanzó entonces la pregunta adecuada: «¿Qué necesita una canción para ser buena?», a lo que Robe respondió:

«Pues que tú la oigas y que te diga algo, simplemente. Por eso tardo tanto en hacer canciones, porque tiene que ser la canción la que venga a mí, no yo el que vaya a ella».

En el cancionero de Extremoduro son varios los versos que aluden a ese doloroso asunto. Ya en la primera estrofa de la prehistórica «Emparedado», se apuntaba lo que habría de ser la vida del escritor de canciones:

Hojas en blanco, noches en vela,
y así me paso la vida entera.
Sé que protesto, no me hagas caso,
yo, a mi manera, nunca fracaso.

Y en «Puta» hay unos versos que muestran la desesperación de todo creador ante la imposibilidad de hallar la perfección absoluta, la obra maestra, la Canción:

¡Que no me da la gana pasar media vida
buscando esa frase que tal vez no exista!

Como en «Dulce introducción al caos», en la que casi parece anhelarse un constipado de tristeza que ayude a componer:

Cómo quieres que escriba una canción
si a tu lado no hay reivindicación.

Y luego:

> *Cómo quieres que escriba una canción*
> *si a tu lado he perdido la ambición.*

Del mismo modo, la idea de la composición como un estímulo vital, perentorio, capaz de justificar la existencia, está expresada en «Contra todos», que Robe incluyó en su primer disco en solitario:

> *Para mí esta canción es necesaria...*

Pero ¿son en verdad necesarias las canciones? Decididamente sí. Para el que las hace y para los que las recibimos. Como lo son las películas y los libros, y cualquier otra expresión artística que, además de producirte un deleite emocional, te haga pensar y te ponga en movimiento. Que te impela a hacerte preguntas y a cuestionarte aspectos de la existencia que se daban por hechos y que, de pronto, tras entrar en contacto con una obra que ha conseguido traspasarte, te sugieren un interrogante, un «¿por qué?».

Y es justo en estos momentos tan difíciles, de crisis global, tanto económica como de valores, en este fin de era o cambio de ciclo, cuando más necesitamos del acicate del arte.

En contra de lo que sostienen quienes no se han leído jamás un libro ni se han salido una sola vez del guion establecido, es ahora cuando la cultura y el arte más indispensables se hacen. Porque la ausencia de alimento para el cerebro conduce de manera inevitable al embrutecimiento y a la inopia, un lugar en el que me niego a permanecer: el que quiera quedarse confortablemente en casa, bien, allá él, pero yo opto por estar en la hoguera. En la batalla.

Y las canciones de Extremoduro, desde el primero al último de sus discos, contribuyen a potenciar, o al menos lo intentan, todo lo dicho. Son un billete de ida —¿y quién quiere volver de allí?— a un mundo en el que la belleza nos es servida a cañón tocante, vaciándonos en la cabeza un cargador de poesía y destrucción y dejándonos momentáneamente conmocionados, confusos. «¿Qué es lo que ha pasado?», nos preguntamos tras escucharlas. «¿Eso ha sido una caricia o un puñetazo?» Y qué importa. Lo único que cuenta es que te hacen sentir bien. Como Lucy allá arriba, en el cielo con diamantes. Quienes han probado esas canciones, quienes las han sentido, bien lo saben.

TODO LO QUE ROBE ESCUCHÓ, TODO LO QUE ROBÓ, TODO LO QUE QUEDÓ: LAS INFLUENCIAS

Tras este primer análisis —vendrán más— del andamiaje estético y filosófico de Extremoduro, toca abordar el capítulo de las influencias musicales y literarias.

Para empezar, y por si alguien aún no lo sabe, el sonido de Extremoduro no surgió por ciencia infusa. Pese a lo original de su planteamiento, las fuentes que lo sustentaban eran numerosas. Y hay que remontarse al principio de todo para localizarlas y ponerles nombre.

Desde 1977 a 1981, es decir, entre la pura y dura Transición y el inicio de la Movida madrileña —que enseguida fue española, pues, aunque se desarrolló en Madrid la gestaron gentes de toda España y logró extender sus alegres tentáculos por la espesura del país entero—, se sitúan los años de adolescencia y temprana juventud de Roberto Iniesta. O lo que es lo mismo, el momento en el que un muchacho avispado que empieza a interesarse por la música se convierte en una esponja que se empapa de todo lo que cae en sus manos y captan sus oídos.

En ese determinante lustro de explosión de libertad, por un lado, y de revolución hormonal y de asentamiento de la personalidad por otro, entre los quince y los diecinueve atolondrados años de Robe, vieron la luz una serie de discos que es imposible que le pasaran desapercibidos. De hecho, algunos de ellos lo marcaron sobremanera y viajaron con él durante años, e incluso siguen estando, hoy, muy presentes en su vida.

Dentro de los extranjeros destacan *Never Mind the Bollocks, Here's the Sex Pistols* y *London Calling,* de los Sex Pistols y los Clash, respectivamente. Dos bombas sonoras que se ganaron la simpatía instantánea de un importante sector de la juventud —pues, además de pegada, poseían mensaje— que tenía mucha rabia que desalojar y que encontró en ellos las herramientas y los argumentos idóneos para hacerlo.

La mejor noticia —esta de una índole estrictamente musical, carente de trasfondo ideológico— la dieron esos australianos enclenques pero indestructibles llamados AC/DC, que en ese breve lapso de tiempo lanzaron cinco álbumes como cinco misiles: *Let There Be Rock, Powerage, Highway to Hell, Back in Black* y *For Those About to Rock (We Salute You).* Media decena de esos raros y milagrosos discos que ya vienen al mundo con el distintivo de clásicos, y que contienen tantas buenas canciones que los hermanos Young se podrían haber echado a dormir por el resto de sus días, cosa que como ya se sabe ni mucho menos hicieron.

En cuanto al producto nacional, la lista era más larga y variada, y se componía del flamenco aperturista de Camarón *(La leyenda del tiempo);* del rock andaluz con tintes progresivos de Triana *(Hijos del agobio* y *Sombra y luz);* del flamenco *hippy* de Lole y Manuel *(Lole y Manuel* y *Al alba con alegría);* del rock popero/aflamencado de Kiko Veneno y Raimundo Amador, o sea, Veneno *(Veneno);* del denominado rock urbano de los pioneros Asfalto y Topo *(Asfalto* y *Topo),* y del más transgresor y barriobajero —con un pie en el punk, al menos en la actitud— de La Banda Trapera del Río *(La Banda Trapera del Río);* del rock marginal y cabaretero de Cucharada *(El limpiabotas que quería ser torero);* del rock urbano con un pie en el rock duro de Leño *(Leño* y *Más madera),* y del *heavy* sin remilgos de Barón Rojo *(Larga vida al rock and roll).*

Entre AC/DC y Lole y Manuel

No es que Robe bebiera de todos ellos por igual, en absoluto. Pero aquel caleidoscopio sonoro dominaba el ambiente de la época y, para alguien que aún no había cumplido los veinte años y que ya había asumido, parafraseando a Barón Rojo, que su rollo iba a ser el rock, reparar en él era algo inevitable.

Él probó, en fin, de aquí y de allá. Mezcló sabores y texturas y se hartó de alternar los *riffs* más potentes con los *quejíos* primitivos del flamenco. Escuchó a Led Zeppelin y a Deep Purple, ejemplos nítidos de prodigio técnico y artístico, y, sobre todo, a ZZ Top —«los oí mucho; no solo algunas canciones o un disco, sino en general»—, y se emborrachó, acompañado y en soledad, de AC/DC, hasta el punto de desgastar sus discos y aprenderse de memoria hasta las comas de sus canciones.

También se embriagó, y con idéntica avidez, de Lole y Manuel, que con su nuevo flamenco de inspiración arábiga y su discurso pacifista tuvieron un gran éxito en los años setenta. Ella era hija de Antonia la Negra, una cantaora y bailaora de raza, y él venía de un grupo fundamental en la historia del rock andaluz, Smash, que grabó discos formidables como *Glorieta de los Lotos* —en cuya portada el bajista, Julio Matito, que falleció prematuramente en accidente de coche, se da un airazo a Robe— y que conoció el éxito de ventas con la canción «El garrotín». Iniesta me confesó su debilidad por aquella pareja, que aún va con él:

> «Lole y Manuel me han gustado y aún me gustan mucho. Han sido gente que ahora mismo me sigue dando un rollito y una alegría que quizá no encuentre por ahí».

De igual modo, el delicioso *Veneno,* de la efímera fusión Rafael y Raimundo Amador/Kiko Veneno, fue un disco que escuchó mucho en aquella época:

> «Me llegó a través de hermanos mayores de mis amigos. Lo oí bastante y me encantaba».

Y aunque me reconoció haberlos escuchado menos, los brutales La Banda Trapera del Río, con aquellas canciones cargadas de ira y dolor, como «Ciutat podrida» (en catalán), «Venid a las cloacas» o la explícita «La regla», también le interesaron: «No los oí mucho, pero sí que fue una gente que me gustó».

Esa amalgama de géneros y mensajes, de ritmos y sentimientos fue moldeando el gusto y el carácter musical del joven Robe, y conformó el basamento a partir del cual surgiría un estilo propio, personalísimo, con una huella digital inconfundible: el rock transgresivo con el que empezaría a darse a conocer siete años más tarde en el ínfimo circuito musical de Extremadura, y con el que terminó alcanzando el éxito algo menos de una década después de ponerse en marcha.

Metiéndole la cuchara al metal...

Pero antes de llegar a eso, hubo otros músicos de los que también bebió y cuyas enseñanzas se llevó con inteligencia a su terreno.

Para empezar, el sonido de guitarra de Extremoduro fue, sin duda alguna, deudor del heavy *made in Spain* que eclosionó en el arranque de los años ochenta —no hay más que reparar, escuchando sus discos, en la potencia guitarrera que poseen cuando se ponen burros, que es casi siempre—, y estaba impreso en el ADN del grupo, era una de sus señas de identidad. Aunque cabría hacer aquí una pequeña aclaración: la guitarra, en sus canciones, no suena, sino que habla, se explica. Los explica, en fin, a ellos.

Desde 1982, cuando Robe ya contaba dos décadas de vida, los grupos que se subieron al tren del heavy, un efímero movimiento que quiso dar un paso más allá del rock urbano, pues este se les quedaba corto, fueron Barón Rojo, Obús, Panzer y Ángeles del Infierno. Todas aquellas bandas, y otras como Santa o los Banzai de Salvador Domínguez, poseían una gran destreza técnica, sonaban muy bien, sin nada en absoluto que envidiar a sus homólogos británicos y estadounidenses. Pero sus textos eran, en cambio, bastante limitados e incluso pueriles —naíf, y eso siendo muy generosos—, y al escucharlos ahora se aprecian su inanidad y prosaísmo.

De todos ellos, el único grupo por el que Robe se sintió interesado en aquellos años de crecimiento y asimilación, y mucho, fue Barón Rojo, los músicos de mayor talento de esa corriente y sus merecidos confalonieros.

Fundado en 1980 por los hermanos Carlos y Armando de Castro, guitarristas provenientes de Coz, por el bajista José Luis Campuzano *Sherpa,* y por el baterista uruguayo Hermes Calabria, sus primeros años fueron especialmente dichosos gracias al ya citado *Larga vida al rock and roll,* su disco de debut, y, sobre todo, a *Volumen brutal,* su segundo trabajo, que fue grabado en Londres tanto en español como en inglés para el mercado anglosajón, y cuyas ventas se estiman hoy día en más de dos millones de copias.

Barón Rojo tenía un sonido brutal, como rezaba el título de su disco. Eran unos músicos de una gran solvencia y eficacia, y sus canciones resultaban enormemente pegadizas. Y si bien sus textos no eran los de Leonard Cohen, aunque hay que señalar que tampoco lo pretendían, sí poseían la dosis justa de ironía. Sirva de ejemplo el título de su primer single, *Con botas sucias,* una crítica encubierta a CBS, la multinacional que publicó el disco de Coz *Más sexy,* y con la que acabaron a la greña. Y otro de sus valores era su espíritu desprejuiciado, algo insólito entre los heavies, que resultaban en exceso cerrados y gremialistas, y del que dejaron constancia al dedicar su primer disco a la memoria de John Lennon, que acababa de ser asesinado.

Aquel grupo caló hondo, pues, en Robe, como él mismo me confirmó:

> «Te influyen más las cosas que oyes cuando eres más joven y estás empezando, claro. Y Barón Rojo, por ejemplo, fue muy importante para mí en su momento. Sí, mucho».

Sin embargo, estos no terminaban de ver la influencia que habían podido tener sobre el grupo de origen extremeño. En una entrevista publicada en el diario *El País* en 1997, cuando Extremoduro ya era una banda consagrada y en imparable ascenso, Armando de Castro, el guitarra solista de Barón Rojo, hizo la siguiente declaración:

«Por extraño que parezca, tengo que reconocer lo poco que conozco la trayectoria de Extremoduro. Aun así, no somos su mayor influencia. Yo diría que son mucho más hijos de Leño. Barón Rojo siempre ha tendido a un rock más internacional, menos de barrio, menos callejero».

... y al rock duro

Menos metaleros que roqueros, Los Suaves, uno de los grupos decanos del rock duro español, fundado a finales de los años setenta por tres hermanos de Ourense (Galicia), Yosi, Javi y Charly Domínguez, fueron también una influencia para Roberto Iniesta, como me reconoció:

«En los ochenta me recuerdo escuchando mucho sus canciones. Era un grupo que me gustaba y que seguro que me ha marcado».

Teloneros en su prehistoria de los Ramones, y ya en su madurez de los Rolling Stones —estuve en ese concierto, en Santiago de Compostela, en 1999, y fue una actuación intensísima—, alcanzaron el éxito en 1988 con su tercer trabajo, *Ese día piensa en mí,* que contenía algunos de sus clásicos: «¿Sabes? ¡Phil Lynott murió!»,[1] «No puedo dejar el rock» y la archiconocida y crudelísima «Dolores se llamaba Lola», la historia de una niña bien devenida en lumi *(«fuiste la niña de azul, / ahora eres la vieja verde»).*

Los dos principales atractivos de Los Suaves han sido siempre la personalidad de Yosi, su salvaje vocalista y una figura irreem-

1. Phil Lynott era el cantante, bajista y líder del grupo irlandés de rock duro Thin Lizzy, quizá la mayor influencia anglosajona de Los Suaves.

plazable, y su poderoso directo —su disco *Suave es la noche,* de 1989, es una joya—, pues es uno de esos grupos que lo da todo en el escenario como si estuviera ofreciendo su último concierto. Y ese sonido pétreo fue inhalado por Robe en sus años de crecimiento.

Pero sus letras, a pesar de ser muy superiores a las de sus primos del heavy, no fueron una fuente de la que se alimentara. Ya que no alcanzaban el temblor poético que él buscaba y que inoculó en sus canciones desde el primero de sus discos.

Leño, que estás en los cielos

Pese a que Roberto Iniesta admitió el ascendiente que Barón Rojo y Los Suaves tuvieron en su formación musical, no le faltaba razón al guitarrista Armando de Castro: Leño es, de cuantos grupos españoles surgieron entre finales de los años setenta y primeros ochenta, el que más honda huella ha dejado en Extremoduro. «Sí, supongo que Rosendo fue una influencia vital para mí», me concedió Robe. No hay más que escuchar sus primeros discos para colegir que ambas voces, la del madrileño y la del placentino, poseen un extraordinario parecido. Por más que su discurso, su poesía, tenga poco que ver.

Leño estaba formado por Rosendo, que venía de los grupos Fresa y Ñu —los Jethro Tull hispánicos—, a la guitarra, Ramiro Penas a la batería y Tony Urbano, que sustituyó en plena grabación del primer disco a Chiqui Mariscal, al bajo, y se convirtió en una banda de culto. Una de las razones para ello es que solo duró seis años, desde 1978 a 1983, período en el que sacaron cuatro elepés memorables, uno de ellos en directo, y decidieron disolver la sociedad justo en su mejor momento, tras la publicación de *Corre, corre,* su trabajo más logrado. El perfume marginal de este último, cuya portada retrotraía al *Sticky Fingers* de los Stones, pero sin su carga sexual —la foto del paquete ideada por Warhol era la caña—, conectó de inmediato con un público callejero que veía en los seres inadaptados a sus almas gemelas *(«Lo tienen decidido, /*

debes ser otro eslabón, / y tú, desde muy crío, / te saliste del renglón. / Hiciste en los billares / la primera comunión, / eres un fugitivo / y nada vale tu opinión. Corre, corre»). Y Robe, que entonces andaba en esas, y tanto que sí, absorbió hasta la última coma, hasta el último acorde. Lo hizo, en fin, enteramente suyo.[2]

Rosendo, a diferencia del guitarrista de Barón Rojo, sí se reconocía en ellos, tal y como me confesó en el transcurso de una charla:

«Extremoduro, Barricada, Platero y Tú, Fito & Fitipaldis, Marea... creo que todos ellos hablan mi mismo idioma. Esa es la generación posterior a la mía y con la que más me identifico. Extremoduro eran muy seguidores de Leño. Los conocí cuando empezaron a funcionar. No sé si fue en su primer o segundo disco que hice una colaboración, unos coros. Y sé que eran fans y muy seguidores de nuestra generación, y seguro que tienen un ramalazo de esa historia. Ellos han llegado al gran público y creo que ahora mismo siguen diciendo cosas en serio».

Aquellos coros de los que hablaba Rosendo («rugidos», según el cuadernillo del disco) fueron para *Somos unos animales,* el segundo cedé de Extremoduro. Concretamente, para «La canción de los oficios». Aunque también inmortalizó su personal toque de guitarra en «Perro callejero», si bien en este caso su aportación fue definida como «zarpazos».

Robe, bien nacido, no olvidó jamás aquel gesto —el artista consagrado que se aviene a plantar su semilla, gratis total, en el disco de unos desharrapados de Plasencia— y, andando el tiempo, cuando a Extremoduro les propusieron participar en los discos de homenaje a Rosendo y Leño, dijeron que sí en el acto. En el primero, *Agradecidos... Rosendo* (1997), grabaron «Crucifixión»,

2. El rock urbano encontró en el fenómeno de la delincuencia juvenil un filón narrativo. Este también fue abordado desde otros ámbitos artísticos con resultados interesantes, como en el cine. Y ahí merecen una mención especial los cineastas, ya fallecidos, José Antonio de la Loma y Eloy de la Iglesia, autores de los grandes títulos del llamado «cine quinqui».

un tema de *Loco por incordiar,* el debut en solitario del guitarrista. Y en el segundo, *Bajo la corteza* (2010), se ocuparon de «El tren», un clásico del repertorio de Leño. Se trata de dos versiones poderosas, muy Extremo, y suponen un manifiesto reconocimiento —salve, maestro— a uno de sus tótems de juventud.

Alarma!!! y Antonio Vega, por increíble que parezca

El capítulo de las deudas artísticas no acaba aquí, ni mucho menos. Cuando le pregunté a Robe con cierta prevención si le gustaba o siquiera le interesaba lo que hacía Alarma!!!, un trío del madrileño barrio de Embajadores que estaba muy influenciado por el afterpunk y el reggae —eran devotos de The Police—, y al frente del cual se encontraba Manolo Tena, un grande que provenía de Cucharada —estos tenían temas como «Social peligrosidad»: *«Mary "la Friki" era una tía legal / pero el desempleo la obligó a putear. / Un día la ley la mandó enchironar / diciendo que era un peligro social»*, lo que en 1979 era como defecar en la calle—, me contestó para mi sorpresa que sí, que en su momento aquel grupo le gustó «bastante».

Mi asombro tiene su lógica explicación en la brecha estética que separa a Extremoduro de aquellos efímeros Alarma!!!, por más que estos hicieran canciones «barriobajeras», según definición del propio Tena, quien con el tiempo reconoció a su vez que había sido un grupo en tierra de nadie, adelantado a su tiempo, ya que eran demasiado heavies para los modernos y demasiado modernos para los heavies. A mediados de los años ochenta alumbraron dos únicos discos, pero con resultados notables: *Alarma* y *En el lado oscuro.* Este último contenía un himno, «Frío»,[3] que Joaquín Sabina ha defendido siempre como una de las más hermosas

3. Se han realizado muchas versiones de «Frío» (Los Secretos, Robi Draco Rosa...), pero la que me parece más lograda es la que hizo El Drogas, muy distinta de la original, aunque de una gran hondura. En una conversación que mantuve con Manolo Tena, le pregunté si esa canción era una metáfora de los efectos que produce la heroína o del síndrome de absti-

y emocionantes canciones que ha dado el rock español, y que a él le habría gustado firmar, y Antonio Vega me dijo que la situaría entre las tres mejores composiciones de la Movida, junto a «Annabel Lee», de Radio Futura, y «Malos tiempos para la lírica», de Golpes Bajos.

A propósito de Antonio Vega, aquel artesano de las palabras y las músicas cuya piel de papel de fumar se desmenuzaba, como las hojas de los libros centenarios, con la sola brisa que levanta un piano, con los versos escritos a sangre —y de pie, sufriendo— de Lorca o de Machado, Robe me confesó:

> «Antonio Vega me gustaba mucho. Pero no en Nacha Pop, en solitario. Su muerte me produjo una gran tristeza, me jodió bastante. Me gustaba mucho lo que hacía y las canciones lentas que tenía, a pesar de ser un tipo de música que yo no oigo mucho. Nacha Pop me parecía más pop, pero él era una cosa más íntima, y, aunque fuera más suave me gustaba mucho. Mucho».

Estas palabras dejarán descolocado a más de uno. Sobre todo a quienes piensan que la música ha de tener diques, fronteras, y que hay una serie de creadores que por el simple hecho de no pertenecer a los cuatro nombres que ellos manejan no merecen ser tenidos en cuenta ni, lo que es aún peor, ser escuchados. No es ese, demostrado queda, el caso de Robe, que ya hace tiempo advirtió que no es ningún cenutrio y que está abierto a cualquier tipo de música que le emocione.

No obstante, la influencia de Vega, de ser tal, fue tardía: ambos coincidieron en la discográfica Pasión, en 1991, cuando Vega publicó su ópera prima en solitario, *No me iré mañana,* y Extremoduro su segundo trabajo, *Somos unos animales,* aunque no tuvieron relación alguna.

Pero no es de extrañar que un alma hiperestésica se fije en otra, y la sensibilidad y la poesía contenidas en piezas como «Se

---

nencia, y él me contestó, enigmático: «Sería, quizá, el comienzo de una novela de Manolo Tena que dice: "Si te paras a pensar, enloqueces. O algo peor".».

dejaba llevar por ti» —*«Temor, alcohol de quemar, / pon tus manos a volar o en tus ojos el terror»*— y «El sitio de mi recreo» —*«De sol, espiga y deseo / son sus manos en mi pelo. / De nieve, huracán y abismos, / el sitio de mi recreo»*— tienen mucho que ver con el universo lírico de Robe, que ya sabemos que es alguien capaz de alternar el manejo de la motosierra —«Hoy te la meto hasta las orejas»— y el del violín —«Si te vas...»— con la naturalidad del que pasa del primer al segundo plato.

Hilario Camacho, tristeza en vena

Si los dos nombres anteriores pueden causar cierta sorpresa, este provocará entonces una clara perplejidad. Momentánea, al menos. Porque solo hay que pararse a analizarlo, y tomarse de paso la molestia de escuchar algunas de sus canciones, para entender de inmediato la relación, el parentesco artístico.

Pero es que la acusada vena lírica de Iniesta debe provenir de algún sitio. Ha de tener, por fuerza, unos anclajes musicales al margen de sus lecturas. Porque, como ya ha quedado demostrado, no hay el menor rastro de ella en la obra de los heavies españoles, cuyos textos eran un rosario de lugares comunes sin un solo gramo de alma. Un calco facilón, y las más de las veces sonrojante, de los estereotipos anglosajones.

En los citados Alarma!!! sí había poesía —Manolo Tena era poeta, y en ocasiones de gran hondura—, al igual que en Antonio Vega.

Pues bien, Hilario Camacho pertenecía a esa estirpe. Desde un lugar distinto, sí, pero estaba ahí. De hecho, fue un autor de una calidad muy superior al papel que jugó en la escena musical española, en donde siempre ostentó la vitola de eterna promesa. ¿Incomprendido? Tal vez. ¿Infravalorado? Seguro. Ya que poseía una extraordinaria sensibilidad y una mirada poética personalísima y, por ende, de difícil adscripción. Un modo de entender la música que a Robe le tocaba la fibra, tal y como me confesó:

«Me gustaba mucho lo que hacía. Mucho. Tenía unas canciones que me llegaban muy dentro. Lo empecé a escuchar muy jovencito, con unos catorce años, por discos que tenían hermanos mayores de amigos, y me flipó porque entonces no se oía música así. Sus primeros trabajos fueron los que más me interesaron».

Pese a sus comienzos como cantautor ortodoxo —formó parte, junto a Adolfo Celdrán y Elisa Serna,[4] del efímero movimiento Canción del pueblo, un grupo de tintes culturalistas surgido en Madrid como respuesta a la Nova Cançó catalana—, su curiosidad artística le hizo desmarcarse enseguida de esa corriente y empezó a interesarse por el rock, en el que se adentró de un modo muy particular: con una mochila cargada con los grandes clásicos de nuestra poesía, y después de embriagarse de autores como Dylan y Cat Stevens.

En la eclosión de la Nueva Ola, compuso dos canciones del único disco de Cucharada, el ya citado *El limpiabotas que quería ser torero:* «No soy formal» y «Made in U. S. A.», esta última con Moncho Alpuente. Poco después escribió algunos títulos con Sabina, como «Negra noche», «Whisky sin soda» y «¡Taxi!». Buenos temas, sobre todo los dos primeros, con arreglos matadores, que tiraban para atrás. Un mal inherente a aquella época.

Por eso, al escuchar, hoy, sus discos, ese tufillo demodé, trasnochado, propio de las producciones setenteras y ochenteras, te hace torcer el gesto. Pero si uno consigue abstraerse de esos infames aderezos y se centra en el contenido, en la poesía —tal y como hacía Robe—, es fácil disfrutar e incluso emocionarse con canciones como «Volar es para pájaros», compuesta con Pablo Guerrero *(«Hace tiempo era un niño / buen cazador de nubes, / y es que al cielo subía por sumas de escaleras, / trepando por la hierba de luz del arcoíris / o por los hilos de sol de mis cometas»)*, o la modernísima «Madrid amanece» *(«en medio de tanta gente / qué solo estás»)*.

4. Elisa Serna es autora de una canción que fue censurada por el régimen franquista, «Los reyes de la baraja» (¿os suena?), basada en un poema homónimo de Lorca.

Robe se lamentaba por su injusta falta de reconocimiento en vida:

«La mayoría de la gente le conocía por esa canción que hizo para la tele, pero él había hecho cosas muy buenas en discos anteriores. Me dio mucha pena su muerte».

Porque ya digo que, pese a su talento, la fama le resultó siempre esquiva y solo consiguió cierta notoriedad, en el ecuador de los ochenta, gracias a la canción a la que aludía Robe, «Tristeza de amor», incluida en una homónima y exitosa serie de televisión protagonizada por Alfredo Landa.

El tercer disco de estudio de Extremoduro, el furioso *Deltoya,* se abre con la canción «Sol de invierno». Precisamente, uno de los muchos temas que Camacho escribió, bellísimo además, lleva por título «Sol en invierno». Y pese a no haber similitud aparente entre ambas composiciones, quién sabe. Los homenajes, a veces, y por extraño que resulte, se construyen desde las antípodas. Y, de igual modo, el subconsciente se abre camino sin que uno pueda evitarlo. Ni advertirlo.

Interés por sus coetáneos

Todos los músicos citados hasta ahora componen el catálogo de las heterogéneas influencias de Roberto Iniesta. Son, en fin, los responsables de su educación sentimental.

A partir de ahí, entre los músicos españoles coetáneos, de su quinta, existe un grupo que pudo haberle despertado cierta simpatía estética. Al menos, de forma momentánea y en una época concreta. Se trata de Barricada, herederos, como él, o incluso más, del legado de Leño, aunque en sus inicios demasiado comprometidos políticamente, y que con su quinto disco, *Rojo* (1988), alcanzaron el éxito masivo.

Aquel trabajo se editó cuando Extremoduro ya llevaba un año en activo, y unos meses antes de que saliera a la venta su ópera prima, *Tú en tu casa, nosotros en la hoguera.* Y si bien el paso del tiempo haría cambiar las tornas, lo cierto es que los navarros les sacaban entonces una clara ventaja, por lo que no es descabellado pensar que Robe hubiera podido sentirse atraído por ellos. Otra cosa es que esa banda le haya influenciado, que me da que no demasiado. O no, al menos, de un modo consciente.

En noviembre de 1997, con motivo de la publicación de su disco en directo *Salud y rocanrol,* entrevisté a dos miembros de Barricada, Enrique Villarreal, alias «el Drogas», en aquel entonces el estandarte del grupo, que abandonó en 2011, un tipo muy dialogante y con una voz agradable, bien modulada, que contradice su aspecto feroz, y el guitarrista Alfredo Piedrafita. Para mi sorpresa, estos me confesaron lo poco que conocían el trabajo de Extremoduro:

> «Con Robe hemos coincidido pocas veces —dijo el Drogas—. Recuerdo que hace muchos años tocamos con ellos en Cáceres, me parece, pero la verdad es que no se puede decir que seamos íntimos».

Piedrafita añadió:

> «A Extremoduro no lo he escuchado mucho. Sé que tengo que coger sus discos y ponerme a ello, porque cuando todo el mundo está hablando bien de esa historia me imagino que algo debe tener de interesante. Sí, tengo que escucharlos bien, por supuesto».

Han transcurrido muchos años desde aquello, y quizá esa laguna fue definitivamente reparada. Quizá.

Quien sí ha interesado a Robe, y no lo ha ocultado, sino todo lo contrario, ha sido Albert Pla, un vitriólico cantautor con quien además realizó varias colaboraciones. La primera data de 1995 y fue para el disco de Pla *Supone Fonollosa,* adaptación de un racimo de poemas del ya entonces fallecido poeta catalán José María Fonollosa, y en el que Iniesta recita los nihilistas versos de «No».

El catalán le devolvió el favor ese mismo año cantando con él «El día de la Bestia», compuesta por Robe por encargo para la película del mismo título, dirigida por Álex de la Iglesia (pese a que finalmente no se utilizó en el filme, sí formó parte del cedé de la banda sonora). Y un año después su voz podía escucharse en «¡Qué sonrisa tan rara!», séptimo corte de *Agila*.

Al año siguiente, Robe volvió a participar en un disco de Pla: *Veintegenarios en Alburquerque,* en donde canta en «Veintegenarios» —también lo hacen Manolo Kabezabolo y Fermín Muguruza— y en una versión de «Pepe Botika (¿Dónde están mis amigos?)», canción del cuarto disco de estudio de Extremoduro.

Por último, el extremeño colaboró en el disco *Cançons d'amor i droga* (2003), un homenaje póstumo que Pla le rindió al poeta y pintor Pepe Sales, quien dejó escritas medio centenar de canciones inéditas. En ese trabajo canta en el tema «Viva Espanya».

Es normal que después de tantos cables tendidos la relación entre ambos artistas sea espléndida. Una relación basada en la mutua admiración y en una similar manera, pese a las muchas diferencias, de ver las cosas, de entender el arte. Pla, quien logró sus mejores críticas con el brillante *No solo de rumba vive el hombre* (1992), un disco cargado de canciones tan delirantes como ingeniosas —«El sol de verano», «Joaquín el necio», «Carta al rey Melchor», «El bar de la esquina»—, siempre ha tenido palabras de elogio para Robe. Hasta el punto de llegar a decir:

> «Para mí, es el mejor grupo que ha habido. Robe es algo superior, y junto a Uoho consiguen ser también el mejor grupo. Extremoduro es lo único que puedo escuchar, prestando un mínimo de atención, de lo que hay hoy por ahí. Es lo único decente que hay en la música hoy en día, y sigue siendo tan bueno y tan fresco como la primera vez que lo escuché».

Le pregunté a Robe si se veía en la misma cuerda creativa que Pla, o si pensaba más bien que los suyos eran universos distintos que se tocaban en algunos puntos. Asintió a esto último:

> «Creo que lo segundo sería más acertado. Albert y yo sí tenemos algunos puntos en común, pero la música de Extremoduro no se parece a la que él hace».

¿Obvia matización? Tal vez, pero necesaria.

Los grandes, a examen

Dejando a un lado su reverencia por grandes bandas de rock duro como AC/DC, que ya se ha dicho que tuvo una enorme incidencia en la época de aprendizaje de Robe, o los británicos Queen, aunque estos en menor medida, quedaba la duda de cuál era su opinión sobre algunas de las vacas sagradas de la historia de la música popular de los últimos cuarenta años.

Franco y directo, no dudó en bajar el pulgar si el músico en cuestión no le ponía, por más que se tratara de un figurón. He aquí el dictamen:

Bruce Springsteen:

«No me hace mucha gracia».

Bob Dylan:

«Hombre, más, me gusta más. Quizá más tiempo atrás. Pero la verdad es que de esa gente, como de los Rolling Stones o los Beatles, estoy un poco alejado».

Michael Jackson:

«Me parece alguien sobrevalorado. No creo que sea un personaje tan importante como para que se le haya dado tanto bombo».

¿Son juicios discutibles? Por supuesto. Pero le pedí que opinara, y eso hizo. Es, pues, palabra de Robe. Y que cada cual la secunde o la rebata a su antojo.

La huella de sus influencias en sus discos

En sus canciones, Robe también ha dado algunas pistas acerca de sus influencias musicales. Ahí están, por ejemplo, los celebérrimos versos de «Sucede»:

> *¿Ser? No he vuelto a ser el mismo*
> *desde que se fue*
> *Gillespie, Zappa, Mercury, Camarón...*

Casi nada. No solo se trata de cuatro genios de la música, cada uno en lo suyo, sino de cuatro hombres de una personalidad colosal y un espíritu marcadamente libre. Dizzy Gillespie —¿sorprende ese toque culturalista en Robe?— en el bebop y el jazz, donde compartió la magia de un sonido nuevo con otro grande, el saxofonista Charlie Parker; Frank Zappa como un revolucionario que tocó con maestría casi todos los palos, desde el rock y el blues hasta la música electrónica e incluso la clásica; Freddie Mercury, al frente de Queen, como uno de los mayores iconos de la historia del rock, con algunos de los discos imprescindibles de la segunda mitad del siglo XX, y Camarón... en fin, sobran las palabras.

Relato a continuación una anécdota sobre uno de ellos que sirve para ilustrar esa esencia libérrima que los caracterizó a todos, y que define también, sí, al propio Robe.

Se trata de la fiera lucha que Zappa mantuvo contra la censura, en concreto contra el PMRC (Parents Music Resource Center, o lo que es lo mismo, el Centro de Recursos Musicales de Padres), un infame comité constituido en Estados Unidos por un grupo de esposas de importantes políticos, entre ellas Mary Elizabeth *Tipper* Gore, cónyuge de Al Gore, quien fuera vicepresidente del país. Dicho comité trataba de reeducar y prevenir a los padres sobre una serie de «modas alarmantes» que imponían una serie de músicos del rock y el pop, y que, según ellos, incitaban al consumo de estupefacientes, la violencia o el suicidio, entre otros males. En 1985 publicaron una lista de canciones bajo el título *Filthy Fifteen* («Quince asquerosas»), en la que se citaban los nombres de quince artistas con sus correspondientes composiciones, las cuales aludían al sexo, las drogas, el alcohol y la violencia. Entre ese grupo de bandarras destacaba la presencia de AC/DC, Black Sabbath, WASP, Judas Priest, Prince, Madonna y Mötley Crüe. Zappa llegó a testificar en el Senado ante el comité de Comercio, Tecnología y Transporte cargando con toda su ironía y fuerza intelectual contra el PMRC, a quien acusaba de censores. El músico incluyó después pasajes de esa declaración en la canción «Porn Wars», de su disco *Frank Zappa Meets the Mothers of Prevention* (1985). No contento con eso, y echándole un par, utilizó en algunos de sus discos una etiqueta alternativa a la que sugería el ultramontano comité. Reproduzco su contenido, pues es una joya:

> ¡CUIDADO! Este álbum contiene material que una sociedad verdaderamente libre nunca temería ni suprimiría. El lenguaje y conceptos contenidos aquí garantizan no causar tormento en el sitio donde el tío de los cuernos y el tridente lleva sus asuntos. Esta garantía es tan real como la de los fundamentalistas que atacan la música rock en su vano intento de transformar América en una nación de estúpidos (en el nombre de Jesucristo). Si hay un infierno, sus llamas les esperan a ellos, no a nosotros.

Esas palabras podría hacerlas perfectamente suyas Roberto Iniesta, siempre que en nuestro país tuviéramos algo parecido a ese vil comité (de haber vivido en Estados Unidos, a Robe le habrían aplicado seguro la inyección letal por canciones como «Jesucristo García» y «El día de la Bestia»: *«Vi a la Virgen María, / cansada de ser virgen, / metiendo en un portal»*). Pero, por fortuna para nosotros, no es así. Aunque como nunca se sabe, habrá que tomar buena nota del preclaro Zappa por si los tiempos venideros se tornaran sombríos y los discípulos de Torquemada se apoderasen de nuevo de las instituciones.

Volviendo a las influencias, y ciñéndonos a los discos de Extremoduro, no puedo dejar de mencionar la versión que hicieron del «Me estoy quitando» de los malagueños Tabletom, la cual se incluyó en el vigoroso *Agila*. El título de la canción surgió de algo que Camarón le dijo —una perla impagable— al ya fallecido Roberto González, más conocido como Rockberto, cantante y líder de Tabletom: «Me estoy quitando, solamente me pongo de vez en cuando». El genio de San Fernando se refería a su adicción a la heroína, y Rockberto, que de esa vaina sabía latín y griego, se apresuró a inmortalizar la confesión con aquella pieza, que vio la luz en el disco *Inoxidable* (1992).[5]

La grabación de Extremoduro ha de entenderse, en realidad, más allá del juego que les daba el tema, como un rendido homenaje a la figura de Camarón de la Isla, de quien Robe bebió también larguísimos tragos de *jondura*.

Leer, por encima de todo

Robe me reconoció, en el que era el momento más dulce de una carrera que llevaba más de quince años cosechando a partes iguales prestigio y éxito de ventas, que se mantenía a una prudencial distancia de la música ajena:

> «Oigo poquita música, e intento oír la música en español porque quizá me interesen más las letras que la música. Pero en general, ya te digo, oigo muy poca música».

Por entonces estaba más volcado en la lectura de «todo tipo de libros», ya que en materia literaria carece de prejuicios y lo mismo devora el *best seller* del que no se deja de hablar que una novela de mayor calado intelectual, una biografía o poesía de cualquier época y género.

5. Robe colaboró con Tabletom seis años después de realizar aquella versión: fue para el disco *7000 kilos,* en donde puso su garganta al servicio de la canción «No tengo ná».

EL ARSENAL SONORO DE UOHO

A partir de *Agila,* esto es, del disco que supone la consagración de Extremoduro, no se puede hablar con fundamento del alma musical del grupo sin citar las influencias de Iñaki Antón, que, además de ser el guitarra solista y el productor de todos los trabajos desde ese título, es quien, junto a Iniesta, arma y disfruta y sufre cada una de las canciones con corazón de músico y cabeza de ingeniero.

Dentro de las españolas, las coincidencias con su socio extremeño son casi absolutas en lo esencial. Me dio detalles:

«En mi juventud, tiraba mucho de Leño y de Barón Rojo. Los escuché una barbaridad. Leño, pese a su sencillez, tenía una actitud y un guitarreo que me encantaban. Y en Platero, por ejemplo, todos teníamos a ese grupo en común. Cuando nos juntábamos, a los grupos en los que coincidíamos les dábamos más batalla. Tanto en la carretera como fuera de ella. Y Leño era la referencia. Luego había otros grupos, como Cucharada y, más tarde, Alarma!!! que me ofrecían algo más. ¡Las vueltas que le habré dado al disco de Cucharada *[El limpiabotas que quería ser torero]*! Me encantaba. Y aún sigo escuchando los dos discos de Alarma!!! Me gustaba lo bien organizadito que estaba todo. A diferencia de Cucharada, que era intensidad, Alarma!!! era orden. Eran dos grupos que me flipaban, lo que pasa es que no tenían recorrido: había que comerse un disco seis mil veces. Pero por aquel entonces buscaba cosas que no fueran muy elementales, y Alarma!!! parecía un grupo sencillo, pero era más elaborado, y me ofrecía lo que buscaba. Hubo otros grupos que me interesaron. Por ejemplo, La Banda Trapera del Río. Aquella canción, «Ciutat podrida». Sí, tuve una época en la que le di alguna que otra vuelta a ese disco. Aunque, al final, me quedé solo con una o dos canciones».

El influjo anglosajón

Los músicos anglosajones que Iñaki consumió son numerosos, y entre ellos hay brillantes exponentes del rock clásico, del rock duro, del rock sinfónico y hasta del folk y el *rhythm and blues*.

En este capítulo hay también unas cuantas influencias compartidas con Iniesta. Las más notorias, ZZ Top —«los escuché hasta aburrirme», me dijo—, AC/DC y Deep Purple. Y ya algo menos, Queen («me gustaban algunas canciones, que aún sigo escuchando»).

Pero es aquí donde más se acusan las diferencias, y de esa diversidad, de ese mestizaje, nace la riqueza musical de Extremoduro desde *Agila*.

La primera gran banda con la que Iñaki se identifica enteramente son los británicos Status Quo, nacidos, mediada la década de los sesenta, del germen del grupo The Spectres, y liderados por los guitarristas Francis Rossi, también cantante, y Rick Parfitt. Esta formación, una de las más célebres y longevas del Reino Unido, viajó del rock psicodélico al blues, para acabar haciendo un rocanrol puro, sobrio, directo. Sin poses ni mariconadas. Música neta para hacerte vibrar y aparcar los problemas durante unas horas. Uoho me lo confirmó:

«Cuando me tiré al rock y empecé a aporrear una vieja guitarra acústica que cambié por un abrigo, porque no tenía un puto duro y lo de cómo iba consiguiendo yo las guitarras es un circo, escuchaba a grupos como la ELO (Electric Light Orchestra). Pero los Status Quo fueron los que me trajeron al rock y a la guitarra. Sonaban de putísima madre, me encantaban».

Otro supergrupo que le fascinó fue Pink Floyd, tanto en su etapa primerísima como en el punto álgido que supuso *The Wall:*

«Pink Floyd, a saco: *Wish You Were Here, La cara oculta de la luna [The Dark Side of the Moon], Ummagumma, Atom Heart Mother...* Eran la hostia. Eso ya son palabras mayores».

Y es en el apartado de los genios de las seis cuerdas donde se advierte la emoción de quien habla de algo que no solo conoce y domina, sino que le hace feliz. Los nombres que citó han de entenderse como la pléyade de maestros que contribuyeron a forjar una parte capital del sonido de guitarra de Extremoduro:

«De chavalillo me llamaba la atención Angus Young, por los punteos y tal, pero su hermano Malcolm sigue siendo hoy en día uno de mis guitarristas favoritos.[1] Me parece increíble la precisión, la fuerza y el ritmo que tiene en cosas tan sencillas. Es envidiable, acojonante. Y búscale un toque fuera de sitio, que no tienes huevos de encontrárselo. Es una auténtica máquina de ritmo de rock. Ted Nugent también, a pesar de lo tonto que es, que en aquel tiempo no lo sabíamos. Pero me flipaba con la guitarra. Luego ya, en la era de la comunicación, cuando te enteras de qué va la gente, dices: "Pero ¡este tío...!". Ahora, aquellos primeros discos suyos eran la hostia.[2] Y ya después, la Creedence, J. J. Cale... Cosas que escuchabas, que no estabas todo el día con ello, pero que te influenciaban a la fuerza porque tenían una grandísima calidad».

Su discurso no se detuvo ahí:

«Por mi gusto personal, por el placer de mi oído, y musical, siempre he tirado hacia músicos más de alma. Por ejemplo, prefería, y prefiero, a Carlos Santana que a Steve Vai. Aunque a este, Santana le parecerá un torpe. Y me encanta cómo toca la guitarra Eric Clapton, aunque no haga

1. Malcolm Young falleció en noviembre de 2017 tras darse a conocer que padecía demencia senil.

2. Uoho se refería a la faceta ultrarreaccionaria del músico estadounidense Ted Nugent, republicano confeso y contumaz defensor de la caza de especies protegidas y del uso y tenencia de armas de fuego. Una joya, vamos.

una sola cosa difícil. Y Jeff Beck, Rory Gallagher, Albert King... Es que, hostias, son tantos... Brian May, sin ser uno de mis guitarristas favoritos, reconozco que tiene personalidad, que es un guitarrista reconocible. Y eso es algo que siempre se agradece en un músico. Keith Richards, aunque tenga carencias técnicas, es un guitarrista con mucho ritmo y sentido musical. Y es que también sucede que muchas veces, cuando subes en mucha técnica, bajas necesariamente en lo otro. No sé por qué pasa, pero es así. Hay mogollón de cantantes que tocan la guitarra y hacen canciones con un alma que te cagas, y en cambio no tienen ni puta idea de tocar. Igual, si aprendieran la hostia, se jodería esa inmediatez».

Y para quienes piensan que Iñaki ha bebido del *heavy metal* hasta hartarse, se equivocan, como él mismo me explicó:

«En cuanto a los grupos heavies, los escuchaba lo justo. Bandas como Saxon y ese rollo tan heavy solo los escuché de pasada. Ponías una canción y decías joder, qué caña. Pero me aburría enseguida porque a la tercera o la cuarta era todo el rato igual».

Un devorador de canciones

No obstante, a Iñaki, más que los discos, lo que le gustan son las canciones. Es un voraz consumidor de ellas. Es por eso que en Extremoduro cada uno de los temas se levantó como si fuese un disco en sí, pues Robe comparte con él esa inclinación:

«Te confieso que siempre he sido más de canciones que de grupos —me dijo—. Y lo sigo siendo. En mi iPad llevo canciones, no llevo la discografía de nadie. De Led Zeppelin, por ejemplo, llevo quince. Pero son las que oigo siempre, desde hace ya treinta años».

¿Tiene Uoho algún secreto inconfesable, alguna canción en las antípodas del universo de su grupo que le guste? La respuesta fue afirmativa:

«Sí, claro. Hubo por ejemplo un disco, no sé si eran The Vogue, electrónico, que lo ponía y flipaba. Decía: "Esto es heavy, esto es caña pura". Hostia, sí. Y a David Bowie también lo he escuchado mucho, y a Marc Bolan. El rollo glam. Siempre he sido muy abierto en lo musical, no me he puesto barreras».

Un gran lector

Pero no solo es un consumidor de música. Como le confesó a la periodista Rebeca Argudo en una notable entrevista para el diario *La Razón,* su pasión por la lectura nació en la edad temprana:

«Mis dos hermanos me sacan quince y diecisiete años. Me crie como un hijo único, y los hijos únicos nos tenemos que buscar nuestros propios entretenimientos y nuestros amigos imaginarios. En casa había libros, afortunadamente, y a un hijo único tener libros le viene muy bien porque cuando es pequeñajo no tiene hermanos con los que jugar. Había libros que leía y no entendía, pero eso iba dejando poso. Y como lector pasas etapas, aunque nunca he dejado de leer. Mi hija Irantzu es una gran lectora porque siempre me vio leer. Suelo tener dos libros abiertos, una novela y un libro didáctico, ya sea de fotografía, ciencia o historia. Y para mí es muy importante el estilo. Me gusta la gente que tiene arte escribiendo, como un buen concertista. Hay escritores tan buenos que solo con que escriban es suficiente».

Y de los buenos escritores, esos que «solo con que escriban es suficiente», nos vamos a la influencia poética, tan importante —capital, de hecho— en la obra de Extremoduro como su sonido.

LAS DEUDAS POÉTICAS Y ALGUNOS VERSOS SUELTOS

Del mismo modo que los músicos citados en los dos capítulos precedentes contribuyeron de manera notable a forjar el sonido de Extremoduro, un racimo de poetas y literatos de cinco estrellas ejerció su magisterio sobre un joven Roberto Iniesta Ojea, quien página a página se fue nutriendo del zumo lírico que, combinado con el licor de su experiencia vital, terminaría por armar sus letras.

A diferencia de la mayoría de sus colegas, para los que los libros son nidos de serpientes a los que no hay que acercarse jamás si no es con un bidón de gasolina y una cerilla, él no tardó en descubrir que con un volumen entre las manos era posible trasladarse a cualquier tiempo y lugar sin necesidad de moverse del sitio. Y que ese viaje intelectual podía provocar sensaciones no menos placenteras que las obtenidas por medios físicos, y a veces, incluso, superarlas.

Basta con escuchar un disco cualquiera del grupo de origen extremeño para concluir que Robe, más allá de sus dotes innatas para la escritura, ha leído y aprovechado al máximo esas lecturas. Ya que estas son la principal fuente de aprendizaje para un escritor, cultive el género que cultive, y su más preciado patrimonio.

Esto, que es una verdad de Perogrullo, no es como digo algo que todos los letristas de canciones practiquen. Hay, claro, excepciones, pero son legión quienes se jactan de no leer ni los pies de foto, y sé de lo que hablo: he entrevistado a la plana mayor de los músicos/compositores de rock y pop de este país, y más veces de lo deseable me he encontrado con esta respuesta: «No, yo apenas leo». Bueno, bien, pues allá ellos. Pero que tengan muy presente que sin alas es imposible volar —no, no vale el LSD—, y que para crecer hay, por fuerza, que alimentarse.

Robe, pese a reconocer que pasó largos períodos sin hacerlo, no solo lee, sino que además investiga (más adelante hablaré de su paso por la universidad, con casi cincuenta años, para reforzar sus nociones de gramática de cara a la escritura de su novela *El viaje íntimo de la locura.* Un rasgo de humildad y un deseo de seguir aprendiendo del que deberían contagiarse quienes tienden a confundir popularidad con sabiduría).

Hablé con él de poesía y me dijo lo siguiente:

«La cuestión de los poetas es complicada. En poesía es difícil decir quién es bueno y quién es malo. De un poeta te puede gustar una poesía y otras veinte no aguantarlas. Es muy difícil que te guste todo lo que hace. Pero con que me guste una cosa, ya me vale. De la Generación del 27 es Lorca quien me gusta un poquito más. Aunque siempre he dicho que con una obra que te guste de un poeta, este ya es bueno. Porque es muy difícil que te guste un estilo, y la poesía es muy difícil que te entre; tienes que ponerle muchas ganas. De todas formas, últimamente casi no leo poesía. Antes sí que leía más, y en cambio no leía nada de prosa. Quizá porque ahora busco otras cosas: fijarme, aprender, ver. Se puede escribir de otras maneras. Tampoco antes leía mucha poesía, sino que leía las mismas, las releía, y casi me las sabía de memoria. Pero lo de ponerte a investigar poesía es más difícil. La poesía tienes que leerla con mucha calma. Te das cuenta de que hay un tío que te gusta, pero te gustan solo dos cosas, y resulta que tiene cien. Al final, entiendes que no es el autor ni eres tú, es que es muy difícil que te entre».

Poetas mayores

Robe ha rendido pequeños homenajes en sus discos a diversos poetas, al tiempo que se beneficiaba de su talento. Es así como algunos de los autores de la mejor poesía en español del siglo XX han entrado en la obra de Extremoduro muchos años después de muertos.

Estos han sido, casi siempre, debidamente citados en los discos, y son Antonio Machado, Miguel Hernández, Pablo Neruda y Federico García Lorca, además de un novelista, Benito Pérez Galdós.

Del primero tomó una estrofa del soneto «Por tierras de España», del poemario *Campos de Castilla,* para «Buscando una luna», primer corte de *Agila:*

> *[Veréis]*[1] *Llanuras bélicas y páramos de asceta*
> *—no fue por estos campos el bíblico jardín—;*
> *son tierras para el águila, un trozo de planeta*
> *por donde cruza errante la sombra de Caín.*

De Machado son también unos versos, pertenecientes al poema «Arte poética», que se añadieron a la letra de «Caballero andante (¡No me dejéis asííí!)», canción incluida en *Rock transgresivo* y en el recopilatorio *Robe, mi pequeña historia,* una doble cinta casete autoeditada por Iniesta.

En este caso, la autoría no fue especificada en el cuadernillo del disco (o tal vez se le atribuyó por error al poeta Marcos Ana, autor de los versos de apertura del tema). Los reproduzco aquí:

> *Roto en tu espejo tu mejor idilio*
> *y [vuelto] ya de espaldas a la vida,*
> *[ha de ser] es tu oración de la mañana:*
> *¡Oh! ¡Para ser ahorcado, hermoso día!*[2]

1. Las palabras entre corchetes corresponden al poema original.

2. En las actuaciones de sus primeros años, Robe utilizaba ese verso como grito de guerra: «*¡Para ser ahorcado, hermoso día!*».

Para «Prometeo», segundo corte de *Agila,* utilizó dos versos de Miguel Hernández. Concretamente, del soneto «De mal-en peor», el cual forma parte del ciclo de *El silbo vulnerado:*

No me levanto ni me acuesto día
que malvado cien veces no haya sido.

Y volvió a servirse de ese poeta en «Locura transitoria», canción que abre *Para todos los públicos,* con su celebérrimo *El rayo que no cesa,* que Robe condimentó a su burra manera:

¡Coño!
Un ruido del demonio se mete en mi cabeza
y se enciende dentro un puto rayo que no cesa.

Pablo Neruda aportó un verso del poema «Walking around», del soberbio *Residencia en la Tierra,* para «Sucede», tercera canción de *Agila:*[3]

Sucede que me canso de ser hombre.

Y de Federico García Lorca son los versos que se intercalan entre la primera y la tercera estrofas de «Puta», de *Yo, minoría absoluta,* y que Robe extrajo del largo poema «Los encuentros de un caracol aventurero» de *Libro de poemas,* el primer poemario del vate andaluz:

3. Además de ese verso, Robe echó mano de un fragmento de otro poema de Neruda para dotar de temperatura lírica a la contracubierta de *Pedrá.* Se trata de «A mis obligaciones», de su libro *Navegaciones y regresos,* y reza: «*Cumpliendo con mi oficio / piedra con piedra, pluma a pluma, / pasa el invierno y deja / sitios abandonados, / habitaciones muertas: / [yo trabajo y trabajo,] / debo substituir / tantos olvidos, / llenar de pan las tinieblas, / fundar otra vez la esperanza*». El músico llegó a recitar estos versos en algunas de sus actuaciones, a modo de introducción de una serie de temas inéditos que acabarían formando parte de *Agila.*

Subí al árbol más alto
que tiene la alameda
y vi miles de ojos
dentro de mis tinieblas.
[...] Nosotras no las vemos,
las hormigas comentan.
Y el caracol: mi vista
solo alcanza a las hierbas.

La frase birlada a Pérez Galdós pertenece a la colección de novelas históricas reunidas bajo el título *Episodios nacionales,* y con ella Extremoduro abrió la «Coda flamenca (Otra realidad)», de *La ley innata:*

Por verme amado de ella por todo el día, mañana, en perder la vida, consentiría.

Quedan aquí documentados el buen gusto y la amplitud de miras de Robe, quien para enaltecer la propia obra no ha dudado en recurrir a la infalibilidad de los clásicos.

Poetas extremos

Respecto a las inclusiones de versos ajenos en sus canciones, en 1996, tras la publicación de *Agila,* Robe confesó:

«Siempre he metido poesía en los discos, lo que pasa es que nunca me ha dado por meter específicamente a su autor. Me gusta leer, y muchas veces tomas inspiración de una frase o un párrafo. La mayoría de las cosas las cojo de ediciones de cien o quinientas copias, de gente que no puede publicar un libro».

En efecto, Extremoduro, desde el primero de sus discos, ha utilizado fragmentos de poemas de versificadores de carácter minoritario, es decir, de escasísima difusión, los cuales aportaron su talento de una manera desinteresada, por mera amistad.

El autor de la primera estrofa de la en su día polémica «Extremaydura», de su disco de debut, *Tú en tu casa, nosotros en la hoguera,* es Rafa Gallego, responsable a su vez de la ilustración de la portada de ese trabajo:

Desde que tú no me quieres
yo quiero a los animales
y al animal que más quiero
es al buitre carroñero.

La canción «Deltoya», incluida en el disco del mismo título, está inspirada en un poema de Kiko Luna Creciente, y en ella Robe mantiene algunos de los versos originales:

Es menester en la cañada
dejar el arroyo con sus ruidos.

Delicada gasa, fuerte envoltura,
tope gansa con la natura.

«Última generación», también de *Deltoya,* la escribieron Robe y Tomás Rodríguez, entonces mánager de Extremoduro y hoy por completo alejado del negocio musical.

En ese disco se encuentra además uno de los himnos del grupo, «Ama, ama, ama y ensancha el alma», cuya letra fue extraída del poema homónimo de Manolillo Chinato, mientras que Robe se hizo cargo de la música. En el cuadernillo de *Deltoya* se puede leer la siguiente nota:

«El día 7 de abril de 1992 se graba en los estudios Box de la calle Montserrat, 28, de Madrid: "Ama" (poeta, amigo Manolo), robada por Roberto Iniesta para Extremoduro mucho antes de que salga al mercado, aparte de robarle el ciervo y la foto que para Iniesta significa tanto; yo añado que es la punta del iceberg, lo justo sería robarle el libro completo de poemas para que no seas un poeta muerto, digo muerto.

»Iniesta y Domingo y muchos más te queremos vivo.

»Firman el Rey de Extremadura y Domingo Serrano Muñoz».

Reproduzco, íntegra, la letra de «Ama...»:

Quisiera que mi voz fuera tan fuerte
que a veces retumbaran las montañas,
y escucharais las mentes social-adormecidas
las palabras de amor de mi garganta.

Abrid los brazos, la mente, y repartíos,
que solo os enseñaron el odio y la avaricia,
y yo quiero que todos, como hermanos,
repartamos amores, lágrimas y sonrisas.

De pequeño me impusieron las costumbres,
me educaron para hombre adinerado,
pero ahora prefiero ser un indio
que un importante abogado.

Hay que dejar el camino social-alquitranado
porque en él se nos quedan pegadas las pezuñas.
Hay que volar libre, al sol y al viento,
repartiendo el amor que tengas dentro.

La contribución de Chinato al cancionero de Extremoduro no termina ahí: Robe ha reconocido que hay muchas palabras, versos y giros de aquel en la obra del grupo, y que no siempre lo han especificado. Aunque, a este respecto, el músico y poeta me dijo que esos «trocitos» de otra gente deberían haber ido acompañados de un «basado en» o «versión de», pues en el caso de Chinato eran fragmentos que este le leía y que él no anotaba, y que más tarde los reproducía de memoria y sin que conservaran, por lo tanto, su literalidad. De ese modo, ya no podían considerarse en rigor versos cien por cien de Chinato, ya que contenían, también, parte de la sensibilidad de Iniesta.

Eso tiene un nombre: paráfrasis. Robe parafraseaba, pues, algunas ideas, y el resultado debería atribuirse por esa razón a dos personas, por más que el germen pertenezca a una sola.

En cualquier caso, en otras canciones de Extremoduro en las que hay semillas del poeta salmantino sí se ha señalado. Por ejemplo, en «Quemando tus recuerdos», canción de *Somos unos animales* en donde se incluyen los versos:

¡Qué importa ser poeta o ser basura!
¡Qué importa que me engañes
y luego me sonrías…!

Esos versos fueron modificados por Robe, como tantas otras veces ha tenido que hacer, para que encajaran bien en la canción. Los originales pertenecen a un poema que se incluyó en *Poesía básica* bajo el título «Juguete de amor».

El músico me explicó la razón de esos cambios:

«La mayoría de las ocasiones en que he cambiado los versos originales de un poeta, sobre todo de Chinato, que luego en su libro están de otra manera, ha sido para poder adaptarlos. Ahí no puedes respetar el original. Porque si recitas la poesía, la recitas tal y como es. Pero al meterla en una canción, tampoco lo puedes hacer con calzador. Respetas la esencia, sí, pero a lo mejor te tienes que comer una palabra y añadir otra».

También fueron identificados en «Caballero andante (¡No me dejéis asííí!)», en donde el recitado final pertenece al poema —hecho canción en *Poesía básica*— «Tres puertas»:

Hoy morirán hojas y animales.
Mas no morirán para siempre y,
en su transformación de mañana,

darán
con más calor
a la tierra,
de su muerte,
pasado mañana,
brotes de esperanza.
Y yo no he muerto.
Si tengo frío, me caliento;
si tengo miedo, ¡que no lo tengo!,
susurro y pienso...
Y para mañana
ya me he comido mi pequeña ración de esperanza.

Al igual que en *Pedrá,* larga letra de Robe entre cuyas estrofas se intercalan algunos versos del bardo salmantino. Como aquellos que rezan:

Por volver como eres; por volver como somos.
Por la inmensa sonrisa de tus cansados ojos.
Por volver donde alguien te quiere, sin que vuelvas.
Por poner a los míos con un poco más de luz.

Aunque esa estrofa fue cantada —y escrita— de este modo en *Pedrá,* me contó Robe que el poema original se lo escribió Chinato en uno de sus muchos encuentros, y dice así: «*Por volver como eres, / como somos, / como la luz y la noche, / como la noche y el silencio; / por haber vuelto donde alguien te quiere sin que vuelvas. / Gracias por la inmensa sonrisa de tus cansados ojos, / por poner a los míos con un poco más de luz*».

Hay otros versos de Chinato que también fueron incluidos en *Pedrá,* y que contienen ese tono épico marca de la casa (los versos originales fueron dados a conocer en *Poesía básica,* entre las estrofas de «Abrazado a la tristeza»):

Y verás el resurgir poderoso del guerrero,
sin miedo a leyes ni a nostalgias;

y caer mil veces más, y levantarse de nuevo,
sin más bandera que sus güevos.

Raúl Lomas es el autor de la segunda estrofa de «Posado en un nenúfar», canción de *¿Dónde están mis amigos?*, cuyos versos fueron extraídos de su libro *Mierda bañada en mentiras de sangre (Poesía desnuda).*[4]

La letra de la canción «Te juzgarán solo por tus errores (yo no)», incluida en *Rock transgresivo* y en *Robe, mi pequeña historia,* está escrita a partir del poema «El perseguido», del libro de Marcos Ana *Las soledades del muro.*[5] Estos son los versos que Robe tomó de él:

Su herida golpead de vez en cuando;
no dejadla jamás que cicatrice.
Que arroje sangre fresca su dolor
y eterno viva en su raíz el llanto.
Y si se arranca a volar, gritadle a voces
su culpa [pena]: que recuerde.
Si en su palabra crecen flores nuevamente,
arrojad pellas de barro oscuro al rostro,
pisad su savia roja.
Talad, talad, que no descuelle el corazón
de música oprimida.
Si hay un hombre que tiene el corazón de viento,
llenádselo de piedras y hundidle la rodilla sobre [contra] el pecho.

Hay también un «cacho» —como se precisa en el cuadernillo

4. Esos versos ya están reproducidos en una nota al pie del capítulo de este libro «Satán con lira: La exquisitez de la bestia».

5. Marcos Ana fue el seudónimo que utilizaba el fallecido poeta salmantino Fernando Macarro Castillo, quien ostenta el funesto récord de mayor tiempo de cautiverio en las cárceles de la dictadura franquista por motivos políticos: exactamente veintitrés años, a lo largo de los cuales sobrevivió a dos condenas de muerte y a durísimas torturas. Tras leer un adelanto de sus memorias —*Decidme cómo es un árbol*— en el suplemento de un diario, Pedro Almodóvar quedó fascinado con su historia y decidió comprar los derechos cinematográficos con vistas a convertirlas en película.

de la reedición de *Rock transgresivo*— de la antología *Las soledades del muro* en la letra de «Caballero andante (¡No me dejéis asííí!)»:

¿Acaso no has visto el cartel?:
«Prohibida la entrada de ranas».
Y el cerebro se me empieza a deshacer,
pero yo no estoy loca, que no estoy loca,
que yo no estoy loca...
Y ahora, ¿a qué vamos a jugar?
Sueño de aroma, y luego... nada;
andrajos, rencor, filosofía.

El poeta Sor Kampana, alias de Antonio Belarte Aliaga, también ha prestado versos de su libro *Poesía asfáltica de confusión* para la causa *extrema,* así como el poema «Ni vertiendo polvo», que cierra el tema «Ábreme el pecho y registra», de *Agila*, y que dice, o más bien ruge, así:

Ni vertiendo polvo
en el cajón de los sueños
consigo ahuyentar las pesadillas
que pueblan mis borracheras,
largas noches de descontrol
y fuego perdido,
pequeñas y fieras alimañas
que devoran mi vida
hasta contaminarse.

Para ese mismo disco, Ramone (Capitán Kaverníkola) escribió la primera estrofa de «Correcaminos, estate al loro»:

Correcaminos, estate al loro
que viene el coyote montao en un vespino
y no tiene licencia y no tiene seguro,
¡acelera un poco más!
Y no tiene carné y no tiene luz de atrás.

Robe advertía en el cuadernillo que «la vela que va delante es la que alumbra». O sea, que aquel le regaló la idea y, a partir de ahí, este se puso a darle al pico y a la pala hasta terminar de redondearla.[6]

Un poema de Román Romero Ruiz sirvió de base para la canción «Todos me dicen», y supuso la última aportación externa a ese disco, *Agila:*

Me contó la mañana que estaba loco por ti,
que mi vida ya no me importaba;

mediodía me tranquilizó y me dijo que ya te vería,
me sacó un poco de mi locura,
me apegó un rato más a la vida.
Todos me dicen.

La tarde no me dijo nada,
ni siquiera me miró a la cara.

La noche me meció y susurrando me dijo:
(todos me dicen pero yo sigo sin estar a tu lado)
tranquilo, mañana te cegará el sol.
Todos me dicen.

Por último, el estrambote de «Salir», de *Canciones prohibidas,* lo componen un par de estrofas tomadas del libro de poemas *La mala gana,* de Santos Isidro Seseña:

Para algunos vivir es galopar
un camino empedrado de horas,
minutos y segundos.
Yo, más humilde soy,

6. Tres años antes, Robe había colaborado en el disco de Capitán Kaverníkola *Rompe!* En ese osadísimo trabajo cantó con Ramone el tema «Amor sucio» e hizo coros para otros tres: «Lluvia de mierda», «Arramblando por las Ramblas» y «La playa».

y solo quiero que la ola que surge
del último suspiro de un segundo
me transporte mecido
hasta el siguiente.

Hasta aquí llegan las «colaboraciones» de poetas desconocidos para el gran público. Autores de versos que en la voz de Robe, y con la música del grupo, han hecho vibrar y emocionarse a decenas de miles de personas. Gracias a lo cual dichos escritores han conseguido abandonar, siquiera momentáneamente, las sombras.

De algún modo, ellos también forman parte de la mejor música española del último cuarto de siglo.

Una breve parada en la estación Silvio Rodríguez

En el capítulo de las influencias poéticas tardías, cabe señalar una figura muy alejada, en principio, de la órbita artística de Extremoduro. Se trata del cantautor cubano Silvio Rodríguez, uno de los más excelsos letristas en español vivos. Con una obra monumental a sus espaldas, la cual aúna imágenes que evocan universos de fantasía,[7] surrealismo no apto para pieles ultrasensibles[8] y una hondura capaz de agrietar las paredes,[9] es la suya una poesía desolada y conmovedora.

En el libro *Cultura de bar. Conversaciones con Fito Cabrales,* del

7. *«Estoy buscando una escafandra, / al pie del mar de los delirios. / ¿Quién fuera Jacques Costeau? / ¿Quién fuera Nemo, el capitán? / ¿Quién fuera el batiscafo de tu abismo? / ¿Quién fuera explorador?»*, del poema «Quién fuera».

8. *«Hoy me propongo fundar un partido de sueños, / talleres donde reparar alas de colibríes. / Se admiten tarados, enfermos, gordos sin amor, / tullidos, enanos, vampiros y días sin sol»*, de la canción «Ala de colibrí».

9. *«De la melena inculta a la calvicie, / del número inicial al incontable, / desde la tumba hasta la superficie, / tras breve veinte tan multiplicable, / me viene un canto alado / de fiebres de la infancia, / me brota la invención del ansia, / y entero y mutilado, / furiosamente a besos, / te doy mi corazón travieso»*, de la canción «Hombre».

periodista Darío Vico, Fito contaba que Robe le había regalado un disco de Silvio, y que a él le había gustado mucho la canción «Días y flores».[10] Y añadió:

«No creo que Robe y él beban de las mismas fuentes, pero el cosmos tiene caminos muy complicados que a veces te unen».

Y tanto que sí.

Quizá sean imaginaciones mías, pero la melodía del comienzo de «Golfa», el cuarto corte de *Canciones prohibidas,* me recuerda al estribillo de «El necio», de Silvio. Y en esa letra creo ver también ecos de otra composición del cubano, «Rabo de nube», cuando Robe canta aquello de:

Seguir la trayectoria que llevan las nubes…

Lo que sí es seguro es que el espíritu de ese poeta, su latido inmortal, está impreso en algunas de las composiciones de los cuatro últimos discos de Extremoduro, y esa es una muy buena noticia. Puesto que hace evidente la existencia de dos cualidades: humildad y sabiduría. Tanta sabiduría como para entender que no hay mejor manera de alcanzar la excelencia que empapándose de la savia de tus pares, de los mejores.

Sabina, más allá de toda influencia

Músicos de gran popularidad y distinta escuela como son el argentino Andrés Calamaro y David Muñoz, de Estopa, han declarado que los dos mejores letristas que hay en España son, de lejos,

10. No es de extrañar, pues «Días y flores» contiene unos versos prodigiosos: «*Será que a la más profunda alegría / me habrá seguido la rabia ese día: / la rabia simple del hombre silvestre / la rabia bomba, la rabia de muerte / la rabia imperio asesino de niños / la rabia se me ha podrido el cariño / la rabia, madre, por Dios, tengo frío / la rabia es mío, eso es mío, solo mío / la rabia bebo pero no me mojo / la rabia miedo a perder el manojo / la rabia hijo zapato de tierra / la rabia dame o te hago la guerra…*».

Joaquín Sabina y Roberto Iniesta, y es muy posible que ese sea el sentir general.

Es por ello que traer al letrista y cantante jiennense, ya mencionado en algún capítulo anterior, a este apartado, más allá de si ha tenido o no una influencia directa en Robe, que parece ser que no, es algo casi obligado. Sí, aunque solo sea por una cuestión de reconocimiento.

Nada más lejos de mi intención que plantear aquí un «Roberto Iniesta vs. Joaquín Sabina», en absoluto. Ni una estéril comparativa cuyo propósito sea el de dilucidar cuál de los dos la tiene más larga (la pluma, quiero decir). Pero tal vez sea esta una ocasión perfecta para resaltar dos modos diametralmente opuestos de entender la poesía en la canción que han engrandecido el género y que los ha llevado a lo más alto del podio, con una diferencia abismal respecto al resto de quienes en este país cultivan el difícil arte de escribir (buenas) letras de canción.

Por ese motivo, le pedí a Robe que situara a Sabina en una lista de los mejores letristas en español. Lo pensó un rato y dijo:

> «Pues lo situaría bastante *alante,* porque supongo que es lo que tiene, que es escritor de letras».

Le pregunté entonces si le reconocía su magisterio en esas lides, y afirmó:

> «Sí, como escritor sí, pero como música no me gusta demasiado. Sí que hay unas cuantas canciones suyas que me gustan mucho, poquitas dentro de todas las que ha hecho. Pero todo mi reconocimiento para él como letrista».

En una serie de conversaciones que mantuve con Joaquín y que vieron la luz bajo el título *Sabina en carne viva. Yo también sé jugarme la boca,* al preguntarle si había escuchado a Extremoduro me dijo:

«Lo he oído poco y mal, aunque algunos amigos de buen paladar hablan bien de su talento, y yo les creo. Pero te confieso que ese tipo de heavy lenguaraz y con ladillas no me interesa gran cosa. La verdad es que tengo algún prejuicio con eso. A mí me gustaba más Henry Miller que Bukowski. Me parece que Bukowski tiene páginas estupendas, pero a mi modo de ver continuó esa caricatura hasta la náusea, hasta el vómito».

Se equivocaba Joaquín en su dictamen, o al menos en parte. Cierto es que en Robe existen unos orígenes ineludibles que han marcado a fuego su cancionero —el entorno en el que creció, las compañías que frecuentó, las fuentes de las que bebió...—, y que tienen que ver con su propensión, mucho más en la primera etapa de su carrera, aunque aún presente siquiera en pequeñas píldoras, a una visceralidad y una brutalidad sin parangón en el panorama musical español.

Pero cualquiera que haya realizado una escucha atenta de las canciones de Extremoduro —algo que Sabina, como ha reconocido, no ha hecho, y que debería hacer cuanto antes porque no sabe bien lo que se está perdiendo—, habrá podido comprobar que la sensibilidad poética de Robe trasciende con mucho el ámbito «bukowskiano». Puesto que el vulgarismo, como ya quedó explicado en el capítulo «Satán con lira: La exquisitez de la bestia», está metido siempre con escuadra, cartabón y tiralíneas, amén de con premeditación y alevosía, y se ve además sobradamente compensado por un lirismo que Charles Bukowski, icono del realismo sucio, jamás llegó a acariciar. Ni en sueños.

Un lirismo que en cada nuevo trabajo del grupo adquiría una mayor dimensión. De tal forma que los últimos discos de Extremoduro, *La ley innata, Material defectuoso* y *Para todos los públicos,* nos muestran al poeta más inspirado que nunca. Porque además de técnica y oficio, Robe aún posee ese hálito milagroso y finito que es la inspiración. Canciones como «Locura transitoria» y «El camino de las utopías» *(Para todos los públicos)*, bellísimas, auguraban que esa evolución continuaba su curso, y constataban que, como escritor, y pese a todo lo ya conquistado, seguía exigiéndose más y más.

Al margen de esto, conviene señalar que aparte de su talento para la escritura de canciones, un arte tan difícil como la composición de poemas y que, como este, posee sus propias reglas y códigos, Iniesta y Sabina comparten otra cualidad: una personalidad transgresora que los ha dotado de un atractivo extra. Si bien en el caso de Joaquín se caracteriza por su gatillo fácil —la lengua le pierde bastante a menudo— y en el de Robe por sus reiterados cortes de mangas a la industria musical, cuyas exigencias y protocolos se ha pasado casi siempre por el escroto. Porque puede permitírselo y porque la gente le ha dado su bendición, pues ve en él a un modelo de sabiduría lírica y vital. A un tipo que escribe y compone cada vez mejor, y que va por libre. A un grande.

La poesía está en la vida

Hay, de todos modos, más allá de su obra escrita y de sus intereses literarios, una clara actitud poética en Robe. Pero no solo en él, también en el resto de los miembros del grupo.

En el ya citado cuestionario previo a la gira *Robando perchas del hotel,* en el que Extremoduro se prestó a aclarar algunas de las dudas de sus seguidores, se detallaba una escueta, pero poderosa relación de todas aquellas actividades que consideraban necesarias para llevar una vida plena, y que podrían entenderse como su *modus vivendi* ideal:

> «Es vital, para disfrutar de la vida, aprender a reconocer el valor de las cosas inútiles, como, por ejemplo: la poesía, subir a una montaña, afilar un palo con una navaja, el voto inútil, echar pan a los gorriones o hacer canciones para la paz».

He ahí una confirmación de su idealismo, de su romanticismo, de su «sí, ya sabemos que no sirve para nada, pero, aun así, vamos a hacerlo».

En su última etapa, superados, por fin, los años de siniestros totales y tifones, y una vez conseguido un patrimonio artístico considerable, la meta era acercarse a un estado de ánimo lo más parecido posible a la felicidad *(«y por eso los chiquillos ya se acercan a mí, / que intento ser feliz»),* mientras les alegraban la vida a muchos.

A propósito de esto, en ese mismo cuestionario, alguien que respondía al nombre de Borja Martínez les preguntó qué era lo que se sentía al hacer sonreír, de verdad, a la gente, al hacerla feliz de forma sincera, y la contestación que obtuvo fue:

> «Quizá tenga que ver con sentirse imprescindible (que es algo que, aunque parezca grandioso, todo el mundo puede sentir. Solo hace falta que alguien te necesite)».

Aquel halagador muchacho consiguió tocarles la fibra sensible, y la respuesta fue pura poesía. Y, además, fue certera. Porque eso era, cabe imaginar, lo que debían de experimentar al saber que le estaban haciendo la existencia más llevadera a miles de personas.

Como me dijo Joan Manuel Serrat:

> «Yo llegué a esta vida para querer y ser querido, y este oficio que escogí me ha ido muy bien para quedarme tranquilo».

Eso es algo que Extremoduro podría haber suscrito porque no solo fue un grupo enormemente querido, sino también imitado.

Su discurso poético y filosófico, unido a su contagioso sonido, ha prendido en los músicos de las generaciones posteriores, que los tienen por un referente.

Han creado, como se suele decir, escuela.

HIJOS NO RECONOCIDOS: UNA FUENTE LLAMADA EXTREMODURO

En sus más de treinta años de vida, Extremoduro dejó un largo reguero de hijos bastardos. El adjetivo, por crudo que resulte, es exacto, ya que el grupo jamás reconoció dicha paternidad.

De hecho, rara vez solían pronunciarse sobre lo que estos hacían, no soltaban prenda acerca de si les gustaban o no, aunque sí admitieron sentirse muy orgullosos de que su discurso musical hubiera calado hondo en una serie de bandas y solistas de distinta generación y, en muchos casos, de diferente estilo. Pues eso significaba que, como ellos sabían desde el principio, cuando nadie creía ni confiaba en lo que hacían, estaban en el buen camino: su obra no solo iba a llegar a la gente de a pie, sino que iba a determinar una buena parte de la música que triunfaría en España en los años venideros.

Los primeros de la lista son los hermanos David y José Manuel Muñoz, más conocidos como Estopa, dos *extremoadictos* confesos. En una extensa entrevista que les hice después de que vendieran más de un millón de copias de su disco de debut, les dije que cuando los escuchaba no podía evitar pensar en Extremoduro, a lo que el cantante, David, afirmó: «Es que Robe también es otro himno, es una referencia. Pero... ¿tanto me parezco?».

Muchos años después, en octubre de 2012, tras asistir al concierto que Extremoduro ofreció en Barcelona dentro de la gira *Robando perchas del hotel,* los dos miembros de Estopa se deshicieron en elogios al hablar del grupo: «No hay mejor halago que cuando nos dicen que nos parecemos a ellos».

Pues eso. Meses antes declararon que les gustaría mucho cantar con Roberto Iniesta, a quien no conocían personalmente, pero que le tenían tanto respeto que les daba apuro pedírselo, y que tendrían que echar mano de algún amigo común, como Albert Pla, para acceder a él.

Los navarros Marea, orgullosos herederos del espíritu de Leño y Barricada, y cuyo disco *Besos de perro* (2002) fue producido por Iñaki «Uoho» Antón y contó con la voz de Robe en el tema «En tu agujero», también manifestaron su deuda para con Extremoduro. Kutxi Romero, vocalista y autor de las letras, lo expresó de un modo bastante original y tajante, como en él suele ser costumbre:

> «Reconozco y he reconocido siempre la influencia de Robe en mi manera de escribir. Dame cuatro mil *extremoduros* y quítame gigantes yanquis de pies de barro, que me da la risa».

El asturiano Melendi no solo ha proclamado en numerosas ocasiones su amor por Extremoduro, sino que llegó a escribir el tema «Arriba Extremoduro», incluido en su disco *Mientras no cueste trabajo*. La pieza comienza así: *«Ya no quedan canciones / como las de Extremoduro»*, y el estribillo reza: *«Y arriba Extremoduro, / levántese la gente, / que no queremos cuentos, que somos diferentes»*.

Poncho K, nombre artístico de Alfonso Caballero Romero, un sevillano que practica un rock callejero con influencias flamencas, actuó en el verano de 2008 junto a Extremoduro en Valladolid, y meses después tuvo la elegancia de confesar la enorme importancia que estos habían tenido en su obra y en su vida:

> «Fue un placer tocar tu propio repertorio en el mismo escenario en el que lo ha hecho el grupo que ha puesto banda sonora a tu adolescencia».

En 2013, Robe cantó al final de la canción «Verborrea», incluida en su disco *Caballo de oro.*

«Albertucho», apelativo de Alberto Romero, un músico que fusiona el rock y el blues con la canción de autor, reconoció para el suplemento *La Luna de Metrópoli,* del diario *El Mundo,* que tenía en Extremoduro a una de sus mayores referencias, si no la mayor:

«Pocas cosas me han empujado a escribir mis propias canciones como el grupo de Robe. Los discos que me vienen directos a la memoria son *¿Dónde están mis amigos?* y *Pedrá.* Indudablemente, es el grupo nacional con el que más me identifico. Ha sido la semilla que ha hecho que muchos chavales nos dedicáramos a la música».

Otro de los músicos fuertemente influenciados por Extremoduro es Lichis, alma de La Cabra Mecánica, quien alcanzó un notable éxito de ventas en 2001 con el disco *Vestidos de domingo,* el cual incluía la canción «La lista de la compra», grabada a dúo con una rediviva María Jiménez. En un encuentro digital en la web del diario *El Mundo,* en octubre de 2005, resumía el influjo de ese grupo sobre toda una generación de músicos al responder a un internauta que le preguntaba cómo había repercutido en su manera de escribir la influencia de Roberto Iniesta:

«Supongo que como a todos los de esta generación. Puedes escuchar a Robe en prácticamente todos los grupos españoles, y todos estamos condenados a luchar por parecernos cada vez menos y ser más personales. Creo que ha sido una influencia enorme para toda una generación».

Años después, profundizaba para la revista *Rolling Stone* en lo que Robe era y le había dado a él:

«Para mí, Robe es mucho más que un genio, pues semejante talento solo puede ser fruto de la fuerza de la naturaleza. He cantado solo y en compañía, a voz en grito, todas sus canciones. Ha sido una parte de la banda sonora de mi vida en una época muy feliz».

Lo que es seguro es que sin la existencia de Extremoduro ninguno de los artistas citados se expresaría musicalmente del modo en que lo hace. Y aún habría que meter en ese saco, pese a la manifiesta distancia estética y estilística, a otros como Bebe o los desaparecidos Pereza (Leiva y Rubén Pozo), quienes realizaron versiones de algunos de sus temas: la primera, de «Jesucristo García», aunque también utilizó en directo fragmentos de «Tu corazón», y los segundos revisitaron «Salir» en clave acústica.

Rubén Pozo, quien fuera el cincuenta por ciento del dúo madrileño Pereza, y que hoy continúa, como su excompañero, en solitario, explicó para la revista *Rolling Stone* el choque que le produjo escuchar por vez primera a Extremoduro, en concreto «Necesito droga y amor»:

> «Es la última canción de su segundo disco, *Somos unos animales,* el primero que escuché, el que me voló la cabeza. No había escuchado nada tan bestia, descarnado y poético en la vida. [...] No es una cuestión solo de no tener pelos en la lengua, hay que ser valiente y hay que saber escribirlo, y Robe sabe. ¿Cómo se pueden decir cosas tan bonitas con palabras tan malsonantes? Robe sabe, y ahí es donde nos atrapa».

Adhesiones desde las antípodas

Al margen de los músicos que se han educado a base de convertir los discos de Extremoduro en una extensión más de su ser, una serie de grupos y solistas bastante alejados de su órbita musical reconocían su gran calidad y valor.

La actriz y cantante Najwa Nimri, que debutó, junto a Carlos Jean, con el disco de música electrónica *No blood* (1998), y que desde entonces, además de sus trabajos con el productor y *DJ,* ha publicado nueve cedés en solitario, me confesó que durante una época escuchó hasta casi romperlo algún disco de la banda liderada por Robe y Uoho:

«Ese tío [Robe] es muy visceral, con una poética brutal. Muy jondo. A mí me emocionó mucho en un momento dado. Eso sí me llegó. Y ahí estaría la diferencia entre los escritores de canciones que me interesan, que son muy pocos».

Ariel Rot, quien puso su guitarra al servicio de «Volando solo», noveno corte de *Deltoya,* es otro de los músicos que sin tener nada que ver con el universo creativo de Extremoduro también se ha rendido ante su poderío y talento. En marzo de 2010, *Rolling Stone* publicó un reportaje en el que cien personajes del mundo de la cultura y el espectáculo confesaban cuál era la voz española —solo una— que más les gustaba, «la voz de su vida», y el exguitarra solista de Tequila y Los Rodríguez se decantó por la de Roberto Iniesta:

«Me quedo con Robe, de Extremoduro, porque me parece que es un tipo que canta muy de verdad, sin pose, sin personaje, me creo todo lo que dice. Te transmite coherencia, y me gustan los cantantes que me hacen creer que lo que cantan es real».

En una entrevista que le hice a Julián Hernández, cantante y líder de Siniestro Total, con motivo de la publicación de su disco *La historia del blues (Vida y tiempo de Jack Griffin),* al pedirle su parecer sobre Extremoduro se encogió de hombros y soltó:

«Creo que Robe tiene cosas co-jo-nu-das y que utiliza el rock para contarlas».

He ahí un ejemplo perfecto de lo que es una acertadísima definición con una gran economía de medios.

Quien no se mostró en absoluto conciso a la hora de hablar de Extremoduro, sino todo lo contrario, fue Dani Martín, alguien cuyo terreno natural es el pop, pero que no se cansa de decir que ese es el grupo español que más le emociona. Hablando con él de esto, me transmitió esa admiración sin escatimar elogios:

«Me flipan. El otro día escuchaba una canción que se titula "Autorretrato" y se me ponía la piel de gallina. Y "Jesucristo García" me parece brutal. Robe es el mejor cantante del mundo. Y alguien me dirá: "No, la mejor cantante es Whitney Houston", y yo le diré que no, que para mí el mejor cantante del mundo es Robe porque dice cada palabra desde su sangre, desde su raíz y desde su verdad. Me encanta, me vuelve loco. Y llevo escuchándole desde antes de que a muchos les salieran los dientes. La voz esa que tiene... Es que me gustan todos sus discos. No hay uno solo que diga "este no me gusta", no. Todos, todos, todos. Me gusta mucho, aunque la gente diga que es más comercial, *Agila*. Y luego los primeros, los que hicieron para otras compañías de discos y que más tarde volvieron a grabar. Creo que aún conservo en casa de mis padres esos vinilos».

Esa rendida devoción empujó a Dani a realizar una digna versión de «Si te vas...», la cual interpretó en Cádiz la noche del 25 de mayo de 2012, en el concierto con el que puso el punto final a su gira *Pequeño*.

Por su parte, Miguel Campello, de El Bicho, me confirmaba su interés por Extremoduro con un guiño propio de alguien que conoce bien su trabajo:

«Claro que me interesa ese grupo. Igual que me interesan Camarón, Mercury y Zappa, es decir, los músicos que a él [a Robe] le han influenciado».

También me dijo que siempre que escuchaba una canción la asociaba de un modo inevitable a un color. Por ejemplo, «Lucha de gigantes», de Antonio Vega, le parecía «azul y verde». A Extremoduro lo veía así:

«Su música es negra, a la par que roja, aunque a veces es también verde. Tienen una gran mezcla, porque Robe es poeta».

Platero y Tú

De ningún modo puede cerrarse este apartado sin mencionar a los desaparecidos Platero y Tú, la banda de procedencia de Iñaki «Uoho» Antón y Fito Cabrales, pues ambos grupos compartieron toneladas de vivencias sobre los escenarios y fuera de ellos.

La primera vez que coincidieron fue en un festival que se celebró en Villadiego (Burgos) y desde entonces sus miembros se hicieron inseparables, tal y como relataba Fito para el libro *Cultura de bar. Conversaciones con Fito Cabrales,* del periodista Darío Vico:

> «Un día tocamos en Burgos con ellos. La primera impresión era... daban miedo. "Qué tíos, qué yonkis, pero esto qué es, nosotros somos monjitas de la caridad comparados con ellos." Estaban todos para encintarlos, más locos que el copón. Pero hicimos buenas migas. Creo que me tocó a mí, que en mi puta vida lo he hecho, ir a cobrar. Sería porque aquella noche era el que menos pedo estaba, que era raro. Iba con Tomás, el mánager de Extremo, que es como yo, pequeñito y flaco, parecíamos dos teleñecos. Y volvimos sin cobrar, porque los tíos nos dieron pena, diciendo que había ido mal de gente, y cuando volvimos a las furgonetas nos querían matar, por gilipollas. Luego ya coincidimos mucho y nos llevábamos de puta madre. Y vimos que la primera impresión era falsa, que eran tíos muy rompedores, pero muy majetes. Desde aquel día, con Roberto ha habido una onda increíble. Sobre todo entre Iñaki y él, que son gente de esa que ha nacido el uno para el otro, que se complementan, aunque sean muy diferentes».

En 1994, Roberto Iniesta colaboró en el disco de Platero *Hay poco rock & roll,* en el que le puso voz, junto a Evaristo, de La Polla Records, a «Juliette», una historia ficticia sobre un travesti.

Un año después, Extremoduro llenó, con Platero y Tú, el Pabellón de Deportes del Real Madrid, y al año siguiente, en 1996, se embarcaron en una gira conjunta que culminó con dos noches de locura en el madrileño Palacio de los Deportes (fruto de aquellos conciertos es el disco *Iros todos a tomar por culo*). Y las colaboraciones siguieron.

En 1997, grabaron al alimón la canción de Tequila «Y yo qué

sé» para el disco de homenaje *Mucho Tequila!,* en el que participaron, además, el argentino Charly García, Manolo Tena, Sabina y Los Secretos, entre otros muchos músicos. Ese mismo año, Robe volvió a colaborar con Platero en *7,* en donde tocó el solo de guitarra central de «Por mí» y el de cierre de «Si miro a las nubes», en la que también metió voces, y al cabo de tres años lo haría en *Correos,* para el que cantó «Entrando cruzado», una canción a la que le hizo, además, arreglos fundamentales, y los coros de «Humo de mis pies».

Más tarde, Robe colaboró en dos discos de Fito & Fitipaldis: *A puerta cerrada* (1998) y *Sueños locos* (2001). Para el primero cantó en el tema «Trozos de cristal» —inconfundible cuando escupe aquello de: *«Ya conozco unos cuantos que son como usted, / que me ofrecen veneno cuando tengo sed...»*— y para el segundo en una canción que recuerda muchísimo a los Alarma!!! de Manolo Tena, o sea, a The Police, «Ni blanco ni negro», y en donde Robe resulta inconfundible de nuevo cuando canta: *«Con la policía todo solucionado, / para los problemas: jarabe de palo. / Pero el corazón nadie me lo ha arreglado, / de vergüenza el cielo se rompió en pedazos».*

Por último, cuando los otros dos integrantes de Platero, Juantxu Olano *Mongol* y Jesús García *Maguila,* bajista y batería, respectivamente, formaron La Gripe, Robe colaboró en su disco *Empapado en sudor,* en la canción «Barrancos rocosos», de la que se rodó un videoclip de estética posapocalíptica en el que los músicos son robots que tienen por cabeza una foto parlante (con las caras de los miembros del grupo y de la estrella invitada, Robe, a quien solo le falta el WANTED de las películas del Salvaje Oeste). De la producción de ese trabajo se ocupó —al final todo queda en casa, en su casa— Iñaki «Uoho» Antón.

Platero y Tú creció, en fin, en paralelo a Extremoduro. Las dos formaciones progresaron al unísono, aunque, eso sí, cada una con su estilo y personalidad, con su diferente modo de entender la música. El salto llegó con *Agila,* gracias al cual los segundos subieron un escalón: de público, de dinero y de todo lo que conlleva un éxito de esas proporciones. Pero hasta ese momento se habían movido en el mismo terreno.

En el ya referido libro de Darío Vico, Fito se expresaba en los siguientes términos sobre la supuesta influencia recibida de la banda de origen extremeño:

«Creo que nos hemos alimentado mutuamente, hemos aprendido mucho unos de otros no solo musicalmente, sino también a la hora de enfrentarnos a los problemas; cada vez que uno conseguía algo o tenía algún problema se lo contaba al otro, había una amistad muy sincera. Hombre, no es un grupo que me influyera como Leño, porque ya estaba más formado, pero sí que nos oxigenaron, nos cambiaron la pila en muchas cosas. Escuchar aquellas letras era la hostia, veías que se podía hablar de ciertas historias, que había espacio para la melodía, los cambios de ritmo... Y luego Roberto, que es un tío muy visceral, muy fuerte».

En otro pasaje del libro, Fito, al reflexionar acerca del «romanticismo» que hay en sus canciones, confesó:

«A mí me parece que mostrar tus sentimientos [en una canción] es lo más duro que puedes hacer, muy sincero. A mí antes me costaba mucho, pero a raíz de conocer a Robe [...] y ver cómo él contaba las cosas... Ahí el tío marcó un estilo, decía esas cosas por la cara sin ser *pastelero*. Y eran sus canciones más duras, porque para hablar de algo que te duela no tienes que ir de telenovela sudamericana».

La lista de músicos que ha bebido de Extremoduro o que, simplemente, los admira es aún más extensa. Ahí estaban los cántabros La Fuga, en cuyas canciones era fácil percibir la herencia *extrema* a pesar de que sus raíces tuvieran más que ver con grupos como Leño, Barricada y Los Suaves. Su huella también está en esos hijos adoptivos de Marea que son los gallegos Forraje. De hecho, estos se llamaron en un principio Arrebato, como el tema incluido en *Rock transgresivo*. Robe cantó con ellos en la canción «Puñales», que se incluyó en su disco *Quejidos que no escucha nadie* (2013).

Además, hay una legión de autores poco conocidos y emergentes que los venera y que crece a diario con ellos, aun después de separados. Sin olvidar, claro, a las numerosas bandas tributo, entre las que destacan las españolas De Acero, Pedrá y Karkoma, la argentina Deltoya, la ecuatoriana El Duende del Parque y las uruguayas Milongas Extremas, que hacen versiones de Extremoduro a ritmo de milonga rioplatense, y Extremaydura.

Fin del primer tramo del trayecto

Y hasta aquí nos ha llevado el estudio del ideario artístico de Extremoduro —aunque en lo que resta de libro seguiré desbrozando sus canciones y letras, ahondando en sus personalísimos demonios—, así como el recorrido por sus fuentes musicales y literarias, y la relación de aquellos músicos que a partir de sus enseñanzas levantaron sus propias y exitosas carreras.

Llegados a este punto, la palabra que me viene a la cabeza es «coherencia». No ya una coherencia musical, sino, como sostiene Uoho con acierto, «filosófica».

En una larga charla que mantuve con Antonio Vega, le pregunté si al hacer balance de su obra consideraba que era coherente en su totalidad o si, por el contrario, estaba quizá algo deslavazada, y me contestó:

> «A mi modo de ver guarda la coherencia que guarda mi propia vida. Mis canciones o discos son puntos de inflexión en mi vida que han quedado ahí, como los pilares que sustentan mi propio ritmo vital y mi existencia en forma de explosión o explosiones. La verdad es que creo que mis canciones sí son coherentes, porque en todo momento son una forma de exteriorizar lo que de otro modo no hubiese conseguido sacar nunca».

No es difícil reconocer en ese autorretrato la propia evolución de Extremoduro. Pero la suya es una biografía que, pese a los saltos dados, a sus muchos bandazos musicales —los que cada nuevo disco pedía, exigía—, conservó intactos, hasta el momento de su extinción, sus principios artísticos. Ya que las únicas concesiones que Iniesta y Antón hicieron fue al arte. A la creación.

Cierto es que en la discografía del grupo hay trabajos diversos entre sí, y que se produjo, como ya ha quedado dicho, un crecimiento. Sin embargo, la voz de sus creadores, al final, no distaba gran cosa de la que nos hechizó en sus inicios. Por más que en los últimos discos los versos del extremeño fueran mejores: más ricos, redondos, ambiciosos, y la música del tándem Roberto/Iñaki alcanzase ese feliz equilibrio entre eficacia y belleza.

En sus últimas canciones aún se daban esas descargas únicas, esos latigazos eléctricos, esos aguijonazos de rabia y desolación inencontrables en cualquier otra banda de rock en activo, si bien en general la bestia que anidaba en el corazón de ambos estaba más reposada y más pendiente de la lírica —narrativa y musical— que del exceso de decibelios.

¿Fueron Extremoblando en su última etapa? No, no, en absoluto, y ahí están temas como «Desarraigo», «Tango suicida», «Locura transitoria», «Mama» o «El camino de las utopías» para desmentirlo. En todo caso, Extre-*maduro*. Porque fue al final, desde la serenidad de la edad adulta y la posresaca del ruido y de la furia sin causa, cuando las canciones empezaron a adquirir la temperatura idónea. El buqué tanto tiempo perseguido.

El sonido poderoso, su raíz guitarrera, siempre estuvo ahí. Era algo inherente a ellos, formaba parte de su educación sentimental. Mas fue en su última etapa cuando Robe y Uoho comprendieron que a las canciones no había que forzarlas, pues estas *sabían* qué era lo que necesitaban, tal y como explicó el segundo:

> «Nos gusta escuchar las canciones, oír las cosas que nos quieren decir. Tratamos de dar a cada una lo que pide, lo que quiere. Cuando la canción nos dice que ya está contenta, la damos por terminada».

Sus canciones están, pues, vivas, siguen, hoy, vivísimas. Son algo orgánico, aletean. Y es a esas sensaciones a las que conviene mantenerse fieles, y no al público, que es desleal por naturaleza.

De hecho, Sabina apuntó que al público hay que traicionarlo de forma constante, y tiene su lógica: dado que este es sumamente cambiante, quien compone pensando en él, tratando de complacerlo, está firmando su sentencia de muerte. Solo arriesgando, siguiendo los propios impulsos, *transgrediendo,* se logrará su fidelidad. Porque es así, además, como fue conquistado.

Su público, en cualquier caso, no tendría por qué quejarse: Extremoduro ha firmado el que es, casi con toda seguridad, el mejor disco de rock español de los noventa, *Agila*, y suyo es también el más hermoso, complejo y brillante de lo que llevamos de siglo XXI, *La ley innata*.

Y eso, en un mundo justo y bien nacido, en el tipo de mundo en el que a uno le gustaría creer que vive, debería servir para que el voto de confianza careciese de fecha de caducidad. Aun después de «muertos».

II

Los orígenes

—Por este lado se va a Panamá, a ser pobres,
por este otro al Perú, a ser ricos; escoja el que
fuere buen castellano lo que más bien le estuviere.

FRANCISCO PIZARRO (después de trazar una línea con su espada
en la arena de la playa de la isla del Gallo)

¡Extremeño, dejásteme
verte desde este lobo, padecer,
pelear por todos y pelear
para que el individuo sea un hombre,
para que los señores sean hombres,
para que todo el mundo sea un hombre, y para
que hasta los animales sean hombres,
el caballo, un hombre,
el reptil, un hombre,
el buitre, un hombre honesto...!

CÉSAR VALLEJO, «Batallas»

Ni gozo ni pena; fui niño
prisionero entre muros cambiantes.

LUIS CERNUDA, *Donde habite el olvido*

RAÍCES PROFUNDAS:
PLASENCIA, NO ME TRATES ASÍ

La tierra materna no siempre es motivo de orgullo y defensa entusiasta: también puede ser vista con la neutralidad del forastero y resaltarse tanto más sus carencias y defectos que sus virtudes. Más aún si una buena parte de los recuerdos que se conservan de ella no son en absoluto gratos, pues, en vez de poner las cosas fáciles, sembró el camino de piedras (o *pedrás*).

La mayoría de los escritores suele evocar su infancia y el sitio en el que esta transcurrió con nostalgia y cariño. He ahí el ejemplo de Gabriel García Márquez, para quien Aracataca (Macondo) era el paraíso perdido.

No le ocurre eso a Roberto Iniesta, quien en «Extremaydura», una de las primeras y más célebres canciones del grupo, demuestra que lo del título va totalmente en serio y vacía el cargador, sin titubeos, contra la propia «patria».

Para empezar, tras el festín de buitres del arranque, ironiza sobre el peso de la tradición y el extremeñismo recalcitrante —la cortedad de miras de la Extremadura profunda, en suma—, para lo cual se sirve de unos versos de la jota autóctona «El pollo»:

Yo fui quien te quitó el pollo
por la tapia del corral (bis).
No te quité la gallina
porque no tuví lugar (bis).

Mare, mare, mare[1]
no mate usté el pollo
que las gallinitas
quieren matrimonio.
Ay mare, mare, mare
no lo mate usté,
que la gallinita deja de poner.

Acto seguido, la farsa llega a su fin: la parodia folclórica da paso al estruendo de la guitarra eléctrica, la batería y el bajo, y Robe enciende el piloto transgresivo y lanza una vaharada de fuego:

Hizo el mundo en siete días,
Extremaydura el octavo,
a ver qué coños salía,
y ese día no había jiñado.
Cagó Dios en Cáceres y en Badajoz.

Le bastó una sola estrofa para dejar constancia de que la última etiqueta que podía adjudicársele era la de chovinista.

Pero la cosa no termina ahí: desde sus más antiguas declaraciones públicas se ha referido a su ciudad natal, Plasencia, y a Extremadura en general como a una tierra sumamente hostil para con los suyos. Un territorio cicatero en oportunidades y nada favorable para la prosperidad y la realización profesional, determinante en la personal. Es decir, que si alguien pensó que «Extremaydura» era un simple ejercicio de ficción que no se correspondía con su verdadero sentir, se equivocó por completo.

En el libro *Extremoduro,* del periodista Iñaki Fernández, Robe se pronunciaba sobre Plasencia en los siguientes términos:

«Es un sitio para gente mayor, un lugar desfasado, de pensamiento retrógrado y lleno de fascistas. Lo único que tiene son sitios bonitos, y

1. Madre.

de eso hay en todos los lados. En un momento dado se podrían llevar allí todas las centrales y los cementerios nucleares, todas las cárceles de seguridad, todos los sitios chungos. Sacar a toda la gente de allí y poner esto».

Aquellas palabras evidenciaban una honda herida, y si bien es lógico pensar que debieron de provocar numerosas muestras de condena entre sus conciudadanos, es casi seguro que se ganaron la simpatía de otros muchos que opinaban lo mismo que él, como demuestra el hecho de que «Extremaydura» se convirtiese al poco de nacer en el himno oficioso de la región, y que la cantase «todo dios». En cualquier caso, no sería justo tacharlo de cainita sin antes detenerse a analizar el trasfondo de tales críticas.

De entrada, el punto geográfico en el que se viene al mundo no deja de ser una imposición fruto del azar: nacemos donde nacemos por puro accidente, y lo que ata de verdad a un lugar no es un nombre ni una bandera, sino las personas y las posibilidades de progresar que ese espacio te brinde.

Tal y como declaró Robe en una entrevista de hace treinta años:

«Desde que he salido de allí, solo se han quedado los más torpes. Todo el mundo nos hemos tenido que ir fuera. Allí solo han quedado los cebollinos y aquellos que su padre tiene un negocio. El mundo es muy grande y me da igual cuál sea mi tierra, me toca los cojones. Yo soy del mundo. Como el burro, no de donde nace, sino de donde pace».

Si llegado un momento tuvo que coger el hatillo y marcharse con su música a otra parte —Madrid, Barcelona, Granada, País Vasco— fue por una cuestión de estricta supervivencia: la falta de salidas lo empujó a emigrar en un intento, que a la postre resultó fructífero, de hacer realidad el sueño de convertirse en un músico y poeta con mayúsculas.

Como inmortalizó Juan Ramón Jiménez en su poema «Adolescencia»:

—¿Por qué te vas? —He sentido
que quiere gritar mi pecho,
y en estos valles callados
voy a gritar y no puedo.

La herencia de Hernán Cortés, Francisco Pizarro y tantos otros conquistadores, que en puridad fueron los primeros grandes emigrantes extremeños en pos de mejor fortuna, ha sido una cruz que ha aplastado históricamente a los habitantes de esa región, Roberto Iniesta incluido. Pues debido a las durísimas condiciones de vida de esa tierra, estos se han visto obligados a seguir los pasos de tan insignes figuras; casi siempre con mucha menor gloria y con la sola ventaja de no tener que soportar el peso de una armadura.

Aquel sentimiento ya había sido expresado de forma contundente en la ya citada «Extremaydura». Unos versos en los que palpitan la impotencia y el hastío de su autor, aunque no exentos de ironía:

Tierra de conquistadores, no nos quedan más cojones,
si no puedes irte lejos, te quedarás sin pellejo.

No es necesario retroceder tanto en el tiempo —ni tan siquiera a finales del siglo XIX y principios del XX, cuando se produjo un éxodo masivo de extremeños en dirección a América—, ya que solo hay que acudir a la historia reciente para entender el drama de ese pueblo: en los últimos años de la década de los cincuenta, la precariedad que supuraba Extremadura era de tal envergadura que desembocó en una sangría demográfica sin precedentes.

Así pues, en los años del llamado «desarrollismo español» —1959-1975— se calcula que en torno al 40 por ciento de la población extremeña emigró a Madrid, Cataluña y el País Vasco, por ese orden, y también, aunque en menor medida, a Alemania, Suiza, Francia y Holanda.[2]

2. El 21 de julio de 1959, por medio de un decreto ley y con el auspicio del Fondo Monetario Internacional, el Gobierno español aprobó un conjunto de medidas

Entre 1960 y 1980, período que abarca una etapa decisiva en la vida de Roberto Iniesta, más de medio millón de extremeños, los más jóvenes y emprendedores, los únicos capaces de levantar tan deprimida región, abandonó su tierra con el objetivo de «labrarse un porvenir» (pues eso, no les quedaron más cojones). Y a fecha de hoy, el número total de los que residen fuera puede rondar los ochocientos mil. Una cifra altísima.

Estos datos vienen a constatar que las muchas críticas que a lo largo de los años Robe hizo sobre su comunidad ni eran injustas ni se alejaban un milímetro de la realidad padecida por tantos de sus paisanos, y por él mismo, claro. Es más, si se observa la situación con frialdad y sin el menor asomo de patrioterismo, casi se podría afirmar que se quedó corto.

También es cierto que en el transcurso de las décadas de los ochenta y noventa, la población de Extremadura aumentó gracias al equilibrio de su balanza migratoria —como tantas otras zonas de España, pasó de ser emisora de emigración a receptora de inmigración—, a la vuelta al hogar de algunos de los extremeños emigrados y a la mejora de sus infraestructuras. Dentro de estas, tuvo especial importancia la construcción de la Autovía del Suroeste (A-5), que la unió a Madrid y a Lisboa y la liberó de su aislamiento (aunque Robe sostenía que en Plasencia las autopistas están en las aceras, de tanto como las han ensanchado para mayor comodidad de su provecta población).

Por otro lado, el sector servicios pasó a ser su principal fuente de ingresos, por delante del que tradicionalmente había supuesto su único medio de sustento, el agropecuario. Esto, unido a su riqueza monumental, que convierte a Extremadura en un impor-

---

económicas, conocido como el Plan de Estabilización, cuyo propósito era afianzar y liberalizar la castigada economía española. Con él se puso fin a la autarquía franquista (Franco acabó entendiendo que era necesario un cambio drástico en la política económica, y que o tiraba por ahí o se ataba los machos) y se activó la prosperidad del país a lo largo de toda la década de los sesenta. Entre las distintas medidas adoptadas se promovió el movimiento poblacional tanto dentro de España como hacia los principales países desarrollados de Europa, lo que desencadenó el inicio de la emigración masiva: cientos de miles de personas se desplazaron a aquellas zonas en las que se empezó a producir un despegue industrial, con el consiguiente crecimiento de su renta.

tante destino turístico, propició el crecimiento económico (todo ello antes del estallido de la crisis económica de 2008).

Pero era mucho el tiempo perdido y demasiadas las cosas por hacer, y como es lógico el fomento y la protección de la música rock no estaban en la agenda. Por no hablar ya del «rock transgresivo», cuyos representantes se permitían, encima, la osadía de criticar a la madre patria y enmendarle la plana a la clase política (*«Tenemos el agua al cuello con tanto puto pantano; / las bellotas radioactivas: nos quedamos sin marranos»*, clama Robe en «Extremaydura»).

En el ya citado libro de Iñaki Fernández, Iniesta expresaba muy bien las limitaciones que su tierra tenía para un músico, así como el peaje que ellos hubieron de pagar por atreverse a cantar las verdades del barquero:

«El problema es que en Extremadura no hay un circuito para los grupos. Tú ibas a un tío que tenía una discoteca y le decías que querías tocar, le comías el coco y después repartías la caja con él [...]. Ir a Madrid es un salto muy grande. Tocando en Extremadura puedes actuar mil veces, que lo único que conseguirás es el dinero que te lleves porque puedes hacer un concierto glorioso, pero no se va a enterar nadie. No vas a subir un escalón porque no hay medios de comunicación. Hay mucho terreno para muy poca gente y, sobre todo, muy pocos jóvenes. Hay un poco de apoyo oficial a la música, pero para nosotros, desde que sacamos "Extremaydura", se acabó todo. Las instituciones se lo tomaron muy mal».

Si dejamos de lado el cabreo de los políticos extremeños y la consiguiente e impresentable censura que ejercieron sobre el grupo a raíz de la referida canción, lo cierto es que la falta de ayudas a los músicos de rock y pop no era un problema exclusivo de esa parte de España.

No hay que olvidar que quienes triunfaron en los años de la Movida, es decir, antes de que Extremoduro empezara a rodar e incluso naciera, tuvieron que trasladarse a Madrid desde los cuatro puntos cardinales del país, pues la capital del reino era el sitio en el que en aquel entonces —y aún hoy, por más que internet haya cambiado mucho las cosas— se cocía todo.

Primero, porque el estallido de libertad que allí se dio era algo real, palpable, sin el tufillo reaccionario que se seguía respirando en cualquier capital de provincia. Y en segundo lugar, y lo más importante, porque la industria discográfica se encontraba plenamente asentada en el foro, del mismo modo que era en Madrid donde estaban los grandes medios de comunicación, radios, televisiones, diarios, y quien quisiera inmortalizar sus canciones en disco no tenía más remedio que irse para allá, como el «Joselín» de la canción de Ketama.

Más leña al mono y choque con algunos políticos

El caso es que en la severa Plasencia, también conocida como la Perla del Valle, la segunda ciudad en importancia de la provincia de Cáceres y, desde 1993, declarada Patrimonio de la Humanidad por la Unesco, Roberto Iniesta Ojea vino al mundo un primaveral 16 de mayo de 1962, en el seno de una familia de clase trabajadora.

Lo hizo el mismo año en el que nacieron cuatro estrellas de la música de fama internacional, Bono, de U2; Axl Rose, de Guns N' Roses; Dave Gahan, de Depeche Mode, y Jon Bon Jovi, y en el que los Rolling Stones se pusieron en marcha, y solo dos días después de que otras majestades nada satánicas, Juan Carlos I de Borbón y Sofía de Grecia, se casaran en Atenas.

Y allí fue donde se hizo hombre y pasó los primeros treinta años de su vida. Aunque por más que el escudo de la ciudad —un castillo en relieve flanqueado por un pino y un castaño, ambos con las raíces a la vista— lleve inscrita la leyenda *Ut placeat Deo et hominibus* («para agradar a Dios y a los hombres»), y el significado de su topónimo sea «ciudad de placer», Robe, en todo ese tiempo, nunca tuvo la impresión de estar viviendo en Sodoma ni en Gomorra, sino más bien en una versión carpetovetónica de la cárcel de Alcatraz.

Pero como no todo van a ser malas noticias, había algo en su tierra que sí merecía la pena, y que el joven poeta se apresuró a inmortalizar en el escueto capítulo de *a su favor* de la demoledora «Extremaydura»:

Extremaydura, tus mujeres nos la ponen.

Sí, ahí sí que hizo patria.

Hay que decir que Robe, desde su marcha definitiva de Plasencia, ha mantenido vivo ese cordón umbilical que lo une a ella. Y aunque en la actualidad no vuelve a casa por Navidad, porque en esas fechas se está de lujo en su búnker vizcaíno, en cuanto empieza el buen tiempo se desplaza allí, donde tiene casa propia, para ver a los familiares y amigos y reside durante meses. Sin embargo, ha seguido contemplando su ciudad con el mismo espíritu crítico de sus inicios, o casi.

Prueba de ello es que el 31 de mayo de 2008, en una entrevista publicada en el diario extremeño *Hoy* con motivo del concierto que Extremoduro ofrecía esa misma noche en el campo de fútbol de la ciudad deportiva de Plasencia, nada menos que trece años después de su anterior visita —resulta llamativo que en los últimos veintitrés años de vida del grupo tan solo tocaran un par de veces en la ciudad natal de Iniesta—, Robe, ya entonces una estrella nacional, volvió a meter el dedo en la vieja herida y a rememorar las deficiencias que más le habían perjudicado de joven, así como los males endémicos de su santa tierra:

«Extremadura era un sitio difícil para la música porque no había industria ni circuitos de conciertos, y no era nada fácil salir *pa'lante*. No sé cómo andará ahora la cosa, pero para esos temas se necesita mucha más ayuda de la que allí había. Abrirse un hueco en el mundo de la música es muy complicado, sobre todo [...] por el dinero que comporta. [...] Me tuve que ir de allí porque no había nada, ni estudios, ni discográficas, ni ambiente musical, y eso te juega en contra. Salir de ahí es difícil. Cuando llegas a otros sitios donde la gente es mucho más echada para adelante y más comprometida, te das cuenta de las diferencias. [...] Es una cuestión de edad. En Extremadura la franja de población actual es de gente bastante mayor, y el empuje que da la gente joven le falta [...]. A toda la región le pasa un poco eso, la gente joven [...] se acaba marchando, y eso se nota».

Cuando en esa misma entrevista le preguntaron acerca del proyecto de una refinería planteado para la región de Extremadura, no se quitó de en medio:

«Algo he oído, pero no estoy muy al día. Sin embargo, creo que Extremadura es la tierra donde más fácilmente se pueden poner todas estas historias. Porque es una de las tierras donde menos juventud hay, donde la gente menos se va a quejar y donde menos problemas va a tener el Gobierno a la hora de imponer todo lo que le dé la gana. [...] Lo más determinante es la gente joven, que es la que puede protestar y armar lío y escándalo. Hacer fuerza es mucho más difícil. Aparte, en este tipo de historias siempre va a haber alguien que va a argumentar que son puestos de trabajo, pero yo les diría que esos trabajos son perjudiciales para el medio ambiente y para el futuro de nuestra tierra».

Aquellas declaraciones hirieron el muy sensible orgullo de Juan Carlos Rodríguez Ibarra, quien hasta el año anterior había presidido —durante veinticuatro años, un cuarto de siglo— la Junta de Extremadura.

El político, quien nunca se ha caracterizado por la contención, y que debía de tenérsela jurada al músico desde que este se autobautizó Rey de Extremadura[3] —no es posible que coexistan dos reyes en un mismo reino—, tardó apenas dos días en contestarle. Lo hizo por escrito, para que constara en acta, en la sección de Opinión del diario que había divulgado las palabras de Robe, y en un largo artículo que llevó por título «Extremoduro y Extremadura». En él señalaba que si Iniesta «se equivocó en sus predic-

3. Robe llegó a hacerse una tarjeta de visita en la que debajo de su nombre y apellidos podía leerse: «Rey de Extremadura».

ciones sobre el porcino,[4] no es nada extraño que [...] vuelva a equivocarse sobre los riesgos de la proyectada refinería». Continuaba diciendo que dado que Robe vivía en el País Vasco porque le gustaba, «conocerá que en ese territorio conviven naturaleza e industrialización. [...] El señor Iniesta sabe que en esa comunidad autónoma existe una magnífica refinería, concretamente en Bilbao, que hace muy poco tiempo ha sido ampliada para aumentar su capacidad de refino. Sabe también que además de refinería, los vascos gozan de papeleras, siderúrgicas, petroquímicas, industrias químicas, etc. [...] Si ese fenómeno ocurriera en Extremadura, los defensores del medio ambiente palidecerían de rabia y enojo», y concluía la misiva invitándole a volver al redil:

«Salvo que usted esté feliz de vivir entre industrias contaminantes, incluida una refinería, hágame el favor de recoger sus bártulos, véngase a su tierra natal y deje de sufrir en una zona que mantiene trabajos en refinerías que, como dice en su entrevista, "son perjudiciales para el medio ambiente y para el futuro". [...] Aquí será bien recibido e incluso podrá ilustrarnos con su experiencia de cómo vivir rodeado de petroquímicas y no morir en el intento. Haga como hicimos muchos cuando nos tentaron con el éxito fuera de nuestra tierra; triunfamos menos, pero podemos hablar de Extremadura sin demagogias y sin necesidad de pretender quedar bien».

El músico optó por guardar silencio. Pero cuando cuatro días más tarde, en la presentación en Madrid de la gira nacional que Extremoduro iba a emprender, los periodistas le tiraron de la lengua a propósito de la carta de Ibarra, no se arredró:

«Se ve que no le hacen caso por sí mismo y recurre a nuestra fama. Creo que haría una pareja cómica estupenda con Aznar».

4. En alusión a la letra de «Extremaydura», una canción que al todopoderoso presidente de la Junta de Extremadura le debió de escocer durante años casi tanto como una almorrana. Seguro que habría preferido algo del tipo «Extremadura, patria querida», pero no pudo ser.

Y no dejó pasar la ocasión para resucitar un agravio del pasado:

«Al principio, cuando le necesitábamos, no quiso ayudarnos, nos ignoraba. Nunca recibimos un duro de la Junta».

Al cabo de un par de meses, en una entrevista para *La Crónica de León,* sin duda harto de aquella historia endureció aún más sus palabras:

«Aquello fue una sandez de un tonto. Es el típico caso del político que se retira y no se acostumbra a que la gente no hable de él, y lo que hace es dar por culo como puede; se agarran a un clavo ardiendo con tal de salir en el periódico. Así consiguió que la gente le hiciera caso unos días».

Y aún tuvo que abordar una vez más aquel tema en una entrevista para el diario *Hoy* justo un año después, y en la que aportó nuevos datos sobre el desplante del político años atrás:

«Él [Ibarra] se alegró [de lo que Robe dijo]. Así pudo andar enredando en la prensa y sacando sus cartitas y sus tonterías. Si después de estar tanto tiempo la gente no te hace caso, te llevas un disgusto. Pero con eso ya tienes de qué hablar. Se llevaría una alegría el hombre con poder meterse un poco conmigo y con los vascos. [...] Cuando estaba intentando hacer un grupo y él era presidente no tuve ninguna ayuda. Ni siquiera pude verle a pesar de que me pasé días en Mérida intentando hablar con él. En Extremadura los músicos se tienen que buscar la vida como pueden, y sin subvenciones es difícil. Los grupos que han salido de la región es porque han hecho como yo, irse, porque ahí no se puede».

Cuando le pregunté a Robe por el desencuentro con ese político en particular y por sus quejas hacia Extremadura en general como tierra carente de oportunidades, creyó necesario matizar que sus pretensiones en ningún caso fueron las de obtener subvención alguna, sino la sola posibilidad de poder tocar a cambio de dinero, de trabajar, que es parecido, pero no es lo mismo:

«Nosotros lo que queríamos era poder dar conciertos. Se puede llamar subvención: te contratan para tocar y te pagan, que era lo que hacía la Junta con muchos otros grupos, y lo que se hace en todos los sitios. Igual que en el País Vasco se hace en todos los pueblos y ayuntamientos, dándoles cuartel a los grupos. No dándoles subvenciones, no, sino contratándolos. Lo que pasa es que ellos eran muy selectivos, y en cuanto surgió lo de "Extremaydura" ya no hubo forma de hacer nada. Pero nosotros, ya digo, no pedíamos que nos dieran dinero, en absoluto, sino conciertos».

Contra Dover, contra ellos

Aquel no fue el único enfrentamiento con un político extremeño. Ocho años antes, en 2000, más joven y con más ganas de bronca, puso firme por escrito al entonces alcalde de Plasencia, el popular José Luis Díaz, después de que este, tras vetar un concierto de Dover contratado de antemano por la Concejalía de Juventud con la excusa de que actuaciones como esa podían «distorsionar la vida de la ciudad» y llevaban a un «consumo mayor de alcohol y otros estupefacientes del que ya existe»,[5] amenazara con aplicar la censura previa a grupos de rock duro y *heavy metal* porque estos «condensan en sus letras algunos mensajes insultantes, en muchos casos para las instituciones, y que llaman a la violencia y al consumo de drogas». Y añadió: «Ese tipo de grupos no me parece apropiado que vengan a Plasencia», e incluyó en esa *lista negra* a los locales Extremoduro.

5. Parece ser que el verdadero motivo de la suspensión de aquel concierto fue la precaria situación financiera por la que atravesaba el consistorio, y no las burdas razones aducidas por un político al que aquel lance debió de acarrearle un gran dolor de cabeza. Dover se tomó aquello con «risa y rabia», y afirmaron que le enviarían una cesta de frutas y una caja de cerveza sin alcohol, al tiempo que anunciaban acciones legales contra él por incumplimiento de contrato.

Roberto Iniesta se calentó, desenvainó la pluma y escribió una carta que, dado su valor documental, y a pesar de su larga extensión, reproduzco íntegra. Pues más allá de la anécdota del roce con dicho político, lo que quiero resaltar es el espíritu combativo del poeta y músico; el modo en que se defiende cuando es atacado sin que él haya hecho nada para merecer tal golpe. Ya entonces parecía haber tomado buena nota de Cicerón. Y aunque esa esencia peleona está diseminada por toda su obra, la estricta reivindicación de la legítima defensa aún tardaría en volcarla en un disco ocho años: en ese conmovedor ejercicio de pensamiento y estilo que es *La ley innata*. Pero esa es otra historia, y allá voy con la misiva:

El excelentísimo señor alcalde de Plasencia, don José Luis Díaz, parece, por sus declaraciones a los diversos medios de comunicación y por el veto a la actuación del grupo Dover, decidido y dispuesto a erigirse en el defensor de la «salud intelectual» de la juventud de la localidad.

Según ha manifestado, el equipo de gobierno ejercerá el veto o censura previo a los grupos de heavy, rock duro o radical ya que, según su criterio, incitan a la violencia, al consumo de alcohol o de otras drogas, a romper con todo lo establecido y a tener una conducta que no consideran apropiada.

Al parecer, ese criterio será aplicado a varios grupos, entre los que citó a Extremoduro.

Señor Díaz, sepa usted que nos ha sorprendido sobremanera que tras tantos años funcionando, y siendo originarios del mismo pueblo, nos haya hecho el honor de mencionarnos públicamente, aunque pensamos que se trata de un error, era Dover y no Rober, y cantan en inglés (aunque usted no lo sepa...).

Tras conocer sus declaraciones, consideramos oportuno que explique detalladamente cómo pretende llevar a cabo la aplicación de su censura previa, y si esta se va a limitar al rock duro o va a afectar a otros ámbitos de la creación artística: ¿será necesario remitir, antes de cada actuación musical, las letras de las canciones para que su ilustrísima decida cuáles deben ser incluidas en el repertorio? ¿Tiene previsto extender su censura a otras actividades? ¿Tal vez al teatro, la pintura, el ballet, la escultura...? ¿Acaso será vetada la emisión de películas que considere perniciosas? ¿Influirá en su decisión la opción sexual del artista? ¿Tal vez su raza o extracción social? ¿Afectará la coincidencia ideológica del artista con su equipo de gobierno?

Mucho nos tememos que sus convecinos se conforman con que no sea usted chorizo y gestione con un mínimo de decencia los asuntos del consistorio.

Señor alcalde, permítanos dedicarle unos versos de un tal Miguel Hernández...

Os alimenta el aire sangriento de un juzgado,
de un presidio siniestro de abogados y jueces.
Y concedéis los pedos por audiencia de un lado,
mientras del otro lado jodéis, meáis a veces.

Retretes de elegancia, cagan correctamente:
hijos de puta ansiosos de politiquerías,
publicidad y bombo, se corrigen la frente
y preparan el gesto de las fotografías.

Temblad, hijos de puta, por vuestra puta suerte,
que unos soldados de alma patética deciden:
ellos son los que tratan la verdadera muerte,
ellos la verdadera, la ruda vida piden.

Putonas de importancia, miden bien la sonrisa
con la categoría que quien las trata encierra:
políticas jetudas, desgastan la camisa
jodiendo mientras hablan del drama de la guerra.

Venís de la Edad Media donde no habéis nacido,
porque no sois del tiempo presente ni el ausente.
Os mata una verdad en el caduco nido:
la que impone la vida del siempre adolescente.

Sois mis enemiguitos: los del mundo que siento
rodar sobre mi pecho más claro cada día.
Y con un soplo solo de mi caliente aliento,
con este solo soplo dicté vuestra agonía.

Hemos de destrozaros en vuestras legaciones,
en vuestros escenarios, en vuestras diplomacias.
Con ametralladoras cálidas y canciones
os ametrallaremos, prehistóricas desgracias.

Porque, sabed: llevamos mucha verdad metida
dentro del corazón, sangrando por la boca:
y os vencerá la férrea juventud de la vida,
pues para tanta fuerza tanta maldad es poca.[6]

Tiembla, alcalde, porque no conseguirás evitar que en cada calle, tras cada puerta, la gente disfrute con la música que tú censuras. En los televisores, en las radios, en locales públicos, en las casas, en nuestras orejas...

Tiembla, alcalde, porque por mucho que te disguste, no te quepa ninguna duda: tocaremos en Plasencia cuando nos dé la gana...

Señor alcalde, sin duda tu actitud incita a romper con todo lo establecido...

Jueves 11 de mayo,

EXTREMODURO

6. Estos versos de Miguel Hernández forman parte del poema «Los hombres viejos», perteneciente al libro *El hombre acecha*. Robe se tomó la licencia de cambiar el orden de algunas estrofas para que se ajustaran mejor a lo que quería expresar. Que se sepa, aquella invectiva no fue contestada, y si lo hizo no trascendió públicamente.

En calzones y a lo loco

La primera fricción documentada entre Extremoduro y un organismo político tuvo lugar al poco de nacer el grupo, y fue, también, en Plasencia.

Ocurrió en agosto de 1989, con motivo de un concierto del grupo The Refrescos —aquellos gallegos de *«aquí no hay playa, vaya, vaya»,* hoy igual de extintos que los dinosaurios— organizado por la cadena SER y Los 40 Principales, y subvencionado por el Ayuntamiento de Plasencia, y en el que Extremoduro iba a oficiar de telonero junto a otras muchas bandas y solistas. El caso es que Robe, Salo y Luis von Fanta no llegaron a actuar pese a las protestas del público congregado en la plaza mayor placentina. Un Roberto Iniesta bastante cabreado convocó entonces una rueda de prensa —que contó con la presencia de Elia María Blanco, a la sazón concejala delegada de Juventud y años más tarde alcaldesa de la ciudad durante dos legislaturas (2003-2011)— para explicar las razones por las cuales no llegaron a subir al escenario, que hacían pensar en un veto *in extremis:*

> «El que venía a cargo del programa se lo montó para que no tocáramos. No teníamos camerino y no podíamos meter una furgoneta ni un coche, y la solución era esperar en un bar a que nos tocara, con el vestuario y con todo. [...] Oímos que se nos anunciaba, acudimos, estuvimos cambiándonos detrás del escenario como pudimos, y salió un señor que nos dijo que no tocábamos ni entonces ni más tarde. Se dijo que fue porque no queríamos tocar en *playback,* pero no es cierto. No nos gustaba, pero íbamos a tragar por salir en la radio. Estábamos en calzoncillos mientras pasaba la gente, y encima se ha utilizado nuestro nombre de mala manera».

Robe me explicó qué era lo que tenían pensado hacer aquel día, a modo de protesta por tener que actuar en *playback,* y qué fue, al final, lo que sucedió:

«Íbamos a hacer el *playback,* que era como una mamarrachada, para hacer un numerito. Pensábamos representar una obrita de teatro y cantar "Extremaydura", y llevábamos disfraces y toda la hostia. Estábamos en Plasencia muertos del asco y había que liarla para llamar un poco la atención. La idea era la de protestar. Protestar contra todo: contra la Junta, contra los *playbacks,* contra esas actuaciones estúpidas. Aquello fue en la plaza mayor, y allí no había ni camerinos. Estuvimos esperando en un bar, y cuando oímos que nos llamaban por los micrófonos, salimos corriendo para allá y nos empezamos a poner los trajes. Entonces llegó un tío y nos dijo que no, que ya había pasado el tiempo y que no podíamos tocar. Yo no te puedo decir si aquello fue claramente un veto o que eran un poco gilipollas y, como llegamos algo tarde, pasaron de todo. Lo gracioso fue que cuando salió el siguiente grupo pusieron por error nuestra canción. Menudas risas».

El caso es que tras impedirles tocar, Plasencia empezó a llenarse de pintadas con las bellotas radioactivas del grupo que llegarían a hacerse tan célebres. Incluso en la muralla, uno de los símbolos de la ciudad, esas bellotas, que tan poco le gustaban a Rodríguez Ibarra, resplandecieron.

A propósito de esa forma de denuncia grafitera, Iniesta aclaró en la citada rueda de prensa que ellos, al igual que los equipos de fútbol, tenían ultras, que son gente incontrolada, y que las pintadas de bellotas no solo estaban en Plasencia, sino también en muchos otros lugares de la región. Y añadió, echándole más gasolina al fuego (la cara de la concejala debía de ser puro hielo):

«La gente tiene algún rollo con el Ayuntamiento que nos identifica a nosotros como subversivos, y es la manera de protestar que tienen. A nosotros nos parece estupendo. Además, no me parece mal que se hagan pintadas en la muralla porque se hizo para eso; para que los placentinos nos defendiéramos. La gente que lo ha hecho, creo que lo que pretende decir es que a la juventud, en Extremadura, no se nos respeta para nada».

Esas palabras demostraban que a Robe podías hacerle una jugarreta, como a cualquiera, pero él trataría de que no quedara impune y te la devolvería en cuanto tuviese oportunidad. Su voluntad combativa, peleona, ya antes referida, había quedado, pues, expresada. Era un aviso para maleantes.

Un «¡viva Extremoduro!» institucional pendiente

Les gustara o no a los políticos extremeños —quienes, sin duda, preferían contar con un embajador cultural más, digamos, clásico, a la par que comedido, tipo Julio Iglesias—, Extremoduro terminó imponiéndose sin otra ayuda que su esfuerzo y talento, o viceversa, y fue uno de los mayores activos, aunque Roberto Iniesta no residiera allí, con que contaba esa comunidad.

José María Gabriel y Galán, poeta salmantino que tras casarse con una cacereña e instalarse en Extremadura se enamoró de aquella tierra —fue allí donde murió—, compuso una serie de poemas agrupados bajo el nombre de *Extremeñas,* entre los cuales se incluye el titulado «A Plasencia». Reproduzco dos de sus estrofas:

Objeto tan sobrehumano
como el de tus maravillas
es de un himno soberano;
no de las ruines coplillas
de un rimador castellano.

¡Funde un genio de la Historia
que eternice tu memoria
y haga tu gloria completa!
¡Engendra el hijo poeta
que sepa cantar tu gloria!

Y ¿por qué no habría de ser Robe ese poeta soñado?

De haberse tratado de un cantante distinto, menos incómodo y feroz, más *mainstream* —pues a pesar de sus altísimas ventas y sus giras multitudinarias, Extremoduro seguía siendo un grupo difícil de asimilar por ciertos sectores—, tras los logros conseguidos habría sido objeto de toda suerte de homenajes y reconocimientos institucionales en su tierra —medallas, una calle o plaza con su nombre, una estatua quizá—, al margen de si él los hubiera o no aceptado.[7]

Precisamente, en una entrevista que le realizaron en octubre de 2009 en el diario *Hoy,* al preguntarle si se veía recibiendo una medalla de Extremadura dijo:

> «Que me den medallas y premios sin presentarme a ningún concurso no me va mucho. Los premios que da el público los recojo con cariño, pero los que te dan las instituciones parece que se preguntan: "A ver con quién vamos a quedar bien este año...". No me hace gracia que busquen la foto conmigo».

Pero ocurrió. Contra todo pronóstico. O no. A Robe le fue concedida la Medalla de Extremadura, la máxima distinción institucional de esa comunidad autónoma. Y fue a recogerla, dijo sí. El acto de entrega de medallas tuvo lugar el 7 de septiembre de 2014 en un hermoso escenario, el teatro romano de Mérida. La medalla se la entregó el presidente del Gobierno extremeño, José Antonio Monago, del PP, y Robe acudió vestido todo de blanco, con una camiseta de pico que llevaba un estampado en el lado inferior derecho, de un hombre a punto de lanzar un ramo de flores, obra del artista urbano conocido como Banksy, y que había de entenderse como una reivindicación pacifista del músico, que parecía un apache anacrónico en medio de la civilización.

Además de a Iniesta, en esa edición reconocieron, a título póstumo (falleció unos meses antes), al político Adolfo Suárez,

7. Estas líneas pertenecen a la primera edición de esta biografía, cuando la posibilidad de que a Roberto Iniesta llegaran a concederle el más alto galardón de su tierra, la Medalla de Extremadura, era remota.

presidente del Gobierno de España entre 1976 y 1981; a la UNED (Universidad Nacional de Educación a Distancia) de Extremadura; a la Jefatura Superior de Policía de Extremadura, y a la Asociación para la Donación de Médula Ósea y Cordón Umbilical de Extremadura. Pero la presencia del músico eclipsó a todos los demás. Por su exotismo y por lo que simbolizaba aquel galardón.

Robe leyó un discurso breve, pero certero. Este:

«Hola. Hola a todos. En primer lugar, quiero agradecer este reconocimiento al presidente y a toda la gente que lo ha hecho posible. Gracias a todos. No me voy a extender. Me lo he traído apuntao para que no se me olvide nada, pero voy a intentar ser breve.

»Los que me conocéis ya sabéis que no me gustan este tipo de actos, así que lo primero que hice cuando me lo notificaron fue buscar razones para no venir. Pero no las encontré. Al contrario. Y aquí estoy. Y ya que estoy aquí voy a intentar que todo esto sirva para algo. A intentar, que es lo importante. Conseguir, creo que es menos importante. Y por eso, con la autoridad que me da esta medalla, y con la sabiduría que me da ser un músico extremeño que hace más de veinte años tuvo que irse fuera, voy a hacer una petición al presidente y a todos los alcaldes de Extremadura, sean del partido que sean. Eso no me importa, no me interesa.

»No voy a pedir una utopía, no voy a pedir la paz en el mundo ni que prohíban matar elefantes ni que se acabe el hambre, el paro, no. Eso ya hay mucha gente pidiéndolo. Ni voy a pedir que se aumenten los fondos para la renta básica, eso ya hay gente también pidiéndolo ahí fuera. A mí, por mi condición de músico, y de creador, me toca pedir otro tipo de cosas. Y lo voy a pedir para todos los músicos y todos los creadores extremeños, presentes y futuros. Sobre todo en nombre de los futuros, los que todavía no saben que lo son. Y por eso no lo pueden pedir, porque no lo saben todavía. Necesitamos locales, locales de ensayo. Locales para hacer talleres de escritura, de pintura, de escultura. Locales para los creadores, locales para los chavales. Para que vayan a hablar, o a hacer lo que les dé la gana. Y los necesitamos en todas las ciudades y en todos los pueblos de Extremadura. En todos. Y salas para conciertos, evidentemente. Quizá en pueblos pequeños, en los que no hay apreturas, sea más una cuestión de querer que de poder. Y en las ciudades, después del boom del ladrillo, han quedado muchos edificios a los que no se da ninguna utilidad. Palacios de Congresos [...] lleva años haciéndose en Plasencia, en los que no se ha congregado nunca nadie, ni sabemos si algún día alguien querrá congregarse allí. Hacer de ese lugar algo como lo que planteo sería lo mejor que le podría pasar a ese edificio y a Plasencia. Y si consiguiéramos todos estos locales, y quizá consiguiéramos con ellos que unos cuantos creadores no tuvieran que emigrar, pues estaría muy bien, pero no sería lo más importante. Lo más importante sería lo que ganaríamos todos.

»Gracias por escucharme».[8]

Pese a ese premio, su imagen y modo de pensar siguen siendo puro napalm para los biempensantes y los eternos guardianes de la moral, quienes se muestran incapaces de vencer sus prejuicios y adentrarse, con los sentidos alerta y la cabeza despejada, en el universo poético y musical de Roberto Iniesta, ignorantes de lo mucho que se pierden.

Robe divide ahora su tiempo entre el País Vasco y Plasencia, ha vuelto de alguna manera a casa, aunque sigue tan ajeno a intrigas de despacho y politiqueos como siempre, y situando con cada nuevo trabajo, ya no con Extremoduro, sino en solitario, el nombre de Extremadura, su durante muchos años áspera tierra materna, cada vez más alto.

8. En la segunda de las tres entrevistas que le hice para el diario *El Mundo* por sus discos en solitario, y que se recogen en el capítulo «Robe en solitario» (pág. 549), hablamos de la Medalla de Extremadura.

PRIMEROS RUGIDOS: DOSIS LETAL, TANTEANDO EL TERRENO

A falta de ordenadores, videoconsolas y demás milagros de la tecnología que nos ha brindado la posmodernidad, los niños españoles de la década de los sesenta y setenta no tenían más remedio que convertir la ancha calle —feroz en los inviernos e implacable en los veranos— en su centro de operaciones. Y como de los árboles y farolas no colgaban juguetes, había que hacer de la necesidad virtud y buscar otras formas de entretenimiento.

En el caso de Roberto Iniesta, desde bien temprano desarrolló el gusto por la música: comenzó a soltarse con la guitarra en la orquesta de La Salle, su colegio, y poco después, aún niño, y por extraño que resulte, se sumó a una tuna universitaria en calidad de tuno/llavero, como le confesó a Iñaki Fernández para el libro *Extremoduro:*

> «Ahora esto de las tunas me parece una chorrada, pero de chiquitillo era un puntazo. Con doce años ibas con los mayores, salías por la noche y te ponían copas de anís en las casas».

Su interés por la música no decreció nunca, aunque en plena juventud dio incontables tumbos hasta llegar a comprender que aquella y no otra era su mayor vocación, junto con la escritura, y que tenía que ser su único medio de vida.

En su zigzagueante travesía adolescente, al estar demasiado comprometido consigo mismo y sus fantasmas interiores, y al no disponer del estímulo necesario, decidió aparcar los estudios cuando cursaba tercero de BUP, lo que hoy equivale a primero de bachillerato —los retomaría, a la carta, tres décadas después para coger una mayor soltura durante la elaboración de su primera y única novela hasta la fecha, *El viaje íntimo de la locura*—, y se puso a trabajar en el taller paterno de chapa y pintura.

En la entrevista que le hizo el novelista Lorenzo Silva para *Rolling Stone,* Robe habló de su fallida etapa de estudiante y de aquella primera experiencia laboral:

«Lo dejé a mitad de curso. De repente vi que tenía la cabeza demasiado llena de cosas que no quería tener y me dije que la tenía que tener limpia para otras. Mi padre tenía un taller de chapa y fui allí a trabajar para estar haciendo algo, y como era mi viejo, me daba facilidades. También es que entonces se vivía de otra manera, y los profesores, [aunque] ya se había muerto Franco hacía unos años, [...] seguían igual de gilipollas. Y cuando te haces un poco mayor, los mandas a tomar por culo. Te dices: aquí no hay nada que me sirva. [...] Cuando me puse a currar con mi viejo encontré camino libre ahí, y la cabeza abierta. Y cuando llevaba unos cuantos años currando, de repente asomó lo del grupo. Hay que ir tirando *pa'lante*, y cuando vas creciendo, vas viendo».

Él fue creciendo y viendo, desde luego que sí, y poco antes de cumplir los veinte improvisó una banda y se presentó a un festival de música que se organizaba en su ciudad, y lo hizo con dos canciones propias, las primeras que compuso. A raíz de aquello grabaron una maqueta rudimentaria y tocaron en algunos garitos de la zona, y a pesar de que ese primigenio grupo se diluyó sin más en el tropel inagotable de los días, sirvió para que Robe entendiera que subido a un escenario era capaz de seducir a los espectadores, como declaró:

«Desde el primer día que toqué en público y la gente no se fue, vi muy claro que eso podría funcionar. Sabía que lo que hacía estaba bien, aunque fuese poca gente a los conciertos».

Poco después, en 1982, se editaron una serie de discos extranjeros y españoles a los que prestó muchísima atención, y los cuales le dejaron una marca indeleble.

De entre los primeros destacan *The Number of the Beast,* de Iron Maiden, un álbum clave del género heavy, en aquel entonces en su momento álgido, y *Blackout,* de Scorpions, un clásico del rock duro. Y en cuanto a los españoles, *Volumen brutal,* el segundo elepé de Barón Rojo, y *Corre, corre,* el cuarto (tercero de estudio) y último de Leño, fueron, como ya quedó explicado en el capítulo de las influencias, dos fuentes de las que bebió hasta la ebriedad, y que le inocularon, por un lado, el gusto por el sonido poderoso, y por otro, la necesidad de dar con unas letras que estuviesen ancladas a la realidad, pero que a la vez contaran las cosas de un modo diferente.

Aquel año se alumbraron algunos otros trabajos españoles de interés, como *Esta vida me va a matar,* el debut de Los Suaves; *¡Corta!,* de Ramoncín, que incluía «Valle del Cas» y «Sal de naja», y, sobre todo, el disco que mandó en las listas y que se convirtió en la banda sonora del verano: *Rock & Ríos,* de un inspirado Miguel Ríos. De ese doble álbum, grabado en directo en el Pabellón de Deportes del Real Madrid los días 5 y 6 de marzo de ese mismo año, llegaron a despacharse cuatrocientas cincuenta mil copias. Una cifra inaudita para la época y el género. Por más que a Robe, que sentía una necesidad acuciante de desalojar un gran caudal de electricidad y versos de cal viva —rayos y truenos, en fin—, aquellas canciones le resultaran demasiado *light.*

Ya en 1983, cuando en todo el país se respiraba un ambiente de euforia —el PSOE de Felipe González arrasó en las elecciones generales del año anterior y consiguió una holgadísima mayoría absoluta, lo que significaba que, después de cuarenta y seis años, es decir, desde las elecciones de 1936, un partido de izquierdas volvía a formar gobierno—, vieron la luz algunos discos dignos de mención: *Flick of the Switch,* de AC/DC; *Metal Health,* de Quiet Riot; *Lick It Up,* de unos Kiss por vez primera a cara descubierta, y *Kill 'Em All,* el debut de la banda de *trash metal* Metallica.

El producto nacional —estamos hablando de rock duro— nos dejó la ópera prima de Barricada, *Noche de rock & roll,* de cuya producción —muy criticada, más que nadie por los integrantes del grupo— se ocupó Ramoncín, y el esperado estreno de los Banzai de Salvador Domínguez, *Banzai,* un disco irregular que obtuvo cierto éxito (aquella formación, pese a prometer grandes gestas, no cubrió las expectativas depositadas en ella y naufragó al poco. Salvador fue el solvente guitarrista de *Rock & Ríos* junto a Antonio García de Diego, compositor y músico habitual de Sabina).

Y no puedo dejar de citar, no por su gran difusión ni calidad, sino por su propuesta kamikaze, el single *Mucha policía, poca diversión,* que daría a conocer a los infaustos Eskorbuto, un grupo vasco calcado de los Sex Pistols al que no pocos han citado como una probable influencia para Extremoduro.[1]

Fue en 1983, con semejante bagaje musical a cuestas, cuando Robe formó junto a Luisma, Juano, Paco Doniga y Zósimo «Zosi» Pascual el grupo Dosis Letal, esta vez con la firme voluntad de ir en serio. Pero los caminos de aquellos cinco amigos se separaron enseguida y para siempre, y de ellos tan solo Iniesta

1. Cuenta la leyenda, alimentada por el propio grupo, que cuando en 1983 los integrantes de Eskorbuto viajaron a Madrid para gestionar la edición de ese primer single, que formaba parte de una maqueta, *Jodiéndolo todo*, con temas tan incendiarios como «Maldito país», «Escupe a la bandera» y, sobre todo, «E.T.A.», se les aplicó la ley antiterrorista «como a Jesucristo García» y pasaron día y medio en los calabozos de una comisaría. Parece ser que estando en semejante trance recibieron apoyos desde diversos puntos de España, a excepción del País Vasco, su tierra natal, lo que les hizo sentirse abandonados a su suerte y los cabreó bastante. A modo de venganza, su primera larga duración, *Zona Especial Norte*, incluiría el tema «A la mierda el País Vasco», en donde tras la melodía del «Cara al sol» arremetían contra las gestoras proamnistía, que *«dormían mientras nosotros nos pudríamos de asco»*. Lo que venía a confirmar que ese grupo no estaba ni con Dios ni con el diablo. Un ejercicio de nihilismo e independencia de una pureza no siempre presente en el resto de las bandas del llamado Rock Radical Vasco, corriente de la que, por cierto, siempre se desmarcaron. Los miembros fundacionales de Eskorbuto, Juanma o Jualma Suárez (bajo y voz solista) e Iosu Expósito (guitarra y voz), ambos nacidos en Santurce, Vizcaya, murieron con tan solo treinta y treinta y dos años, respectivamente, debido a una vida de excesos politoxicómanos.

perseveró en la música. En su anhelo de hacer de ella una profesión definitiva y no un mero *hobby*.

«La carrera», canción que versa sobre la vida de un drogadicto sin redención, y que años después se incluiría en *Agila,* fue compuesta por Zósimo y Robe, y queda como testimonio sonoro de aquella fallida aventura de iniciación que, en contra de sus deseos de entonces, no prosperó.

Cuando le pregunté al respecto, me dijo que había poco que añadir:

> «Ese grupo sirvió para que yo siguiera haciendo cosas, para que me lo creyera, porque aquello duró muy poco tiempo. Ni siquiera llegamos a dar un concierto propio, aunque sí tocamos con otra gente».

En los años subsiguientes, cuando ya tenía claro que debía montar un grupo sólido, de verdad, Robe, que ya hacía tiempo que abandonó el taller de chapa de su padre, seguía ensayando por su cuenta mientras se ganaba la vida vendiendo chucherías y frutos secos con una furgoneta.

Hasta que se hizo cargo de un bar de copas, de nombre Simetría, que le sirvió de punto de encuentro con gente de todo pelaje y condición. Y allí fue donde conoció, hacia 1987, a William y Kaíto, quienes completarían la primera formación de Extremoduro.

Él no lo sabía entonces —¿o sí, o siempre lo supo?—, pero aquel iba a ser el principio de una leyenda que llega hasta hoy.

III

Extremoduro: *De profundis.* La historia del grupo a través de sus discos

En lo sonoro la luz se verifica:
las vocales se inundan, el llanto cae en pétalos,
un viento de sonido como una ola retumba...

PABLO NERUDA, «Un día sobresale»

ATRIO

Los ocho primeros años de vida de Extremoduro fueron un continuo caminar por un alambre incandescente. Las trifulcas con los sellos discográficos, las penurias económicas, los excesos estupefacientes, el desprecio de los medios y los recambios de músicos, que entraban y salían de la formación como si aquello en vez de un grupo de música fuera una banda de atracadores, ejemplifican hasta qué punto cuando un hombre cree en su proyecto artístico y aguanta, puede obrar el milagro. Ese hombre, Roberto Iniesta, Robe, vivió en su magro pellejo tifones y siniestros totales y lo tuvo casi todo en contra, pero logró superar aquella sucesión de calamidades gracias a una obstinación alimentada por la seguridad —con todas las inseguridades del artista al mismo tiempo— en el propio talento.

Jamás lo habría conseguido sin la ayuda de Uoho, músico total y con las ideas cristalinas, a quien Robe le pidió que acudiera en su auxilio porque si lo que tenía entre manos no cuajaba, se volvía de cabeza «a la chapa».

Lo que dio aquella feliz unión es historia del mejor rock en español: nació el disco que los llevó a conquistar los cielos, *Agila* (1996), y, a partir de ahí, Extremoduro se *civilizó,* vivió una larga etapa de paz y engendró algunos de los mejores discos que se han grabado en España, en cualquier género, en el presente siglo. Obras maestras incontestables como *Yo, minoría absoluta* y *La ley innata,* que sobreviven al grupo tras su defunción y siempre serán referentes.

Pero antes de eso hubo un principio.

ROCK TRANSGRESIVO Y SOMOS UNOS ANIMALES: LA EDAD DE PIEDRA

Las fotografías de la primera época de Extremoduro nos muestran a un Roberto Iniesta muy joven —todavía no había cumplido los treinta años— con trazas de corredor de fondo o de sufrido poeta de posguerra. Pero lo que más llama la atención es su mirada: alerta, despiertísima. La mirada de quien está acostumbrado a cazar para sobrevivir. La mirada del depredador nato.

Esa es la imagen que acude a mi cabeza cuando trato de visualizarlo, cargado de ilusión y aún sin malear del todo, camino de Madrid en compañía del batería William y el bajista Kaíto para grabar el equivalente en música a un corto de cine. Ya que se trataba de una maqueta de tan solo dos temas, «Extremaydura» y «Romperás», en la que Robe había depositado grandes esperanzas.

Con ella en su poder, y de vuelta a casa, los tres músicos recorrieron los locales de Plasencia y aledaños para darse a conocer. Al poco, las composiciones de Robe, que mientras le rogaba a Dios o al diablo no dejaba de darle al mazo,[1] ascendieron a ocho, y con ese escueto repertorio ofrecieron sus primeras actuaciones.

1. Se atribuye a Robe la siguiente frase: «El exceso de trabajo no suple la falta de talento», lo cual es innegable. Aunque no es menos cierto que el talento por sí solo, sin trabajo de por medio, no conduce demasiado lejos. Algo de talento y mucho trabajo es mejor cóctel, en fin, que mucho talento y un mínimo esfuerzo. Haya salido o no esa frase de sus labios, es obvio que Extremoduro llegó donde llegó gracias a la suma de talento y trabajo, un combinado infalible. El filósofo y escritor Félix de Azúa declaró:

Por más que para justificar el reclamo de «concierto» tuvieran que repetir algunos de los temas con el fin de alargar lo más posible el tiempo en escena.

Aquel trío aguantó solo unos meses, pues ya se sabe que en la adversidad el desánimo causa estragos, y Robe, de nuevo más solo que la luna, se dedicó a ensayar y a rumiar con calma los pasos que debía dar para salir de aquel marasmo.

Lo primero que había que hacer para reflotar la nave era encontrar nuevos tripulantes. Los elegidos fueron Luis Iglesias von Fanta, a la batería, y Gonzalo, Salo, al bajo. Ambos eran bastante mayores que Robe y ya venían muy rodados, pues procedían de uno de los grupos pioneros del rock placentino, Los Dogos, fundado en 1966 por el propio von Fanta y otros tres músicos (Salo, algo más joven, se incorporó unos años después supliendo una baja).

Una vez reconstruida la banda, lo prioritario era darse a conocer a mayor escala, y para ello era necesario grabar una maqueta decente que poder enviar a las discográficas y medios de comunicación. A fin de reunir el dinero con el que sufragarla, se les ocurrió vender en el Simetría, el decisivo local de Robe, unos boletos de a mil pelas (seis euros) por barba que podrían ser canjeados por una copia del disco cuando este viera la luz.

Esos disparatados boletos —porque aquello, aunque luego no fue así, era lo mismo que vender humo, un trozo de porvenir, ciento volando— llevaban impresa la palabra:

AUTOFINANCIACIÓN

Y tras los datos del comprador podía leerse:

El titular de este recibo ha comprado el primer disco de Extremoduro. Fdo.: Roberto Iniesta Ojea.

«El arte y la filosofía no requieren ni excesivo talento ni excesiva inteligencia, lo que requieren es coraje». Bueno, de eso hubo también mucho en Extremoduro. Toneladas.

El «resguardo de financiación» iba acompañado del texto:

1.er Disco de EXTREMODURO. Vale por un ejemplar. Recibí.

Y abajo:

Precio: 1.000 ptas.

Aquella inteligente iniciativa fue un claro antecedente de lo que hoy se conoce como *crowdfunding,* una suerte de cuestación popular a la que cada vez más artistas recurren, vía internet, para tratar de sacar adelante sus propuestas musicales o cinematográficas. Pero en esa época pedir dinero a gente ajena al círculo familiar o amical suponía una novedad, cuando no una osadía. Osadía que llevaron todo lo lejos que pudieron, puesto que enviaron boletos al entonces presidente del Gobierno, Felipe González; al alcalde de Madrid, el socialista Juan Barranco, y al ministro de Defensa, Narcís Serra. A este último, melómano reconocido, se lo hicieron llegar con algo de cachondeíto, porque en esos días generó cierto revuelo mediático al trascender que había adquirido, a cargo del erario público, un piano para el Ministerio que dirigía. Como era de prever, ninguno de tan eximios sujetos se dio por aludido.

Entonces subieron un peldaño y se lo mandaron a la reina. Y, aunque Robe siempre ha sospechado que el secretario de turno nunca le enseñó la carta a doña Sofía, por lo menos en ese caso sí les contestaron, tal y como contó con mucha guasa:

«Lo que recibimos fue una nota, con su sello oficial, que decía que "la Casa Real no es auspicio de músicos" o no es "para auspicio de músicos", no recuerdo ahora —me explicó— cuál de esas dos fórmulas emplearon. Lo más cachondo fue cuando mi viejo pilló la carta, vio el emblema real y me dijo: "Niño, te escribe la reina. ¿Qué es lo que has hecho...?"».

A pesar del desprecio de las más altas esferas, y a fuerza de mucha labia y una perseverancia alimentada por un intenso deseo o una gran necesidad, o ambas cosas, consiguieron colocar alrededor de doscientos cincuenta boletos. Eso, en parné, equivalía a un cuarto de millón de pesetas, mil quinientos euros. Con semejante botín, salieron escopetados hacia los madrileños estudios Duplimatic para grabar la ansiada maqueta. Era enero de 1989.

Titulada *Rock transgresivo,* incluía siete canciones: «Extremaydura», «Emparedado», «Decidí», «Romperás», «Arrebato», «Jesucristo García» y «La hoguera», todas ellas creadas por Roberto Iniesta. La tirada fue de mil copias, las cuales distribuyeron una a una, como infatigables vendedores de biblias, por toda la región extremeña.

Dos pasos de gigante

En los meses siguientes acaecieron dos hechos que resultaron cruciales para el crecimiento del grupo. El primero fue su aparición en *Plàstic,* un programa *underground* que se grababa en Cataluña y se emitía en el segundo canal de Televisión Española. Robe les envió la maqueta y les invitaron a participar para que mostraran a los televidentes su cañera mercancía.

En un estudio decorado como una nave industrial, y en riguroso *playback,* ya que ni siquiera se tomaron la molestia de ponerles cables a la guitarra y al bajo, se grabaron dos vídeos en los que Extremoduro interpretó «Extremaydura» y «Jesucristo García» con derroche de actitud. Tanta, de hecho, que el de la segunda canción solo se emitió en la edición regional para Cataluña: parece ser que Salo, que iba tocado con un tricornio, terminaba disparándole en la nuca a un Robe que esperaba el tiro de gracia arrodillado. La guardia civil asesinando a Jesucristo, ahí es nada. Mucha tela, en fin, para la televisión pública en horario de tarde. Sí, pese a que quien gobernaba entonces era el PSOE.

Esos vídeos, disponibles en internet, aunque sin el epílogo sangriento de «Jesucristo García», suponen un documento de un inmenso valor para entender lo que era Extremoduro en sus inicios. Antes, incluso, de la grabación de su disco de debut, y por ello merecen un breve comentario.

Uno de los rasgos que definían a Extremoduro en aquella época era su muy acusada teatralidad, la cual irían perdiendo con los años: salvo algún que otro guiño al pasado, a su esencia *destroyer,* el grupo siempre estuvo centrado en la ejecución de las canciones, en tocarlas lo mejor posible, y su actitud rezumaba seriedad. Solemnidad, incluso.

Pero en 1989 esa teatralidad fue llevada al *extremo* en esos dos vídeos. En el de «Extremaydura» vemos a un Robe a pecho descubierto, con el pelo más corto de lo habitual y una Gibson Les Paul que manipula como si fuera un subfusil de asalto. En un momento dado, cuando llega la parte que reza *«Cagó Dios en Cáceres y en Badajoz»,* nuestro hombre introduce la cabeza en una soga y canta como un ahorcado venido del más allá. Un espectáculo cuando menos llamativo. Sobre todo, si tenemos en cuenta que los grupos españoles que reinaban en esos años eran puro *blandipop.*

Mención aparte merece el vídeo de «Jesucristo García». Cada vez que vuelvo a él y veo a Robe interpretar su papel de Anticristo, ataviado con una túnica blanca y tocado con una cadena de perro que remedaba la corona de espinas, la misma cadena con la que posó años después para la soberbia portada de *Yo, minoría absoluta,* pienso que solo existe un antecedente de similar magnitud en la televisión pública (y no me refiero a las oportunistas y efímeras Vulpes y a su barata «Me gusta ser una zorra»): Ramoncín cantando «Marica de terciopelo» en el programa *Dos por dos,* en 1978. Es decir, cuando al cantante madrileño no se le asociaba a la televisión basura ni a la etapa de mayor descrédito de la SGAE, sino a la subversión y la disidencia. Al hormigón, las mujeres y el alcohol.[2] La principal diferencia entre las actuaciones de Ramon-

2. *Dos por dos* fue un programa de entrevistas y actuaciones que se emitió en el primer canal de Televisión Española a lo largo de 1978. Lo primero que soltó Ramoncín, nada más pisar el escenario, fue: «Dedicamos este tema a todos los que están en el *maco* colocaos, sin ninguna distinción». Es decir, en la cárcel. Cuidado, que estamos hablando de 1978, tan solo tres años después de la muerte de Franco. Un momento en

cín y Extremoduro reside en que la canción del primero, pese a sus pinceladas surrealistas, no es tan buena, ni de lejos, como la de Robe, que es un temazo sin fecha de caducidad. «Jesucristo García» resulta inquietante, corrosiva, brutal, alarmante, hermosa. Y en un país tan meapilas como el nuestro, y más aún hace veintitantos años, apretaba donde más dolía.

Ahora bien, Robe, al igual que Ramoncín, tuvo muy presente desde el principio de su carrera que, si quería destacar, tenía que montar un buen cirio. Y luego ya, si acaso, repararían en el talento, que como el devenir del tiempo ha demostrado, lo había, y mucho. Primero —parecía pensar— que miren, porque hay muchos sitios donde mirar y conseguir que los ojos se fijen en uno no es fácil. Y a partir de ahí, que le pongan nota.

Y vaya si consiguió su propósito. En el libro *Cultura de bar. Conversaciones con Fito Cabrales,* el músico bilbaíno confesaba que fue a raíz de aquella aparición televisiva como conoció a Extremoduro, y lo mucho que Robe le impresionó:

> «Me acuerdo que conozco a Extremoduro por un programa de televisión, *Plàstic,* y me quedo acojonado preguntándome quién era ese macarra, con esas pintas y cantando "Jesucristo García"».

Al igual que él, mucha otra gente lo descubrió ahí.

El segundo acontecimiento de vital importancia para el grupo

---

el que en nuestro país solo había dos canales de televisión y aquel programa lo veía, por lo tanto, todo el mundo. Tras arrancar las primeras notas, Ramoncín, más chulo que un ocho en cursiva, con gafas negras, el rostro afilado pintado de blanco y un rombo en el ojo derecho, comenzó a desgranar aquellos versos de pura lava: «*Animal de ojos caídos, / hombre de pelo negro, / mentiroso, suicida y homicida, / naciste en la ciudad. /¡Oh! Marica de terciopelo...*». Pura transgresión e irreverencia. Tiempo después, el cantante aclaró el porqué de su arriesgada dedicatoria: «Lo primero que hice fue dedicársela a la gente a la que Fraga acababa de meter en la cárcel. Por si alguien lo ha olvidado, él fue ministro del Interior en aquellos momentos y rubricó varias sentencias de muerte en el Gobierno franquista, y hoy es el "padre" demócrata del partido de centro-derecha. Hubo zonas de Madrid en las que no se pudo oír mi canción. Muchos lugares en los que solo durante el rato en el que yo estuve en pantalla se produjeron unas extrañas interferencias que impidieron ofrecer la imagen. ¡España cañí!».

fue su clasificación para la final de un concurso de maquetas patrocinado por Yamaha. Robe, como hiciera con *Plàstic,* les envió una copia de *Rock transgresivo* y los seleccionaron.

El evento tuvo lugar en Madrid, en la ya desaparecida sala Jácara de la calle Príncipe de Vergara. Extremoduro quedó en tercer lugar y recibió un premio consistente en instrumentos de la marca, que tan buena falta les hacían. Entre los miembros del jurado se encontraban la actriz y presentadora Bibi Andersen, hoy rebautizada Bibiana Fernández, y Pablo Carbonell, humorista y miembro del grupo Los Toreros Muertos, que a mediados de los años ochenta obtuvieron cierto éxito con canciones como «Yo no me llamo Javier», «Mi agüita amarilla» y «On the desk». Tal y como se recogía en un reportaje de la revista *Rolling Stone* firmado por el periodista Lino Portela, Carbonell votó por Extremoduro: «Yo he votado a los punkis esos, que me han gustado mucho», declaró. Eso venía a constatar que el mensaje artístico de la banda era capaz de seducir a gente que se hallaba en sus antípodas estéticas y musicales. O lo que es lo mismo: que eran buenos. Ya que solo la calidad y la belleza consiguen poner de acuerdo a gente de gustos diversos.

Avispa: subidón y calvario en un solo acto

Pero lo que de verdad iba a cambiar la suerte del grupo era que en aquella final se encontraba un A&R (cazatalentos) de la discográfica Avispa, y así fue como se tendieron los puentes para la contratación. En realidad, las negociaciones fueron brevísimas: Robe y Cía. necesitaban una casa de discos casi tanto como respirar, y acabaron firmando a pesar de los muchos contras que tenía unirse a ese sello.

De entrada, ellos tenían que poner pasta para sufragar el estudio: un pico de un cuarto de millón de pesetas, mil quinientos euros, lo cual era indispensable para que Avispa les otorgara la inverosímil condición de «socios de la grabación». Inverosímil, porque lo cierto era que con esa cantidad se cubría el cien por cien del coste del disco. En la reunión que mantuvieron, ante semejante susto Robe logró aparentar calma y dijo que de acuerdo, que no había problema y que aportarían esa suma. Este me contó entre risas que, ya en la calle, Salo le preguntó: «Pero ¿tú tienes esa pasta?», y él le contestó: «Pues yo qué hostias voy a tener...». Se tiró, pues, a la piscina. Hasta el punto de que hasta sus propios compañeros se tragaron el farol.

El caso es que le pidió un préstamo a un buen amigo, Luis Gómez, y este se lo dejó —Iniesta me aseguró que se lo devolvieron «después de muchos años»—, y de esa forma el trato con la discográfica se pudo concretar. Se pactó que les abonarían los royalties en especie, o sea, en discos, puesto que tenían que cumplir la palabra dada a los doscientos cincuenta «ángeles» sin cuya ayuda la maqueta no habría podido grabarse, y entregarles el disco que pagaron por adelantado.

De ese modo entraron en los madrileños estudios M-20 para grabar su primer elepé, que no llevó el título de la maqueta sino *Tú en tu casa, nosotros en la hoguera,* aunque en la portada figuraba el autodenominado estilo «rock transgresivo» en un cuerpo mucho mayor que el del título, y en el lomo ponía «EXTREMODURO-ROCK TRANSGRESIVO».

El disco contaba con las siguientes canciones: «La hoguera», «Extremaydura», «Romperás», «Amor castúo», «Decidí», «Jesucristo García», «Emparedado» y «Arrebato». Es decir, las mismas que componían la maqueta, pero en distinto orden, más una nueva, «Amor castúo»,[3] también compuesta por Robe.

De la producción se encargó el propio grupo con la ayuda de los técnicos J. J. Serrano e Iván Camacho, y el resultado dejaba bastante que desear: la grabación y las mezclas se hicieron en

3. El castúo, bautizado así por el poeta extremeño Luis Chamizo Trigueros en su poemario *El miajón de los castúos,* es el dialecto que se habla en algunas zonas de Extremadura. Viene de castudos, castizos o de casta. En 1942, el catedrático de Literatura Francisco Santos Coco registró dicho término como adjetivo y sustantivo, con el significado de «castizo, típico del pueblo extremeño. El natural de Extremadura que conserva íntegras y puras las cualidades y los caracteres de la región».

poco más de una semana, y con ese tiempo de cocción no se pueden esperar milagros.

Robe no quedó en absoluto satisfecho, claro, y así lo hizo constar años después en la página web de Extremoduro:

«*Tú en tu casa, nosotros en la hoguera* es el primer disco que hicimos, con muchas prisas y pocos medios. Antes de hacerlo, lo vendimos entre los colegas para poder pagar la grabación (los nombres de todos aparecen en la contraportada), y sin este seguramente no habrían existido los demás. Con el tiempo tuvimos oportunidad de añadirle nuevas tomas y mezclar de nuevo la maqueta de este disco. De ahí salió *Rock transgresivo,* hecho más a nuestro gusto, con más tiempo, más medios y más canciones. Nuestra intención fue sustituir *Tú en tu casa, nosotros en la hoguera* por *Rock transgresivo*».

Como explicaba ese breve texto aclaratorio, en la carpeta del disco se incluyó la relación de los nombres de aquellos buenos samaritanos que con su aportación de un talego[4] hicieron posible la grabación de la maqueta. Y en cuanto a la portada, que muestra un personal retrato de los tres *extremos,* era obra del dibujante y poeta Rafael Gallego, paisano de Robe y muy unido al grupo, y a su ideario, durante años.

Dejando de lado sus muchas deficiencias técnicas, *Tú en tu casa, nosotros en la hoguera* era un disco con un listado de temas, digamos, homogéneo, coherente, tanto en lo que respecta al sonido, duro, pero con múltiples brochazos melódicos, como a la temática: la visión del mundo de un hombre que sufre por desamor, o por un deseo amoroso no satisfecho, lo cubren todo.

Y en un año en el que en España se publicaron discos tan diversos como *Pasión por el ruido* (Barricada), *Fan fatal* (Alaska y Dinarama), *Rosa de los vientos* (La Frontera) y *Autobiografía* (Duncan Dhu), su mayor virtud consistía en aportar la novedad del «rock transgresivo»; lo que se traducía en la ruptura total de los esquemas tradicionales con los que se teje una canción: abundan

4. Así se llamaba, coloquialmente, a los billetes de mil pesetas (seis euros).

los cambios de ritmo y cada tema es un viaje hacia lo desconocido. Pero, sobre todo, está la poesía de Robe, que golpea y acaricia, asola y cura por igual. Porque ahora, cuando ya se le conoce, su discurso artístico, aunque siga gozando de una innegable originalidad, se da por asumido, pero entonces era algo en verdad extraterrestre.

Las mejores canciones del disco son, quizá, «Extremaydura», «Decidí», «Romperás», «Amor castúo» y «Jesucristo García». De la primera y la última ya he hablado, creo, bastante, por lo que voy a detenerme en el resto.

«Decidí» es una canción mayúscula, de las mejores de la primera época de Extremoduro y del rock en español. Su sonido la convierte en prima hermana de «Jesucristo García», por más que su contenido nada tenga que ver: es una singular inyección de aliento para momentos de bajón. Y su punteo melódico, tan Robe, es, pese a su brevedad, una delicia que anticipaba los muchos que vendrían en esa línea.

Comienza igual que su letra, es un tsunami:

Va a subir la marea
y se lo va a llevar todo.
No veas si noto la fuerza,
yo creo que soy un toro.

Date prisa, que ya está aquí.[5]
Hay tormenta y yo me tiro al mar.
Me abandono, no me voy a ahogar.
Y ahora arriba: soy el huracán.

5. Tanto en el libreto de la reedición de ese disco, *Rock transgresivo,* como en el del segundo episodio de *Grandes éxitos y fracasos,* el *«date prisa»* de la versión inicial fue sustituido por «Corre, corre», aunque en ambas Robe sigue cantando *«date prisa»*. En *Rock transgresivo* se incluyó el verso *«es un comando de la Guardia Civil»* entre los versos *«date prisa, que ya está aquí»* y *«hay tormenta y yo me tiro al mar»,* pues así lo cantaba en los directos de la primera etapa del grupo. En el citado *Grandes éxitos y fracasos (Episodio segundo)* ese verso no se incluye, respetándose la versión primigenia.

Al llegar al estribillo, Robe canta los comienzos de cada verso con un dejo entre macarra y terrorífico:

¡Decidí…!
¡Hoy lloré…!
¡Me inventé…!
¡Comprendí…!

En «Romperás» —resulta extraño que no fuera incluida en su *Grandes éxitos y fracasos*—, una canción, como la anterior, poderosa, de esas que en los directos *rompen*, la amada, presente o ausente, está en el suelo, en las paredes y el techo. Lo es, en fin, todo:

Romperás con tu voz
mil silencios que habitan en cada rincón.
Y olvidar de un tirón
todo el tiempo que paso esperando tu amor.

Cambiaré de color,
voy a pintar de verde la luna y el sol.
Y al final quién soy yo,
a ver si me lo aprendo y me sale mejor.

Y, a continuación, sobreviene una ráfaga de esa poesía dislocada, tan Robe, sobre un fondo duro de guitarra, batería y bajo:

Tu cintura, qué hermosura,
todo el día me paso en ella.
Tu cabeza, qué tristeza,
cómo quieres que sepa dónde está.

Y luego insiste/ahonda:

¿Cómo quieres que sepa cuándo te hace falta más?

Sin olvidar la estrofa final, que contiene la majestad del que se sabe monarca de un reino que nadie más es capaz de ver:

Tu mirada, qué chorrada.
¿Cómo quieres que cuente estrellas
si hace tiempo me lo invento?
Soy el amo del firmamento
metido en mi disfraz
de hombre normal.

En «Amor castúo» se fusionan la brutalidad y la sensibilidad «extremas» que caracterizan el rock transgresivo. Es, por así decirlo, una canción paradigmática de ese estilo, pues, ya digo, aúna poesía y dureza. Arranca con un disparo de lirismo, para despistar:

Paso las horas sin comer,
pinto la vida sin papel,
vuelo en el aire sin motor.

Primero rompo el corazón
de un mundo que no puedes ver,
luego me vuelvo a mi rincón.

Y más adelante llega la explosión:

Hoy me soñé al despertar
que te follaba sin parar.
Siempre lo mismo y desperté,
ya no me vuelvo a masturbar.
Y así me paso el día entero:
o estoy mejor que bien
y tengo el mundo entero a mis pies,
o tengo dentro mil infiernos
y se me cae la piel a cachos.
Y a veces pierdo... y a veces pierdo la razón.

Y en el remate se deja claro que ella, la ausente, la inclemente, es sinónimo de perdición y salvación:

[…] Me levanté hasta los huevos de vivir.
Te vi pasar, y ahora ya vuelvo a sonreír.

Por último quiero citar «La hoguera», canción en la que se encuentra el verso que da título al disco y en la que se percibe un trasfondo autobiográfico:

Ponte a mi lado, no llores por mí;
yo piso fuerte y en parte es por ti.
Cada mañana comienzo a vivir.

[…] Siempre me faltan horas de dormir,
cómo me gusta no tener reloj,
de madrugada me siento mejor.

Ya soy muy listo, me sé equivocar;
cuando hablo de algo, lo he probado ya.
Todo el día hablando, no pienso parar.

Por lo demás, el estribillo, *«Tú en tu casa, nosotros en la hoguera»,* que podría traducirse, según me dijo Robe, como un mientras tú no haces nada —o te tocas las bolas— nosotros nos batimos el cobre, suena muy rosendiano. Un toque carabanchelero en la voz de un placentino que ponía de manifiesto el claro ascendiente que Leño/Rosendo ejercía sobre el grupo.

En general, el sonido del disco es contundente y la base rítmica tiene un gran protagonismo: el bajo de Salo suena mucho, algo que a mi modo de ver resulta un acierto. Sin embargo, en las versiones posteriores —*Rock transgresivo, Grandes éxitos y fracasos (Episodio Segundo)*— perdería peso para cedérselo a la(s) guitarra(s).

Pero lo que mal empieza, termina peor. Y si bien aquel disco sirvió para ampliar el radio de acción de la banda, su onda expansiva, dándola a conocer a un mayor número de gente, pues el de boca en boca funcionó a pesar de que la discográfica no les consiguió apenas promoción y solo hizo un mínimo gasto publicitario —unos carteles con la portada del disco y el texto «¡El buitre quiere más alpiste! Si quieres disfrutar con el auténtico Rock transgresivo busca el original. ¡Ya a la venta!»—, la vinculación de Extremoduro con Avispa no pasaría de aquel primer trabajo por diversos motivos. El principal, el racaneo y la desconfianza que mostraron hacia el grupo de cara a la grabación del segundo disco.

Lo que prendió la mecha que hizo saltar por los aires aquella coyunda tuvo que ver con la negativa de la discográfica a pagarles por adelantado las dietas con las que cubrir los gastos de manutención. Habían fijado una cantidad ridícula, que no alcanzaba ni para pipas: dos mil quinientas pesetas al día (quince euros), para hotel y comida, por persona.

En aquel entonces habían pasado de trío a cuarteto debido a una cuestión puramente logística: a fin de poder cantar con una mayor soltura en directo, Robe se hizo cargo de la guitarra de acompañamiento. Salo, que era muy bueno con las seis cuerdas y estaba siendo desaprovechado, se convirtió en el guitarra solista, y contrataron a un conocido, Carlos «el Sucio», un tipo bien relacionado que en los años de la Movida respondía al alias de Charly Melodías —a saber qué episodio fue el causante de tan drástico cambio de mote—, para que le aportara gravedad al asunto (con el bajo, quiero decir). Eso significaba que el dinero que les ofrecían por día ascendía a diez mil pesetas (sesenta euros), que multiplicadas por una quincena, que era el tiempo que emplearían en la grabación, hacía un total de ciento cincuenta mil (novecientos euros). El Tío Gilito se habría mostrado más generoso. Incluso al Ebenezer Scrooge de *Cuento de Navidad* aquello le habría parecido una mezquindad inaceptable.

El caso es que Robe les pidió tan modesto presupuesto y le dijeron que de ninguna de las maneras, que les irían dando la pasta con cuentagotas, diariamente. Entonces les escribió y les exigió el envío íntegro del dinero, bajo amenaza de no ir a Madrid a grabar. La discográfica dio la callada por respuesta, y de ese modo fue como el grupo consideró que el contrato, que se firmó por tres años, había quedado sin efecto.

Roberto Iniesta resumía así su experiencia con aquella primera casa de discos:

«El contrato con Avispa fue bueno... para ellos. Eran unos mánagers de Madrid muy listos, y nosotros unos catetos de pueblo. Se juntaron con dos caraduras que tenían un estudio e hicieron una compañía, y así ya lo tenían todo, la contratación y la casa para grabar. Pero por entonces no teníamos otra cosa, y solo podíamos aguantar».

Al poco, recibieron una carta de la discográfica en la que les reclamaban algo más de un millón de pesetas en concepto de las dos semanas de alquiler del estudio que les habían reservado. Con dos cojones. Al igual que ellos, Robe optó por no contestar (al fin y al cabo, su respuesta habría consistido en mandarles «al *peo*», por utilizar una expresión muy suya). Fin de la historia. Bueno, o casi. Porque en los años siguientes Avispa aún habría de darles algún que otro severo picotazo.

El primero de ellos llegó bajo el título *Como animales,* y era un casete editado por PAK, un sello de Avispa, y distribuido por Musical 1, empresa dedicada a la colocación de expositores móviles con cintas y discos en gasolineras y bares de carretera. Contenía todas las canciones de *Tú en tu casa, nosotros en la hoguera,* pero su portada era una de las pruebas descartadas de *Somos unos animales,* si bien la foto era exactamente la misma. Es decir, un churro.

Después, en 1996, cuando *Agila* se empezó a vender como si fuera el único disco disponible en las tiendas, los inescrupulosos *avispas,* que vieron que ahí había un filón, se apresuraron a lanzar con el citado sello PAK el disco *En directo. Maquetas' 90.* Aquel trabajo recogía unas tomas piloto de las canciones que integraron *Somos unos animales,* más la titulada «Bulerías de la sangre caliente», que se incluyó en el posterior *Deltoya;* todas ellas aderezadas con los intercambios de opinión de los integrantes. Estos, como es lógico, desconocían que aquello iba a ver la luz, y en el estudio de grabación actuaron con absoluta naturalidad y soltaron casi tantos tacos como notas musicales. Esos temas habían sido registrados en una sola jornada y la compañía conservó una copia de tapadillo, que fue la que luego comercializó. El buitre sonriente que ilustraba la portada, obra de un tal Elías González, parecía descojonarse de Robe, a quien aquello, como demuestran las declaraciones que, henchido de cólera, realizó, le hizo maldita la gracia:

«He pasado de las ganas de quemarles el estudio a las ganas de rebanarles el pescuezo, y hasta a las ganas de denunciarlos. Y no lo hemos hecho para que no nos pase lo mismo que a Los DelTonos,[6] y mientras el juez se ponga al día y aclare quién tiene la culpa, no podamos actuar. Es una vergüenza que una cosa que está grabada en solo una tarde y de mala manera se venda en la calle. Sacar eso, que no son otra cosa que ensayos, y venderlo como si fuera un álbum hecho por mí es una estafa. Ese podría ser el único motivo por el que aparecería en televisión sin haber sacado un disco. Sería en la sección de sucesos».

Pero la cosa no se detuvo ahí, porque a ese disco le siguieron otros dos casi de golpe: *Desidia* y *La hoguera*. Se trata de dos cedés editados por PAK y distribuidos por la ya citada Musical 1, los cuales contenían un cóctel de canciones de los dos primeros trabajos del grupo —en el caso del segundo, ya se ha dicho, simples ensayos— y llevaban sendos dibujos en la portada: el primero, una raspa de pescado en un paisaje desértico; y el segundo, un árbol calcinado.

En 1998, Robe e Iñaki «Uoho», ya socios a todos los efectos,

6. Los DelTonos, grupo de rock de origen cántabro formado en 1986 y liderado por el guitarrista y cantante Hendrik Röver, mantuvo un contencioso con la compañía discográfica La Fábrica Magnética, responsable de la edición de su primer disco, a resultas del cual estuvo cinco años sin poder publicar un disco y con la insólita prohibición de interpretar en directo las canciones grabadas con dicha compañía, e incluso la de actuar. El grupo desoyó aquel veto y siguió ofreciendo conciertos, lo que les ocasionó la calificación de «intelectualmente violentos».

compraron aquel disco a Avispa —su disco, tiene cojones la cosa— y evitaron así que salieran nuevos engendros al mercado. Diversas fuentes me aseguran que la cifra que tuvieron que desembolsar rondó el medio millón de pesetas (tres mil euros).

En la página web de Extremoduro se detallaba la relación de sus discos «oficiales», pese a reconocer que la palabra en sí no les gustaba demasiado, y del resto decían:

«Los demás discos vendidos como Extremoduro son una puta mierda, con canciones que ya están en otros discos, portadas que no hemos hecho, pruebas previas a nuestras grabaciones, etcétera. Estos discos, que no reconocemos como nuestros, son una muestra del lado oscuro de la industria discográfica».

En fin. Por si quedara alguien que aún no se hubiera enterado.

Eran unos animales

A principios de noviembre de 1991 se presentó en la Sala Sukursal, en Madrid, *Somos unos animales*. El lleno del recinto indicaba que su popularidad iba en aumento. El mismo día de la actuación, el diario *ABC* recogía una nota firmada con las iniciales P. C.:

«El grupo más cafre del momento presenta esta noche su último álbum [...]. Rock primitivo y afilado y textos absolutamente demenciales. En fin, una cosita entretenida para empezar el fin de semana».

Aquello parecía un «cuidado, niños, que viene el coco». Porque entonces, en la edad temprana de la banda, la hipérbole era el lugar común a la hora de referirse a ellos, cuando no la desinformación más absoluta: en la edición de ese año de la revista *Un año de rock,* la cual organizaba unos premios con el mismo nombre, y que estaba dirigida por Carlos López, el años más tarde todopoderoso presidente para España de la discográfica Sony, el título que daban del disco era *Somos unos criminales.* Así, como suena. Con un par.

No obstante, el grupo seguía avanzando ajeno al terror que despertaba entre los periodistas y a la falta de rigor que la mayoría de ellos les dispensaba, y la prueba del nueve de su progresión era ese segundo álbum. Aunque para materializarlo tuvieron que hacer ellos solitos todo el trabajo. Como casi siempre.

Pero rebobinemos unos meses. Con las diez canciones listas para ser inmortalizadas, el ya cuarteto decidió autofinanciarse la grabación con el dinero que les prestó un puñado de buenos amigos, y se encerró en los estudios AudioMadrid, en la madrileña localidad de Boadilla del Monte, durante dos semanas, una más que con el anterior, para grabar y mezclar todas las canciones.

Tras tantear el terreno dando a conocer el nuevo repertorio por garitos de Plasencia y alrededores, sobreviviendo, emprendieron la búsqueda de una discográfica que se ocupase únicamente de la edición y la distribución.

Para ello tuvieron que volver a Madrid, como no podía ser de otra forma, pues era en la capital donde había que estar para ser. Y allí, y a través de Carlos «el Sucio», entre cuyos dones destacaba una gran facilidad para las relaciones públicas, entraron en negociaciones con Pasión, otra *indie,* solo que con más ganas de hacer cosas y medios algo más dignos. O al menos eso era lo que parecía en un principio, ya que a la postre resultó ser otro bluf.

Al frente de este sello discográfico se encontraba el cordobés Paco Martín Ruiz, quien se inició en el negocio con el pequeño sello MR, responsable de los primeros lanzamientos de grupos como Danza Invisible, Los Pistones o Peor Impossible (sí, con doble ese), pero que hizo fortuna y nombre con el posterior Twins. Ahí militaron Los Secretos, Tam Tam Go!, Celtas Cortos y, sobre todo, Hombres G, quienes llegarían a vender cuatro millones de copias de sus lúdicos discos. Tras la venta de esta pequeña, pero potente compañía a DRO, Martín montó Pasión, por la que, además de Extremoduro, pasaron Antonio Vega y Los Rodríguez, ambos con sus discos de debut, *No me iré mañana* y *Buena suerte,* respectivamente.

El grupo y el empresario llegaron a un acuerdo y en julio de 1991 se puso a la venta *Somos unos animales,* que contaba con las siguientes canciones, todas ellas compuestas, letra y música, por Roberto Iniesta: «Tu corazón», «La canción de los oficios», «Quemando tus recuerdos», «V Centenario», «J. D. La Central Nuclear», «Ni príncipes ni princesas», «Perro callejero», «Desidia», «Resolución» y «Necesito droga y amor (Los camellos no me fian)».

La portada fue diseñada por Tomás Rodríguez, mánager de Extremoduro, y por Robe, con fotografías tomadas por la asociación Objetivo Verde. Esa portada consistía en una composición fotográfica: unos pájaros alimentan a su cría en el nido, y de entre las hojas de los árboles emergen Robe (con barba) y Salo en plena faena musical (ojo al detalle de la guitarra del primero: es una de las Yamaha con la que les obsequiaron en el concurso de maquetas patrocinado por esa marca. Y Salo toca un bajo, con lo cual esa foto pertenece a la época en la que aún eran un trío).[7]

La fotografía de la contracubierta muestra una imagen tenebrosa: bajo una luna rojiza, apocalíptica, resplandecen un cartel de COTO PRIVADO DE CAZA y un cepo con la pata ensangrentada de un zorro. Sobre ella, los cuatro integrantes aparecen como una pandilla de forajidos en un remedo de fichas policiales con el sello del Ministerio del Interior. En la de Robe puede leerse:

NOMBRE: Roberto, rey de Extremadura.

DELITO: Guitarras eléctrica y acústica, coces y alaridos. Asociación ilícita con buitres, cuervos y otras alimañas.

CONDENA: Hacer mil pintadas, pena que compartirán todos los caballeros de la bellota radioactiva.

7. Un par de años después, en 1993, Pasión Área Creativa lo lanzó en vinilo, cedé y cinta casete con una portada distinta: un grupo de animales de trazo realista con un elefante en la parte central y alrededor de él un rinoceronte, un tigre, un oso, buitres, etcétera.

PARADERO: De frenopático en frenopático, y en tus entrañas de perro.

La «condena» de Salo consistía en «violar melodías», y su «paradero» estaba situado «un poquito más abajo del infierno o más arriba del cielo».

Esas falsas fichas iban acompañadas de varios recortes de prensa con titulares que revelaban una intención de denuncia o de chufla:

«Los últimos indios mohawks se rinden al Ejército de Canadá. Ocho años de cárcel y 10 millones pide el fiscal a un detenido con 0,03 gramos de heroína y hachís. Las banderas de Extremadura y del PSOE fueron quemadas. Mata a su madre por no darle Coca-Cola».

Había un guiño claro al ecologismo, alimentado por las nuevas compañías de Robe, como los ya citados Objetivo Verde y la asociación cultural Tope Ganso, pero sin renunciar a su esencia goliardesca.

A propósito de esta cubierta, Robe declaró:

«No queríamos añadir más violencia en una época en la que teníamos la guerra del Golfo[8] y todo el bacalao. Por eso, la portada es tan dulce. Tampoco queríamos hacerlo tan dulce; vale que la portada es lo más importante, pero hay que dar la bulla. Por delante, unos músicos y unos pajaritos; por detrás, desastre ecológico y unos delincuentes, drogadictos y asesinos es el contrapunto».

Del diseño de las hojas interiores se ocuparon Carmelo Oñate

8. En la época en la que ese disco se gestó estaba teniendo lugar la guerra del Golfo, también conocida como Operación Tormenta del Desierto. Tras la invasión de Kuwait por parte de Irak, este país fue atacado, bajo mandato de la ONU, por una fuerza de coalición internacional integrada por más de treinta países, España incluida, y liderada por Estados Unidos. En realidad, el conflicto propiamente dicho finalizó cinco meses antes de que *Somos unos animales* viera la luz; con la rendición de Irak el 28 de febrero de 1991 y su explícita aceptación de las condiciones impuestas por la ONU, que sometió a ese país a un durísimo embargo. Pero el fantasma de la guerra, preludio de las que vendrían en años sucesivos, seguía en el ambiente.

y, de nuevo, Tomás Rodríguez. Estas recogían todas las letras y diversos dibujos realizados por el primero y por Rafa Gallego. Además, se citaba a unos cuantos amigos que habían aportado su arte en algunos conciertos ofrecidos por el grupo: Manolo Chinato y su poema «Ama, ama, ama y ensancha el alma», el cual se recogía en esas páginas, y que en el posterior disco del grupo, *Deltoya,* se incluiría ya como canción; Kiko Luna Creciente, Chuty y Susi —Tope Ganso— por hacer de mimos y actores ocasionales, y a Krishna y Quini, a quienes les tocó «el papel de pikoletos (más desagradable, pero igual de divertido)». Robe les agradecía el esfuerzo y también a todos aquellos que compraron («o levantaron») el disco, agradecimiento que reiteraba al final con un escueto «gracias a todos los que me han hablado», acompañado de su dibujo del buitre con las iniciales N. C. A. (No Come Alpiste).

El disco volvió a ser producido por el grupo con la ayuda del técnico Kike Díez, y su sonido era de mejor calidad que el anterior. Para empezar era menos esquemático: además de contar con una guitarra más, si bien estas sonaban menos limpias, se incluyeron coros o «trinos» en tres de sus canciones, «Tu corazón», «Quemando tus recuerdos» y «Desidia», de los que se ocuparon las placentinas María y Belén; un órgano en «Ni príncipes ni princesas», a cargo de Goyo Esteban, y piano y turuta romana, una especie de flauta artesanal, en «La canción de los oficios» y en «Ni príncipes ni princesas», respectivamente, ambos por cuenta de J. L. Macías. Además, contó con una estrella invitada: Rosendo Mercado, el espejo en el que tanto se habían mirado, todo un lujo, quien cantó en «La canción de los oficios» y tocó en la sórdida «Perro Callejero». Y en «Ni príncipes ni princesas» la voz de Robe es clavada a la del madrileño.

Los hilos con los que se tejieron todas las canciones seguían estando hechos del mismo material: el amor, el odio *(sic)* y la guerra. O lo que es lo mismo, el mal de amores, el hombre que soporta el insoportable peso del mundo y las drogas como reivindicación adulta del derecho a la embriaguez.

Entre canción y canción no reina el silencio, como es habitual, sino que se recurre al ruido de sirenas, gorjeos de pájaros, el zumbido de una motosierra talando un árbol, mugidos, ladridos y demás sonidos animales ininteligibles.

Las mejores canciones de *Somos unos animales* son la que sirve de apertura y la de cierre, es decir, «Tu corazón» y «Necesito droga y amor (Los camellos no me fían)», y, por supuesto, «Quemando tus recuerdos».

«Tu corazón» es una de las cumbres líricas de la primera etapa de Extremoduro. Una letra llena de hallazgos literarios y con una melodía que engancha desde la primera escucha. Ya señalé cierta semejanza fortuita con «Amor se llama el juego», de Sabina. Menos casual parece, en cuanto a la construcción, la similitud de sus primeras estrofas con estos versos de *El rayo que no cesa,* de Miguel Hernández:

Tu corazón, una naranja helada
con un dentro sin luz de dulce miera
y una porosa vista de oro: un fuera
venturas prometiendo a la mirada.

Mi corazón, una febril granada
de agrupado rubor y abierta cera,
que sus tiernos collares te ofreciera
con una obstinación enamorada.

Solo que Robe crea siempre a partir de sus dos constantes, el amor y la guerra, y con esa arcilla moldea unos versos espléndidos:

Tu corazón,
embalsamado como un cebo,
hoy me recuerda un mojicón.
Veo que me añurgo[9] *si no bebo.*

9. La RAE recoge «añusgarse», que no añurgar, como un verbo pronominal cuya primera acepción, que es a la que parece aludir Robe, es «atragantarse».

[...] Mi corazón,
acorazado como un callo,
aún necesita saber cómo te pones al ver
cuando se bajan los calzones.

[...] Tu corazón,
que tú sabrás dónde lo pones,
pero tienes que entender:
con tanto hacerme correr
me estás tocando los cojones.

Mi corazón
como una lata de cerveza,
que te la bebes y, al final,
le das patadas sin pensar
que me desquicias la cabeza.

Y tras el cambio de ritmo, la dolorosa reflexión:

No encuentro otra razón,
¡estaba tan feliz...!
Me acuerdo de su amor.
Vendí mi porvenir
cogiendo moscas para ti.

No valgo para estar
metido en un puré:
me gusta mi sabor.
Ando loco por la calle, ¡ah!

De «Quemando tus recuerdos» ya he dicho que es una de las más bellas canciones no solo de Extremoduro, sino del rock en español; con una letra que viaja del interrogante de corte existencialista —*«Y vivir, qué cuesta arriba. / Y sentir que no sé qué hago aquí»*— al exceso verbal —*«voy a hacer un tambor de mis escrotos»*—, y la cual es obra de alguien que domina claramente el difícil arte de hacer canciones. La segunda parte, pues de la primera ya me ocupé, retrata el sufrimiento imposible que se apodera del protagonista:

Voy a empaparme en gasolina una vez más,
voy a rasparme a ver si prendo.
Y recorrer de punta a punta la ciudad,
quemando nuestros malos sueños.

Y a continuación le da una ingeniosa vuelta de tuerca a uno de los versos anteriores, al sustituir *«punta»* por *«puta»*, con lo que no se elimina el dolor, pero sí que se amortigua, y tanto:

[...] Y recorrer de puta a puta la ciudad,
quemando todos tus recuerdos.

En la agónica parte final, antes de la posdata deudora de los versos de Manolo Chinato, el dolor lo deja sumido en un estado semifebril en donde realidad y sueño se confunden:

No... Vestida de colores se fue, ¿dónde está?
No, no, no, no, no, no... Vestida de colores, quizá no existió jamás.
No... vestida de colores se fue, ¿dónde está?
No, no, no, no, no, no... Vestida de colores quizá amanecerá.
No... Vestida de colores... vestida de colores... vestida de colores...
Vestida de color...

El tema que cierra el disco, «Necesito droga y amor (Los camellos no me fían)», es una oda a la ebriedad. El comienzo es poderoso, pero en el momento en que la voz de Robe entra en acción suena en cambio melódico, agradable, pegadizo:

No me conoces: solo son dos días.
Yo nunca doy un paso atrás.
Romper barreras quiero cada día,
ya sé que no soy Superman.

No necesito alas para volar, prefiero LSD.
No necesito verte pa' saber que no te olvidaré.[10]

Y como en aquel verso del vate parisino François Villon —crápula, putero, asesino—: *«Muero de sed junto a la fuente»*, el poeta —Robe— no entiende por qué muere de sed teniendo a su alcance toda el agua del mundo. Es una estrofa que retrotrae de nuevo, por el modo en que es cantada, a Rosendo:

Aguanto porque ya tengo con qué
fundir la nieve al paso de mis pies.
Viviendo bajo el agua como un pez,
no entiendo por qué me muero de sed.

No solo vivo del aire, necesito tu sudor.
No solo vivo del aire, necesito tu alegría.
No solo vivo del aire, de ponerme noche y día.
No se lo cuentes a nadie: los camellos no me fían.

Dirán que apenas necesito respirar,
me salgo con la mía.
Será que apenas necesito respirar,
me salgo con la mía...

Quiero destacar también la letra de «J. D. La Central Nuclear» —es de suponer que el J. D. es «jota de», ya que se trata de una jota, si bien harto peculiar—. Un dislate mayúsculo y un ejemplo del salvajismo que rezumaba entonces Extremoduro, y debido al cual mucha gente se mostraba renuente a escuchar al grupo más a fondo: les daba miedo:

No me jodas en el suelo
como si fuera una perra

10. Ese verso es muy similar al *«no necesito verte pa' saber que estás conmigo»* de «Quemando tus recuerdos».

que con esos cojonazos
me llenas el culo tierra.
Qué bonitas son las extremeñas
con el culo to lleno de tierra,
los paisanos pierden el sentío,
vais a tener que cambiar de perrera.

¡Central nuclear...! (bis)

Por una cuestión de falta de espacio —«Estas no están porque no había sitio, pero ser son», se aclaraba con esta escueta nota en el cuadernillo del disco—, se quedaron fuera «Relación convencional», «Bulerías de la sangre caliente» y «Ama, ama, ama y ensancha el alma», las cuales formarían parte de su siguiente trabajo, *Deltoya.*

En tierra de nadie

Hubo que sacrificar además otros tres embriones de canciones —según Robe, eran meros ensayos esbozados en el estudio de grabación—, que bebían en parte de un poema de Kiko Luna Creciente y de otro de Rafa Panadero: «Planeta duro», «Al mundo libre» y «Ven», las cuales permanecen inéditas. Si bien una de las estrofas de «De acero», canción de *Deltoya* y uno de los clásicos del grupo, fue tomada de «Ven».[11]

Reproduzco a continuación las letras, que poseen el aroma transgresivo marca de la casa. Los versos de la primera, «Planeta duro», recuerdan por su hermetismo, y salvando todas las distancias, al César Vallejo de *Trilce.* La letra es, íntegra, de Kiko Luna Creciente:

11. No son esas las únicas canciones de Robe que permanecen inéditas. Hay otras que tampoco han visto la luz, como «Te vendería mi alma, Lucifer»; «Mi hada (o «El mundo me da risa»)»; «Es por ti» (o «Tu mirada y la mía»); «Tiempo perdido», prefacio de «Estoy muy bien», canción de *¿Dónde están mis amigos?);* «A correr, princesa» y «Mezclar agua con sed», inicialmente titulada «Háblame». Al menos no están en sus discos oficiales.

Cuando me despeño tubería adentro,
cuando abres mi amor al grifo
y encuentra mi ceño, fruncido ceño,
por aranceles, por entogados.
Olor no recortado, por ángeles,
por moléculas en perchas,
perfume a planeo sobre ciudad
no hay huidas que querubines
no sirvan de intermedio
lo internacional, lo interminable y lo irracional.

Tuberías chorreando cuerpos en barros,
poniente sol derramado.

Costillas y encinas,
catedrales y castillos prestos de comedias.

Contra el árido festín,
contra los gélidos contrastes del listín.

Planeta Duro Extremo de Tajos y Guadianas.

La segunda, «Al mundo libre», la única de las tres que vio la luz en una grabación pirata, mezcla una fallida historia de amor con una imposible fábula animal:

Al mundo libre, al libre vuelo,
al viento libre que mueve tu pelo
y una mariposa en una rosa se posó.

Al mundo libre le dejo mis sueños,
del viento libre he querido ser el dueño
y otra mariposa en esa rosa se posó.
Yo no he pasado ni un minuto recordando,
creo que estoy dentro aún de ti,
que todavía me sigo eyaculando
y tú no te acuerdas de mí.

Voy caminando sin tocar el suelo,
siempre intentando cambiar el ritmo del cielo,
y esa mariposa en otra rosa se posó.

Era una mosca y un camaleón,
juntos tuvieron una historia de amor.
Como él era un obseso, al primer beso se acabó.

Yo no he pasado ni un minuto recordando,
creo que estoy dentro aún de ti,
que todavía me sigo eyaculando
y tú no te acuerdas de mí.

Y por último está «Ven», otra historia de amor sufriente:

Ven, que acabe de volverme loco.
No, que el mundo se me pone al revés.
Sí, despierto estoy soñando con tu boca.
No, que acabo de acordarme quién es quién.

Que no nos queda tiempo,
no podemos parar.
Que somos como el viento,
quién sabe dónde irá.[12]

Vete, que acabe de volverme loco.
No, que no pienso volver a sonreír.
Sí, no quiero ser tu mantis religiosa.
No, que estoy comiendo verde para ti.

Que no nos queda tiempo,
no podemos parar.
Que somos como el viento,
quién sabe dónde irá.

12. Esta es la estrofa que se incluyó finalmente en la canción «De acero», de *Deltoya*.

Viviendo en el alambre

En aquella época, los miembros de Extremoduro andaban siempre tiesos y tenían que recurrir a trabajos paralelos para sobrevivir. En 1990 habían contratado a un mánager para que se encargara de conseguirles actuaciones, Tomás Rodríguez, alguien muy cercano al grupo, quien en los años subsiguientes se fue alternando en esa labor con su primo, Raúl Guerrero, fallecido en 1996. Robe me aseguró que tanto Tomás como, sobre todo, Raúl fueron dos personas clave en el crecimiento de la banda:

«Raúl fue muy importante para nosotros. Más que algunos de los músicos que han pasado por Extremoduro. Estuvo metido en el grupo desde *Somos unos animales,* y, aunque entonces no era el mánager, ya estaba ahí, y nos ayudó muchísimo. Bueno, en realidad, Tomás y él se turnaban como mánagers, y Raúl se movía todo el rato. Entonces ser mánager no era como ahora, que está un tío en una oficina, sino que había que estar en la carretera, ir a un garito y decirle al tío: "Oye, que te voy a traer un grupo para que toque. Vamos a poner una entrada en la puerta y tú te vas a llevar tanto y yo tanto. ¿Te hace? Venga".Estuvo un tiempo ayudando a Tomás y otro tiempo de mánager él solo. Ninguno de los dos había estado antes en el mundo de la música, empezaron con Extremoduro. Poco a poco fueron haciendo cada vez más cosas e integrándose más, y ayudaron al grupo no solo como mánagers. Tomás diseñaba, escribía... Raúl no. Él no hacía cosas creativas, solo de gestión. Pero quiero hacer hincapié en que fueron muy importantes, porque aquellos tiempos eran muy difíciles».

Los conciertos se convirtieron en la tabla de salvación del grupo. No económica, puesto que el dinero que entraba era insuficiente, sino porque era lo que los mantenía vivos, en guardia. Su economía era tan precaria que, cuando actuaban fuera de su provincia, dependían de la caridad de los amigos para comer y dormir, ya que hoteles y restaurantes, lo más básico, lo imprescindible en la estructura de un grupo de música profesional, suponía para ellos un lujo inalcanzable. A veces, incluso, no les llegaba ni para la gasofa con la que poder desplazarse. Vamos, que eran pobres de solemnidad, como ratas.

El fin de la Pasión

Extremoduro consiguió vender cerca de diez mil copias de *Somos unos animales*. Y eso sin apenas promoción, y con una distribución tan deficiente que obligó a muchos interesados a recurrir al mercado pirata —¡aquellos terribles casetes!—, algo que a Robe lo llenó de indignación, por utilizar una palabra suave: «Yo no quiero una promoción a tope, no quiero carteles ni aparecer en revistas, pero quiero que los discos se puedan encontrar en las tiendas para que la gente los compre», se lamentaba por entonces.

Esas ventas deberían haber servido para aliviar su penosa situación financiera. Sin embargo, no había manera de cobrarle a la discográfica el dinero que les correspondía en concepto de derechos de autor. Robe me contó, sin poder evitar la risa, un episodio vivido con Paco Martín:

«No solo es que no nos pagara nada y no hiciera promoción ni distribución, es que el tío era un número. A veces te daba hasta risa. Aunque eran unos tiempos muy muy duros, el tío es que era la hostia. ¿Que si cuando íbamos a verle salía por la ventana para escaquearse? Qué va. Este se quedaba allí. Tenía un cuajo que lo flipas. Diciéndonos un día: "¿Cómo que no tenéis dinero? Pero me cago en diez. Iros para autores que allí lo mismo tenéis un kilo". Pues nada, fuimos a autores y nos dijeron que no le permitían editar porque no les pagaba. Y con todos los cojones nos decía que fuéramos para allá, que teníamos lo menos un kilo. Y nosotros flipábamos: "¿Un kilo? Madre mía. ¡Un kilo!". Porque un kilo era entonces como un millón de dólares. Dios mío. Mil duros [cinco mil pesetas, treinta euros] era una pasta, con que imagínate un kilo [seis mil euros]... Sí, sí. Paco Martín era todo un personaje».

Como ya había declarado en su momento el músico:

«Los de Pasión buscaban pegar un pelotazo. Su idea era hacer una compañía pequeña, coger a muchos grupos gastando poco dinero, levantarla y después venderla cuando las cosas se les fueran de las manos y ganar así un montón de pasta».

Es decir, la misma jugada que Martín había hecho con Twins... solo que esta vez no le salió tan bien.

Así las cosas, la ruptura con Pasión fue inevitable, y el sello fue finalmente absorbido por la multinacional PolyGram. Después de dos discos editados, Extremoduro volvía a encontrarse igual que al principio. Pero ¿igual, igual? Bueno, la verdad es que no. Ni mucho menos.

Cierto es que si los inicios son siempre duros, para todos los grupos, en el caso de Extremoduro lo fueron el triple por la audacia y la ferocidad de su propuesta. Pero en vez de quedarse en el camino como tantas otras grandes promesas, gracias a la fe inquebrantable que Roberto Iniesta tenía en sí mismo, en sus dones, y a la seguridad de que llegar era solo una cuestión de tiempo, el grupo continuaba avanzando. Soportaba desplantes, jugarretas, zancadillas, todo tipo de putadas, pero ahí seguían, en pie, como unos auténticos animales.

Y a pesar de la mala experiencia vivida, debían ser positivos y ver el vaso medio lleno: aquellos dos primeros discos cumplieron una función impagable, la de sacarlos del semianonimato en el que vivían en su tierra natal y permitirles seguir tocando, y crearon el caldo de cultivo necesario para que quienes disponían de medios, y tenían ojos para ver y oídos para escuchar, se fijaran en ellos. Para acceder, por fin —pues a la tercera tenía que ir la vencida—, a una discográfica como Dios manda. El gran salto.

Robe escribiría estos versos algo más adelante, pero ya entonces los tenía alojados, seguro, en algún lugar de su cabeza:

No necesito descansar, llevo tiempo sin parar.
Voy buscando el sol detrás de las esquinas.

Porque a la vuelta de la esquina se encontraba, sí, la nave que en apenas cuatro años condujo a Extremoduro a la gloria del reconocimiento de público y crítica. Al mismo sol.

DELTOYA: MÁS SABIOS, AÚN JÓVENES

El fichaje de Extremoduro por un sello discográfico de primera división coincidió con el treinta cumpleaños de Roberto Iniesta. Todavía era joven, desde luego que sí, pero ya no era ningún chaval, y el grupo que soñó y creó, y que seguía siendo el centro de su vida, llevaba ya cinco años rodando y lucía tantas cicatrices como ganas tenía él de disponer de los medios necesarios para hacer discos con los que acceder a un público más amplio. Pues en contra de lo que muchos creían, Robe nunca renegó de la comercialidad, sino de la falta de calidad.

Es más, una de las causas que propiciaron la ruptura con Pasión fue que resultaba más fácil encontrar tréboles de cuatro hojas que una copia de *Somos unos animales* en unos grandes almacenes, pues su distribución, ya se ha dicho, fue nefasta, por no decir nula. Cuando lo explicaba, al diablo se lo llevaban los demonios:

> «Se supone que si cogen un grupo es para vender muchos discos. Si la gente los quiere comprar, que lo pueda hacer. Pero que entres en una tienda grande y no los tengan... Que no te hagan promoción, bueno. Pero que no los distribuyan...».

El poeta se quedaba sin palabras. Literal. Y no era para menos. Por eso, quienes luego despotricaron con insensata alegría porque

Extremoduro se convirtió en un grupo superventas demostraron que no tenían ni la más remota idea de qué va esto. Ningún músico, ningún artista en general, quiere ser *indie*. Lo que quiere es que su obra llegue al mayor número de gente posible, y lo demás es palabrería, postureo, pura pose. Genios como John Lennon o Kurt Cobain, quienes no se caracterizaron precisamente por llevar una vida recatada ni por su perfecto engranaje en la *rueda*, publicaron todos sus trabajos en multinacionales y vendieron —aún siguen vendiendo, aun después de muertos— cientos de miles de copias de sus discos, y eso jamás les impidió hacer reivindicaciones artísticas o sociales ni ser «auténticos». Al contrario, gracias a ello sus declaraciones tuvieron una resonancia internacional, algo que nunca se habría dado de haber permanecido en el circuito *indie*. Moraleja: si quieres practicar la revolución, bien, ancha es Castilla. Pero cuanto más potente sea el altavoz que emplees, mayor será el alcance de tus acciones.

La tercera fue la buena

El ingreso, a principios de 1992, en la nómina de artistas de DRO (Discos Radioactivos Organizados), el que fuera el más importante sello de música independiente del país, y cuyos dueños ultimaban su venta a la multinacional Warner en las mismas fechas en las que se iniciaron las negociaciones con Extremoduro, no se produjo por casualidad. Tras la ruptura con Pasión, el contacto vino a través del bajista, Carlos «el Sucio», que conocía al A&R o cazatalentos de aquella compañía, José Antonio Gómez.

Hablé con este último y me hizo una detallada cronología de los hechos:

«Yo conocía a Carlos "el Sucio"de los tiempos de Rock-Ola.[1] El caso es que un día me lo encontré y me empezó a contar la de gente

1. Mítica discoteca madrileña de los años de la Movida por la que pasaron todos los grandes grupos de la época.

que arrastraban y las barbaridades que hacían. Flipé muchísimo y le dije que se pasaran por DRO. Hablé con Charly [José Carlos Sánchez], el actual presidente de Warner, que entonces era el director artístico de la compañía, y nos reunimos con ellos. Nos contaron lo que hacían y flipamos, y los fichamos. Aquel era un fichaje normal, que no implicaba una gran inversión, por lo que no hubo que consultarlo con el presidente y lo aprobó directamente Charly.[2] Yo estaba convencido, le convencí a él, y la cosa se concretó».

Le pregunté a Gómez si ya entonces el talento de Iniesta era algo que se percibía enseguida, y me habló con franqueza:

«Más que el talento, lo que al principio me llamó la atención, como a cualquier A&R de una compañía de entonces, era la cantidad de gente que arrastraban y el lío que montaban, y también el hecho de que las revistas heavies les empezaban a dar cuartel. Cuando ellos, aunque hacían rock, eran muy punkis, y desde luego no era el suyo un rock estándar como el que trataban las revistas de información heavy, como *La Heavy Rock* o *Kerrang!* Los vi por vez primera en la sala Sukursal, en la plaza Elíptica. Fui con Eugenio, del estudio Box, que fue el que los grabó, y flipamos. Pero ya digo que en ese momento no advertí del todo la calidad de las letras, que al final fue lo que les encumbró y produjo la explosión. Me fijé en el fenómeno. Tenían una actitud totalmente punki, pero el lenguaje era heavy, aunque un poco desmadejado, no era clásico. No eran Barón Rojo, vamos. Ni eran rockistas. Sin embargo, ya digo que mes a mes las revistas heavies publicaban algo de Extremoduro, y veías que había una veta que iba a explotar y que iba a ser general».

2. A propósito de Charly, quien ya no está en la compañía, Robe me contó una historia preciosa: «La primera maqueta que hicimos, la que costeó la gente, la llevé en persona a DRO. Fui allí porque en el estudio en el que la habíamos grabado me dijeron que el jefe se llamaba Charly. Entonces entré en la discográfica y le dije a la chica de la puerta: "Hola, ¿está Charly?" —risas—. Se me debió de notar mucho, porque me preguntó: "¿Es que has quedado con él?", y yo: "No, no he quedado, pero tú dime si está porque le traigo una cosa". Y nada, me dijeron que les dejara a ellos la maqueta y la pusieron en un montón donde había otras muchas». Vueltas da la vida.

Los responsables de DRO acababan de fichar a Celtas Cortos y pensaban que aquellos pintas de Plasencia podían ser un fenómeno similar. Se equivocaron: en apenas cuatro años, Extremoduro iba a ser una de sus gallinas de oro. Uno de los pilares de aquel sello. Es decir, que sus de por sí optimistas expectativas fueron ampliamente superadas.

Sin embargo, Gómez reconoció que en los primeros discos que Extremoduro grabó para DRO, apenas se hizo promoción porque Robe se negaba, y al contármelo trazó valiosas pinceladas de la personalidad del músico:

> «Robe es exhibicionista y tiene un gran ego. Lo que ocurre es que no le gusta hablar con los periodistas y no le gusta ser un personaje público. Pero en *petit comité* es un tío al que le gusta llevar la voz cantante y tener la razón, y tiene carácter. Otra cosa es que siempre le hayan salido granos cuando le proponías hacer una entrevista. En los inicios conseguimos hacer una con José Miguel López, en Radio 3, que fue el primero que puso sus discos. Y a partir de entonces todo el mundo quería entrevistas con él y no hacía ninguna. O casi ninguna. Porque más tarde logramos que hiciera *El País de las Tentaciones* y alguna cosa más, ya que le costaba un trabajo tremendo».

Respecto a las condiciones para la grabación del álbum, habían mejorado: la compañía corría con los gastos del hotel de los cuatro integrantes y aparte les daban dos mil cucas por barba (doce euros) para llenar la andorga. No era ninguna fortuna, tampoco nos vamos a engañar, pero si se administraban bien, llegaban. Por lo demás, después de las penurias vividas aquello les pareció Jauja. Solo había que escuchar a Robe, que estaba tan fascinado con la reciente asociación que casi parecía un niño:

> «Era una compañía de verdad, con un estudio de verdad que tiene una máquina de Coca-Cola en la puerta, que tiene una habitación para ver la televisión y con una maquinaria de altura. Era muy diferente a todo lo que habíamos visto antes».

De lo cual se desprendía que la colmena de Avispa y el *picadero* de Pasión eran sendos cuchitriles. Robe me confirmó la enorme importancia que tuvo para ellos la entrada en DRO:

«Fue un cambio abismal. Aquello significó empezar a funcionar como un grupo de verdad y contar con una serie de gente que se ocupara de ti; no tener que hacerlo tú absolutamente todo. Porque hasta ese momento, nosotros teníamos que conseguir el dinero para la grabación, mover el disco... Estábamos de chicos para todo. Nos ocupábamos de mil historias, sin saber e inventándonos la mitad de las cosas. Y aquello supuso empezar a trabajar con una gente profesional que te facilitaba la labor. Porque el trabajo de un músico debe ser el de hacer música y dar conciertos, y todo lo demás es un rollo. Y otra cosa muy importante: sentíamos que nos hacían caso, que nos tenían en cuenta, y que nuestras opiniones también contaban».

Para abrir boca, un doble

Las canciones seleccionadas por el grupo para su tercer disco de estudio ascendían a quince, por lo que tras parlamentar con la compañía, que no quería mostrarse intransigente de entrada, sino sentar unas bases de concordia y buen rollo, de confianza, se decidió que fuese un disco doble con el fin de poder incluirlas todas. Robe lo explicaba así:

«En el disco anterior teníamos quince temas y rápidamente nos pusimos de acuerdo y quitamos cinco. Pero esta vez empezamos a discutir y no había ninguna canción en la que estuviéramos de acuerdo [en suprimir]. Nos dimos cuenta de que eran todas buenas, que no había ninguna de relleno, y se lo dijimos a la compañía. A ellos también les pareció así y nos dijeron que, si no nos pasábamos en el estudio, se podía hacer doble».

Esa fue la razón de que el disco llevara ese título: como ya expliqué en una nota al pie (pág. 56), «deltoya» es una contracción de «del todo ya», y Robe declaró que así es como se le llama a cuando vuelcas todo lo que queda en la *papela* de heroína, los restos, y te lo metes «¡*deltó* ya!», sin dejar nada para más tarde. Y dado que en este caso pudieron grabar todas las canciones que tenían, sin sacrificar una sola de ellas, concluyeron que era un disco *deltoya.*

Aquellas canciones habían surgido como un trabajo independiente de Extremoduro: Robe había puesto en marcha una banda paralela a la que bautizó con el imposible nombre de Extremozoide, pero los temas fueron a parar a Extremo. Era lo normal: DRO contrató a unos tipos que, tras dos trabajos deficientes, pero poderosos, se ganaron la etiqueta de grupo «de culto» y no a ningún otro experimento similar, y tenían por lo tanto que cumplir con lo pactado.

El vinilo de *Deltoya* tenía dos portadas. Una de ellas es obra del trujillano Chuty, miembro de la asociación cultural Tope Ganso, y consiste en un dibujo en el que un hombre desnudo nos da la espalda y mira desde un balcón abierto a la noche, bajo la atenta vigilancia de la luna. El rótulo del nombre del grupo está habitado por muñequitos que representan a músicos, a un paracaidista, a un motorista, etcétera.

La otra portada es una ilustración de Carlos Azagra, un veterano del cómic que creó, entre otros muchos, los personajes Pedro Pico y Pico Vena, un cabeza rapada y un punki, para la revista *El Jueves,* y está coloreada por su ayudante habitual, Encarna Revuelta. El dibujo muestra a una familia en pelota picada —hombre, mujer y dos niños— contemplando el mar desde una playa, como hicieran los nativos del Nuevo Mundo al ver aparecer en el horizonte los extraterrestres barcos españoles.

Al abrir la carpeta, la ilustración central que aparece es de un antiguo amigo y colaborador del grupo, Rafael Gallego, el autor de la portada de *Tú en tu casa...,* y en él vemos ¡un hacha asesina que despedaza un televisor! Arriba, el texto «Todos los cacharros de mi casa están jodidos», y debajo un irónico «Solo funciona el televisor». Y en letras más grandes aparece la palabra «deltoya» acompañada de uno de los versos de esa canción: no funciona nada. Es decir, un grafismo radical.

En la carpeta se incluía a su vez el siguiente texto:

«El rock transgresivo es eficaz en el tratamiento de enfermedades que cursen con síntomas tales como ansiedad, angustia, obsesiones, compulsiones, fobias e hipocondrías. Está igualmente indicado en el tratamiento de las relaciones emocionales exageradas que surgen en situaciones conflictivas y de *stress*. Asimismo, se recomienda en estados en los que existe dificultad de contacto interpersonal y de comunicación: trastornos de la conducta, agresividad excesiva, inadaptaciones escolares, paranoia galopante, etcétera».

Robe, que es un cachondo, sacó aquello del prospecto de unos comprimidos que se empleaban para combatir el insomnio. A propósito del término de marras, «transgresivo», tras la edición del disco fue interrogado por enésima vez sobre su significado, la pregunta del millón, y él se limitó a decir:

«Se trata de hacer lo que queremos. Como lo hemos inventado nosotros, lo hacemos como nos da la gana, así no nos equivocamos nunca y nadie puede decir: "Uy, eso no es rock transgresivo". Todo sigue la misma línea de transgredir con las letras. Que te llegue, que te atraviese, que no te deje frío».

Grabado en los estudios Box, en Madrid, *Deltoya* cuenta con las siguientes canciones: «Sol de invierno», «De acero», «Última generación», «Lucha contigo» (con la nota: «Hoy quiero ganar una batalla, solo una pa' empezar»), «Con un latido del reloj», «Bulerías de la sangre caliente» (con la nota: «Polla dura no cree en Dios»), «Deltoya», «Relación convencional», «Volando solo», «Ama, ama, ama y ensancha el alma», «Papel secante» y «Estado policial» (con la nota: «Un "madero", mil lapiceros»). Todas ellas fueron compuestas por Roberto Iniesta, salvo «Última generación», escrita con la ayuda de Tomás Rodríguez; «Ama...», poema de Chinato musicalizado por Robe, y «Deltoya», que este escribió a partir de un poema de Kiko Luna Creciente. De la producción se encargó Extremoduro —«entre todos la mataron y ella sola se murió», apuntaban con ironía en la carpeta del disco— con Sergio Marcos como técnico de sonido.

Además, contó con varias colaboraciones: María y Belén, jóvenes viejas amigas de la banda, susurraron en «Sol de invierno», «Con un latido del reloj», «Ama, ama, ama y ensancha el alma» y «Papel Secante»; Ariel Rot fue la guitarra solista en «Volando solo»; Salvador Domínguez, exBanzai, ídem en «De acero» y «Relación convencional»; el asturiano Rafa Kas, exintegrante de grupos como Los Toreros Muertos, Ilegales y Desperados, fue guitarra solista, teclados y voces en «Lucha contigo», y Luisma le puso voz a «Papel secante».

La temática imperante volvía a incidir en las inveteradas obsesiones de Robe, es decir, el amor herido y sus aledaños. También, como en el anterior disco, había sitio para el grito ecologista —«Última generación», «Volando solo» y un poquito de «Deltoya»—, para la llamada a la fraternidad y al amor colectivo —«Ama, ama, ama y ensancha el alma»—, y hasta para el grito antisistema, el cual resuena, descarnado, en la citada «Última generación» y vertebra a su vez el incendiario rocanrol que cierra el disco, «Estado policial».

Robe reconocía una mayor complejidad en los textos de las canciones, y aseguraba que lo que pretendía era que la gente se devanara los sesos y que les diera, dado su carácter abstracto, su propia interpretación.

En «Sol de invierno» se habla de una vida al límite, herida de amor y del propio *chairazo* de la existencia:

Me juego el tipo mirándote a los ojos,
salgo corriendo, voy a meterme en remojo.
Me has alterado poniéndote a mi lado,
yo que vivía tan feliz en un tejado.

Robe vuelve a recurrir a la anáfora para darles más fuerza a los versos:

Por el día ando siempre despistado,
por la noche en sus brazos se me olvida.
Por el día voy ciego de lado a lado,
por la noche casi todas de movida.
Por el día hoy me siento acorralado,
por la noche en sus brazos se me olvida.
Por el día «perdona haberte asustado»,
por la noche, todas, todas, de movida.

A esta le sigue «De acero», una de las canciones bíblicas del grupo, en donde la guitarra de Salvador Domínguez es una guadaña velocísima —no tenía nada en absoluto que envidiarles a los primeros espadas del heavy inglés o estadounidense— y en la que Robe persiste en la idea de la inadaptación, en su falta de acomodo en el mundo que habita y en su deseo de «volar» (ser libre). Un sentimiento muchas veces expresado en su cancionero —memorable, por ejemplo, en la muy posterior «Dulce introducción al caos», de *La ley innata*—, aunque aquí es bien gráfico:

Y no me escondo casi nunca detrás de un cristal,
y no me corto cuando quiero volar.
Abre las alas junto a mí.
Abre las alas siempre junto a mí.
[...] Cada vez que te vas, doy la vuelta a todo de una patá.
Cada vez quiero más, no me digas que soy un animal.
¿Dónde estás? ¿Quién es quién?
Si tú no vuelves dónde va a florecer.
[...] Y hacer lo que me parezca bien,
y andar de acá para allá,
y en un minuto ya me encuentro mejor,
echo la pela[3] *y ya está.*

3. Vomita.

Esa inadaptación continúa en la racial «Bulerías de la sangre caliente», en donde resplandecen unos versos que relativizan la importancia de la especie:

Cada mañana te miro al pasar,
te miro, te tiro y me piro sin más.
Que en libros de ciencia he podido estudiar
que somos microbios venidos a más.

«Deltoya» arranca con una guitarra en frenado que recuerda vagamente, siquiera por un segundo, a «Frío» de Alarma!!!, solo que el *riff,* aquí, es más pausado, como si tocaran con una guitarra de plomo (y esa otra guitarra que se suma a la representación, y que llora como un violín —es Salo—, resulta desgarradora). La canción parece pensada para servir de fondo a un aquelarre, a un sanedrín de íncubos. Es un tema oscuro y de una fuerza extraordinaria. Propongo un experimento: encerrarse con un grupo de amigos en un refugio de montaña en lo más crudo del crudo invierno, y bien entrada la noche, a la débil luz de unas velas, poner «Deltoya». En fin. Es una de esas experiencias que no se olvidan jamás.

Ya desde el comienzo, la voz de Robe suena aterradora:

Se apagó el fogón, no funciona nada.
¿Dónde está la luz que hay en tu mirada?

Y el colofón es una suerte de delirio estupefaciente:

Me da igual: me voy a poner deltoya sin parar.
Me da igual: deltoya.
Voy a dar la vuelta a to y no sé muy bien por qué,
y a romper deltoya.
Y a firmar en todas las paredes con mi piel:
a empezar deltoya.

De aquella canción se dio a conocer años después un vídeo, al que ya aludí en el apartado de la creación, que fue realizado por el equipo en pleno de Tope Ganso —Chuty, Alfonso Naharro, Kiko Murillo, Santi Camus y Celima Alcalá—, en Acebo, un pueblo cacereño de la sierra de Gata. Robe me aclaró que ese vídeo no fue cosa del grupo, sino de Chuty:

«Eran unas grabaciones que teníamos para, quizá, hacer algo más adelante, y al final él lo dio a conocer sin que el grupo tuviera nada que ver. Es como el que se encuentra una grabación antigua y la rescata, pero no es que estuviera hecho para esa canción».

«Volando solo» tiene tanto de canto al amor perdido como de travesía estupefaciente a lo largo de la noche. De tantas noches salvajes en las que Robe, de bar en bar, escapó de la realidad y de sí mismo a lomos de una eficaz montura de alcohol y drogas. Y late en ella un trasfondo de angustia existencial y de la necesidad de mitigarla, de volar, verbo que adquiere de ese modo un doble sentido de placer (elevarse) y huida (dar la espalda a todo):

¿Dónde me escondo si no va a salir el sol?
Quizá mañana, tal vez me sienta mejor.
Nunca estoy solo con nadie
y ahora me cuelgo del aire.

Todo da vueltas, menos a mi alrededor.
[...] No necesito agarrarme,
creo que puedo congelarme.

[...] Nunca me encuentro cuando no quiero ser yo.
Ya voy volando y sé que no soy un halcón.

[...] Hago un esfuerzo y me meto en mi caparazón.
Cierro los bares y se me abre la imaginación.

[...] Átame fuerte que estoy perdiendo la razón.
Todas las drogas me dan un poco de calor.

Y luego está esa letanía final, que pasa de *«que este planeta está lleno de enanos»* a *«que este planeta está contaminado...»*. Y ya sin música, como un coro de beodos: *«¡Contaminado, está contaminado! ¡Este planeta está contaminado...!»*. Presa de los delirios estupefacientes, Robe, en unos versos que se desdoblan y se convierten también en un grito ecologista, es un gigante que ve a todos sus congéneres como simples insectos. La idea que subyace es la de como fuera de la Tierra, en ningún sitio. O bien: estamos listos. Y no hay otro modo de soslayar la áspera realidad que lanzándose a los brazos de la infalible química para que el placer lo cubra y lo sane todo.

El solo de ese tema lo metió el guitarrista Ariel Rot. Hablé con él y le pedí que me contara cómo surgió su intervención en el disco y cómo recordaba el ambiente de la grabación:

«En esa época, Los Rodríguez prácticamente no existíamos y nadie nos hacía caso, y para mí el hecho de que me llamaran para tocar en un disco oficial y editable ya era un subidón. Y la verdad es que hasta que no llegué al estudio no sabía bien lo que hacían. El contacto vino por el bajista del grupo, Charly Melodías, al que veíamos con mucha frecuencia por las noches, en los bares, y él nos presentó a Robe. Y nada más conocerle me dije: joder, qué tío más curioso. Qué a la contra de todo lo que está pasando. Porque en ese momento todo era como muy bonito, muy cuidado, muy pop, y él iba a contrapelo y con una onda de rock progresivo muy interesante, que la sigue manteniendo. Bueno, el caso es que fui al estudio de grabación y había un cuarto donde estaban todos metidos, y la verdad es que no tuve mucha relación con el resto de la banda. Estuve todo el tiempo con Carlitos Melodías, que hacía un poco de anfitrión, y con Robe, que me daba indicaciones. Me enseñó las guitarras, los amplis..., porque era el que estaba más metido en la grabación y menos pendiente de otras cosas. Del solo que grabé te juro que no me acuerdo. Pero en esa época no había Pro Tools, no se editaba, y el solo tenía que ser bueno de principio a fin. No era de ese tipo de grabaciones donde luego empiezas a escoger. Era una grabación muy rocanrol y muy tradicional. Y respecto a Robe, te diré que noto que entre los músicos españoles falta personalidad y locura. Lo que se extraña es gente más loca, más poeta, más artista. Y eso es algo que precisamente Robe ha demostrado poseer a lo largo de toda su carrera. Como cantante, como compositor y como ideólogo. Con una manera totalmente original y personal de manejar a su banda. Me gustan su poesía, su mundo y su manera de decir las cosas».

Aproveché la coyuntura para preguntarle a Ariel acerca de la presencia en aquel estudio de Andrés Calamaro, a quien Extremoduro citaba en los créditos del disco pese a que su voz no aparece en ninguna de las canciones. Ariel me despejó la incógnita entre risas:

«Andrés fue el mismo día que yo, y, claro, estaba muy ansioso porque veía que yo estaba tocando y a él no le hacían caso porque, lógicamente, no sabían ni quién era. Entonces insistió mucho en cantar, y yo sé que cantó, pero no se debió de incluir. Sí recuerdo que estuvo un buen rato con la letra en la mano, cantando. No sé si lo que Robe quería era una segunda voz, algo coral».

Cuando en el cuestionario de la gira *Robando perchas del hotel* les preguntaron que por qué ya no tocaban «Volando solo» en directo, la respuesta de Robe fue tajante: «Porque me deprime».

Dejando a un lado la escalofriante «Deltoya», las canciones más salvajes del disco —explícitamente salvajes, quiero decir— son «Última generación» y «Estado policial». En la primera, una visión posapocalíptica del mundo tras toda suerte de excesos contaminantes, aprovechaban para darle leña a quienes más detestaban:

Se acabaron ya las flores,
las lechugas y el jamón.
El ozono es un recuerdo
y una leyenda el calor.
Última generación
sin cerebro ni razón.
Hay que sacar de la cárcel
mil camellos sin perdón,
meter contaminadores,

cazadores y al matón,
y al alcalde por mamón.
Última generación.

La segunda es un grito a la revolución y un «hay que plantarse ya» rotundo. Una fantasía de estallido social que, veinte años después,[4] sumidos en una feroz crisis económica y de valores, no solo no pierde vigencia, sino que cobra si cabe un mayor sentido:

Pincho las arruedas de los coches-policía,
pongo un par de bombas en cada comisaría.
Convenzo a mil idiotas y les pongo un sello
y otra dictadura cuarenta mil días.
Estado policial (bis).
Vivimos todos dentro de un estado policial.
Te encierran en tu casa, sales para trabajar.
Sábado en la noche comenzó la cacería,
parezco ser la presa de un montón de policías.

Y el diálogo/cacheo final con la policía, tan punki, es una joya:

MADERO (Von Fanta): —Eh, tú. Oye, ven acá, ven acá. Documentación, vamos.
JOVEN (Robe): —Oiga, que yo no he hecho nada, ¿eh?
M.: —¡Chsss! Oye, saca la documentación.
J.: —¡Suélteme, suélteme!
M.: —A ver. Contra la pared. Contra la pared, joder.
J.: —¡Suélteme, hombre!
M.: —¡Bajad la música, coño!
J.: —¡Yo no he hecho nada!
M.: —Venga. Vamos.
J.: —¡Madero asqueroso! ¡Hijo de puta! ¡Cabrón! ¡Hijo de puta!
M.: —¡Contra la pared!

4. Esto fue escrito en la primera edición, en 2013.

J.: —¡Suéltame!
M.: —¡Vamos a ver! ¡Va! ¡Contra la pared, hostia! ¡Joder, contra la pared!
J.: —¡Hijo de puta! ¡A mí no me pegas!
M.: —¡Venga ya, hostia!
J.: —¡Toma, cabrón! ¡Cabrón!
M.: —¡Que vale! ¡Que vale...!
J.: —¡Hijo de puta!
M.: —¡Qué patada me has dao...!
OTRO MADERO: —¡Vaya pinta que tiene ese! ¡¡Vaya pinta!!
J.: —¡Hijo de puta!
M. (1): —¡Al talego! ¡Al talego! ¡¡¡Bajad la música, hostia!!!

¡¡¡Estado policial, estado policial,
estado policial, estado policial...!!!

Las únicas canciones de todo el disco que mantienen el tipo, que han envejecido bien, al menos estéticamente, son «Sol de invierno», «De acero», «Deltoya» y «Ama, ama, ama y ensancha el alma». Sobre todo, las dos últimas. Y conviene no olvidar que aunque la letra de «Ama...» no fue escrita por Robe, él la convirtió en canción. Una buena y hermosa canción. Y aparte de universalizarlos, dotó a esos versos de una dimensión superlativa.

Pese al salto cualitativo que en cuestión de sonido se había producido respecto a los anteriores trabajos, Roberto Iniesta no quedó satisfecho con el resultado y tuvo una fuerte discusión con los responsables de DRO debido a que estos no le concedían más días para redondear las canciones en el estudio, por lo que, enfadadísimo, decidió no supervisar las mezclas finales: «A *Deltoya* le falta tiempo». Así de contundente se mostró tras la salida del disco. Y justificaba su cabreo e impotencia con el certero argumento de que si mezclas muchos temas en una sola sesión, se termina perdiendo la perspectiva. Ya que al margen de la calidad que, sostenía, poseían las canciones —y es cierto, como se ha dicho, que algunas de ellas son excelentes y que aquel trabajo fue fundamental, pues sentó las bases de lo que estaba por llegar: el mejor

Extremoduro—, estas perdían pegada por las prisas con las que hubo que finiquitarlas.

José Antonio Gómez, que vivió de cerca aquel proceso, le restó importancia a aquello y destacó lo mucho que valoró Robe el desembarco en una discográfica «de verdad»:

«Él nunca dejó de apreciar el crecimiento y la subida que pegó cuando entró en DRO. Además, tampoco tenía un grupo que le respondiera, porque se dispersaba en cuanto te descuidabas. Hombre, cualquier artista echa de menos algo más de tiempo. Pero entonces él era el primero que necesitaba gasolina para que funcionara la máquina. Mi relación con él fue bastante buena hasta el final. Yo era siempre quien estaba con ellos, y me consta que él valoraba la subida que suponía estar en Dro. En una compañía con *prestigiete* a nivel de música pop nacional».

Y la discográfica también apreció la llegada de Extremoduro, ya que el grupo, desde el principio, se reveló como una excelente inversión. Pese a lo cual, para algunos de sus empleados cuanto más lejos estuvieran sus miembros, mucho mejor. Gómez me contó sin poder contener la risa:

«Recuerdo que al entonces presidente de la compañía, Saúl Tagarro, y al director general, Mariano Pérez, les ofrecí en varias ocasiones presentarles a Robe y me decían: "No, no, déjalo. Preferimos que seas tú quien hable con ellos". Ya te digo si les daban miedo...».

El disco estaba en la calle en junio de 1992, y el 26 de ese mes, con motivo de la actuación que para presentarlo iban a ofrecer esa misma noche en la madrileña sala Sukursal, el diario *ABC* publicó en su sección de Música una nota firmada con las iniciales P. C. (redactor o redactora ya citado/a en el capítulo anterior):

«Son uno de los grupos más cafres, desfasados, agresivos y entretenidos del país. Formados en el 87 en Plasencia (Cáceres), Extremoduro se han ido haciendo —gracias a un directo arrasador y a unas letras delirantes, beligerantes y llenas de ironía más bien bestia— con un creciente y descontrolado público en toda España, a pesar de no contar nunca con los mínimos apoyos promocionales. Es de esperar que cambien un poco las cosas a raíz de su reciente fichaje por la veterana e independiente madrileña DRO, para quienes han grabado su nuevo trabajo».

No le faltaba razón. Ya que las condiciones profesionales habían cambiado mucho para Extremoduro. Y lo harían aún más en los siguientes meses/años.

La de *Deltoya* fue una época de dispersión y negocios, o viceversa. Y para Robe, Madrid supuso un descubrimiento tanto en lo profesional como en lo personal. Acababa de separarse y se instaló en la capital, en casa de su amigo y mánager Tomás Rodríguez, quien tenía un piso en el paseo de Pontones, próximo al estadio colchonero, el Vicente Calderón, aunque la verdad es que estaba más fuera que dentro. Allí, en la gran ciudad, le era mucho más fácil relacionarse con gente del mundillo musical, las personas que a él le interesaba conocer, pero también entregarse a los tentadores brazos de la *dolce vita.* Porque dicen que los años noventa, comparados con la década precedente, fueron un muermo, pero quienes los vivimos intensamente podemos dar fe de lo contrario.

En todo caso, lo que no mata, engorda, y al final el artista, el escritor, se lleva siempre lo vivido al papel, y quien sale ganando es el público. Y las vivencias de aquel año se reflejarían con nitidez en algunas de las canciones de sus siguientes trabajos, *Pedrá* y *¿Dónde están mis amigos?*

Zigzaguear para seguir avanzando

Sin que ellos fueran del todo conscientes se avecinaban tiempos convulsos, grandes cambios. En el seno del grupo se estaba produciendo un desgaste —quizá porque no todos creían del mismo modo en el potencial de Extremoduro, que, como toda aventura artística, era una carrera de fondo y había de darse una gran pasión para combatir los sucesivos embates y adversidades, que no eran pocos—, y, al mismo tiempo, en la cabeza de Robe no dejaban de cocinarse nuevas ideas.

La más inmediata era la creación de un grupo que funcionara en paralelo y que le ayudase a abrir nuevas vías mientras se mantenía en forma.

Y en esas que se cruzó en su vida la propuesta de un amigo músico de hacer un disco diferente a cuanto se había hecho hasta entonces en el país, de una sola canción, y él se volvió loco y empezó a pergeñar un cajón de sastre en el que cupieran todo el dolor y el placer que albergaban su imaginación y experiencia.

Una *pedrá* al modo de hacer convencional. Al más de lo mismo.

PEDRÁ: UN LÚCIDO PARÉNTESIS

Los meses que Roberto Iniesta pasó en Madrid durante la grabación de *Deltoya* y después de esta, así como los conciertos que Extremoduro ofreció por toda España durante aquel año, agudizaron sobremanera su sentimiento de independencia. Se sentía muy bien así, sin residencia fija. Como una hoja que es arrastrada por el viento y puede acabar en cualquier parte. Igual que un despreocupado *clochard* que deambula con una guitarra (eléctrica) a cuestas y sin rumbo concreto.

Todo lo que precisaba entonces para vivir lo llevaba consigo; el resto era superfluo. Era libre, en fin, como un águila. Soltaba el ancla donde le pedía el cuerpo y, del mismo modo, cuando se cansaba del paisaje o de sus moradores, hacía el petate y remontaba el vuelo.

Y a comienzos de 1993, después de una actuación en Barcelona, sintió un flechazo con el lugar y decidió instalarse de forma temporal allí. Para ser exactos, en el municipio de Rubí, en donde enseguida se juntó con un puñado de músicos y formó Los Q3 (léase Cutres). Estos eran Eugenio Ortiz, «Uge», a la guitarra; Ramón Sogas, Mon, al bajo, y Jorge Pérez «el Moja» a la batería.

La creación de ese grupo no tenía por objeto desconectar del que ya tenía ni echar una cana al aire. Extremoduro no era en ningún caso la esposa aburrida y aquella incipiente banda una rejuvenecedora amante. Hombre, la experiencia resultaba desde luego placentera. Pues tocar con otros músicos siempre es enriquecedor. Y si, además, existe un total entendimiento y todos los implicados comparten la misma frecuencia de onda —y ellos lo hacían, al menos durante el tiempo que les duró el amor—, la atmósfera que se genera te da la vida.

Pero ese no era el principal motivo. La cuestión era que Extremoduro, pese a no pasar por su mejor momento, seguía en activo, y al estar separado geográficamente del resto de los miembros, el único modo que Robe tenía de mantenerse en forma y no oxidarse era ensayando de manera regular y ofreciendo conciertos por la zona de Cataluña. Y así, de paso, experimentaba. Y crecía. Porque él nunca se ha cansado de aprender. De buscar nuevos sabores y texturas que llevarse después a su terreno.

Sucede que la distancia, ya se sabe, es el olvido. Y entre esta y, sobre todo, la falta de motivación que se daba en algunos de ellos, pues a pesar de llevar ya unos años subidos a aquel carro seguían malviviendo, se produjo la primera baja: Luis von Fanta, el veterano baterista, dijo hasta aquí hemos llegado, amigos. Al poco le seguiría Carlos «el Sucio», quien también entonó un *goodbye, my friends* definitivo.

Robe, duro y flexible como un junco, aguantaba esas nuevas acometidas de la existencia con resignación y seguía levantándose a diario en busca del sol, su vitamina. Así veía él la situación:

«Cada uno tenía su propio problema. Nos encontrábamos muy separados: Carlos, en Murcia; Salo y Luis, en Extremadura, y yo en Barcelona. Había una distancia física y mental que nos separaba, y una desgana total. En ningún caso fue por criterios musicales diferentes. Además, es difícil vivir de la música en este país, y si no tienes muchas ganas te vienes abajo».

Y a propósito de esto último, poco tiempo después añadiría:

«Cuatro grupos [en España] ganan mucha pasta; la mayoría no se llevan un puto duro y luego hay gente como nosotros, que nos mantenemos porque estamos tocando mucho. Pero esto significa que si llevas dos meses sin tocar, andas debiendo en todas partes».

Así de claro. Y de crudo.

Le pregunté a Robe por la marcha de von Fanta y Carlos «el Sucio» y me dijo:

«La cosa no era factible. Habría que haberle puesto muchas ganas. Aparte de que nos encontráramos separados en ese momento, es que era duro aguantar la situación, y ellos se terminaron agotando».

Los meses subsiguientes los empleó en componer igual que si le fuera la vida en ello, y se juntó con canciones de sobra como para entrar en un estudio y ponerse a grabar un nuevo disco doble. Le propuso entonces a DRO hacer un álbum en solitario, pero la compañía quería sacar una recopilación de los temas anteriores remezclados, algo que a Robe también le apetecía mucho. Sin embargo, lo que le ofrecían no le cuadró en absoluto, ya que el presupuesto era propio de una aldea africana de tercera y debía grabar y mezclar en tan solo una semana. No, ya había pasado por eso y sabía que, si aceptaba, acabaría lamentándolo. Él es un perfeccionista, su trabajo así lo demuestra, y para quienes padecen esa incurable enfermedad no hay nada peor que ver cómo el chapuceo se hace con las riendas. Lo rechazó, pues, y decidió concentrarse entonces en un nuevo disco de Extremoduro con las canciones que iba a utilizar para el disco en solitario.

Lo primero que tenía que hacer era encontrar prontos sustitutos para quienes se habían bajado del tren. Y qué mejor modo que echando mano de Los Q3. Y aunque de esa forma estos desaparecían sin remedio, el buque insignia seguía adelante, y eso era lo único que importaba.

Extremoduro ya gozaba de un nombre y una reputación, y a Robe, y también a Salo, que seguía en la partida, les había costado sangre, sudor y lágrimas llegar hasta allí, y no iban a sacrificar todo lo conseguido por un grupo, Los Q3, recién nacido. Así es como Mon y El Moja, bajo y batería, respectivamente, se convirtieron en miembros oficiales de Extremoduro. Y aún se les sumó otro bajista, Miguel Ferreras, que se ocupaba del bajo de cinco cuerdas mientras Mon lo hacía del de cuatro. A este respecto, Robe se preguntaba retóricamente:

«¿Por qué en una formación, si hay dos guitarristas, no puede haber dos bajos? Uno hace de base mientras el otro va punteando. Aunque vayamos en la misma escala, vamos a octavas diferentes, buscando sonidos completamente nuevos».

Robe seguía empeñado en hacer las cosas a su manera, al margen de reglas y clichés. Siempre a la caza de los mejores resultados. De la excelencia.

Y Selu se lo llevó al huerto

Y en esas andaba Robe —corría el mes de mayo de 1993—, dispuesto a emprender la realización del cuarto disco de estudio del grupo, cuando al cabo de un concierto, José Luis Nieto, «Selu», saxofonista de Reincidentes, con los que Extremoduro llevaba desde el año anterior haciendo una gira discontinua[1] —una iniciativa que partió del dueño de la Sala Canciller, templo del heavy madrileño—, le propuso llevar a la práctica una curiosa y atractiva idea.

El caso es que al sevillano se le iluminó el magín y se le ocurrió algo bastante rompedor: hacer un disco de corte conceptual, un experimento infrecuente en el rock español, con músicos diversos que aportaran su personalidad y su talento a una causa común. Años después, Selu lo explicaba así:

1. Robe cantó con Reincidentes un año después en la cañera «Dos colegas», del disco *Nunca es tarde...*

«Tenía mi grupo, que estaba por encima de todo, con sus estructuras y sus miras, pero quería hacer algo... No un grupo, pero sí colaborar con gente. Pensé en otros músicos, gente de La Polla, desde luego el Robe... Buscaba acción».

Y fue a llamar a la puerta adecuada. Porque al extremeño aquello lo sedujo de inmediato y, una vez más, se tiró al barro. Se puso a componer él solo y a sacar adelante una larga canción que se convirtió en una suerte de reto personal. En nada de tiempo, Selu y Robe reunieron a un plantel de cinco estrellas para materializar aquel audaz proyecto ahuyenta discográficas.

La banda, de nombre Pedrá, quedó compuesta de la siguiente forma: Selu, saxo y cante jondo; Robe, guitarras, voz y coros (amén de compositor único de la larga canción que vertebraría el disco); Iñaki «Uoho» Antón, entonces en Platero y Tú, guitarras, teclados, percusiones y trombón de baras; Diego Garay, alias «Dieguillo», de Quemando Ruedas, bajo, y Gari, de Quattro Clavos, batería. Quien se encargó de conectarlos a todos fue Raúl Guerrero, que tuvo que hacer malabares porque cada uno de ellos tocaba en un grupo y estaba en una punta distinta del país.

Iñaki me resumió de manera eficaz cómo se vivió aquella disparatada aventura:

«Fue mucho más literaria e intensa la concepción que la grabación. Aunque la grabación también lo fue, la verdad. Porque tuvo la capacidad de marcar una época de nuestras vidas. Nos prestaron un local de ensayo cerca de Durango (Vizcaya). Cada uno veníamos de un lado y allí hicimos una especie de comuna. Yo era de Bilbao, e iba a dormir a casa casi siempre. Robe estaba en casa de Iratxe de prestado. Selu, donde podía, o también donde Iratxe... Estábamos todo el día juntos. Comíamos de prestado y cuando algún grupo tocaba, llevaba dinero. Llegábamos Robe o yo, y decíamos: "He tenido un concierto. Venga, voy a pagar la cuenta de la semana pasada". En algún restaurante se enrollaban con nosotros y nos daban el menú del día, y luego era: "A ver, ¿cuánto te debemos?", e íbamos pagando la cuenta poco a poco. Hubo pellas de *Pedrá* que las pagamos años más tarde. Por ejemplo, la del estudio. Aquello era todo intensidad. Nos encerrábamos en el local de ensayo con nuestro whisky, nuestra Coca-Cola, nuestra cerveza, y allí le echábamos horas. Y venía Robe, que tenía una época de estas que no paraba de parir: "¡Un cachito para meter aquí!". Él tocaba y nosotros íbamos poniendo música en el local, metidos, metidos, metidos... Hasta que la canción llegó a los prácticamente treinta minutos».

Reducir el número de conciertos para poder ensayar a lo largo de un verano y grabar después en solo dos semanas era algo que aquella pandilla apenas podía permitirse, pues, como me relató Iñaki, entonces vivían en precario y necesitaban ingresos todas las semanas. Si pudieron sostenerse, amén de las contadas actuaciones, fue gracias a la munificencia de Iratxe, que les dio alojamiento, y la de Iñaki, del bar El Moro, y Eneka y Batzoki, quienes les procuraron las viandas. De la misma forma, Robe me aseguró que tuvieron que volver a pedir dinero a los amigos para costear el estudio de grabación y otros gastos, y que se volvieron a entrampar hasta las cejas (al final fue DRO la que pagó hasta la última peseta que se debía —entonces esa era la moneda en circulación—; si bien mucho tiempo después, cuando los músicos se comprometieron a sacar el disco bajo el nombre de Extremoduro).

¡Toma *Pedrá*!

Y, por fin, en agosto de 1993, los cinco músicos se encerraron en los estudios Lorentzo Records, en Berriz, Vizcaya, durante dos semanas, para registrar aquella inusual pieza.

De la producción del disco se encargó Uoho, con Aitor Ariño como técnico de sonido y Josu Monge en calidad de ayudante. Y en el transcurso de la grabación se les unieron Fito Cabrales, entonces en Platero y Tú, que tocó la guitarra española, y Ramone (Capitán Kaverníkola), quien, además de cantar, cuando el disco vio la luz realizó el poderoso dibujo de la portada: un mono con cara de cabrón sopesando una piedra de forma amenazadora, iluminado por una luna superlativa que parece un sol. Una especie de descendiente del hombre tras una guerra nuclear o bacteriológica. Bueno, esa es una interpretación. Pero hay otras. A Iñaki, por ejemplo, le parece que el hijoputa del mono está en la luna (el sol es blanco porque a Ramone le da la gana) y que la *pedrá* está a punto de venírsenos encima.

Si existe un adjetivo que puede aplicársele con propiedad a ese trabajo es «desmesurado». Es desmesurada la canción —media hora menos un minuto—; es desmesurada la letra —Robe lo echó todo: mandobles, fluidos, lágrimas..., y se quedó como Dios— y es desmesurado el mestizaje musical: los grupos a los que pertenecen los músicos ejecutantes se dejan ver —oír, mejor dicho— a lo largo de su desarrollo, pero la mezcla genera a su vez un sonido nuevo. Una imposible amalgama musical de rock duro, flamenco, jazz y hasta música cabaretera que, curiosamente, funciona.

Aunque es un disco que exige, eso sí, varias, y atentas, escuchas. Porque *Pedrá* es una canción hecha a base de retales, de pequeñas piezas, de hallazgos varios y fogonazos de inspiración que recogía, una vez más, el épico catálogo de obsesiones de Robe, comprendido siempre entre las lindes del amor y la guerra. Unas constantes que fueron aderezadas en este caso con algunos versos de Manolo Chinato.

Ya el comienzo —el saxo sobrevolando el paisaje eléctrico y de percusión es hermoso— anticipa rocanrol:

No me importa que me claves
como un Cristo en la pared.
Ten cuidado no me falte de comer.

Como ya señalé en el primer capítulo, este disco contiene algunos de los fragmentos más bestias que hayan salido nunca de la cabeza y el corazón de Roberto Iniesta. También dije que hablaría de ellos cuando llegara el momento. Pues bien, allá vamos.

En la segunda estrofa, nos encontramos con:

Tú me agarras, yo te empujo,
y no me hace falta más:
con tu flujo me alimento de mamar.

Y continúa:

He aprendido, de estar solo, a llorar sin molestar
y a cagarme en los calzones y a dudar.

A lo largo de la canción, las cargas de dinamita sexual van aflorando:

[...] Te miro, me hincho [...]

O:

Y saborear: si tú le das, todo tiene sentido.

Llegado a un punto, tras el desmelene de una guitarra española y el posterior desvarío de una eléctrica, Robe se supera a sí mismo y tira la casa por la ventana de la bestialidad:

Si quieres que yo te quiera,
chungo, aunque me des dinero,
pues yo no meto la lengua
en esa mata de pelo.

Si quieres que yo te quiera,
lo vas a tener muy crudo,
pues yo no meto la lengua
en ese chocho peludo.

Y por si acaso no nos hubiera quedado del todo claro, insiste y demuele esos límites no escritos que, sin embargo, rara vez son traspasados en una canción, y deja constancia de que, por muchos imitadores que surjan arriba, abajo, a derecha o a izquierda del mapa, él es el amo y señor del rock transgresivo, faltaría más. Y todo ello bajo un frenético solo de guitarra:

Chochó peludo, chochó-chochó peludo...
Chochó peludo, chochó-chochó peludo...

Está luego la vena punki y *destroyer* del individuo antisistema, ya anteriormente expresada en canciones como «Estado policial». Y aunque es ficción, hay un trasfondo real de venganza. De justicia poética:

Ya tengo los cañones preparados,
en mi barco pirata no hay maldad.
Voy a una comisaría, monto una carnicería:
a mis colegas vengo a rescatar (tata-tatata-tatá...).[2]
¡Hijos de puta! (bis)

A continuación, Robe reproduce una pintada anónima que vio en la calle y que recuerda la narrativa cinematográfica de acción (salvo el *«¡Hijos de puta!»*, que es de su propia cosecha):

Corren tan aprisa como pueden.
Unas jadean a causa del esfuerzo;
otras caen, no se levantan.
Alguna, más resistente,
entona un canto para darles ánimo
(¡ánimo, ánimo, ánimo, ánimo!).
¡Hijos de puta! (bis)

También hay muestras en *Pedrá* de ese dolor que se convierte en único por el modo —transgresivo— en que es expresado:

2. De hecho, Robe tenía unos cuantos amigos en la cárcel. Y a ellos iría dedicada una canción del siguiente trabajo de Extremoduro, si bien publicado antes que este, «Pepe Botika (¿Dónde están mis amigos?)», cuyo subtítulo sirvió a su vez para ponerle nombre al disco e inspiró de paso la portada, que muestra a un hombre —unos manos y unos ojos, más bien— tras unos barrotes.

No sé ni cuántas noches llevo ya sin dormir...
Arráncame las uñas de los pies.
Morir solo una vez va a ser poco para mí,
el diablo me ha cogido miedo y no me deja entrar.

... Me tiro a los cactus desnudo pero no me pincho.

[...] Me voy a recortar en punta las orejas
y me voy a echar al monte, a aullar entre la maleza.
Volver no dudaría, ahora soy yonqui a mi manera.
No quiero tu amnistía, puedo morir donde quiera.

Pero todo ese exceso —la obscenidad, la caricatura sangrienta y el sufrimiento cuasi animal— está de sobra compensado con una serie de píldoras del lirismo marca de la casa, que pasa de la levedad a la invocación de la melancolía:

Vuelo hasta una mancha en la pared,
me vuelvo ajeno a todo
y me sobran hasta mis propios pies.

[...] Y ya nunca más volverán mis ojos
a ser tus ojos y mi mente un vertedero.
Y allá desde lo lejos
van llegando los viejos recuerdos,
tan royéndome por dentro.

[...] Daría un río de mi sangre si quisierais
ejércitos enteros claudicar.
Hay guerra en todas las partes:
yo solo pienso en tocarte.

Aunque, acto seguido, lanza un misil transgresivo de primerísimo nivel:

La vida desperdiciada,

tanta lefa para nada.
¡Escupe, bastarda!

Ya casi al final de la canción, vuelve a las andadas y retrata con frustración, e incluso pena, el ejercicio onanista:

Me hago solos en tu honor
y no siento nada.

Y en la postrera estrofa nos deja una perla metafísica de incuestionable veracidad:

Me tortura tanta duda,
polla dura no cree en dios.[3]

Tras el remate musical, el silencio. Y, de pronto, la voz de Robe nos sobresalta como en esas películas de terror en las que el monstruo, después de muerto, se yergue: *«Lo he cantao como me ha salido de los cojones»,* dice. Es una advertencia *après la lettre,* aunque me cuesta creer que alguien hubiera dudado de su libertad a la hora de cantar.

3. Verso atribuido a Quevedo. Extremoduro ya lo había utilizado en la carpeta de *Deltoya,* a modo de subtítulo de la canción «Bulerías de la sangre caliente». Años después, el grupo de folk-metal Mägo de Oz compuso el tema «Polla dura no cree en Dios» para su disco *Finisterra.* Aquella frase dio mucho que hablar cuando el líder y compositor de la citada banda, Jesús María Hernández Gil, alias Txus di Fellatio, relató que en una recepción en la Moncloa a la que asistió con otros músicos españoles, el entonces presidente del Gobierno, José Luis Rodríguez Zapatero, le dijo que sus hijas eran muy fans del grupo. El músico sentó sobre sus piernas a una de las niñas y le preguntó cuál era la canción que más le gustaba, y esta contestó, con gesto cándido: «Polla dura no cree en Dios». Parece ser que Zapatero, que no oyó bien o se hizo el sordo, inquirió: «¿Perdón?», y Alejandro Sanz, que se encontraba al lado, echó mano de sus mejores reflejos y dijo: «No, nada, presidente. Cosas de niños». Pero que conste que el primero en utilizar aquel verso en una canción fue Robe.

Al congelador

Ante la dificultad de encontrar discográfica por lo arriesgadísimo del contenido —en un principio lo iba a publicar la independiente Discos Suicidas, pero, por la razón que fuese (a lo mejor eran suicidas, pero no tanto), la cosa no prosperó. Además, no nos engañemos: hasta los muy fans buscan un estribillo—, *Pedrá* hubo de permanecer en estado de hibernación durante un año y medio, y, al final, vio la luz en DRO. Eso sí, bajo la condición innegociable de que su autoría se atribuyese a Extremoduro.

Selu, su artífice —aunque el creador del largo tema fuera Robe—, no podía ocultar su decepción cuando años después declaró:

«Me había imaginado toda esta historia como una gira y un disco. La gira unía a los grupos que estábamos involucrados. Quería juntarlos, aunque algunos no fuesen muy conocidos fuera de Euskadi. Se trataba de que actuaran los cinco grupos y, al final, nos juntábamos todos y hacíamos el disco. Esa era mi teoría. Habría sido una gira muy potente. Habría reventado todo porque éramos grupos profesionales que estábamos en alza».

Aunque para Robe solo tenía buenas palabras:

«Siempre que veo en el mundo del arte a alguien con talento, a alguien trabajador y echado adelante, me fijo en él. Puedes estar de acuerdo con el contenido o no, pero el Robe lo hacía bien».

Cuando le pregunté a Iñaki si quedó satisfecho con el resultado, si se ajustó a la idea que ellos tenían en mente, no pudo evitar mostrarse crítico:

«El resultado de *Pedrá* me gustó en un aspecto, pero en otro no. La canción me encanta. Lo que me da mucha pena es que, por nuestra falta de experiencia y por las circunstancias, lo que se oye en el disco no hace justicia a lo que hay ni a lo que había. Y me da un poco por saco que la gente no podáis oír *Pedrá* como podría sonar. Y eso pasa por hacer las cosas con pocos medios y de forma un poco caótica. Como te dije, vivimos juntos durante tres meses. Todos. Aquello era un desmadre. Hicimos lo que pudimos. Para mí, la canción suena muy aguda y hay partes que suenan desacompasadas... Porque las pistas iban del tirón, de abajo arriba. Ni claqueta ni programación de claqueta ni hostias. Eso, en aquel tiempo, no existía. Ese es un disco que todas las semanas me planteo volver a grabar. Pero, claro, son tantas las cosas que tenemos por hacer... Me encantaría darla de regalo con otro disco, bien hecha. Pero eso daría mucho trabajo. Cuando tengamos algo de tiempo, sí me gustaría que pudiéramos ofrecerla en todo su esplendor».

Aquel sería, en cualquier caso, el último sapo que Robe tendría que tragarse. El último disco en el que tuvo que pasar por el aro y acatar las exigencias de la casa de discos.

A partir de ahí, Extremoduro ha hecho siempre las cosas basándose en «dos variantes: como nos da la gana y como podemos».

Seis años después se salieron con la suya y consiguieron que DRO editara, esta vez sí como disco independiente de Extremoduro, *Poesía básica,* una serie de canciones del poeta Manolillo Chinato interpretadas por Extrechinato y Tú, grupo creado para la ocasión y compuesto por el propio Chinato, Roberto Iniesta, Iñaki «Uoho» Antón y Fito Cabrales.

Y en 2008, Extremoduro sacó otro disco conceptual, *La ley innata* —este sí legítimamente del grupo—. Una obra maestra que nada tiene que ver con *Pedrá,* aunque su planteamiento era también de una gran audacia. Y la compañía, Warner, inclinó la cerviz y dijo: «Sí, bwana». Claro que, para entonces, a ellos ya los avalaban las ventas y el prestigio. Eran una apuesta segura. Y prueba de ello es que ese disco arrasó.

De la edición de *Pedrá,* en 1995, y de la posterior gira del mismo nombre hablaré en el siguiente capítulo, tras *¿Dónde están mis amigos?,* que es hacia donde nos dirigimos ahora. Ya.

¿DÓNDE ESTÁN MIS AMIGOS?: TIEMPOS DIFÍCILES

Nada más grabar en Vizcaya, con la mestiza formación Pedrá, la larga canción que un año y medio después se publicaría como un disco de Extremoduro, Roberto Iniesta regresó a Rubí, Barcelona, con el propósito de poner en marcha el cuarto trabajo del grupo.

Nos encontramos en agosto de 1993.

A falta de pequeños retoques, las canciones ya estaban casi listas. Solo quedaba registrarlas en un estudio. Pero Robe quería testarlas en directo, motivo por el cual ofrecieron algunas actuaciones antes de iniciar la grabación.

En aquel momento, Salo, aquejado también del Síndrome del Desaliento que había hecho mella en von Fanta y en Carlos «el Sucio», renunció a seguir y se apeó del tren en marcha. Robe, sin tiempo para lamentaciones —aunque es de suponer que la procesión iría por dentro: el grupo más feroz e imaginativo de Extremadura se quedaba con un solo extremeño, y él sin la compañía de dos viejos compañeros de fiestas y penurias—, lo sustituyó de inmediato por Uge, el único de Los Q3 que aún no formaba parte de Extremoduro, y la banda quedó lista otra vez para dar la nota. Y nunca mejor dicho. Puesto que a esos conciertos, y a los que les sucedieron tras la gestación del disco, es decir, durante el curso 1993-1994, se los conoce como los de la «era del caos».

La razón del nombre es la anarquía e imprevisión que los gobernaba. Igual que Camarón se hizo célebre por sus espantás, y la gente que acudía a verlo cantar no sabía hasta el último segundo si el recital se celebraría o no, las crónicas de las actuaciones de Extremoduro de aquella época nos hablan de todo tipo de desmadres. Y las palabras de Robe antes de iniciar los conciertos de la gira que iban a emprender daban una idea clara de que serían cualquier cosa menos aburridos:

«En el último concierto que dimos de *Deltoya* acabé en pelotas en el escenario. La historia será, como siempre, desparramar y un poco lo que salga. Nunca hacemos ninguna canción igual. No queremos que a la gente que va a ver nuestros conciertos le dé la sensación de que está viendo un vídeo. Improvisamos cantidad. No queremos dar la impresión de estar pelando gambas».

Y, aunque con el paso del tiempo le quitó importancia al asunto y aseguró que aquello no fue tan exagerado como se ha contado, declaraciones suyas de entonces venían a decir lo contrario:

«Cada día era diferente. Nunca sabía si me iba a saber las letras o no. Ese año hice dos discos, ¿tú crees que me podía acordar de lo que decía "La hoguera"?».

Es cierto que a Robe se le olvidaban las letras en algunos conciertos y que tenía que cantarlas Mon, el bajista. Incluso hubo veces, en recintos de aforo reducido, en las que salía al escenario alguien del público y se ponía a berrear como si se encontrara en un karaoke.

Además, Robe cogió por costumbre vacilar al respetable. En una actuación que ofrecieron en la localidad tarraconense de Móra d'Ebre, regaló a los asistentes frases como esta:

«Estáis en todo vuestro derecho de exigir vuestro dinero. Nosotros comprendemos que esto es una vergüenza. Somos la vergüenza del rock nacional. Pero no nos importa».

O bien:

«*Pa* esta gente no hace falta que toquéis así de deprisa, ya veis que están hechos unos muermos. ¡Muermos, que sois unos muermos! ¡Que *sos* movéis menos que un ojo de cristal!».

La cosa fue aún más lejos, ya que reconoció haber cacheado a los asistentes de alguno de sus conciertos e incluso, en el colmo de la desfachatez y el surrealismo, exigirles que les devolvieran el dinero porque no pensaban tocar. Unos días, en fin, para enmarcar.

De vuelta a Madrid

Finalmente, la nueva formación —Robe, Mon, Uge, Miguel y el Moja— se desplazó hasta los ya desaparecidos estudios Box, en Madrid, para grabar *¿Dónde están mis amigos?* El título, más allá de la mera coincidencia, no guardaba ninguna relación con el tema de Topo, «Mis amigos dónde estarán» (1978), sino que procedía de una de las canciones que lo integran, «Pepe Botika (¿Dónde están mis amigos?)», tal y como declaró Robe:

«El título está sacado del fragmento de una canción que está en el trabajo, "Pepe Botika", homenaje a todos mis colegas que están en el talego. Tengo muchos amigos metidos entre rejas».

El cuarto disco de estudio de Extremoduro cuenta con las siguientes canciones: «El duende del parque», «No me calientes que me hundo», «Sin dios ni amo», «Pepe Botika (¿Dónde están mis amigos?)», «Estoy muy bien», «Bribriblibli (En el más sucio rincón de mi negro corazón)», «Malos pensamientos», «Posado en un nenúfar», «Islero, shirlero o ladrón», «Historias prohibidas (Nos tiramos a joder)» y «Los tengo todos».

La grabación y las mezclas se hicieron a lo largo de tres semanas, el mayor tiempo empleado hasta entonces en la elaboración de un disco de Extremoduro, y la producción corrió a cargo de Ventura Rico. Es decir, que por vez primera le abrieron la puerta tan celosamente guardada a alguien ajeno al grupo, a un profesional. Porque Robe, para ese disco, quería un sonido que estuviese a la altura del material que tenían, en donde había unas cuantas joyas, y no estaba dispuesto a jugársela. Pero tiempo después declaró que, debido a las prisas de la compañía, las canciones no pudieron ajustarse del modo que él pretendía y que el resultado quedó muy por debajo de sus expectativas. De hecho, en 2004 se reeditó con nuevas versiones de «No me calientes que me hundo», «Pepe Botika...», «El duende del parque», «Bribriblibli...» e «Historias prohibidas», que mejoraron notablemente las anteriores.

Del significativo dibujo de la cubierta —un hombre tras unos barrotes, privado de libertad— se ocupó el ilustrador Cachotio, y de la contra, un fotomontaje que muestra a una parte de los asistentes de un concierto de Extremoduro y a un Robe barbado que recuerda mucho a Camarón, María Arqore. En la carpeta se incluye además una nota sobre uno de los músicos salientes, Salo: «No ha estado presente, tampoco ausente, sino más bien, disperso entre el ambiente».

Si bien todas las letras fueron escritas, como siempre, por Robe, este tomó versos prestados de un par de poemarios: *Mierda bañada en mentiras de sangre (Poesía desnuda),* de Raúl Lomas, y *Poesía asfáltica de confusión,* de Sor Kampana (Antonio Belarte Aliaga), así como algún verso suelto de dos antiguos colaboradores, Rafa Gallego y el dibujante Calvo.

Hubo también colaboraciones musicales: Fernando Madina y Selu, de Reincidentes, participaron, juntos, en «No me calientes que me hundo», «Bribriblibli (En el más sucio rincón de mi corazón)» y en «Malos pensamientos», y por separado, el primero en «Pepe Botika (¿Dónde están mis amigos?)» y el segundo en «Islero, shirlero o ladrón». Belén Pérez hizo coros en «Pepe Botika...», «Estoy muy bien», «Bribriblibli...» y en «No me calientes que me hundo», en la que también cantó Aitor

Bengoa, de Akulu. Y, por último, Uoho tocó la guitarra en «Los tengo todos».

Unas declaraciones de Madina, que en aquella época convivió unos días con Robe en Madrid, en el piso del mánager de Extremoduro, Tomás Rodríguez, ilustraban a la perfección la atmósfera que se respiraba en el estudio de grabación y venían a confirmar que el «caos» no solo se daba sobre los escenarios:

«Aquella fue una experiencia mística. Llegué borracho y recuerdo que el técnico preguntó que quién era yo y que por qué llegaba borracho. Robe le respondió que porque era su amigo y porque a él le daba la gana. Todos estábamos borrachos. Canté una estrofa entera y luego hice coros en la mitad del disco».

Tanta melancolía... tanta soledad

Respecto a la temática de las canciones se ha hablado mucho acerca de que Robe volcó en *¿Dónde están mis amigos?* todo el desgarro que le produjeron los acontecimientos vividos en esa, para él, difícil época. Unos días en los que se separó de su familia —mujer y dos hijos— y anduvo como un nómada entre Madrid, Cataluña y el País Vasco, mientras el grupo se derrumbaba y solo él fue capaz de sostenerlo. Es, se ha dicho hasta la náusea, «el disco más intimista de Extremoduro». Pero ¿es que acaso hay alguno que no lo sea?

Sucede que el desarraigo y el sentimiento de soledad, por razones obvias, coyunturales —eso fue lo que le tocó vivir entonces—, está más exacerbado que en otros trabajos, sí. Pero eso, a mi modo de ver, de ninguna manera lo convierte en un disco más personal que los precedentes y los posteriores, en los que se plasmaron las mismas obsesiones —sus fijaciones artísticas— de siempre.

La guitarrera «El duende del parque» es un canto a la libertad y una crónica sui géneris de la vida errante que Robe llevaba por aquellos días:

Cojo mi ropa: —¿Dónde vas? ¿No ves
que está cambiando el viento a otro lugar?
—¿Y qué?

Su casa, la de Robe, es el ancho mundo. Ese parque en el que habita como una versión urbanita de Tarzán. Un salvaje que se siente, en fin, de otro planeta:

Afuera de mi casa tengo flores
sembradas en el campo, como a ellas les gusta estar.
Enciendo muy temprano los motores,
me pongo muy contento si las voy a visitar. ¡Ja!

No me conoces: vine ayer de Marte.
Soy un duende del parque, nada más.
Saco los dientes, soy capaz de andar
en contra la corriente. ¡Aparta ya!

Y es, insiste, un ser libérrimo que busca la felicidad plena a cada instante. Alguien que no renuncia, no, a los *mejores* placeres de la vida, drogas y sexo:

[...] Me gusta poder elegir,
no me gusta tenerme que callar.
Si no encuentro drogas por aquí,
no me gusta... no me gusta nada este lugar.

Mirando por dentro de mí
he visto un tipo sin igual.
He visto un feliz porvenir...
me he visto follando en cualquier portal.

«No me calientes que me hundo» es una hermosa canción en la que los coros —*«¡yeyé...!»*— son una mezcla de resignación y desasimiento, de vuelta a empezar y de «maldita sea». Tras la ilusión, la tristeza. Y después, de nuevo, a seguir, qué remedio. Esos coros y el saxo refuerzan los sentimientos del autor, volcados en una letra literariamente notable:

Se hizo la nada al llegar esta madrugada.
Bloques de acero se estrellaron en mi cara.
Todo quedó tan oscuro que ahora ya no hay quien te encuentre.
Solo has dejado silencio en esta balsa de aceite. ¡Ye-yé...! (bis)
[...] Me ha contado una gaviota: ¡Hola!, soy tu compañero.
De esta noche no paso, se ha hundido otro petrolero.

En el tema que da título al disco, «Pepe Botika (¿Dónde están mis amigos?)», se cuestiona la dureza de las penas por tráfico de drogas *(«¡Qué vergüenza, señoría! / ¿Cuánto cuesta su amnistía?»)* y Robe aprovecha para mandarles un «¡ánimo, muchachos, resistid!» a sus enchironados amigos:

Lo colocaron con las manos en la masa
cuando venía del campo, de coger higos.
Entodavía no l'han visto por su casa:
lo tienen preventivo en una celda de castigo.

Ayayayayayayay...
¿Dónde están... mis amigos?
Ayayayayayayay...
Encerrados... ayayayayayayay...
sin motivo.

Y luego llega la relación de cárceles con unos versos conseguidísimos:

Carabanchel, La Modelo, Herrera de La Mancha,
Cáceres II, Alcalá Meco, Puerto de Santa María...

Le sucede una canción pegadiza pero sin pretensiones, «Estoy muy bien», que suena ídem y que encierra más cinismo e ironía —más mal que bien, vamos— de lo que muestran sus versos.

Mientras ella se levanta para ir a la oficina, a cazar, el poeta se queda en la (hostil) cama:

Cada vez que te levantas de la cama y vas a trabajar,
me quedo tan solito que no sé dónde me voy a agarrar.

Imposible no ver ahí la sombra, pretendida o inconsciente, de «Caballo de cartón», de Sabina:

Cada mañana bostezas, amenazas al despertador
y te levantas gruñendo cuando todavía duerme el sol.
Mínima tregua en el bar, café con dos de azúcar y croissant,
el metro huele a podrido, carne de cañón y soledad.
[…]
Cuando la ciudad pinte sus labios de neón
subirás en mi caballo de cartón.
Me podrán robar tus días, tus noches no.

Pero la de Robe va cargada de su dosis transgresiva, aunque en este caso no del todo explicitada, sino (ferozmente) insinuada:

Cada vez que te levantas de la cama y no sé dónde vas,
me quedo tan solito que ahora sé dónde me voy a agarrar.

Y la confesión que delata su amor total hacia ella:

Me gustaría mucho más…
que te lavaras la cara
solo las mañanas que te diera la gana…

Y esos versos que quizá niegan lo que gritan, o al menos en parte:

Y estoy muy bien. ¡Estoy aquí muy bien!
¡Estoy asín de bien! Estoy aquí muy bien.

Y llegamos a «Bribriblibli (En el más sucio rincón de mi negro corazón)», bellísima canción cuyo comienzo, con esa guitarra en frenado, posee una majestad absoluta. Es, de hecho, uno de los más briosos arranques que hay en el rock español. He dicho. Me refiero, eso sí, a la versión de 2004, que mejora, con mucho, la prístina: la entonación es diferente, el tema, en general, está mejor hilvanado y, sobre todo, posee mucha más fuerza.

Por ejemplo, cuando Robe canta la estrofa que comienza tras el segundo cambio de ritmo —*«De tanto pensar...»*—, lo hace con negritas en el primer y tercer verso, literal. Con trazo grueso. Parece una bestia furibunda. El ogro que, en el corazón de su gruta, acaba de despertar de la siesta y ruge «¡¿dónde estás, niña?!»:

> ***De tanto pensaaaaar...***
> *De perder el tiempo...*
> ***De tanto privaaaaar...***
> *Por poco reviento.*

Estremece. Y luego está el final, tras el solo de guitarra, tan fiestero, tan tronado, tan bribriblibli:

> *Me coge de la mano, yo me sueño con tu pelo:*
> *para estar tan colgado hace falta echarle güevos.*
> *Bribribliblí, bribribliblibliblí, bribriblibí, bribribliblibliblí...*
> *Os regalo mis canciones y me apuntan con el dedo:*
> *—¡Mira por dónde va el Robe! Para mí que ya está pedo.*
> *Bribriblibí...*

Los versos del comienzo de «Islero,[1] shirlero[2] o ladrón» suenan a moraleja, y la voz de Robe en esa inicial estrofa, más cal-

1. *Islero* se llamaba el toro que mató al diestro Manolete el 28 de agosto de 1947, en la plaza de Linares (Jaén).

2. En el argot carcelario, «sirlar» —se suele escribir sin hache intercalada— significa «robar a punta de navaja». Shirlero es, por lo tanto, el que roba a punta de navaja, con lo que sin llegarse a producir una redundancia, shirlero y ladrón vienen a ser primos hermanos.

mada de lo normal, acrecienta esa sensación... hasta que llega el último verso con su munición transgresiva:

Para ganar, cuando hay algún conflicto,
hay que tenerlos bien puestos, en su sitio.
Para ceder, si te has equivocado,
¡hay que comerse los cojones a bocados!

En esta canción se vuelve a meter el punzón en el submundo carcelario y en la injusticia que supone la privación de libertad:

Para sentirte como se sienten otros,
puedes fumarte, si quieres, cuatro porros.
La imaginación se siente desbordada,
¡aunque siempre hay gente
que no se entera de nada!

No queremos estar (bis) metidos en una caja, (bis)
o nos dejáis jugar o 'sos' rompemos la baraja. (bis)
O todos a la vez (bis). O todos o ninguno.[3] *(bis)*

Si se hace caso de la expresión «ser el toro que mató a Manolete», es decir, tener uno la culpa de todo, la canción parece decir precisamente eso, además de señalar a los desfavorecidos/marginados del mundo, habitantes inevitables de las prisiones:

—Yo soy negro.
—Yo, gitano.
—Yo no soy de este país.
—Yo nací en una patera
y ya llevamos tiempo aquí.

3. Esto parece tomado del poema titulado «O todos o ninguno», de Bertolt Brecht.

Robe echa mano, también, de la ironía:

Necesito trabajar:
he aprendido a ser shirlero,
ayudando a los demás
a quedarse sin dinero.

Y muestra el catálogo completo de lo mejorcito de nuestra sociedad con una intención inequívocamente crítica hacia el sistema:

—*¡Soy camello!*
—*¡Yo he abortado!*
—*Yo estoy loco por salir.*
—*¿Cuánto llevas de condena?*
—*Ya llevamos tiempo aquí.*

Y —nunca mejor dicho— la mordaz puntilla, a la que le sucede un hermoso remate de saxo:

Obligado a pelear,
he aprendido a ser Islero.
Manolete, ¿dónde estás?
Hoy te cojo por los güevos.

En «Historias prohibidas (Nos tiramos a joder)» planea de nuevo la confesión autobiográfica:

Esta historia que va,
nunca nadie se atrevió a contar.
Me acuerdo muy bien:
sucedió hace mucho tiempo atrás,
no había de comer
y me faltaba tiempo para pensar.

Mis prejuicios maté
y nunca más los voy a desenterrar.
Comíamos hiel,
vomitábamos sin descansar...
Ahora tengo sed:
recuerdo el whisky atravesando mi piel.

Háblame, estoy perdido y lo sé, lo sé,
nos hemos dado cuenta.
Quiero más, y está jodido el percal.

A mi padre robé
muchos años de tranquilidad.
A mi madre dejé
mil secretos aún sin confesar.
La calma perdí,
y en un mal sueño a mi enemigo encontré.

La canción que cierra el disco, «Los tengo todos», en donde la voz de Robe es terrorífica y los dedos de Uoho vuelan sobre el mástil de una guitarra hipervitaminada de efectos de pedal, es el equivalente al «Estado policial» que ponía el *the end* a *Deltoya.* Una letra como para cantarla en una recepción con los reyes, vaya. Sobre todo, el pasaje: *«Di que somos felices, me masturbo a diario»*. Por no hablar ya de la última estrofa, que ya recogí en el apartado de la creación:

Ya te habrás dado cuenta:
no estoy domesticado.
Me follo hasta las cabras,
me cago en los sembrados.
Me están saliendo cuernos,
no te pongas al lado.
Estoy sudando estiércol,
¡me está creciendo el rabo!

Extremoduro presentó *¿Dónde están mis amigos?* en la madrileña Sala Canciller con un lleno absoluto. A los músicos, que, salvo el viejo patrón, Roberto Iniesta, eran de nuevo cuño, se les sumó Belén Pérez para ocuparse de los coros. Y aquello, abarrotar ese recinto mítico —el equivalente a lidiar en Las Ventas o en La Maestranza para un torero—, suponía para Robe la constatación de un triunfo incuestionable. Del cumplimiento no ya de un sueño, sino de un objetivo que se había fijado desde que supo que ese y no otro iba a ser su medio de vida: emocionar a la gente, seducirla. Y a cuanta más, mejor.

El encargado de cubrir dicho acontecimiento para el diario *El País* fue Pedro Giner, y el título que eligió fue el de «Transgresión». En la primera parte de su crítica, en donde se relata la puesta en escena, es asombroso comprobar lo lejos que está el actual Extremoduro del que fue hace dos décadas. Y en la segunda parte se insinúa un cambio de tendencia. A mejor, claro:

> «El grupo de Plasencia alcanza su cuarto lanzamiento discográfico con la publicación de *¿Dónde están mis amigos?,* alegato solidario con el pequeño *camello.* [...] Iniesta se presentó en escena con una boina calada, como si quisiera afirmar con orgullo su origen de pueblo. Además portaba un hacha de goma, así que el inicio del concierto se asemejó a un gag humorístico. Hasta que el protagonista principal se molestó por unos escupitajos recibidos, contestados por *[sic]* un "que no somos tan punkies". La nueva formación de Extremoduro, con dos bajistas sobre las tablas, suena mejor que las precedentes. [...] Es evidente que este insólito grupo se va alejando del antiguo planteamiento rotundamente cutre».

Los conciertos «del caos» continuaron el resto del año y a lo largo del siguiente, agrandando su leyenda de *destroyers* de los escenarios. Pero, además, vieron la luz un par de trabajos recopilatorios con los que el extremeño se quitó una molesta espina.

Su «pequeña historia»

En primer lugar, Robe publicó un doble casete titulado *Robe, mi pequeña historia,* el cual contenía los mejores temas de los cuatro primeros discos de Extremoduro más cuatro canciones inéditas: «Adiós, abanico, que llegó el aire»;[4] «Te juzgarán solo por tus errores (yo no)», una letra escrita a partir del libro de poemas *Las soledades del muro,* de Marcos Ana; «Caballero andante (¡No me dejéis asííí!)», en cuya letra se incluían un «cacho» de un poema del citado Marcos Ana, otro de Antonio Machado y un poema de Manolillo Chinato, y, por último, «Autorretrato», en la que Robe cantaba algunos fragmentos en euskera y que contó con la colaboración del grupo vasco Quattro Clavos. Cuatro años más tarde, esa canción formaría parte, ya solo en español, del disco *Canciones prohibidas*.

En total, veintiséis temas. Las cuatro inéditas fueron grabadas en los estudios Lorentzo Records, en Berriz, y el resto fue remezclado.

La ilustración que se utilizó para la portada fue la bellota radioactiva con el buitre, ambos en color rojo sobre fondo negro, y no se distribuyó en las tiendas, sino que se le envió a todo aquel que lo solicitó. Previo pago de su importe, claro.

4. Existe un vídeo inédito de esta canción, grabado en 8 mm. Comienza con un Roberto Iniesta que duerme recostado en un sofá con una mujer, también dormida, apoyada sobre su regazo. Delante de él, una mesa de centro en la que destaca un cuaderno abierto con los apuntes de la letra de una canción. La mesa se va vaciando sola y el bloc se mueve, mientras las páginas, llenas de letras con tachones, van pasando. Aparece un perro y, acto seguido, una masa de plastilina de la que surge un muñequito que lleva una guitarra negra y una cinta roja en el pelo como la que se ponen los tenistas, y que resulta ser el propio Robe. El muñequito da paso al músico, que, sentado en una silla de tijera —con el pañuelo trenzado en la cabeza y la guitarra acústica negra—, interpreta la canción. Después aparece un Geyperman con un jersey de lana —su parecido con Manolo Chinato es extraordinario— y comienza a bailar. Un vídeo casero e imaginativo, fiel testimonio de aquellos días de modesta pero impagable juventud.

El oportuno *lifting* de *Tú en tu casa, nosotros en la hoguera* y la reedición de este y de *Somos unos animales*

Por otro lado, Robe se dio el gustazo de restañar una vieja herida: en 1994 se llevó a cabo la reedición del disco de debut de Extremoduro, el cual fue pulido con mimo y talento por Iñaki «Uoho» Antón, quien, a pesar de tener su propia banda, Platero y Tú, empezaba a involucrarse cada vez más en el grupo de su amigo.

Tú en tu casa, nosotros en la hoguera, al que se le puso el título de la maqueta primitiva, *Rock transgresivo,* fue remezclado en su totalidad, y a algunas de las canciones se les añadieron nuevas tomas de guitarra. Además, contó con tres de los temas que formaron parte de *Robe, mi pequeña historia,* inéditos hasta entonces en un disco oficial: «Adiós, abanico, que llegó el aire», «Te juzgarán solo por tus errores (yo no)» y «Caballero andante (¡No me dejéis asííí!)». El orden de estos quedó como sigue: «Extremaydura», «Emparedado», «Decidí», «Romperás», «Adiós, abanico, que llegó el aire», «Arrebato», «Jesucristo García», «La hoguera», «Te juzgarán solo por tus errores (yo no)» y «Caballero andante (¡No me dejéis asííí!)». La producción corrió por cuenta de Extremoduro y de Iñaki, y los técnicos de sonido fueron Aitor Ariño, Félix Arribas y Josu Monge.

Aparte de Uoho, que se creció y se hizo cargo de las nuevas tomas de guitarra en «Extremaydura», «Emparedado», «Romperás», «Decidí», «La hoguera» y «Jesucristo García», y de los teclados en esta última y en «Arrebato» —fue, en definitiva, el hombre clave en aquella operación de puesta al día—, otros músicos echaron una mano en la placentera tarea de reconstrucción: Miguel Ferreras tocó el bajo en «Caballero andante...» y en «Adiós, abanico...», y Juantxu «Mongol» Olano, de Platero y Tú, lo hizo en «Te juzgarán solo por tus errores (yo no)». Iratxe Mendiola Garai, de Quattro Clavos, se trabajó los coros en «Romperás», e Iñaki Marabao tocó el triángulo en «Extremaydura».

Aquel cedé hubo de remozarse a partir de la maqueta *Rock transgresivo,* la misma que fue costeada por los clientes del bar Simetría, ya que en aquel entonces Robe e Iñaki aún no le habían comprado el álbum de debut a Avispa. Durante años, Robe intentó sin éxito que fuese DRO la que lo adquiriera, extremo que me confirmó José Antonio Gómez:

«Él se quejaba continuamente de que el primer disco se lo fusilaban, se lo machacaban, le cambiaban la portada..., y me decía que por qué no lo comprábamos nosotros. Al final lo acabó comprando él, porque a mí no me autorizaron esa compra en DRO. Se lo propuse a quien entonces era mi jefe, Alfonso Pérez, razonándole que si retirábamos aquellos discos del mercado dejaríamos de hacernos daño. Pero él dijo que no merecía la pena, y yo pensé que cómo no iba a merecer la pena quitarte a la competencia de las tiendas... Pero la cosa fue así».

Es de suponer que el cambio de título estuvo motivado también por una cuestión legal. Es decir, que el primero, al pertenecer aún a Avispa, no lo podían utilizar.

Un año después, en 1995, se reeditó *Somos unos animales,* su segundo trabajo. En este caso no tuvieron ningún problema porque los derechos de la grabación eran de Robe: ellos la costearon y Pasión se encargó tan solo de la edición y —en teoría, porque no la hubo— la distribución. Y dado que el disco original se encontraba en bastante mejor estado que el precedente, lo dejaron tal cual estaba.

Pero un momento, no tan deprisa. Seguimos en 1994, con el grupo ofreciendo conciertos por toda España con el repertorio de *¿Dónde están mis amigos?* cuando, de pronto, la buena sintonía de los inicios, esa misma «frecuencia de onda» de la que hablé, se extinguió. Y lo mejor que se puede hacer en esos casos, llegado el día en que el amor se acaba, es decirse «adiós, buena suerte» y tirar cada uno por su lado.

Así las cosas, Uge, Miguel y El Moja decidieron hacer la guerra por su lado.[5] Y Extremoduro, una vez más, se volvió a quedar

5. Una vez fuera de Extremoduro, los tres músicos catalanes formaron el grupo Clandestinos junto a José Luis Mejías y el Comandante Loperena. Ese mismo año gra-

sin sol, sin sol, sin sol... Esto es, con solo dos hombres en sus filas: Roberto Iniesta, por supuesto, y Ramón Sogas, «Mon».

El caso es que había obligaciones contraídas que debían cumplirse sí o también, pues Robe necesitaba gasolina al precio que fuese y, como medida de urgencia, reclutó a los músicos que grabaron con él el entonces inédito *Pedrá* (Mon tocaba las canciones y Dieguillo las partes de *Pedrá*). Con ellos, Extremoduro se rehízo. Al menos, de forma temporal. Y siguió avanzando, indesmayable. Y como ninguno de los músicos de transición se conocía el repertorio del grupo, lo que hicieron en aquellos conciertos fue tocar *Pedrá* dos veces, hala, tal y como me confesaron, entre risas, Iñaki y Robe. Y al ser una canción que aún no se había escuchado en ningún sitio, pues ni siquiera estaba editada, coló. Es más, la segunda vez entraba, incluso, mejor:

«Aquello —me contó Iñaki— fue un rollo de circunstancias. Roberto estaba sin banda y había unos conciertos contratados, y él tenía la necesidad de cobrar ese dinero. En aquel entonces vivía en el "planeta", ni siquiera tenía un sitio fijo donde estar. Entonces, para que pudiera cobrarlos, los músicos de la Pedrá le resolvimos esos conciertos y tocamos *Pedrá* un par de veces, y dos canciones que nos aprendimos. Tocamos en Ciudad Real, en Toledo o Guadalajara, no recuerdo bien, y también por aquí arriba...».

Si eso no es algo propio de supervivientes, no sé qué otra cosa lo es.

---

baron una maqueta, *En la sombra,* de la que se vendieron tres mil copias, una cifra nada desdeñable. Miguel y El Moja dejaron esa nueva banda antes de la grabación del primer disco, *De amores y odios,* que no se concretó hasta cuatro años después. A este le seguirían *Más clandestinos que nunca* y *Que cada palo aguante su vela,* este último producido por el ex-Tequila Alejo Stivel, responsable, entre otros, de *19 días y 500 noches,* de Sabina. En 2005, Eugenio Ortiz, «Uge», comenzó su carrera en solitario y desde entonces ha grabado dos discos: *Pa gustos los colores* (2005) y *Escupes o tragas?* (2010). Cuando en una entrevista le preguntaron qué recordaba especialmente de la etapa de *¿Dónde están mis amigos?*, contestó: «¡Que me libré de la mili! Y que nos recorrimos de punta a punta España, completamente colocados, un par de veces».

Pedrá: publicación y gira

La durante meses reticente compañía discográfica se avino finalmente a editar, bajo el nombre del grupo, aquella pieza tan heterodoxa e inclasificable. Una única canción con muchas canciones dentro, sin cortes, como un turbión de música pura que tras la primera escucha dejaba una sensación de perplejidad. Un sentimiento de «pero ¿qué coño ha sido eso?».

La extensión del tema, veintinueve minutos, era, en principio, un inconveniente comercial (y eso que Robe se tuvo que contener, pues, como declaró: «Podría haber seguido y seguido, y ahora este disco tendría cinco o seis horas»). O así, al menos, lo entendió DRO, por lo que para ir preparando el terreno optó por sacar primero un sencillo promocional con dos partes —«cachos», rezaba el disco—: «Pedrá (Sin ti)», de más de cinco minutos de duración, y «Pedrá (Hijos de puta)», de unos tres.

Además de la ya descrita portada de Ramone (Capitán Kaverníkola), un dibujo de un mono amenazante que posee una gran fuerza, en la contra se incluían unos versos de Pablo Neruda extraídos del poema «A mis obligaciones», del libro *Navegaciones y regresos,* que ya cité anteriormente en una nota al pie, pero que reproduzco de nuevo:

Cumpliendo con mi oficio
piedra con piedra, pluma a pluma,
pasa el invierno y deja
sitios abandonados
habitaciones muertas:
debo substituir
tantos olvidos,
llenar de pan las tinieblas,
fundar otra vez la esperanza.

El disco vio la luz en febrero y la discográfica lo publicitó, junto a otros grupos que estaban de promoción, con el lema: «¿Quieres Caña? ¡¡Compra Caña!!». La portada de *Pedrá* iba acompañada del texto «Brutales como la vida misma», y junto a esta las cubiertas de *Alzheimer,* de Def Con Dos («La agresión más inteligente»); *Nada suena igual,* de Los Hermanos Dalton («Ni Noise ni hostias, HARDPOP de alto voltaje»), y *Hay poco rock & roll,* de Platero y Tú («Rock & Roll por un tubo»). Además, se indicaban las fechas de la gira de Extremoduro en los meses de mayo y junio, e incluían una nota con un apartado de correos de La Zubia (Granada) que advertía que las cartas a Extremoduro debían enviarse a esa dirección y no a la que aparecía en el disco. Porque Robe se había trasladado de Cataluña a Andalucía, pues en Granada descubrió una suerte de paraíso. Vivía en la citada La Zubia, en donde también se instaló Ramón Sogas, «Mon», un tranquilo municipio a escasos cinco kilómetros de la capital, y allí se sentía en paz, como declaró por entonces:

«Nos parece la ciudad más bonita de España. Hay mucho color, mucha marcha, mucha gente, muchos garitos. Nos coge un poquito a trasmano para movernos cuando vamos a los conciertos, pero estamos allí muy tranquilos».

Volviendo a *Pedrá,* en el cuadernillo del disco Robe se encargó de explicar de qué iba aquello:

«La idea de hacer *PEDRÁ* surgió de Selu en mayo del 93. Tras estar de acuerdo los cinco músicos, nos pusimos manos a la obra en el estudio en agosto del mismo año. Lo cual quiere decir que esto no es el último trabajo que ha hecho EXTREMODURO, sino el primero de PEDRÁ.

»El objetivo era grabar un disco experimental (con libertad para hacer lo que te salga de los güevos) con los músicos apropiados, con la dificultad de que cada uno tocaba en un grupo distinto.

»Un año y medio de espera para ver el trabajo en la calle puede parecer mucho tiempo, pero resulta difícil encontrar una discográfica dispuesta a arriesgar ante un grupo desconocido. Después de batallar mucho y no encontrar otra salida, lo hemos tenido que sacar como EXTREMODURO».

La presentación del disco se hizo en la Sala Studio Rock, en Madrid, y consistió en una actuación acústica en la que Robe, que tocó la guitarra y cantó, estuvo acompañado tan solo por un bajista, Mon, y por el saxo de José Sañudo.

Aunque de presentación tuvo bien poco: la discográfica le pidió que diera un concierto acústico para presentar algunos fragmentos de *Pedrá,* pues al ser el último disco editado del grupo era, por lógica, el que les interesaba promocionar. Y si bien al músico y poeta aquello le pareció sugerente, a última hora dio un volantazo, algo nada infrecuente en él, y en vez de interpretar ese disco presentó una serie de composiciones nuevas en clave acústica.

Con el sonido del bajo de Mon de fondo, Robe comenzó a hablar:

«Hace un año y medio que se grabó el disco este. Yo, cumpliendo con mi oficio, he seguido componiendo cosas muy bonitas que estoy loco por tocaros...».

Y entonces pasó a recitar a Neruda, los versos que ilustran la contracubierta de *Pedrá: «Cumpliendo con mi oficio / piedra con piedra, pluma a pluma, / pasa el invierno y deja / sitios abandonados, / habitaciones muertas: / yo, trabajo y trabajo, / debo substituir / tantos olvidos, / llenar de pan las tinieblas, / fundar otra vez la esperanza»,* tras lo cual arrancó la inédita «Cabezabajo». A esta le siguieron «Te juzgarán solo por tus errores (yo no)», la única canción editada de las que interpretaron, y después «Todos me dicen», «So payaso» y «Buscando una luna», que, junto con la citada «Cabezabajo», suponían un anticipo del inminente *Agila.*

Se lo recordé a José Antonio Gómez, de Warner, que estuvo en aquel acto, y le pregunté cómo se tomaron en la compañía aquella travesura de Robe:

«Es que *Pedrá* hacía un año y medio que estaba grabado, y él estaba rebotado con ese tema. A mí me pareció bien. Era la única posibilidad de que el dios bajara a la Tierra y se pusiera en contacto con los periodistas. Y que aceptara tocar un acústico para la prensa era la hostia. A él le apetecía hacer algo y lo hizo, y nosotros encantados. Y a los periodistas también les encantó».

Y tanto. Porque juego les dio todo el del mundo. Tras la actuación, una televisión lo entrevistó largamente y él estuvo desatado y con un punto retador. Una entrevista que no se emitió en su totalidad y que dejó opiniones con mucha sustancia.

Preguntado acerca del significado de rock transgresivo, dijo:

«La transgresión tiene como objetivo hacerte pensar, mover el cerebro. Si te he hecho mover el cerebro, ya te he *transgredido*. Si hago una canción y te hago pensar, ya lo doy como cosa hecha».

Sobre el fenómeno del éxito del grupo sin la intervención de los medios de comunicación, declaró:

«El que va a un concierto tuyo y le gusta, se lo cuenta a sus amigos y la cosa se va agrandando. La gente está un poco rebotada con los medios. Todo el mundo sabe que hay ciertas canciones que para que se pongan en las radios hay que pagarlas. Pones cuarenta emisoras de radio y son todas iguales, por lo que la gente está buscando circuitos alternativos donde no te lo ponen así, en la cara, delante. "Toma, cómete esto." Los grupos buenos te los tienes que buscar tú por tu cuenta, en radios de barrio, fanzines y sitios así. Creo que la gente, al fin, se está dando cuenta. Aunque no estoy tan seguro. Porque como somos todos tan borregos y tan masa... Pero tengo esperanzas de que la cosa cambie».

Cuando le preguntaron por qué razón tocaron tres temas que no tenían ni título cuando se trataba de presentar el disco *Pedrá,* Robe sonrió y soltó:

«Ellos [la discográfica] nos quieren. —Levantó la mano y frotó los dedos índice y pulgar con el característico gesto del dinero—. Mientras tengan lo que quieren, nosotros podemos hacer las canciones que nos dé la gana. Yo tengo libertad. A mí no me tocan ni una letra ni una coma. Ellos hacen sus mariconadas, como la de hoy. A mí me molaba, me he sentido a gusto y he dicho: "Tengo unas canciones nuevas y las vamos a tocar". Mientras ellos tengan tiempo para querernos —y frotó otra vez el índice y el pulgar— nos querrán y nos dejarán hacer lo que queramos. Hay pocos grupos con algo de personalidad. Las compañías tampoco son tan ogros como parecen, lo que pasa es que no hay grupos que vayan tan decididos como nosotros. Yo puedo ser bisexual, pero las mariconas me dan por culo. Hay cincuenta mil grupos que son mariconas, que no tienen ni chicha ni limoná, es que no hay nada. Dicen: "A ver qué se lleva este verano y qué tocamos". La compañía ha invitado a todo el mundo diciendo que íbamos a tocar eso *[Pedrá]*, bajo su responsabilidad. Y yo cojo la mía y toco lo que me apetece».

Al preguntarle sobre si creía que sus letras podían ser un escollo a la hora de llegar a más gente, y que quizá los medios, que suelen ser conservadores, no los sacaban porque les resultaban ofensivas, Robe sentenció:

«La gente inteligente damos miedo. Los tontos no le dan miedo a nadie. Y cuando hablas de ciertas cosas y las dices de verdad, y bien dichas, pues das miedo. Llenas la Sala Canciller dos noches seguidas, metes dos mil personas y dejas a mucha gente fuera, y no sales en los medios de comunicación... Pues pienso que los medios de comunicación son idiotas. Por un lado me da un poco de rabia, pero por otro me pongo grandote y digo: "Les ha dado miedo venir".».

Cuando para finalizar le preguntaron si por anteriores declaraciones suyas pensaba que había una relación entre ser rico y acabar como Kurt Cobain, su discurso alcanzó su cénit transgresivo:

«Ser rico es un poco una utopía; tienes que tener un montón de millones, y yo tampoco quiero eso. Ahora estamos viviendo todos juntos en una casa que tiene local abajo y yo ya soy rico así, ¿no? Todo lo que no me gasto en comprar algo me lo gasto en droga. Y si tengo dos millones cada día, ¿cuánto duro? ¿Dos semanas? Porque ahora mismo compraría cuatro o cinco gramos de farlopa y a todos mis amigos les compraría toda la droga que necesitaran. Y si a ti te gusta el *caballo* —le dijo al periodista—, pues te compraría ahora mismo dos gramos. ¿Qué haría, acabar hecho polvo en un mes? Qué va. Si tienes la meta, desde pequeño, de llegar a ser un cantante de rock famoso y verte en las portadas de las revistas, y de pronto lo consigues, es como que se te ha quitado. Da la puta casualidad de que lo consigues y luego qué haces. Ya no tienes nada por lo que luchar».

Lo dicho. Pura dinamita.

Gesta merengue

En aquellos días, Robe encontró, por fin, a los perfectos sustitutos para los *huidos*: el guitarrista Iñaki Setién, alias «Milindris», que se había curtido en bandas como Neurosis, Halley o Zer Bizio?, y el batería Alberto Gil, Capi, procedente de Quemando Ruedas. Bueno, para ser precisos fue Uoho quien le resolvió la mitad de la papeleta, porque el extremeño lo llamó desesperado y le dijo: «Iñaki, búscame músicos porque si no te juro que me pongo a trabajar otra vez de chapista».

Cuando le pregunté a Iñaki si eso fue exactamente así, si Robe le pidió su ayuda, rio y me lo confirmó:

«Robe se presentó aquí. Me llamó desde alguna parada, porque vino en tren, con un cajón de guitarra, que era de un grupo que se lo había dejado en Barcelona, en un concierto, y me dijo a la hora que llegaba: "Joder, venme a buscar, que vengo de Barcelona". En la estación, entramos en un bar a tomar algo y fue cuando me pidió que le buscara músicos porque si no se volvía de chapista. Estuvo viviendo en mi casa unos meses, y ahí ya le presenté a Milindris. En cuanto a Capi, acompañó a Dieguillo a uno de los conciertos de *Pedrá* que tuvimos que dar para echar una mano a Robe. Luego, a altas horas, hicimos una especie de *jam session* en algún local nocturno con instrumentos, a las afueras de alguna ciudad que no recuerdo. Entonces, Capi se subió a la batería. Extremoduro no tenía baterista, y quizá aquello fue el origen de que él acabara tocando en el grupo».

Con ellos y con Mon ocupándose del bajo y de los coros, y José Sañudo, paisano de Robe, del saxo, Extremoduro dio el pistoletazo de salida a la gira *Pedrá* en el Pabellón de Deportes del Real Madrid, el 5 de mayo de 1995. ¡Y lo llenaron! Un logro que indicaba en qué lugar se encontraban por aquel entonces. Robe, que no es futbolero, siente simpatía por el Altlético de Madrid, el *Aleti,* ya que era el equipo de su padre, pero llenar aquel recinto debió de despertar en él una momentánea pasión madridista. Compartieron escenario con sus ya inseparables Platero y Tú, quienes presentaron el recién nacido *Hay poco rock & roll,* un disco que contó con la colaboración de Robe en el tema «Juliette».

Allí, y ante más de cinco mil personas, alternaron cuatro «cachos» de *Pedrá* —«Bombas», «Chocho peludo», «Hijos de puta» y «No quiero ser como tú»[6]— con canciones de sus cuatro discos de estudio —Mon, el bajista, cantó dos de ellas: «La canción de los oficios» y «Decidí»—, y presentaron, además, dos temas inéditos, «Buscando una luna» y «Correcaminos, estate al loro», que se incluirían en el posterior *Agila.* Robe cantó con Fito Cabrales «Ya no existe la vida», un tema del primer disco de Platero. Y como fin de fiesta, los dos grupos interpretaron al alimón «La hoguera» y «Ama, ama, ama y ensancha el alma», el poema de Chinato hecho canción por obra y gracia de Iniesta.

David Bonilla, actual jefe de producto y A&R de Warner, la persona de la compañía que en los últimos años mantuvo un contacto más estrecho con el grupo, se incorporó a DRO en abril de 1995. Y, aunque empezó a trabajar con ellos algo después, de cara a la publicación de *Iros todos a tomar por culo,* en 1997, la primera vez que los vio en directo fue en ese concierto, que recordaba así:

«Yo no tenía ni la más mínima idea de Extremoduro, pero fui con unos compañeros de la discográfica y flipé. Petaron. Y hubo movida en

6. Robe se hizo una camiseta con esa leyenda, con la que se retrató en varias ocasiones (es la que llevaba en la portada de *El País de las Tentaciones,* en octubre de 1996, con el titular «Extremoduro contra el sistema»), y que más tarde se comercializó y se vendió en sus conciertos como parte del *merchandising* del grupo.

la puerta con grupos de lo que ahora llaman en los telediarios «antisistema», pero que era público de Extremoduro que intentaba entrar al recinto, que tiraba botellas... la hostia. Pero dentro el ambiente era, en cambio, superfino. Porque pensé: ahí dentro va a ser la guerra. Pues no. Había gente mucho más joven y más normal de lo que imaginaba. Con lo que más flipé fue con la relación que había entre el público y el artista. Era algo religioso, impresionante. De hecho, en cada concierto que he visto de Extremoduro, y ya he visto unos cuantos, lo que más me ha llamado la atención es el momento en el que Robe sale a escena. Ves a la gente y dices: hostias, es que le tienen ahí arriba. Es como un dios para ellos».

La verdadera noticia fue que en ese concierto no hubo ni rastro del «caos» que caracterizó los conciertos del año y medio anterior, y que el grupo fue un ejemplo de solvencia y sobriedad. Se iniciaba así una nueva etapa, en la que el control y el pleno dominio de la situación iban a llevar en todo momento las riendas. Bueno, al menos sobre el escenario, porque aquella tarde/noche armaron una escandalera entre bastidores propia de estrellas de rock, como me relató Iñaki:

«Liamos una cojonuda. Nos estuvimos peleando en los camerinos con la fruta y con los extintores. Se montó un Cristo de la hostia. Luego nos cobraron un pastón por limpiarlo, porque se salía por las troneras del pabellón. Robe y yo salimos a tocar con los pelos llenos de espuma, como si viniéramos de un combate de boxeo».

1995, últimos coletazos

Aquellos meses, Extremoduro continuó ofreciendo conciertos por toda España. Uno de los más interesantes fue el que tuvo lugar el 8 de septiembre de ese año, cuando cerraron el cartel de la segunda edición del Festival Monstruos del Rock de Akí que se celebró en el estadio Román Valero, en el madrileño barrio de Usera. Es significativo que ellos fuesen las auténticas estrellas de la noche, teniendo en cuenta que contó además con la participación de Burning, La Polla —el grupo alavés había perdido hacía poco el apellido, Records, por orden judicial, tras un litigio con un técnico de sonido—, Reincidentes y Def Con Dos. Robe salió al escenario al grito de «¡Para ser ahorcado, hermoso día!» y el público ya no dejó de bramar.

De todas aquellas bandas, la única que no encajaba era Burning, pues los madrileños, pioneros del «rock cheli», eran de una generación anterior —sus primeros singles databan de 1974: el Pleistoceno— y hacían otra cosa. O como diría Sabina: ellos eran de una generación y los otros de una degeneración. Sin embargo, a la hora de divertirse todos eran hijos de Dios y, por lo tanto, iguales. Y José Casas alias «Pepe Risi», autor, solo o en colaboración con Johnny Cifuentes, de clásicos como «¿Qué hace una chica como tú en un sitio como este?», «Esto es un atraco» o «Una noche sin ti», era también muy golfo y congenió con Robe enseguida. Tanto, que al cabo del compromiso profesional estuvieron de celebración hasta el alba.

En un reportaje publicado en la revista *Rolling Stone,* el periodista Lino Portela recogía el relato de un asistente a la fiesta privada que se celebró aquella noche en un bar de Madrid:

> «La imagen de Pepe Risi y Robe cogidos de la mano y borrachos, sonriendo, es impagable».

El testigo de excepción aseguraba que a las cinco de la mañana el dueño del local amenazó con cerrar, y esto fue lo que pasó:

> «Robe, sin soltarle la mano a Pepe Risi, tiró un fajo de billetes en la barra y dijo, con su voz ronca: "Tranquiiiiiilo, chaval, que te voy a pagar. Que tengo dinero"».

Si cito esta anécdota es por su valor mitológico, y porque Risi moriría menos de dos años después de aquella farra y como consecuencia de otras muchas, con tan solo cuarenta y dos años. Pero es que el tipo había sido un trueno. Como escribió Sabino Méndez e inmortalizó Loquillo en la magnífica «En las calles de Madrid»: *«Dile a Pepe a Risi que ya puede sonreír, / él mató el silencio en las calles de Madrid»*.

Pues eso.[7]

Calentando motores para el comienzo de una nueva etapa: la Etapa

La gira de *Pedrá* finalizó en octubre y Robe se recluyó en su chalé de las inmediaciones de Granada para descansar tras aquel durísimo año y centrarse en la composición de las canciones que le faltaban para dar forma al siguiente disco.

En un período de dos años le habían pasado muchas cosas: residió en distintas provincias, hizo dos discos, dos giras, sufrió la marcha de varios miembros del grupo, dos de ellos históricos, y hubo de encargarse del consiguiente recambio. Incluso tuvo que operarse de una rodilla como consecuencia de un accidente de coche. Necesitaba, pues, desconectar y sentarse a meditar con calma cuáles iban a ser sus próximos pasos.

Los conciertos le habían llenado la nevera y gozaba del crédito de la compañía, por lo que podía tomarse las cosas con relativa tranquilidad por vez primera desde que empezó a dedicarse de forma profesional a la música. Y digo relativa porque en poco más de mes y medio iba a estar grabando otra vez.

La magia de La Alhambra, tan próxima, flotaba en el ambiente, y él aspiraba el aire con fuerza y se llenaba los pulmones de ella. Se impregnaba de ese duende, lo hacía suyo. A sus treinta y

7. Johnny Cifuentes, único superviviente de los Burning originales, pasó los últimos días de vida de Pepe Risi con él en el hospital y, tras su fallecimiento, declaró: «Decía que estaba allí por loco. Se ha ido en veinte días. Así es el rock. Las fiestas han sido estupendas, lo hemos pasado fetén y hay que asumir las consecuencias». Luego leyó un texto de homenaje al amigo muerto: «Pepe Risi se ha unido esta noche a esa gran banda del rock del cielo, con gente tan maravillosa como Jim Morrison, Jimmy Hendrix, Brian Jones o Sid Vicious. [...]. Desde la barra de cualquier bar, a mitad de camino entre la Elipa y el cielo, nos esperará hasta la eternidad».

tres años no estaba dispuesto a ser crucificado, sino que ansiaba dar un paso importante, cualitativo. Afianzar lo ya conseguido y, a partir de ahí, seguir subiendo peldaños.

Y la gloria se encontraba tan cerca...

El disco de las luces de neón y los aplausos multitudinarios estaba al caer. El disco que les iba a abrir a otros públicos —a casi todos los públicos— y les iba a proporcionar una alfombra roja con aquellos medios de comunicación hasta entonces refractarios a su visceral discurso, a su rock transgresivo, estaba allí: en el aire, en sus venas, en su corazón y en su inteligencia. Y también en el corazón y en la inteligencia de Uoho, que sería el encargado de canalizar ese desparramado torrente creativo y sacarle todo su jugo, toda su fuerza, toda su belleza.

El disco de la definitiva consagración esperaba a que alguien subiera de una vez las persianas y le ordenara: «Levántate y suena».

AGILA: DE LA CORONA DE ESPINAS A LA DE LAURELES

Es muy posible que Roberto Iniesta fuese el único al que el éxito colosal de *Agila* no le sorprendió. Llevaba tiempo ya, mucho, desde el mismo día en que decidió que la música iba a ser su vida, esperando ese momento. Pero jamás le cupo duda que el mensaje de Extremoduro acabaría por llegar a un público más amplio, a las casas de gente con la que él no tenía ni tendrá nunca nada que ver.

Sucede que la emoción es un sentimiento universal, y aquel era y es un trabajo emocionante. Y si cosechó tantos elogios y adeptos fue por méritos innegablemente intrínsecos: por su calidad y personalidad. Por su fuerza. Por su diferencia.

A los temas se les terminó de dar forma en el chalé que Robe tenía alquilado en La Zubia (Granada), con los músicos con los que había realizado la última gira: Mon, al bajo; los dos Iñaki —Uoho y Setién «Milindris»— a las guitarras, y Capi a la batería. Y una vez listas, la *troupe* viajó a Madrid a finales de noviembre de 1995 para registrarlas en los estudios Box, y el disco fue editado en Lorentzo Records, en Berriz, Vizcaya, donde poco antes había sido grabada y mezclada «El día de la Bestia» con Josu Monge y Aitor Ariño como técnicos de sonido.

De la producción artística y de los arreglos se hizo cargo, como se especifica en los créditos, Uoho, y vaya si se notan su mano y corazón. Puesto que el sonido de ese trabajo —el ingeniero fue Ventura Rico, productor de *¿Dónde están mis amigos?*—

supone un paso de gigante respecto a los anteriores discos de Extremoduro.

Pero Iñaki no solo supo sacarles lustre en el estudio a las de por sí magníficas canciones y hacer que quedaran lo mejor vestidas posible, sino que antes les había inoculado alma. Es decir, no es que se encontrara con un repertorio ya cerrado y le dijesen, hala, macho, encárgate de arreglarlas y producirlas, no. Él se adentró en ellas, en sus entrañas, y fue revisando cada uno de sus órganos con el bisturí de su buen olfato, hasta ascender a la superficie y coser la herida. Robe me confirmó este extremo:

«Iñaki tuvo muchísimo que ver en *Agila*. No solo se ocupó de la producción, sino que todo lo que es organizar las canciones y hacer las maquetas fue casi como lo hacemos ahora. Ya estábamos los dos metidos a saco. Iñaki es mucho más que un arreglista. Las canciones yo las hago con la guitarrilla, o hago sueltos, y él hace mucho más que los arreglos. Es armar la canción. Y eso ya lo hacía con *Agila*. Se bajaba a Granada, que era donde yo vivía entonces, y curraba conmigo. Y otras veces era yo quien subía al País Vasco para currar con él. En *Agila* es donde se metió Iñaki».

De hecho, el extremeño tenía tan claro que necesitaba de la sabiduría del bilbaíno para que aquel sensible material adquiriese el brillo al que aspiraba que mandó a una persona de su confianza, el mánager del grupo, en su busca. Me lo contó Iñaki:

«Fue muy gracioso. Estaba en Ciudad Real, en donde tenía un concierto con Platero, y apareció Raúl Guerrero. "Coño, Raúl ¿qué haces aquí?", y él: "Pues nada, que me ha dicho Robe que suba y que te baje pa' Graná, que tú eres un cabrón y te vas a volver a Bilbao", y para allá que me fui. Robe tenía unas canciones que le encantaban, las tocaba y los músicos iban tocando encima. Pero ahí hacía falta algo para que tuvieran más forma, ver qué es lo que pedían. Y estuvimos trabajando en la música antes de ir a grabarlo. Estuve un mes, luego volví a mi casa y al poco bajé de nuevo a La Zubia para estar cerca de otro mes. Estábamos los cinco como en una comuna, muy concentrados. Un poco el ambiente de la Pedrá, pero más cabal, más sobrio. Yo me sentaba con mi libreta y mi boli, la guitarra y un tecladillo al lado, y también grababa con un ocho pistas cutre que tenía. Después subíamos al comedor y las analizábamos, e íbamos añadiendo cosinas. Y así es como fueron cobrando forma».

En cuanto al capítulo de la producción, Robe, en la entrevista que el escritor Lorenzo Silva les hizo para *Rolling Stone* a él y a Iñaki, daba datos escalofriantes sobre cómo había sido esta en los trabajos de Extremoduro previos a *Agila:*

«Los cuatro primeros discos están fatal. Los produje yo con un técnico, diciéndole: "Oye, súbeme esto, bájame esto". Pero para producir hay que saber más cosas que poner un volumen más alto o más bajo. Hay que saber cómo las frecuencias enganchan unas con otras, cómo entra la voz, cómo le hace hueco otra cosa...».

Fuerte, sí, pero cierto.

El sexto disco de estudio de Extremoduro, que se puso a la venta el 23 de febrero de 1996, cuenta con las siguientes canciones: «Buscando una luna», «Prometeo», «Sucede», «So payaso», «El día de la Bestia», «Tomás», «¡Qué sonrisa tan rara!», «Cabezabajo», «Ábreme el pecho y registra», «Todos me dicen», «Correcaminos, estate al loro», «La carrera» y «Me estoy quitando».

Todas están compuestas por Robe, a excepción de «La carrera», que fue escrita una década atrás por este y por Zósimo Pascual, Zosi, y «Me estoy quitando», que es una versión de un tema del grupo Tabletom, si bien la intervención de Iñaki, que como ya se ha dicho fue capaz de concretar lo difuso y abrillantar el conjunto —¿dónde acaban los arreglos y empieza la labor de composición?—, lo hace merecedor del rango de co-compositor.

Además, este es el primer trabajo de Extremoduro en el que se identifica a todos los poetas, conocidísimos o minoritarios, que enriquecieron con sus versos las canciones. Estos van desde los inmortales Antonio Machado, Miguel Hernández y Neruda hasta poetas amigos de Iniesta, como Ramone alias «Capitán Kaverníkola», que es el autor de la primera estrofa de «Correcaminos, estate al loro»; Sor Kampana (Antonio Belarte Aliaga), responsable del poema que cierra «Ábreme el pecho y registra», y Román Romero Ruiz, uno de cuyos poemas le sirvió de inspiración a Robe para escribir «Todos me dicen».

A su vez, una serie de músicos se dejó caer por el estudio para echar una mano, o mejor dicho las dos: el Reverendo[1] tocó el teclado en «Tomás» (lo hizo con tal vehemencia que tres teclas salieron despedidas como si fueran balas y tuvieron que fijarlas con pegamento); Albert Pla cantó en «¡Qué sonrisa tan rara!»; Sergio, Pepegu e Isaac, del grupo de rock granadino Ratanera, ya desaparecido, tocaron la batería, el bajo y la guitarra, respectivamente, en «So payaso» y «Ábreme el pecho y registra», y José Sañudo le metió el saxo a «Buscando una luna» y «Todos me dicen», y la flauta a «Me estoy quitando», en donde Fito Cabrales se ocupó de la guitarra española y del cajón.

En aquellas sesiones, a Iñaki le tocó la difícil tarea de imponer un poco de cordura y sensatez. Me lo explicó:

«Robe se sentía cómodo en una situación hasta cierto punto caótica. No del todo caótica, como antes, pero él, en ese terreno, se encontraba en su salsa. No le gustaban las claquetas, las medidas, le gustaba tomarse algo antes de cantar... Pasamos unas cuantas semanas juntos en el estu-

1. Fallecido el 7 de septiembre de 2012 a los cincuenta y siete años, Ángel Muñoz Alonso, conocido en el mundillo musical como Maestro Reverendo o el Reverendo, era un pianista brillante que dominaba casi todos los géneros. Comenzó su carrera musical con el conjunto Desmadre 75 —aquellos de «Saca el güisqui, cheli»—, al que le siguió Paracelso, junto al Gran Wyoming, con quien formó después el dúo El Gran Wyoming y el Reverendo, y con el que colaboró durante años como miembro de los grupos musicales de los programas televisivos que el presentador conducía. Compuso, además, numerosas bandas sonoras para la televisión y el cine. En la página web de Extremoduro se podía leer un bello obituario: «Es capaz de hacer saltar por los aires tres teclas de su órgano más preciado en la primera toma. Es capaz de romper a un filósofo con una sola frase. Es capaz de tener a su novia esperando cuatro horas en una cafetería porque está muy a gusto tocando blues con gente que debería estar trabajando. Es capaz de hacer que un garito cutre se transforme en el Café Gijón. Es capaz de regalar cariño a raudales sin aparentar ni afectarse. Ama la música desde la autenticidad. El cuerpo del Maestro Reverendo ya no está entre nosotros. Él sí; él siempre se va el último». Además, a modo de homenaje colgaron la canción «Tomás», en la que colaboró.

dio. Fue un rollo de convivencia. Y ahí estuve tratando de poner orden y de que se reflejara en todo momento lo que habíamos preparado. Surgieron muchos problemas, hubo que hacer arreglos... Las percusiones las tuve que hacer yo con la boca porque no teníamos percusionista... Por fortuna, al final todo quedó encajado».

La idea de la carpeta del vinilo era la de una doble portada, como en *Deltoya.* Aunque entonces el cedé ya era una realidad y la cubierta que ha prevalecido es la del dibujo del ya citado Ramone, que repetía tras *Pedrá,* y que muestra a un hombre desnudo, que bien podría ser el propio Robe, emergiendo de una charca en mitad de un páramo con los brazos en alto y los puños crispados. Sobre él, una luna gigantesca en un cielo crepuscular. Porque la luna, en este disco, desplaza al sol como símbolo supremo. El significado del conjunto, que guarda relación con el título (agila significa «espabila» en castúo), es el de «venga, a tirar *pa'lante*, a seguir dándole».

Hay también una fotografía central con todos los miembros del grupo en bañador, en la habitación de ensayo de la casa de Robe, que refleja muy bien el ambiente lúdico que se respiraba en aquellas sesiones de trabajo. La contra del cuadernillo lleva una ilustración de un hombre arrebujado en la cama y mirando las estrellas a través de la ventana, cuyo autor es Tomás Rodríguez.

Por último, la contracubierta del cedé —la otra portada del vinilo— es una foto —firmada, al igual que la anterior, por Estanis— que muestra el tatuaje que Robe tiene sobre el corazón (como en aquel hermoso verso del *Cantar de los cantares*: *«Ponme como un sello sobre tu corazón»*). De ese modo, podemos apreciar al detalle las tres ballenas voladoras —¿su familia?—, el sol —claro, el sol— y una nube (para mantenerse alerta). En la imagen aparecen, sobreimpresionados, unos versos de «Sucede»:

Sol,
¡déjame en paz!
La luna me ilumina,
en esta ruina entra la claridad.

De las trece canciones de *Agila,* cuatro son excelentes («Buscando una luna», «Prometeo», «Sucede» y «So payaso»), hay otras tres buenas («El día de la Bestia», «Cabezabajo» y «Ábreme el pecho y registra») y el resto, quitando algunos hallazgos, son de aliño.

En «Buscando una luna», tras las dos primeras estrofas con el saxo de fondo —la segunda está íntegramente compuesta por unos versos de «Por tierras de España», de Antonio Machado—, comienza la caña. Y es la melancolía, el dolor por la pérdida amorosa, el sentimiento que vuelve a reinar:

Bajé las escaleras, sí, de dos en dos.
Perdí al bajar el norte y la respiración.
—¿Y por las noches qué harás?
—Las paso descosiendo, aquí hay un arco por tensar.

Que yo me acuerdo entodavía cuando te besaba...
La cago, vuelvo a tiritar.
Si tú no te juraras siempre que yo te faltaba...
A veces todo es tan normal...

El mal de amores lo conduce sin remisión a los bares —*«a la perdición de los bares de copas»,* que inmortalizó tres años después Sabina—, como en otros grandes temas posteriores («Salir», sin ir más lejos):

Y hago cola sin parar
en la puerta de algún bar.
Yo, to borracho, consumo las horas
mientras encuentro alguna luna que ande sola.[2]

Pero el dolor no debe exteriorizarse. El grito ha de ser interior y simularse una fortaleza que no es tal:

¡Que no! Que ha sido un momentito solo de bajada.
¡Que aquí no pasa nada!

2. Aquí la luna, tan recurrente en la obra de Extremoduro, es una mujer.

De hecho, acto seguido canta, con la voz al borde del llanto, lo contrario de lo que siente:

¡Que no pasa nada...!
¡Que no pasa nada!

Los arpegios de guitarra del comienzo de «Prometeo» recuerdan a una balada de Scorpions, pero es solo una ilusión que dura unos segundos: al cabo de ese tiempo, la canción se pone burra. En la segunda estrofa se incluyen dos poderosos versos del soneto «De mal-en peor», de Miguel Hernández:

No me levanto ni me acuesto día
que malvado cien veces no haya sido.

El tema ahonda en una de las obsesiones recurrentes de Robe, el amor/deseo sufriente. El título alude al mito griego de Prometeo, que fue castigado por Zeus por robar el fuego de los dioses para dárselo a los hombres después de que el gobernante supremo les privara de él. La alusión es clara en estos versos:

Me regaló una herida: cierra de noche, abre de día.
—No sufras, Prometeo —me dice siempre que la veo.

Zeus hizo que encadenaran a Prometeo a una roca y envió un águila para que se comiera su hígado. Al ser inmortal, el hígado le crecía al anochecer, y a la mañana siguiente el águila volvía y se lo comía de nuevo, y así sucesivamente. Como la infatigable roca de Sísifo, vamos, pero con una aviesa águila hundiéndote el pico en las entrañas. Menos mal que Hércules, que pasaba por allí, mató al incansable devorador de un certero flechazo y libró al penado de aquel tormento. Y como el inesperado salvador era hijo de Zeus, el jefe miró para otro lado.

En el tema de Robe, la imagen puede interpretarse como que por la noche, entregado a los placeres mundanos, el sufrimiento es más llevadero. Pero con la llegada del sol no hay modo de apaciguarlo. De hecho, el sol, en este disco, a diferencia de lo que ocurre en el resto del cancionero de Extremoduro —salvo en *La ley innata*—, no es un antídoto contra el dolor. No cura las heridas. Estas solo pueden ser mitigadas echándose a la calle, al lío. Ya lo apuntó el clásico: beber para olvidar.

Justo después de los versos anteriores, la poética transgresiva arrasa con todo:

Me revuelco por el suelo y me revienta la polla
de pensar en ti: me desangro y riego tu jardín.

Ronca de madrugada y nunca me dice no que a nada.
Yo la miro desde lejos: no me masturbo, que hago ruido.

El siguiente tema, «Sucede», persiste en el sonido de metal. Tras el primer verso de Pablo Neruda, *«Sucede que me canso de ser hombre»*, vuela la transgresión:

Sucede que me canso de mi piel y de mi cara,
sucede que se me ha alegrado el día, ¡coño!,
al ver —al sol secándose en tu ventana— tus bragas.

Empiezo a solas, sigo por ti: no comprendo nada.
Desato tormentas sin rechistar.
Sácame algún día del corral, necesito salir.

El sol, y en estos versos queda claro, no sana. O el protagonista no quiere que lo haga:

¡Eh, lejos de mí!
Deja que corra el aire,
no te quemes, va a salir el sol.
¡Sol, déjame en paz!
La luna me ilumina,
en esta ruina entra la claridad.

La bendición de la noche disoluta, pese al desamor. Luego pregunta para nadie, como compadeciéndose de sí mismo:

¿Quién quiere saber
si estoy quemado o escondo
un corazón helado y quema mi ser?

Y afirma:

[...] Y me siento mejor si sé que tengo
una estrellita pequeñita pero firme. (bis)

Hasta la postrera condena:

Yo me quedé con su olor, ella me arrancó la piel.
Me dijo, justo al final: «No quiero volverte a ver».

La siguiente canción, «So payaso», fue el bombazo del disco. La que elevó a Extremoduro a la primera división. La coletilla *«a ver qué me dice después»* se convirtió en un mantra para los seguidores del grupo, que la coreaban y aún la corean en sus conciertos con toda la fuerza de sus pulmones.

Se realizó un vídeo en el que Robe —ver para creer— aparece engominado, con pajarita y esmoquin, el cual se alzó con el premio al mejor vídeo musical en la primera edición de los Premios de la Música.[3]

El tema tiene diversas interpretaciones. Sin descartar la airada reacción de una mujer cuando su hombre, tras una temporada de separación, regresa al hogar, dulce hogar.

3. Cuando a Roberto Iniesta le preguntaron si la entrega de ese galardón le había alegrado, sus palabras evidenciaron que no pensaba incluirlo entre los grandes acontecimientos de su vida: «Es como cuando pides una caña y te ponen un pincho sin pedirlo. Pues vale», y aprovechó la ocasión para denunciar algo que era de justicia: «Tratándose del mejor vídeo de 1996, no logro entender por qué no ha sido emitido aún por ninguna televisión».

Dada la importancia que tuvo para el ascenso del grupo, la reproduzco íntegra. Comienza tranquila, como si calentara motores:

Puede que me deje llevar.
Puede que levante la voz.
Y puede que marranque sin más...
A ver qué me dice después...

Quiero ser tu perro fiel,
tu esclavo sin rechistar,
que luego me desato y verás
a ver qué me dices después...

Hasta que estalla la granada:

¡So payaso!, y me tiemblan los pies a su lado.
Me dice que estoy descolorío,
la empiezo a besar...
¡A ver qué me dice después!

¡So cretino!, y me tiemblan los pies a su lado.
Me dice que estoy desconocío.
Empiezo a pensar...
¡A ver qué me dice después!

Aquí entra un piano jazzero que sirve para atemperar la anterior andanada, mientras el protagonista se lamenta:

Acércate y ya verás,
que no sé cómo hacerlo peor,
despacito pero mu mal...
A ver qué me dice después...

Hago casas de cartón,
ayer bebí hasta jurar,
pero hoy no me levanta ni Dios.

¡A ver qué me dice después!
So payaso...

A continuación suena «Cabezabajo», una canción dura, intensa, menos fácil de digerir que las precedentes, pero sólida, poderosa, y con unos versos espléndidos:

Necesito más olas, ¡sube!
Necesito cien años de tempestad
pa juntar el agua con las nubes,
trajinando sin descansar.

Pierdo la razón... cuando salen
de mi corazón... animales.

[...] Probaré la droga, una de cada.
Y volver, fiel, a repetir
pa encontrar la que más me degrada
y abrazarme a ella hasta morir.

La brutal «El día de la Bestia» fue compuesta por encargo para la película de Álex de la Iglesia del mismo título, y contó con la colaboración de Albert Pla. Sin embargo, el cineasta no la llegó a incluir; aunque sí está en el disco de la banda sonora.[4] Aquello molestó bastante a Robe, que se sintió engañado:

«Lo que la compañía quería era hacer un disco. Pero en la película solo sale una canción, que es la de Def Con Dos. Tienen mucho morro. Venden un disco haciendo ver que es la banda sonora de la película y, al final, solo aparece una. Me parece que es un montaje».

4. Otros de los grupos que aparecen en el cedé de la película son Siniestro Total («Mi nombre es Legión»), Soziedad Alkoholika («Feliz falsedad»), Eskorbuto («Mucha policía, poca diversión»), Negu Gorriak («Dios salve al Lehendakari») y Parálisis Permanente («Un día en Texas»).

Decidieron, pues, recuperarla y la añadieron al repertorio de *Agila,* pero en este caso sin la peculiarísima voz de Pla. Su letra es una bomba atómica:

(Abre...)
¡Abre...! la puerta
que soy el diablo, que vengo con perras.
¡Abre!, chiquilla, las piernas
que vengo a clavarte semillas.

Como cada día el infierno me aburría
me fui de bar en bar.
Vi a la virgen María, cansada de ser virgen,
metida en un portal.

Si llega la policía no es pecado, vida mía,
ponerse a disparar...
Guardé la artillería: es que me estoy haciendo viejo
y ya empiezo a razonar.

¡Como me vuelvas a tocar!
¡Alégrame el día![5] *¡Voy a merendar!*
¡Como me vuelvas a decir... que me quieres!
¡Claro! ¡Y yo también a ti!

En este punto, Robe lleva al terreno de la marginalidad la popular canción infantil «El patio de mi casa»:

El patio de mi casa es particular:
cuando llueve se moja como los demás.
El patio de mi casa está lleno de tíos:
unos son malincuentes, otros asesinos.

5. Robe parafrasea a Harry Callahan, el implacable inspector de policía encarnado por Clint Eastwood, quien en *Impacto súbito [Sudden Impact]* le escupe a un atracador, tras apuntarle con su imponente revólver, un Smith & Wesson Modelo 129 del calibre .44 Magnum: «Anda, alégrame el día».

Y aprovecha para arrearle otra patada en la espinilla al sistema penal (de nuevo, una inyección de aliento a sus amigos enchironados):

—¡Eh, colega! ¿Hacemos una banda?
—¿Pa qué?
—¿Pa qué va a ser? ¡Pa hacer una matanza!
¡Quiero ser carnicero... con nuestros carceleros!

También dispara sobre la religión —la católica, en este caso— con unos irreverentes versos que ya habían sido cantados, pero que aquí son llevados al extremo(duro):

Vi a la virgen María, cansada de ser virgen,
metiendo en un portal.

El último tema que merece ser reseñado es «Ábreme el pecho y registra», en donde se vuelve a reflejar la angustia del alma del protagonista:

Hoy me siento, al pensar,
como una foto en la pared.
Y no respiro pa no hacer ruido.
Y no cambio de postura.
Y si te paras a mirarme, castigo,
reviento y no quiero hablar.

Cada vez que me ves soy más guarro y más perro,
y cada vez que te vas me muero un poco más.
Cada vez que me ves metido en tu pensamiento
es que reniego del tiempo hasta el final.

El «fenómeno Extremoduro»

Extremoduro estrenó las canciones de *Agila* en uno de sus lugares fetiche, la madrileña Sala Canciller, y con nada menos que tres conciertos: los días 19, 20 y 26 de abril (en principio solo estaban programados dos, pero ante la enorme demanda tuvieron que ampliar una fecha).

Por allí se dejaron caer algunos de los músicos que colaboraron en el disco, como Iñaki «Uoho» o los miembros del grupo Ratanera.[6]

Lo de ver a Iñaki en el escenario ya era algo normal: como ya se ha dicho fue él quien se encargó de la sobresaliente producción de *Agila* y de darle el tono justo a todas las canciones, y cada vez pasaba más tiempo con Robe. De hecho, el motivo de que Platero y Tú no actuase con ellos aquellas tres abrileñas noches se debió a que los bilbaínos habían tocado recientemente en la capital.

El resultado de aquel triple «¡Buenas noches a todo el mundo!» no se hizo esperar.

Los principales diarios de tirada nacional, medios que hasta entonces les habían mirado con indisimulada displicencia o que directamente los ignoraron, pues pensaban que se trataba de una simple recua de roqueros cavernícolas con los días contados, se sorprendieron de tamaño poder de convocatoria y enviaron a algunos de sus mejores hombres para que cubrieran el evento. Y estos se rindieron ante el poderío del grupo y el brillo de las canciones, y así lo contaron.

En el diario *ABC,* M. García Martín tituló sus impresiones con un grandilocuente «Extremoduro, el fin de una leyenda negra», y decía:

> «La leyenda negra del rock urbano de Extremoduro parece haber llegado a su fin. *Agila* [...] es uno de los mejores trabajos del grupo, un disco y un directo que demuestran que este es un buen momento para

6. Robe les devolvió el favor cantando para su ópera prima, *Comando Cubito,* que se editó aquel mismo año, la canción «Por el Estrecho».

la banda. [...] Un directo apoteósico y un disco que merece un puesto entre los mejores trabajos de este año».

Y uno se pregunta: ¿leyenda negra? Pero ¿es que acaso no fueron los propios medios de comunicación, ese diario sin ir más lejos, quienes se encargaron de crear esa «leyenda negra» y se negaron a hacer algo tan sencillo como era escuchar sus discos? ¿Acaso no se dejaron influenciar por el envoltorio, por la apariencia —la ferocidad, el discurso obsceno—, y dictaron sentencia —tachándolos de cafres o bien resistiéndose a hablar de ellos— sin molestarse en conocer el contenido? En fin. Las cosas fueron como fueron y hoy están como están.

Por su parte, Fernando Martín, tras los dos primeros conciertos, escribía en *El País:*

«Sin casi promoción, sin entrevistas en televisión, sin el beneplácito de ningún círculo de opinión u oráculo de modas, este grupo ha llenado dos días seguidos en Madrid».

Pues eso, lo que yo decía. Y remataba:

«Un espectáculo de primera línea que devuelve al rock su espíritu primigenio y hace pensar que no todo lo que sale por unos altavoces es para usar y tirar».

Resumiendo: arriba Extremoduro, que diría Melendi.

Unas semanas antes, Carlos Marcos, en un suplemento de ese mismo diario, *El País de las Tentaciones,* había tirado la casa de los piropos por la ventana al evaluar el disco —le concedió cuatro estrellas y media sobre cinco— y, de algún modo, marcó la pauta de todo lo que iba a venir luego (pues si *El País,* entonces, decía que sublime, a ver quién era el guapo que les enmendaba la plana):

«La calle, como siempre, tenía y tiene razón: Extremoduro es el mejor grupo del rock guerrero español. Lo era antes de este disco y, ahora, lo va a ser más. [...] *Agila* [...] va a permitir al grupo de Roberto Iniesta, Robe, llegar a un público más amplio. La poesía de Robe, su música, su inspiración apuntan hacia la genialidad. Canta crudo este hombre, compone a pelo y vomita las cosas más románticamente salvajes que se pueden escuchar. [...] *Agila* es el mejor disco de rock español en mucho tiempo. Las cuatro estrellas se convertirán en cinco con el tiempo».

Lo cierto es que, a partir de ese trabajo, la prensa cambió de forma radical la actitud pasota o desdeñosa que había mantenido con el grupo y empezó a regalarles toda suerte de panegíricos y ditirambos (ya tocaba, hostias).

Por lo que respecta a Robe, a esas alturas lo tenía clarísimo y ya no se andaba con falsas modestias: «Si un medio de comunicación no habla de nosotros es por ignorancia», sentenció.

Y tenía toda la razón. Es más, ese fue uno de los principales motivos que coadyuvaron a invertir las tornas: al margen de gustos o prejuicios, Extremoduro era ya una realidad insoslayable: arrastraba a miles de personas que abarrotaban los recintos en los que tocaban y agotaban sus discos en las tiendas, y seguir despreciándolos, silenciándolos, era despreciar y silenciar al pueblo. Y eso no podía ser.

El triple llenazo de la Sala Canciller, sumado a las ventas del disco, que iba como un tiro y, como es lógico, activó las de los anteriores trabajos —de ahí que los listos de Avispa comenzaran a sacar toda la morralla que tenían envuelta en telarañas y la vendieran como si se tratase del Santo Grial—, propició que se empezara a hablar del «fenómeno Extremoduro».

De pronto, estaban de moda y todo el mundo quería entrevistarlos. Y, aunque ya se ha dicho que la explicación no es otra que la calidad de sus canciones, es igual de cierto que en sus trabajos precedentes había también temas magníficos y, sin embargo, pese a contar con un círculo de fieles, no llegaron a hacer saltar la banca.

Tal vez la respuesta la diera el propio Robe cuando advirtió que *Agila* era un disco «un poco más suave», con lo que venía a decir que era natural que hubiese tenido un mayor tirón comercial. Desde luego, no era *Deltoya,* y tenía a su favor media docena de canciones enormemente pegadizas.

Sin proponérselo, escribiendo y componiendo lo que sentía en esos momentos —no lo que pedía el público, al que ya se ha dicho que hay que traicionar siempre—, en el difícil período que abarca desde finales de 1993 hasta mediados de 1995, dio con una tecla que sacó a Extremoduro de la tribu y lo democratizó. Seguía siendo un grupo feroz, que producía *riffs* atronadores y letras explosivas, pero habían conseguido hermanar a heavies y pijos, quienes en sus conciertos se olvidaban de las diferencias y se entregaban a la felicidad libando idéntica sustancia: el rock transgresivo.

Sin olvidar, claro, el crucial papel que desempeñó Iñaki, que fue quien le puso orden al caos y quien supo equilibrar sensibilidad y precisión, alma y aritmética. O lo que es lo mismo: desplegó técnica, talento y buen gusto. Cuando le pedí al vasco que me definiera ese disco con pocas palabras, no tardó un segundo: «Es un disco muy vivo, con mucho rock. Muy orgánico».

Y respecto al fenómeno, a un imparable ascenso que a muchos disgustó, aunque no les quedara otra que tragarse la lengua, César Strawberry, el vocalista y líder de Def Con Dos, quien veía todo aquello desde fuera y, por lo tanto, con total objetividad, verbalizó lo que estaba sucediendo de un modo muy certero:

> «Me parece de puta madre que haya dado en los morros a las figuras del rock español. Porque mucha gente les despreciaba, hablaban de Robe como "el yonqui ese", y que ahora haga tantos conciertos y tenga tanto público parece que les molesta. ¡Que se jodan!».

De rey de Extremadura a rey del rock transgresivo en todo el país

Y la fama hizo acto de presencia en la vida de Robe. Cuando le preguntaban por su nueva condición de famoso, le salía la vena torera y aseguraba que popular lo había sido siempre. A un menor nivel, claro, pero que en los circuitos en los que se movía era una figura conocida.

En la ya referida entrevista que el novelista Lorenzo Silva les hizo a él y a Iñaki «Uoho» para *Rolling Stone,* Robe se explayó más sobre este particular:

«Dije que me miro en el espejo y veo al mismo gilipollas porque de repente te hacen mucho caso cuando antes no te lo hacían. Que ahora quieren saber de qué color meo o con qué mano me la meneo, y antes pasaban de mí, pero yo soy el mismo. ¿Qué es lo que me ha pasado a mí con el éxito? Más bien deberían pensar los otros qué les ha pasado a ellos, que son los que han cambiado. Yo me miro dentro y me veo igual. Lo que veo es que vivo de lo que me gusta y me siento bien, y digo: "Joder, qué alivio poder vivir así". Y ser chapista sí que me ha servido. Me ha servido para saber qué es vivir haciendo lo que no te gusta, para luego poder apreciar mejor lo que pasa cuando tienes lo que tengo ahora. Es mejor eso que llegar a tenerlo sin saber apreciarlo.

Por su parte, José Antonio Gómez, de Warner, que fue quien lo fichó para DRO y quien lo acompañó en su evolución hasta que un compañero de la discográfica, David Bonilla, le tomó el testigo antes de la edición de *Iros todos a tomar por culo,* no albergaba ninguna duda respecto a que Roberto Iniesta estaba convencido de que tarde o temprano llegaría:

«Tengo la impresión de que él siempre estuvo muy seguro de sus posibilidades. Pisaba muy fuerte. Lo tenía muy claro y sabía que empezaba a ser un fenómeno que conectaba con la gente, algo que otros no conseguían. Porque hay muchos artistas que no tienen ese hilo de conexión que él tenía y tiene con el público».

Hablé de ello con Robe, de las ventajas y peligros del éxito, e insistió en puntualizar que llegar a más gente y vender muchos discos no equivale a cumplir una meta:

«No fue una meta tener un grupo ni hacer un disco. Aún no he llegado a la meta porque quizá la meta sea vivir como un músico, hacer canciones... No una canción, sino «canciones», escribir... Mis metas aún no las he alcanzado, no, porque creo que las metas van más allá. Porque mi meta, insisto, no era hacer un disco que tuviera éxito, sino vivir haciendo canciones y tratar de hacerlas cada vez mejor».

Gira con Platero y Tú: rock para multitudes

En el verano de 1996, Extremoduro inició una gira por toda España en compañía de Platero y Tú, que presentaban el doble disco en directo *A pelo.* La idea fue de Robe e Iñaki, que a esas alturas eran ya como Zipi y Zape: estaban todo el día juntos. En pleno *tour,* el primero se refería así a los conciertos con el grupo vasco:

«Son cosas difíciles de hacer, solamente se consigue si llevas un rollo parecido y eres amigo. Son conciertos cachondos, con muchas sorpresas, nos lo pasamos bien. No es primero un grupo y luego otro, va a ser una sola cosa. Es todo el rato música, no hay paradas, tres horas y media de marcha seguida. Siempre hemos colaborado un grupo con otro y nos vamos a mezclar bastante. Es una cosa que no puedes encontrar en ningún disco ni en ningún lado. La unión hace la fuerza. ¿Competencia? En eso solo piensan esos representantes artísticos que son como vendedores de zapatos. Va a ir más gente que si fuéramos por separado».

El cartel de aquella gira conjunta imitaba al de un circo, y en él los miembros de ambos grupos remedaban a los distintos integrantes del espectáculo: Robe saltaba a través del aro que sostenía un trajeado Uoho; el forzudo era el batería de Platero, Jesús «Maguila» García, y Fito Cabrales uno de los payasos, el que siempre se lleva las tortas. Los músicos de la banda eran animales: el guitarrista, un chimpancé; el bajista, un canguro, y de la batería se encargaba un oso. Arriba, en grandes letras: LA GIRA, SEGUIDO DEL TEXTO: FORMIDABLE ESPECTÁCULO. EXTREMODURO PLATERO Y TÚ. OCHO ARTISTAS EN PISTA.

El lleno total se convirtió en una rutina: cada noche que tocaban sabían que lo hacían en casa, y eso es lo más reconfortante que puede sucederle a un músico.

En España hacía tiempo que no se daba algo así: dos grupos de rock, y uno de ellos de discurso duro, que despertaran semejantes pasiones. Habría que retrotraerse a principios de los años ochenta, cuando Barón Rojo y Obús llenaban recintos de jóvenes melenudos con camisetas de bandas heavies y muñequeras de pinchos. Pero algo había cambiado en este caso, ya que el público era heterogéneo y la única homogeneidad era el deseo de pasar una noche inolvidable.

A todo esto, gracias a las ventas que *Agila* iba cosechando, y a los conciertos que no dejaban de sucederse, Robe pudo materializar un viejo deseo: comprarse una caravana con la que evitar los hoteles, ya que decía que no le gustaban porque tenían «las sábanas más frías del mundo». Iñaki me contó una anécdota muy bonita a propósito de esto:

«Yo me emociono mucho cuando trabajamos con música. Estábamos en el estudio de grabación Robe y yo solos, retocando alguna canción de *Agila,* y recuerdo que me dijo: "Me molan mucho las caravanas. Si tuviera una, me iría de gira con ella". Era su sueño. Y de pronto, le dije: "Pues con este disco te la vas a poder comprar, ya verás". No sé si fue un presentimiento o un deseo, pero lo sentí. Y se la compró».

Así pues, se desplazaba a todas las ciudades en las que actuaban en una pequeña casa móvil y pernoctaba en campings. Lo acompañaba su perro Angelito, un Bulldog que no le daba conversación, pero que tampoco le llevaba la contraria, con lo cual se equilibraba la balanza. En aquel vehículo y con esa mascota fue retratado para el sacrosanto dominical del diario *El País,* al que tampoco se le escapó la ascensión del personaje: trajeado y con el pelo de peluquería, un hecho insólito, ocupó toda una página en un reportaje sobre música española. El breve texto que acompañó a esa imagen evidenciaba la singularidad del músico:

«Es una ofensiva viviente a las fórmulas del marketing discográfico y las buenas costumbres. A sus treinta y cuatro años, Robe ha alcanzado el éxito sin aparecer en los medios y ha vivido como le ha venido en gana, es decir, excesivamente. Su grupo, Extremoduro, es el triunfo de la verdad desnuda sobre los manejos de la industria».

La gira tocó a su fin en Madrid. La cita era el 9 de noviembre en el Palacio de los Deportes, pero las entradas volaron en cuestión de horas y ambos grupos decidieron ofrecer un concierto más. Así pues, las noches del 8 y el 9 de noviembre la capital del reino vibró al son del rock transgresivo de Extremoduro y del rock de bar de Platero y Tú. En un momento de la noche del primer concierto, Robe gritó: «No sé si lo sabéis, pero estamos grabando un concierto. ¡A ver si metéis un poco de bulla, que parece que estamos solos!». De aquellas dos noches, y de otras de la gira de ese pródigo verano, saldría el disco *Iros todos a tomar por culo.* Dedicaron el concierto a la memoria de Raúl Guerrero, quien fuera su mánager, que acababa de fallecer.

A toro pasado, uno de los protagonistas de esa *tournée,* Fito Cabrales, ofrecía su versión de los hechos en su libro *Cultura de bar:*

«Se plantea desde el punto de vista de que nadie es más importante, aunque en aquellos momentos Extremoduro era una banda mucho más grande que nosotros. La historia era que fuera algo divertido, que entrara yo, saliera Robe, luego al revés; queríamos montar algo diferente, de pura camaradería. Fue idea de Robe e Iñaki y a todos nos pareció de puta madre, y salió una gira superguapa. No era fácil que saliera bien, había que ensayar mucho y, aun así, era muy difícil prever qué podía pasar cada noche».

Cuando Darío Vico, el autor del libro, le preguntó si hubo problemas de convivencia y añadió que suponía que el «control antidoping estaría vedado», el bilbaíno negó de forma tajante lo primero y en cuanto a lo segundo reconoció que lo habían pasado muy bien:

«Los recuerdos son totalmente *happies,* nos sentíamos los reyes del mundo, aquello fue una alegría, todos los conciertos reventando... Iñaki acababa muerto porque tocaba todo el rato, con los dos grupos, pero feliz. La verdad es que ellos [Extremoduro] podían haber hecho la gira solos, fueron muy generosos, pero es que Robe es como es, no se plantea qué es mejor para él, sino lo que le mola hacer. No hubo ningún choque, lo llevábamos de puta madre y nos metíamos todos de todo, lo que es normal en cualquier banda; yo no conozco a ningún tío que esté en un grupo que no se meta algo. [...] En aquella gira hubo mucha droga, pero no afectó en absoluto, al contrario».

A propósito de este asunto, hablé con Uoho y matizó las palabras de su amigo mientras establecía una comparación con otras etapas de descontrol del grupo y ofrecía su visión de la gira:

«Esa fue una gira larga y hubo de todo, dependiendo de los días. Pero no era el caos de antes. No era el caos de cuando la época de Fanta y Salo, de *ponimiento.* Ni era tampoco el caos de la etapa de los catalanes. Sí que teníamos nuestra fiesta, pero eran drogas distintas. Nada que ver. Aquella fue una gira importante y muy satisfactoria. Era un rollo como muy feliciano: íbamos todos juntos, vacilábamos, Fito cantaba «Deltoya» en chino... Los camerinos eran compartidos, no había un camerino para cada grupo, y poníamos «camerino tranqui» o «camerino bulla», y cada uno se metía en el que quería. Nos lo pasamos muy bien. Y ese rollo de hermanamiento que se respiró es algo que nos ha quedado. Fue una experiencia muy bonita. Pero ahora mismo no echo de menos estar todo el día de pedo, no me apetece. Ahora estamos en otro punto».

Respecto a la propensión a la vida peligrosa, José Antonio Gómez, de Warner, hizo la siguiente reflexión, casi como si hablara para sí:

«Las drogas hicieron mucho daño a las sucesivas formaciones de Extremoduro. Es curioso que, al final, el que ha tenido la fortaleza para sobrevivir haya sido él [Iniesta]. Hay muchos artistas que sucumben, como les sucedió a Enrique Urquijo y a Antonio Vega. Pero Robe es fuerte y antepuso el grupo a todo lo demás».

Volviendo a la gira conjunta, a pesar a que la hermandad entre ambos grupos fue fructífera en lo profesional y en lo personal, Fito Cabrales, en una entrevista que Diego A. Manrique le hizo para *El País* años después de la ruptura de la banda que lideró con Uoho, aventuró uno de los posibles motivos que lo habían empujado a la emancipación. La cual, tanto para él como para Iñaki resultó a la postre beneficiosa:

«Para muchos fans esa fue nuestra perdición: en algunos conciertos ya no se sabía dónde terminaba Platero y dónde empezaba Extremoduro. Pero yo no tengo más que admiración por Robe; estar al lado de un genio te hace crecer. Sus letras son hasta hirientes, pero los sentimientos los puede entender cualquiera. Parece un bárbaro e igual es más romántico que yo».

En el ya citado libro *Cultura de bar,* Fito, responsable único de la separación de Platero y Tú, afirmó que el grupo se habría extinguido pese a todo:

«Yo creo que fue importante que Iñaki se encontrara con Robe, porque podía entender mejor lo que a mí me pasaba con los Fitipaldis. Aunque su implicación en Extremoduro no le impedía dar el callo con Platero, él tiene capacidad para compaginar eso y lo que haga falta. Pero Platero se habría acabado de todas maneras, funcionando nuestras historias paralelas o no».

A finales de aquel año las ventas de *Agila* rondaban las noventa mil copias, algo impensable para el grupo apenas unos meses antes (llegarían a vender más de trescientas mil). Pese a ello, los responsables de DRO aseguraban que esas cifras no se ajustaban en absoluto a su verdadero nivel de popularidad, a su enorme tirón, y que de no ser por el naciente fenómeno de la piratería, que empezaba a ser imparable y en unos pocos años acabaría dinamitando la industria del disco, serían mucho mayores.

De la vigencia de *Agila* da fe el hecho de que en la minigira *Robando perchas del hotel,* la penúltima realizada por el grupo, tocaron cuatro temas de ese disco: «Sucede», «Ábreme el pecho y registra», «Cabezabajo» y «So payaso». Por no hablar ya del lugar que ocupa en los *rankings*. Un ejemplo: en septiembre de 2009, la revista *Rolling Stone* elaboró una selección de los cincuenta mejores discos del rock español y situó ese título en el puesto doce (el primero le fue adjudicado a *Enemigos de lo ajeno,* de El Último de la Fila). Aproveché esa circunstancia para preguntarle a Robe cuáles serían, a su juicio, los tres mejores discos del rock español, y meneó la cabeza.

«Es que esas cosas siempre me han parecido muy difíciles... No podría decirte. Seguro que si ahora te dijera tres, cuando saliera hacia el coche pensaría: no, quizá sean mejores estos otros tres. No creo que se pueda hablar de esto tan categóricamente. Las canciones tienen su momento, y los discos también. En este momento una música nos puede gustar muchísimo, pero cuando entre la noche y haya otro rollo, de pronto no mola nada. La música no vale para todo el rato, depende, ya digo, del momento».

Breve descanso, nueva gira y retiro monacal

En diciembre de 1996, en su casa granadina y ya en la compañía de su mujer e hijos —el «caos» había muerto para siempre—, Roberto Iniesta se reponía del extenuante «año de Extremoduro» y se disponía a tomarse las cosas, esta vez sí, con la calma de un monje tibetano.

Tenía a la discográfica en el bolsillo y una cuenta corriente como jamás soñó, y su intención era la de componer con la parsimonia de uno de esos tipos que se dedican a construir enormes maquetas —la Torre Eiffel, el puente Golden Gate, el *Titanic*— sirviéndose de cerillas o mondadientes.

Había llegado. Ya estaba en la cúspide. Y para mantenerse allí, para seguir viviendo de su arte, de su aliento poético, debía mover sus fichas con suma prudencia.

Ya tenía algún tema compuesto que llegaría a formar parte de su siguiente trabajo, como era el caso de «Autorretrato», y algunas otras ideas o pequeños esbozos. Pero necesitaba mucha paz y, sobre todo, tiempo para alumbrar de nuevo piezas emocionantes —que le emocionaran primero a él, que le enamorasen—, y estaba dispuesto a invertir lo que hiciese falta para conseguirlo.

Pero resultaba muy difícil resistirse a la erótica de los escenarios, y más en un momento como aquel, en el que se encontraban en la cima de su merecida popularidad. Por lo que en la primavera de 1997, coincidiendo con el lanzamiento del disco en directo *Iros todos a tomar por culo,* interrumpió su voluntario y vital retiro para embarcarse en una nueva gira que llevó a Extremoduro por una treintena de ciudades españolas. El *tour* arrancó el 2 de mayo en el Festimad, en Móstoles, y entre aquellas citas destacó la del 5 de septiembre en la plaza de toros de Las Ventas, en Madrid, en donde se dieron un baño de adoración colectiva en un concierto en cuyo cartel estaban también sus viejos amigos Reincidentes, además de Def Con Dos y M-Clan. Esa actuación fue grabada y emitida por Canal+.

Roberto Iniesta salió al reencuentro con sus fans madrileños con el torso desnudo, sus pantalones-falda, sandalias, una Gibson Les Paul marrón y un casco con falsos electrodos que imitaba al del personaje de cómic Makoki, un salvaje fugado de un frenopático. El resto de los músicos eran Iñaki «Uoho», a la guitarra; José Ignacio Cantera, que acababa de unirse al grupo, a la batería —la presencia de esos dos músicos iba a ser ya definitiva—, y Mon al bajo.

Aquella noche se permitieron algunas licencias: en el arranque de «Jesucristo García», Manolo Chinato salió a recitar unos versos del poema «Tres puertas», que cuatro años después se incluiría en el disco *Poesía básica,* unigénito de Extrechinato y Tú. Y en «Deltoya» introdujeron fragmentos de «La Tarara», el poema-canción de Federico García Lorca, tanto los versos como la popular melodía.

Pero ese mes de septiembre la gira finalizó y Robe volvió a la quietud de Granada y a su particular contienda con la creación.

Buscaba canciones mágicas, distintas, pero con la raíz de ese rock transgresivo en el que muy pocos creían un par de años atrás y al que ahora tantos se apuntaban.

Buscaba, en fin, unas canciones que, debido a su dureza y sinceridad —y a pesar de su belleza—, podían considerarse prohibidas. Y con la ayuda de Iñaki, a partir de entonces por completo implicado en el proceso de la realización de la música, las iba a encontrar.

CANCIONES PROHIBIDAS: LA SOLIDEZ (LA SORDIDEZ)

Pocos lanzamientos discográficos españoles han suscitado tanta expectación entre el público y la crítica como en su día lo hiciera *Canciones prohibidas.* Aunque aquello tenía su lógica. Su antecesor, el casi perfecto *Agila,* los había situado en lo más alto, por ventas y por presencia, y la curiosidad por ver si iban a ser capaces de igualar tamaña gesta aguijoneaba a unos y a otros.

Para empezar, el grupo se tomó su tiempo. Cierto es que dispusieron de una estupenda coartada: la edición, en 1997, del disco en directo *Iros todos a tomar por culo* —del cual hablo en su correspondiente capítulo—, y que de ese modo aplacaron de manera momentánea el hambre voraz de sus fieles, quienes en aquel entonces ya se contaban por decenas de miles.

Pero la verdadera causa de esa demora se debió a que, tras el *tour* de *Agila,* se produjeron cambios fundamentales en la estructura de Extremoduro.

Uoho se hace Extremo. Los orígenes

Dentro de esos cambios, y en el apartado de las buenas noticias, la primera novedad fue la definitiva incorporación de Iñaki «Uoho» Antón, en la órbita del grupo desde mucho antes, como guitarra solista, arreglista total y productor de cabecera. Algo que se veía venir, puesto que pasaba más tiempo con Robe que consigo mismo.

Lo hacía sin abandonar el grupo que fundó, Platero y Tú, lo que le convertía en una anomalía en nuestro país: el primer guitarra principal de dos grupos de éxito. Pero como me dijo Robe al respecto: «Sí, puede ser. Pero siempre hemos ido con anomalías *pa'lante*».

Le pregunté a Iñaki cómo pudo compaginar el trabajo con ambas formaciones, de dónde sacó el tiempo:

> «Fueron seis años trabajando para los dos grupos y, al principio, me volví un poco loco, la verdad. Pero enseguida diseñamos un sistema por el cual uno de los grupos grababa y el otro tocaba. Y esa fue la manera de poder compaginarlo. En un país como España, hacer gira un año sí y otro también no es bueno. Por eso, mientras giraba Extremoduro componíamos y grabábamos los Platero, y viceversa».

Como instrumentista, sustituía a su tocayo Iñaki Setién, «Milindris». Pero su ingreso en Extremoduro iba a ser decisivo no ya solo por el sonido del grupo, sino también por la composición de la música. Una función que, desde el mismo momento en que adquirió la titularidad, asumiría de forma conjunta con Robe. Y, aunque ya en el anterior disco de creación, *Agila,* se adentró en ese terreno, en este ese rol cobra carta de naturaleza, puesto que así se especifica en los créditos.

Iñaki Antón González, «Uoho», nació en Bilbao el 3 de agosto de 1964. Lo hizo el mismo año en el que se crearon tres grupos míticos: The Who, The Kinks y The Byrds, y en el que vinieron al mundo Lenny Kravitz y Eddie Vedder, cantante y compositor de Pearl Jam.

El mote que ostenta se lo ganó a pulso en el colegio, por su costumbre de imitar al Oso Yogi —aquel célebre grito de «¡Uohohoho!»—, tal y como me explicó:

> «Fue la cuadrilla de la escuela la que me lo puso. Luego unos iban conociendo a otros, y todo el mundo me llamaba así y con él me quedé».

Estudió solfeo en el conservatorio, y lo terminó. Una herramienta valiosísima de la que se sirve en su trabajo:

«Aunque solo sea para escuchar una cosa y reconocerla, o imaginar una música y saber qué notas son y qué hay que hacer. Te abre muchos canales. Tienes que llegar a un sitio y es como si tuvieras una autopista de peaje abierta. Oyes algo y sabes lo que es. Te da inmediatez y agilidad».

Y añadió, en lo que había de entenderse como su personal *modus operandi* o lema sagrado: «Además, conocer normas para poderlas joder mola».

También estudió piano, pero solo hasta fin de grado, cuatro años. Porque la adolescencia, que es una tormenta de sensaciones y de preguntas sin otra respuesta que la incomprensión propia y ajena, le alteró las ideas y lo condujo a los billares con sus amigotes descarriados del barrio de Zabala, en donde perder el tiempo era una religión.

Pero la música volvió a entrar en su vida como un huracán —si es que alguna vez lo abandonó del todo— y lo puso a resguardo de los peligros que para un adolescente inquieto acechaban por doquier. Ocurrió entre los diecisiete y los dieciocho años, si bien en este caso las teclas fueron sustituidas por cuerdas: su hermana mayor tenía una guitarra española que estuvo más tiempo dentro de su funda que fuera, y en un cumpleaños la desempolvaron y, desde entonces, Iñaki se pasaba las horas desentrañando sus insondables misterios sin otra ayuda que una disposición natural y un empeño que no conocía el desaliento. Cuesta creer que, dado su alto nivel como instrumentista —pese a que él suela restarse importancia en ese papel—, empezara a tocar a una edad que podría considerarse tardía. El caso es que, casi a diario, ponía sus discos favoritos e iba tocando encima, como tantísimos críos que, en la soledad de sus pequeños cuartos, soñaban con ser estrellas de rock.

En el largo intervalo que medió entre aquel día en que cogió la guitarra por vez primera y el momento en el que alcanzó el éxito con Platero y Tú, su vida no fue en absoluto el jardín del Edén, pues andaba siempre sin un chavo y tuvo que desempeñar todo tipo de trabajos, a cuál más ingrato: trompo de albañil, electricista y pintor de brocha gorda. «Te juro que no sé cómo coño no nos sacaron de alguna casa a patadas, tío», me confesó.

Su primer grupo, el embrión de Platero y Tú, llevó por nombre Ke, y en él andaba codo con codo con Juantxu «Mongol» Olano, más tarde bajista de Platero. Incluso llegaron a grabar una maqueta con cuatro temas. Me lo relató así:

> «Éramos muy jóvenes, no teníamos ni veinte años. Empecé a tocar la guitarra y lo primero que me llamó la atención fue hacer canciones. Al cabo de un año me junté con Juantxu para formar un grupo y grabamos una maquetilla con nuestros ahorros. Algunos de esos temas los utilizamos después en Platero, aunque, claro, con la letra cambiada porque entonces ya éramos más adultos».

Los comienzos de ese grupo, como los de cualquier banda que empieza y sus miembros no son niños de papá, no fueron idílicos, pero se lo pasaban tan bien y le ponían tanta pasión que se sentían como si fueran los Stones. Sucede que la cruda realidad se impone, y por fuerza tenían que desarrollar otros oficios para mantenerse. Así las cosas, Iñaki trabajó también para una editorial que vendía enciclopedias a domicilio; se encargaba del reparto de los libros y de los cobros. Lo hacía a lo largo y ancho de cuatro provincias, con el coche para arriba y para abajo todo el día. Palizones colosales que paliaba escuchando la música del radiocasete, su mejor aliado en aquellos eternos viajes, y, de paso, fantaseando con la propia.

Aquello tocó a su fin cuando los conciertos con los que defendieron su tercer disco, *Muy deficiente* (1992), que fue enriquecido con las aportaciones de Rosendo y el Reverendo, les permitieron (sobre)vivir de la música.

Con su siguiente trabajo, *Vamos tirando* (1993), subieron un peldaño en cuanto a popularidad. Pero fue un año más tarde, con *Hay poco rock & roll,* cuando su suerte cambió de un modo definitivo, ya que les valió un disco de oro por sus más de cincuenta mil copias vendidas (en él colaboraron Robe, Evaristo, de La Polla Records, el guitarrista Íñigo Muguruza y, de nuevo, El Reverendo).

Cuando tres años después se embarcaron en la gira conjunta con Extremoduro —por esas fechas, *A pelo,* su doble cedé en directo, les reportó su segundo disco de oro—, ya eran un grupo asentado en la escena del rock nacional, con un estilo inimitable y contagioso, y que contaba con una legión de fidelísimos seguidores.

A partir de ahí, y previa construcción y abrillantamiento de *Agila,* la suerte de Uoho iba a estar unida de un modo indefectible a la de Extremoduro en general y a la de Robe en particular. Surgiría así una sociedad inquebrantable y global, apoyada en la amistad y en el común amor por la música, ese ser vivo.

Cantera, otro que llegó para quedarse

Siguiendo con las buenas noticias, la segunda novedad de *Canciones prohibidas* fue la incorporación oficial de José Ignacio Cantera —oficiosamente en el grupo desde un año antes— para el puesto de batería, en sustitución de Alberto Gil, Capi, quien después de grabar *Agila* tocó en los sucesivos conciertos que sirvieron para defender aquel disco.

Natural de Bilbao, cosecha del 70, José Ignacio, hermano pequeño del también batería Ricardo Cantera, que fue quien le aficionó a las baquetas, era un viejo conocido de Iñaki que, mientras estudiaba Química, había realizado giras con distintos grupos, como Talión, Los Jefes, Casa de Salud, JD Sex, Tick o los más conocidos Jarabe de Palo. Uoho lo llamó para que se uniera a la banda y recuerda que se desplazaron a La Zubia, Granada, a casa de Robe, y que lo primero que hicieron fue ponerse a tocar «Cabezabajo». «Desde el primer momento nos dimos cuenta de que la cosa sonaba de puta madre», me dijo Iñaki. Y así, sin necesidad de rellenar más formularios, se adjudicó la ansiada plaza. Su valedor me lo describía así:

«Es el batería que todo el mundo querría tener en un grupo. Puede que haya relojes más exactos, pero lo orgánico, lo vivo que es, la manera de vivir el rock que tiene Cantera te hace tocar, te *obliga* a tocar. Es apasionado, vehemente. Si tú tienes el día flojo, se pone a tocar y te hace tocar por cojones. Te lleva. Es un gran batería. Hay baterías que basan su trabajo en la exactitud, y él lo basa en la vida que le da a su interpretación. Aunque, afortunadamente, tiene una buena dosis de técnica. Pero lo visceral lo deja ver mucho, se lo permite. A él le encanta Led Zeppelin, que es un grupo en donde la batería está integrada en la canción, está viva, y le gusta mucho el rock americano. Robe y yo escribimos la batería y él no se limita a interpretar eso, sino que lo lleva un paso más adelante. Para mi forma de tocar, es el batería perfecto».

Hablé con Cantera y me contó cómo se produjo su ingreso en Extremoduro, cómo se desarrollaba su trabajo con Robe e Iñaki dentro del grupo del cual formó parte durante veinticinco años, y sus sensaciones como músico de estudio y de directo, entre otras cosas:

«Solíamos estar en el Umore [el mítico bar de Bilbao Umore Ona, de ambiente roquero, ya desaparecido], y Fito, Iñaki y otra gente hicimos una especie de banda de versiones. Y cuando surgió la oportunidad me llamaron para entrar en Extremoduro. Iñaki me dijo: "Vente para casa que te paso todos los discos", y yo: "¡No jodas!". Y me estudié todos los temas, dale que te pego, y fui a tocar a La Zubia, en Granada. Recuerdo que nos pusimos con "Cabezabajo". Pero en ese momento tampoco sabía si me iban a coger. Yo qué sé cómo va esto, hay que conocer al personal. El caso es que llegamos y Robe muy majo, y de ahí fue todo rodado. En ese viaje conocí a Ramón Sogas, un buen tipo y un buen bajista. Daba mucho gusto tocar con él. La casa de Robe tenía una bajera, y ahí fue donde montamos los cacharros. Me llevé una batería chiquitina y estuvimos un par de días. Y luego ya bajamos como un mes para preparar bien todos los temas. Me puse el equipo de voces en un *compact disc*, y en una semanita me aprendí todo el repertorio.

»Para hacer *Canciones prohibidas* primero estuvimos en casa de Iñaki con la maquetación en el ordenador, metiendo todas las ideas, y luego fuimos a Granada también, pero ya a unos locales en los que había varios grupos, y estuvimos una semanita. En la gira de 1997 empezaron a salir ideas, las fuimos metiendo en la maqueta, y luego se grabó en Lorentzo Records, en Berriz.

»Nuestra manera de trabajar no siempre era la misma, dependía de cada disco. En *Canciones*... Iñaki hizo las bases y, sobre eso, yo iba haciendo lo mío, cosas muy básicas, sobre la claqueta, que si se dobla una parte o se hace medio tiempo, o lo que sea. Eso lo hacía a mi aire. Lo vas cosiendo con tu estilo y tu forma. Pero depende del disco, ya te digo. Porque, por ejemplo, las baterías de ordenador de *Yo, minoría absoluta* las hice yo.

»Cuando trabajábamos en un nuevo disco solía quedar con Robe en su casa o en un local, y machacábamos partes probando distintas velocidades. Porque él es muy puntilloso con eso. Los desarrollos, los cambios de velocidades, había que trabajarlos muy bien. Robe es muy perfeccionista, como Iñaki. Quería que estuviera todo redondo, e Iñaki se lo curraba para conseguirlo. En *Yo, minoría*... muchas de las canciones vinieron desnudas, peladas, con una guitarrita, y había que trabajarlas mucho. Y quien le daba cuerpo a eso era Iñaki, porque él ve la canción como por encima. Como algo más global.

»El estudio tiene su puntazo. Lo disfruto mucho. Tiene su punto ver cómo va saliendo todo. Ves que suena bien y te dices "hostia, esto está sonando de puta madre". Es un mundo completamente diferente al del directo, claro, que es "hala, vamos a pasarlo de puta madre". Dentro de que sabes que no vas a fallar. Porque tenemos unos mínimos, aunque tengas un día un poco malo. Y sobre eso puedes disfrutar. Y eso es un concierto, que es cojonudo. Pero me gustan las dos cosas, el estudio y el directo. Y para salir a tocar nunca he bebido ni he tomado nada. La fiesta siempre ha sido después del segundo día de concierto. Si tocábamos viernes y sábado, después del concierto de la segunda noche salías.

»De las primeras giras guardo muy buen recuerdo, fueron la hostia. Porque era empezar con el grupo y era todo nuevo y muy emocionante. Y eran giras más viscerales. Recuerdo una vez, en Huesca, que empezó a llover de la hostia mientras tocábamos "La Pedrá", y estuvimos aguantando hasta que ya fue imposible. Pero en las últimas giras sonábamos de puta madre. Lo que se veía fuera era eso, que como banda teníamos un peso importante. La gira de 2012, la de *Material defectuoso* y *La ley innata,* fue cojonuda. Pocos conciertos, pero muy buenos. Y la de *Para todos los públicos,* en el 2014, la última, fue la polla. Creo que Extremoduro ha sido uno de los mejores grupos de rock de España. Sin ninguna duda».

Sin Mon

Por último, y esta fue la mala noticia, el bajista de origen catalán, Ramón Sogas, «Mon», había montado un grupo, Sinvergüenza, con el que acababa de editar su primer trabajo, *No estoy homologado,* en donde Robe colaboró cantando con él el tema «Levantando polvareda», y por esa razón le dijo a Iniesta que se tomaba unas vacaciones —que terminaron siendo definitivas— para dedicarse de lleno a esa nueva empresa.

Robe me habló de Mon, con el que gente de su entorno me había asegurado que llegó a intimar mucho:

«Tuvimos una buena relación, sí. Él aguantó momentos duros del grupo, en los que nos llegamos a ver solos. Como bajista, el Uoho te podrá hablar mejor de él. A mí me llevaba, y esas cosas no sé explicarlas. Pero siempre me entendí muy bien con él. Siempre. Nos conocimos tocando en un local de ensayo, una mañanita después de una noche larga, en Rubí, Barcelona, y fue casi hablar dos palabras, hola, yo soy yo, tú eres tú, y venga, ponte a tocar, y así fue como empezamos».

Le hice caso a Robe y le pedí a Iñaki su opinión sobre Mon como instrumentista, y no se lo pensó un segundo:

«Mon era un bajista muy bueno. Tenía mucho ritmo y cultura musical. Y buen gusto. Era y seguirá siendo un buen bajista, a pesar de que ahora toque la guitarra. Sí, un bajista excelente».

Tras su marcha tuvieron que ponerse a buscar un músico que lo supliera. Y quitando la labor que en el proceso de grabación hicieron el propio Uoho, quien de hecho comenzó en Platero y Tú tocando el bajo, y Robe, el hombre elegido fue Mikel Irazoki, un músico ya bregado que había acompañado a solistas de renombre como Miguel Bosé, Ana Torroja y Mikel Erentxun.

Con la banda reconstituida, la grabación de *Canciones prohibidas* tuvo lugar en los estudios Lorentzo Records, en Berriz, Vizcaya, a lo largo del verano de 1998. Para ser exactos, entre primeros de junio y mediados de septiembre. Eso es, al menos, lo que se especifica en el libreto, donde también se dice «después de trabajar mucho, muy duro, y engañando a mucha gente». Es decir, que aquel trabajo gozó de un mayor tiempo de cocción que los anteriores: baste decir que el celebrado *Agila* se despachó en apenas tres semanas. Este dato es importante, ya que muestra la clara posición de fuerza que el grupo tenía entonces de cara a la compañía discográfica. Algo a lo que había contribuido su éxito.

El séptimo disco de Extremoduro incluye las siguientes canciones: «Salir», «Esclarecido», «Érase una vez», «Golfa», «Su culo es miel», «Extraterrestre», «Autorretrato», «Enemigo» y «Villancico del rey de Extremadura».

Producido por Iñaki «Uoho», contó con Aitor Ariño como técnico de sonido y con José Alberto Batiz, guitarra solista de Fito & Fitipaldis, como ayudante.

Respecto a la música, y dejando a un lado a Cantera y a Irazoki, batería y bajo, respectivamente, Iñaki y Robe tuvieron que ejercer de hombres orquesta o chicos para todo: el primero tocó, además de la guitarra, el bajo —en «Salir» y «Golfa»—, el piano, el órgano y el trombón, e incluso hizo percusiones y coros «y yo qué sé qué más», como reza el cuadernillo. En cuanto al segundo, aparte de cantar y de tocar la guitarra rítmica, se hizo cargo del bajo con distorsión, la pandereta «y toa la hostia». Uoho me contó que a Robe le costó muchísimo cantar en ese disco porque para hacerlo esperaba a que hubiera días con sol, y aquel verano hizo muy mal tiempo y al bendito elemento «no le daba la gana salir».

Además, introdujeron oportunos arreglos de cuerda y viento a cargo del exquisito cuarteto polaco Arkadiusz, por entonces miembros de la Orquesta Sinfónica de Euskadi: Arkadiusz Tomasz Czyźewski, primer violín; Iwona Przylecka, segundo violín; Iwona Skrzypczak, viola, y Jurek Andrzejczak, cello. No, no intentéis pronunciarlos: es imposible.

Y ahí no acababa la cosa: Garikoitz Badiola, Gari, tocó el trombón; Joseba Molina, Canario, la bandurria y el laúd; Patxi Urchegui, la trompeta y el fliscorno, que es un instrumento primo hermano de la trompeta, y Carlos Almaguer Torres, Alma, se ocupó de la percusión.

Como en todos sus anteriores discos hubo una serie de *cameos* musicales (o casi): Fito Cabrales metió coros en «Golfa», «Su culo es miel» y «Autorretrato»; Jesús «Maguila» García le dio a la pandereta en «Salir»; Batiz se marcó el diabólico punteo central de «Enemigo» (también lo tocaría en los conciertos de la gira, ya que Extremoduro llevó a Fito & Fitipaldis de teloneros); Iñaki Marabao eructó —sí, tal cual— en «Autorretrato» —ese guarro *«¡guau!»*—, e Iratxe bramó en «Esclarecido». Aquellas sesiones de grabación, con semejante tropa, debieron de ser algo muy parecido al camarote de los Hermanos Marx, pero a la vasca.

La portada del disco muestra a un «hombre del saco», que no es otro que Uoho, bajo un cielo malva coronado por una luna atravesada de nubes, y de cuyo diseño se encargó el bajista de Platero, Juantxu «Mongol» Olano (Mongui Paint & Company).

Componer es sufrir

El proceso de composición fue lento y complejo, ya que Robe e Iñaki trabajaron mucho, muchísimo, en aquellos temas, hasta la extenuación, y se enzarzaron en sanas discusiones en aras del mejor resultado. Pero si es un hecho que cuatro ojos ven mejor que dos, también lo es que un par de cerebros dotados para la creación, y en la misma sintonía, llegarán a más sitios que uno. Así lo explicaba el primero en aquel entonces: «Iñaki tiene unas ideas y yo otras, y cuando los dos pensamos lo mismo es que es buenísimo».

Robe me amplió esas palabras y me habló de lo que la llegada del bilbaíno significó para el grupo, y la capital trascendencia que desde entonces tuvo en lo referido a la faceta musical:

«Extremoduro es, hoy, la suma de los dos. Oyes los primeros discos, oyes lo que hay luego, y te das cuenta de la enorme importancia de Iñaki. Yo no habría podido hacer los últimos discos, ya desde *Agila,* sin él. Habrían sido discos muy diferentes. Porque eran canciones ya distintas, más complicadas. Nuestra unión es una cosa muy particular, que yo no creo que se dé fácilmente entre gente de grupos, por el modo tan increíble en el que nos complementamos. Yo soy, sobre todo, intuitivo, y es difícil poder llevar lo que tienes en la cabeza a ese resultado. Es muy difícil. Alguien te tiene que conocer muy bien, y tú también a él. Una relación así no es fácil, ya digo, de conseguir. Y luego, que haya dos personas que conecten y se complementen entre ellas como lo hacemos él y yo, es aún más inusual. Lo que le falta a uno, lo tiene el otro. ¡Y encima cada día nos lo pasamos mejor haciendo cosas juntos! Todo el proceso de maquetación, que es superchulo, es lo que más nos gusta hacer. Eso de llegar con una canción y darle forma, y buscarle cómo es... Y es realmente muy difícil encontrar a alguien al que le puedas explicar lo que quieres y que lo vea en tu cabeza con tanta claridad. Sí, la letra con una música ya sale de mi cabeza. No es un recitado al que le ponemos música. Las letras todas se cantan. Todo lo que yo le llevo escrito, se canta. Pero eso no quiere decir que tengas una canción, ni mucho menos. Iñaki no compone, pero hace un trabajo sin el cual Extremoduro no sería lo que es ahora. No sé lo que sería, pero no sería lo mismo. Ni hubiera podido haber una *Ley innata.* Eso, de todas todas. Yo escribo las letras, sí, pero otra cosa es cómo camina el grupo. Porque un grupo es más que unas canciones. Y la gestión del grupo, además, la llevamos entre los dos en todos los aspectos».

Le pregunté a Iñaki si, a pesar de su crucial labor en *Agila,* es *Canciones prohibidas* el que debe ser considerado como su primer disco oficial en Extremoduro:

«Es posible, porque en *Agila* Robe tenía unas canciones que recuerdo que creía muchísimo en ellas, y él me contaba, cuando coincidíamos por ahí: "Tengo unas canciones que son de puta madre, son buenísimas". Pero a la hora de trabajar en ellas y de poner un poco de orden y hacer que el hilo desde esa canción hasta el oyente final estuviera engrasado, contaba con la colaboración o, mejor dicho, la aportación de la gente que estaba allí, que habíamos buscado para que fuera la banda de Robe después de lo de Rubí. Además, gente que aportaba cosas muy interesantes, como Ramón o como Iñaki "Milindris". Y en *Canciones prohibidas* ya no tenía esas aportaciones. Aunque en *Agila* hice muchas cosas, ordené y estructuré, sobre todo "So payaso" y otra canción que Robe quiso grabar con otra banda que quizá tenía menos experiencia aportando, en *Canciones prohibidas* ya estábamos solos. Y ese, sí, fue nuestro primer disco solos. Y es un disco burro, sí, es verdad. Porque nos apetecía reivindicarnos en ese aspecto, dejar constancia de que no íbamos a hacer concesiones comerciales pese al éxito del disco anterior. Que éramos así. No queríamos que ese éxito nos influyera. Queríamos ser fieles a unas señas de identidad, y eso hicimos».

Canciones como estacas

La canción que abre el disco, «Salir», es magnífica. Un bello tema en el que la nostalgia por la amada, como en «Buscando una luna», lleva al prota a la vida disoluta. Al cachondeo padre:

> *Tú, harta de tanta duda.*
> *Yo, de preguntarle al viento.*
> *Tú, que dónde conocí a la luna.*
> *Yo, que en qué coños ocupo el tiempo.*
> *En salir, beber, el rollo de siempre,*
> *meterme mil rayas, hablar con la gente,*
> *llegar a la cama y... joder, qué guarrada sin ti.*
>
> *Voy que ni toco el suelo y espantao hasta las nubes,*
> *no sé si son tus besos o este tripi que me sube.*
> *Ya no me acuerdo de na, que todo era de colores.*
> *—¿Dónde estarán los besos?*
> *—Se los han quedao las flores.*

Finaliza con unos versos que Robe tomó del poemario *La mala gana,* de Santos Isidro Seseña, que ya reproduje en el capítulo de las deudas poéticas.

Iñaki me habló de ella:

«"Salir" la montó Robe en mi piso de Bilbao. Yo tenía un piso que tenía una habitación para mi hija, otra para mi mujer y para mí, y una habitación para hacer música en la que había un sofá-cama, que era la habitación de Robe cuando estaba allí. Y una noche salimos y, al día siguiente, o a los dos días, me dijo Robe: "¡Mira!". Y enseguida lo grabamos. Robe habla de los sentimientos y de los hallazgos y las ausencias en una noche de marcha. ¿Autobiográfica? Hablar de biografía en este caso es excesivo. *Autoexperiencial.* ¿Que si es un clásico del grupo? Un clásico absoluto. En directo era una de las canciones con las que la gente se ponía más loca».

Le pregunté a Iñaki si el verso *«llegar a la cama y... joder, qué guarrada sin ti»* era una paja, y sin querer disertó a propósito de las letras de Robe y de la importancia de preservar el misterio que contienen para que cada persona hiciera su propia lectura de ellas:

«Hay muchas pajas en canciones de Extremoduro. No sé si todo el mundo las detecta. Pero el idóneo para hablar de esto sería Robe. No me gusta contar cosas sobre los textos porque Robe y yo hemos hablado mucho, pero no me gusta desvelarlo porque a alguien igual le corto el rollo. Sobre todo en estas frases de doble o triple interpretación. Ese verso puede querer decir qué putada que no estás, puede ser una paja, puede ser follar, qué guarrada y no es contigo... Yo sé lo que es, pero creo que desvelarlo no es bueno ni bonito. Una de las principales cualidades de Robe escribiendo canciones es escribir letras muy abiertas, poco explícitas. Aunque sí haya frases y expresiones muy explícitas, realmente las letras no lo son. De manera que cada oyente, cada persona que escucha la canción o que la hace suya, la puede interpretar de una manera diferente a como la interpreta su vecino o su colega del barrio. Explicar qué dice Robe... Yo creo que él no querría hacerlo, entonces no lo voy a hacer yo. Para saber qué está pensando Robe en ese momento hay que conocerle profundamente, y saber qué piensa es quitarle magia a la canción y hacerle una putada al tío que la interpreta a su manera. ¿Cómo voy a hacer eso? Sería un cabrón».

En la sulfúrea «Esclarecido», el autor se despacha a gusto con la Iglesia, la ley —encarnada en las figuras de un abogado, un juez y un funcionario de prisiones— y la crítica musical. De esta última, vierte como si fuera lava:

Anda, dime, escarabajo,
¿cómo hay que tocar el bajo?
Venga, dime, tontería,
¿y pa' tocar la batería?
Anda, dime, tío listillo
¿y pa' cantá como los grillos?
Venga, dime, ojo de pato,[1]
¿qué tal toco el aparato?
¡Ya sé! ¡Críticos rajaré!
¿Pa' qué? ¡Pa' verles por dentro!
A ver si puedo comprender
qué coño es el talento.

Y, en clave flamenca, advierte:

Crítico, cuando hables de mí,
la boca te tendrías que lavar
con agua de la nieve de abril,[2]
de un sitio donde nunca estarás.

Los últimos versos, que recuerdan a la «Coda flamenca» de *La ley innata,* parecen de otra canción y resultan de un lirismo sobrecogedor:

1. «Error de impronta: hijo de puta.» Nota al pie incluida en el libreto del disco.
2. Robe parece aludir con esa imagen a la pureza.

Tú no te separes de mí,
no sea que te vayan a robar.
Mi corazón yo lo dejé aquí
y alguien se lo ha debido llevar.

El vídeo de ese tema, de un gore superlativo, fue dirigido por Diego Garay, Dieguillo, exmiembro del grupo Quemando Ruedas y bajista de *Pedrá,* quien en la gira de *Canciones prohibidas* se incorporó a Extremoduro para hacerse cargo de las cuatro cuerdas. El protagonista es el actor Alfonso Lara, y es tal el derroche de casquería que nos dispensa que es hasta cierto punto comprensible que no se haya emitido en un canal de televisión oficial. En él, y siguiendo al dedillo la tremenda letra de Robe, se incluye el apuñalamiento de un cura y de un juez, y la evisceración de este último y de un crítico literario asesinado... ¡a hachazos!

Iñaki me contó su particular génesis:

«"Te jodes. Haber estudiao." Estábamos tocando en Palma y compartíamos habitación de hotel. Hasta que empezamos a ganar más perras y ya nos pillábamos una para cada uno, Robe y yo solíamos compartir habitación en los hoteles. Y el caso es que él se fue antes a dormir y llegué yo más tarde, borracho, y había una salida de esas de aire acondicionado, con el embellecedor medio desvencijado, y al fondo se veía como una luz. No sé por qué. Un pequeño resplandor. Y me acuerdo que me subí a una silla de la habitación... y entonces me asomé a la entradilla del aire acondicionado, que tenía esa lucecilla al final, y grité: "¿Estás ahí? Te jodes, haber estudiao". No sé por qué me dio por ahí. Robe se partía el culo y lo anotó. Esa es una anécdota de "Esclarecido". Y es una canción de alguien que está, no sé si hasta los huevos del mundo, o contra el mundo. O queriendo salir de él, en tránsito. Queríamos que esa canción fuera, como su texto quiere decir, bestia, de alguien rebotao, de alguien que se caga en todos. Inconformista. No sé. Cada uno que interprete si el personaje está amargao, o si solo tiene mala leche, lo que sea. Y quisimos darle también a la música ese carácter. Era una canción en la que Robe confiaba mucho, y la pusimos en segundo lugar en el disco.

Pero, al final, se acabó yendo de los directos. No fue una canción que subiera a Champions League».

Otro de los temas del disco, temazo en este caso, es «Golfa». Ya había sido presentado en la madrileña sala La Riviera unos meses antes, en un concierto acústico en beneficio de Chiapas, pero la versión que se incluyó en el disco era muy distinta. Bajo la apariencia de una visitante inesperada, y con el enamoramiento, la droga y el sexo como eficacísimos señuelos —es una pieza puramente transgresiva—, palpita el más preciado botín para un creador: la inspiración. El resultado es de una belleza emocionante. Una de las cimas poéticas, en fin, de Extremoduro, a la que el cuarteto Arkadiusz le aporta una sobredosis de magia:

¡Tan! ¡Tan!
Llaman a la puerta otra vez.
—Ya va. ¿Quién es?
Fue abrir y se metió en mi casa un amanecer.
¡Ahí va! ¡Qué bien!
Sola... soñar que estaba sola y pensé:
—¡Joder! ¡Qué bien!
Nada me para cuando empiezo a crecer.
—¡Ahí voy! ¡Coger!

—¿Y por qué no sale sola?
—Porque no le da la gana.
Dice que si no se droga,
dice que no siente nada.

Si hace sol se tira de la cama
y por el ascensor las nubes se levantan.
Y ahí voy yo a romper las telarañas de tu corazón,
verás como se escampa... ¡Golfaaa!
¡Golfaaa!

Su piel... ¡que me corro si me roza su piel! Ay, ay...
—¿Fumas?
—Pero solo no me sienta muy bien.
—¡Toma, alíñale!
Jurad... jurad que estaba triste y diré:
fue ayer. ¡Joder, qué bien!

[...] Seguir la trayectoria que llevan las nubes,
volver por la mañana igual que sale el sol,
verás qué calentito retorcer las horas
dando patadas al reloj.

Tú... y yo estoy medio loco también
y sin otra cosa que hacer,
como un montón de palabras
cogiditas de un papel.

Iñaki la comentó conmigo:

«"Golfa" fue un reto para mí. Es una canción que si la despojas de todos sus elementos, te das cuenta de que hay un instrumento, que es la guitarra de Robe, que no varía en toda la canción. Cuando empieza la canción tú oyes *titititi-titititi* ... Y eso se repite, sin solución de continuidad, hasta que acaba el tema. No hay ninguna variación. No es que sea un motivo recurrente, no. Hay una guitarra, dos compases, que se repite todo el rato. No hay armonía, no hay cambios de armonía. Sí hay un poco de cambios de expresión en las partes más fuertes. Es inquietante, pero también podría ser demasiado repetitivo. Entonces, yo me encontraba con una guitarra, monótona, porque pretendía serlo, y hay unas melodías y unas partes que sí iban cambiando en la canción... Me acuerdo de que me enfrenté a ella como ¡hostia!, tengo que conseguir que aquí haya partes diferentes y acordes diferentes, porque no puedo estar con tres acordes y vuelta a empezar, *titititi-titititi...* todo el rato. Y entre otras muchas cosas de esa canción, recuerdo mi comedura de coco y mi trabajo para conseguir diferentes armonías entre las estrofas, las introducciones, los estribillos..., y que esa guitarra originaria quedara simplemente como un pequeño hilo conductor detrás, pero que se volviera invisible o que tuviera un efecto Guadiana, apareciendo y desapareciendo, pero que la canción diera la impresión de ser una canción. Es hermosa. Extraña. No sé si de amor o de afecto, pero tiene un punto inquietante».

Un arranque que te inunda de optimismo es el de «Su culo es miel», con ese tándem bajo/batería *in crescendo*. La letra, lirismo transgresivo de gran pureza de principio a fin, con algún doble sentido muy logrado. Hermosa canción con unos cambios de ritmo que la enriquecen y en la que asistimos al dominio instrumental del grupo. Para cerrarles la boca a quienes aún sostienen que no son grandes músicos (aunque en *La ley innata* alcanzarían su cénit):

> *Sus ojos son como un ventanal de par en par,*
> *su culo no... su culo es miel.*
>
> *[...] No sé... sin ella no puedo volar,*
> *me paso el día esperando y sé que cuando sale:*
>
> *y hasta las flores se salen, solo pa' ver cuándo asoma*
> *tu carita de amapola, que sale a verme la cola...*

Y aquí vuelve a conjurarse el único salvavidas posible si ella no está: la calle (de noche, claro):

> *[...] Si tú te vas... ¡yepa! Me voy pa'l bar*
> *y me da un bajón, que te juro que me da un bajón.*
> *Si tú te vas... ¡yepa! Me voy pa'l bar.*

Iñaki me comentó de esa canción:

«"Su culo es miel"era una canción que nos encantaba, nos lo pasábamos de puta madre tocándola, nos parecía muy divertida. No hay mucho que explicar sobre el fondo del texto... Ahí toqué yo el bajo, igual que en "Salir", porque buscábamos algo que el bajista que contratamos, Mikel, no acababa de pillar. Más en algún aspecto intangible y difícil de explicar que técnico, porque era muy bueno».

El *riff* de guitarra de la breve «Extraterrestre», lento, pesado, me recuerda —a mí, porque Iñaki me dijo que nones— a «Not for the Innocent», de Kiss. En ella, Robe, tras citar a Chiquito de la Calzada —porque, como apuntó Uoho, se trata de una canción «muy surrealista»—, expresa su sentimiento de inadaptación, de falta de acomodo en el mundo. Canta como una bala:

Cada día me doy más cuen:
estoy equivocao de planeta.

Bailo y doy palmas a la vez,
y voy zapateando y sin cabeza.

Os veo andar, nada que ver conmigo.
Yo soy desigual, un poco confundido.
Si me acerco más escucho los latidos,
todos al compás:
el tuyo, el suyo con el mío.

Iñaki me contó cuál fue la génesis de esa canción:

«Una vez salió en la tele, me lo contó Robe, un señor de Extremadura (porque a Robe, cuando salía en el telediario algún señor de Extremadura, un aldeano, un cateto, le hacía mucha gracia) que había visto un marciano. Entonces lo sacaron en la tele y el tío salía en una cuneta, allí, enfocado por las cámaras, diciendo —Iñaki pone entonces voz de paleto y empieza a hablar muy deprisa— "y apareció por aquí, y era bajito, y salió corriendo y se fue por allí, por allí, por allí". Y, claro, Robe me lo contaba y nos descojonábamos de risa con el tío que había visto un marciano... Y de ahí nació ese tema».

La fiera «Autorretrato» ya había sido dada a conocer en el doble casete *Robe, mi pequeña historia,* en una versión castellanoeuskera ejecutada con la ayuda del grupo Quattro Clavos y muy distinta a la definitiva, que es netamente un ejercicio de rock duro, a pesar de esa parte trompetera con ecos de película de policías de los años sesenta/setenta.

Tras el terrible retrato de un auténtico dechado de virtudes, pues el tipo lo tiene todo —*«soy yonki, soy chuloputa, traficante, delincuente... / soy amante del alcohol...»*—, asistimos a una última estrofa que es un canto a la libertad y la revelación de cuál sería su isla desierta ideal:

Si me encierro ven a verme, un vis a vis...
Caí preso dentro de mí, dentro, muy dentro de mí.
Si me escapo ve a buscarme cualquier día
donde quede alguna flor... donde no haya policía...

Iñaki me habló de esa canción:

«"Autorretrato" es un gran tema. Robe ya lo tenía de antes, de la época anterior a *Agila*. Como estábamos en plan punki, pues todas las barbaridades, las cosas transgresivas o sorprendentes que tenía, las metimos. Le dimos forma. Es una canción que está dividida en dos partes, y me acuerdo del derroche de ideas de la segunda. Estábamos allí, en mi casa, en la habitación de Robe, entre comillas, porque era la habitación de hacer música, y nos dieron las dos, las tres, las cuatro, las cinco, las seis... Estaba amaneciendo y ya habíamos hecho el pianito, la parte del bajo, la parte de trombones, porque es una fiesta en la que se van sumando... Es una especie de ejercicio de contrapunto elemental. Y cuando ya estábamos maquetándola, "¡y ahora un punteo aquí, al final!". Yo estaba sentado en una silla con ruedas, de oficina, y oía "¡el punteo, el punteo!". Entonces me puse a tocar y me caí, la silla se fue rodando y yo seguí tocando el punteo en el suelo. Y ese solo, en ese momento de caos, que salió improvisado, es el que se quedó en el disco. Es una canción que me encanta. ¿Muy Extremoduro? En Extremoduro cabían muchas cosas, pero sí. A Robe no le hacía mucha gracia en la última época cantar ciertas canciones, por los textos, o porque no le daban punto, o porque se veía de otra manera, por lo que fuera. Y con esta siempre teníamos una peleílla —ríe—,

Un Robe como un cencerro —su casco con falsos electrodos imita al del personaje de cómic Makoki, un salvaje fugado de un frenopático obra de Miguel Ángel Gallardo y Juanito Mediavilla— durante un concierto en la plaza de toros de Las Ventas. *Madrid, 5 de septiembre de 1997.* © Domingo J. Casas

Estas cuatro imágenes de Robe e Iñaki están cargadas de concentración, técnica, actitud y fiereza, algunos de los rasgos que marcaron la trayectoria —la esencia— de Extremoduro. © Fotografías cedidas por Iñaki Antón

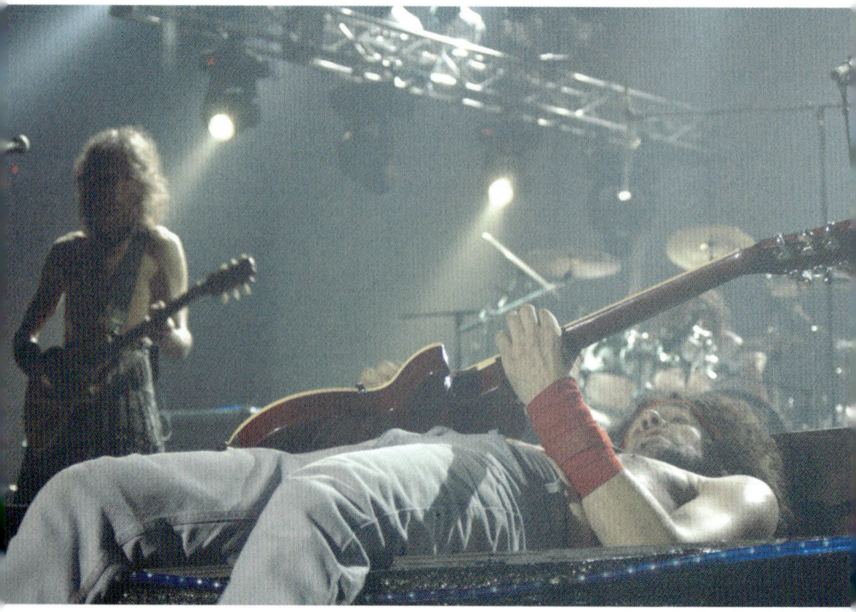

Más caña. La foto superior y la de Robe de la página de la derecha pertenecen a los conciertos de la gira *Yo, minoría absoluta,* cuyos mejores momentos se recogieron en el deuvedé *Gira 2002*.

Robe e Iñaki en puro clímax. © Fotografía cedida por Iñaki Antón

Iñaki y Robe, cómplices. © Fotografía cedida por Iñaki Antón

Fiel a la costumbre, durante la interpretación de «Rockin' all over the world», de John Fogerty, Iñaki acababa encima de la batería de un resignado Cantera. Aquel era el racial fin de fiesta de Extremoduro, ya sin la presencia en escena de Robe. © Fotografía cedida por Iñaki Antón

Miguel Colino, Cantera, Félix Landa, Iñaki y Aiert, envueltos por el humo de la gloria. Sospecho que existen muy pocos placeres comparables a ese. © Fotografía cedida por Iñaki Antón

Robe e Iñaki se divierten en una de las paradas de la gira *Para todos los públicos.* Sevilla, 4 de octubre de 2014.

Iñaki en modo géiser. © Fotografía cedida por Iñaki Antón

La calma…

… y la tempestad. © Fotografías cedidas por Iñaki Antón

La imagen superior y las dos de la derecha, espectaculares, pertenecen a los dos conciertos que Extremoduro ofreció en la plaza de toros de Las Ventas, dentro de la gira *Para todos los públicos*, las noches del 12 y el 13 de septiembre de 2014. La foto inferior de esta pág. muestra a un Robe que, desde su mundo, le arranca truenos a su guitarra en el concierto de Sevilla de esa misma gira. © Fotografías cedidas por Iñaki Antón

Otras dos hermosas imágenes de las actuaciones en Las Ventas durante la gira *Para todos los públicos,* que sería —aunque entonces ni ellos ni sus seguidores podían saberlo— la última del grupo. © Fotografías cedidas por Iñaki Antón

Un Robe emocionado durante uno de los conciertos de la gira *Robando perchas del hotel* (2012).
© Fotografía cedida por Iñaki Antón

Air Uoho. Gira *Para todos los públicos*. Sevilla, 4 de octubre de 2014.

Los miembros de La Pedrá —menos Dieguillo, el bajista— en Lorentzo Records, el estudio en donde se grabó el heterodoxo disco. De espaldas, sentado, Aitor Ariño, el técnico de sonido. Al fondo, a la izquierda, Robe, creador de la larga y bestial canción. Con camiseta naranja y peto vaquero, el ya fallecido Selu, saxofonista y artífice de la idea. De pie, dándole caña, Uoho, guitarra solista «y otras mil cosas más» del disco. Sentado en el suelo, manipulando los pedales, Gari, el batería, fallecido en accidente de coche. *Berriz (Vizcaya), agosto de 1993.* © Fotografía cedida por Iñaki Antón

Uno de los raros posados de un salvaje Robe a mediados de los noventa. © Estanis Núñez Arevalo, VEGAP, Barcelona 2023

Robe junto a Salo, Ramón «Mon» Sogas y «los catalanes», con los que formó Los Q3 (léase Cutres) y grabó el cuarto disco de estudio de Extremoduro, *¿Dónde están mis amigos?* (1993). Detrás de Robe, y de izqda. a dcha., Jorge Pérez «el Moja», batería; Salo, guitarra; Miguel Ferreras, bajo de cinco cuerdas; Eugenio «Uge» Ortiz, guitarra, y Mon, bajo. © Fotografía cedida por Iñaki Antón

Robe, Iñaki y las piernas de Cantera durante el acto de presentación de *Canciones prohibidas* (1998). Eligieron el mismo local de okupas en el que habían presentado, un año antes, el disco en directo *Iros todos a tomar por culo*. © Domingo J. Casas

Los integrantes de Extremoduro reciben el disco de platino por las cien mil copias vendidas de *Yo, minoría absoluta* durante el acto de presentación, en la sala madrileña de conciertos y locales de ensayo Ritmo & Compás, del recopilatorio *Grandes éxitos y fracasos (Episodio primero)* y del deuvedé *Gira 2002*. Aunque no se aprecia en la imagen, Robe llevaba una camiseta con la leyenda *Vais a ver cómo una persona se fuma un porro y no pasa nada*. Mayo de 2004. © Domingo J. Casas

Invitación para la presentación a los medios del disco *Yo, minoría absoluta* en la sede de la SGAE (Sociedad General de Autores y Editores). Jesucristo García, que ilustraba el tarjetón, lo definió durante la rueda de prensa como «el peor disco del peor grupo». *Madrid, marzo de 2002.* © Fotografía cedida por Javier Menéndez Flores

El pianista Aiert Erkoreka, Robe y un molido Uoho después de uno de sus intensísimos conciertos.
© Fotografía cedida por Iñaki Antón

Robe e Iñaki dan instrucciones a un miembro de su equipo técnico. Detrás puede verse al guitarrista José Alberto Batiz, la mano en la oreja, y adivinarse a Miguel Colino bajo la melena.
© Fotografía cedida por Iñaki Antón

Un Robe aplicado hace los deberes en la zona de los camerinos, tras el festín. Todo tiene que salir perfecto.

© Fotografía cedida por Iñaki Antón

Iñaki y Robe enchufados en plena naturaleza —y no me refiero a la botella de Chivas que reposa sobre la mesa— y metidísimos en el proceso de composición. De aquella estancia en un «chabolo» del Valle del Jerte (Extremadura) salieron algunas de las joyas que formaron parte de *Yo, minoría absoluta* (2002). © Fotografía cedida por Iñaki Antón

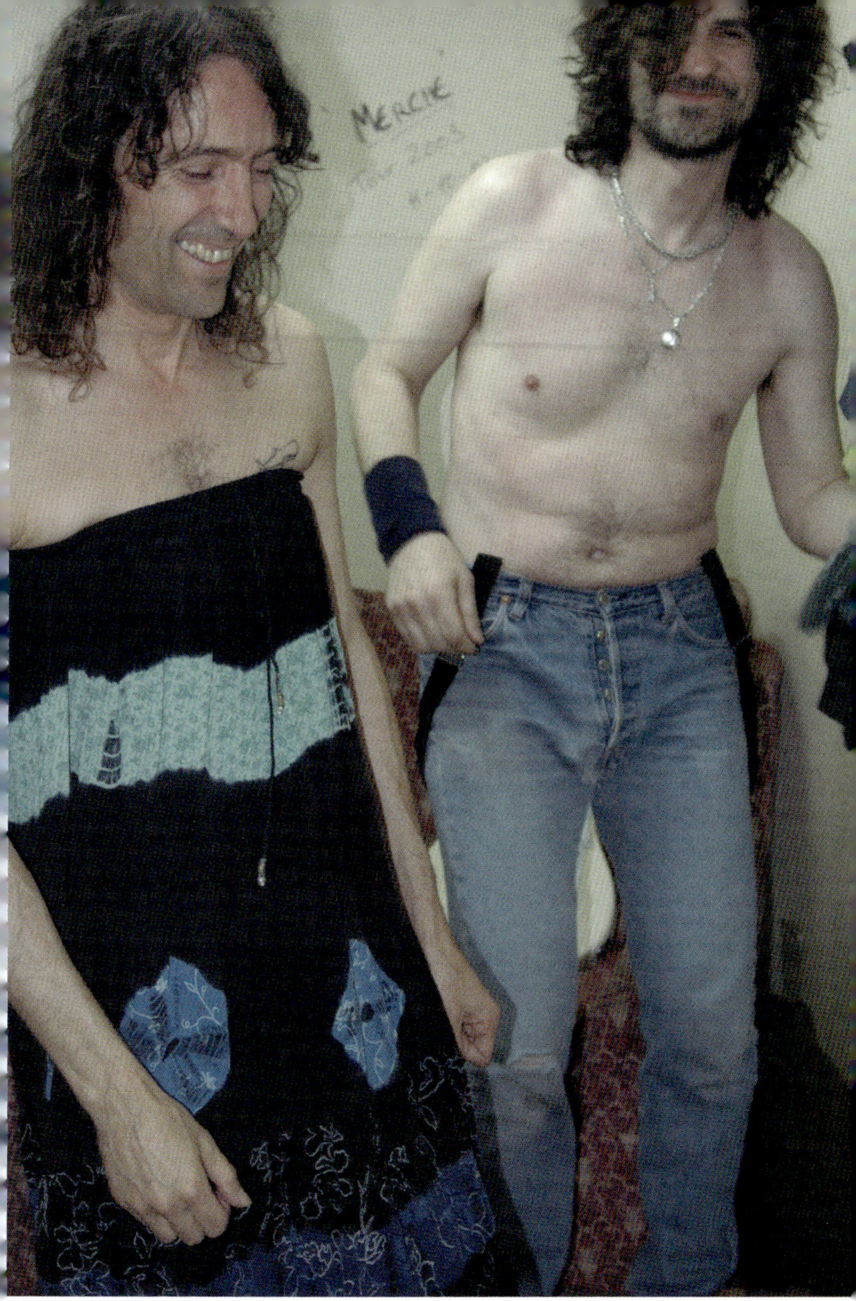

Robe hace el indio, o la india, y le arranca una sonrisa a Iñaki. Hay que mantener a raya los nervios antes de enfrentarse a la enardecida muchedumbre. © Fotografía cedida por Iñaki Antón

Extremoduro, entre rejas. © Fotografía cedida por Iñaki Antón

Qué (extremo)duro es posar. © Fotografía cedida por Iñaki Antón

Una de las pocas imágenes de Extremoduro en la que parecen buenos chicos. © Fotografía cedida por Iñaki Antón

La cámara ha inmortalizado a un Robe cuya mirada es un cuchillo. © Fotografía cedida por Iñaki Antón

Robe, Iñaki, Cantera y Colino la lían parda para presentar la gira *Robando perchas del hotel* (2012), que fue breve pero intensa.
© Fotografías cedidas por Iñaki Antón

Iñaki junto a su mujer, María Martín —responsable de muchos de los coros de los discos de Extremoduro desde *La ley innata*—, de juerga en el hotel tras una de las dos actuaciones en Madrid con las que cerraron la Gira 2008.
© Fotografía cedida por Iñaki Antón

Iñaki Antón y Javier Menéndez Flores durante la presentación del libro *Sabina. No amanece jamás*, escrito por el segundo. *Madrid, diciembre de 2016.* © Fotografía cedida por Javier Menéndez Flores

Fito Cabrales y Uoho, amigos para siempre. © Fotografía cedida por Iñaki Antón

La formación de los directos, al completo. De izqda. a dcha.: Robe, Cantera, Aiert, Félix Landa e Iñaki. La cabeza que está encima del cartel —«Ez dago lekurik/No cabemos»— es la de Miguel Colino. © Fotografía cedida por Iñaki Antón

Robe presenta la gira *Ahora es el momento/Ahora es cuando,* apoyada en su último trabajo de estudio, *Mayéutica* junto a los músicos extremeños con los que ha grabado sus tres discos en solitario. De izqda. a dcha.: Álvaro Rodríguez Barroso, piano; «Carlitos» Pérez, violín; David Lerman, bajo; Robe, voz y guitarra; Woody Amores guitarra solista; Lorenzo González, voces, y Alber Fuentes, batería. *Madrid, junio de 2021.* © Juan Carlos Hidalgo / EFE

Los miembros de Uoho posan antes del inicio de la gira que comenzaron en junio de este año. De izqda. a dcha.: Miguel Colino, bajo: José Ignacio Cantera, batería; Iñaki Antón, voz y guitarra, y Aiert Erkoreka, piano y órgano. *Periferia de Bilbao, marzo de 2022.* © Fotografía cedida por Iñaki Antón

Roberto Iniesta lee un discurso nada solemne y muy reivindicativo tras serle concedida la Medalla de Extremadura, la máxima distinción institucional de esa comunidad autónoma. *Teatro romano de Mérida, 7 de septiembre de 2014.* © Jero Morales / EFE

Una bonita imagen. Robe e Iñaki se miran a los ojos, sonrientes, durante la rueda de prensa en la que anunciaron el fin de Extremoduro y una gira de despedida que, por distintas razones, nunca se llegó a realizar. ¿Se dará algún día? Todo apunta a que no, pero nunca se sabe. La vida es larga, hasta que termina. Detrás de los meros mortales, en grande, un póster de los superhéroes en acción. *Madrid, 19 de diciembre de 2019.* © J.J. Guillén / EFE porque yo quería tocarla en directo y él trataba de escaquearse. En alguna gira llegamos a tocar solo la segunda parte de la canción. La primera parte no le apetecía cantarla, y lo entiendo perfectamente, porque esas cosas ya no le apetecía decirlas».

La siguiente, «Enemigo», es otra perfecta muestra de la vena *destroyer* —transgresiva— de Extremoduro. Es muy cañera, todo el rato arriba, sin anticlímax, sin descanso. Suena entre punk y heavy. Brutal:

Soy, por fin me he dado cuenta,
un enemigo de la humanidad,
gente que no entiende nada...[3]
yo a mi corazón dejo mandar.

Cada minuto marco un punto
al que debo llegar
y noto que me vuelvo a sublevar.

Quemo un cajero; al mundo entero
quiero preguntar:
¿habéis visto a los árboles decir que no estamos bien aquí
y que no nos vamos a cambiar?

Su tendencia al grafismo en el terreno sexual resplandece en los versos:

Me dice: —Tío, estoy mojada —con su carita de hada.
Y ahí le doy, y ¡ay, ay, me voy!

Me paso el día entre su braga
y su mata de pelo...
[...] Meto el dedo en toa la llaga...

3. Ese verso recuerda a estos de «Islero, shirlero o ladrón»: «*¡Aunque siempre hay gente / que no se entera de nada!*».

Y para terminar, la confesión/autorretrato:

Soy, por fin me he dado cuenta,
un enemigo de la humanidad.
Mugas,[4] *razas, religiones...*
Me la suda todo por igual.

Para Iñaki es una canción «bestia como un demonio, y trepidante. Ahí sí que encaja el calificativo de bestia».

Cierra el disco esa oda al exceso que es «Villancico del rey de Extremadura», a la que en el libreto se le añade el subtítulo, o más bien la coletilla, «Pues vaya puta mierda de villancico, colega». Es un tema con el que Extremoduro parece decirnos que se atreven con todo, que no hacen distingos, que son unos *killers*. Son como *Othar,* el caballo de Atila. La letra... en fin. Sírvanse ustedes mismos. Y en cuanto a la música, la primera parte es tranquila pese a lo bárbaro del mensaje. Casi suena a Albert Pla:

La vida no me sonríe,
me cago en la humanidad.
Hace un frío de cojones
va a llegar la Navidad.
Y si nos queda algún diente
comeremos turrón;
me estoy haciendo de vientre
dentro del corazón.
Y no me importa que los reyes ya no vengan para mí,
con que vengan los camellos
soy, bastardos, más feliz.

Y a partir de aquí el ritmo es bronco, guitarrero, atronador... demoledor. Es el «God Save the Queen» de Extremoduro:

4. «Fronteras» en euskera. Nota al pie en el original.

No… che de paz,
no…[5] *che de amor,*
todos contra todos, me cagüendiós.
Y del cielo una estrella vendrá:
es un cuete espacial.
No… che de paz,
no… che de amor.
¡Una tregua, me cagüendiós!
Y del cielo una mierda caerá:
es un cuete nuclear.

¡No… che de paz, me cagüendióóós…!

Sin olvidar el diálogo de introducción, que no tiene desperdicio:

Robe: —¡Me cago en tu padre, Manué!
Iñaki: —Otra vez este tío… A ver… ¿cuánto quieres?
R: —Very crismas, [risas del otro] Manué.
I: —Pero [entre risas] ¿cómo, que «very crismas, Manué»? Pero vamos a ver, vamos a ver, tío…
R: —¡Me cago en tu puta calavera y en to el espíritu de la Navidad junto…!
I: —Bueno, ¿qué quieres, una botella de Anís del Mono?
R: —Sí, pa' cagarme en tu padre cantando un villancico.
I: —¿Para qué? [entre risas].
R: —«¿Para qué?» [risas], so hijoputa. Para cantar con él [risas del otro].
I: —Otra vez. Venga, empieza.
R: —¡Otra! [Y comienza el «villancico»].

Este diálogo es una continuación del que se da en la versión que hicieron de «Me estoy quitando», de Tabletom, incluido en *Agila:*

5. Precisamente esos «noes» niegan, valga la redundancia, lo que expresan.

Robe: —Hola, Manué, qué pasa. Mira, que estoy buscando...
Iñaki: —A ver, ¿cuánto quieres?
R: —Que no, Manué, que no é eso. Que estoy buscando un guitarrista.
I: —¿Para qué?
R: —Para cantar con él [arrancan las guitarras flamencas y comienza el lío].

Iñaki me aclaró el origen de esos diálogos, que, en contra de lo que pueda parecer, no fue espontáneo:

«Aquello era algo que Robe tenía entre ceja y ceja. Él quería hacerlo, y cuando ya acabamos la grabación de *Agila,* dijo: "¡Eh! Lo de Manué. Venga". Luego nos ha parecido divertido y lo hemos ido utilizando en los siguientes discos. Salvo en *Material defectuoso,* que las circunstancias no eran propicias».

Y me contó además de qué forma tan marciana transcurrió la grabación del diálogo que precedía al villancico:

«Nos metimos los dos en la pecera del estudio, y estábamos con un pedo... Ya habíamos terminado el disco. Y entramos con el papel y no decíamos lo que estaba escrito ni pa' la hostia. Habría unos veinte minutos grabados de "venga, empieza otra vez, hijoputa...". Catorce veces lo dijimos, y ninguna como era. Y al final, al oírlo un par de días después, elegimos el que más gracia nos hizo. Es surrealista, no tiene ni pies ni cabeza. Y se nos ocurrió poner en el libreto el diálogo que habíamos escrito, a pesar de que el que se grabó era otro».

Canciones prohibidas salió a la venta el 28 de septiembre de 1998 y se presentó en Madrid, en un local de okupas (el mismo en el que botaron el anterior, *Iros todos a tomar por culo*). Robe, ante una marabunta de periodistas, abrió la rueda de prensa con un disparo: «¡Preguntad, cabrones!». Y los «cabrones» obedecieron.

De hecho, en ese encuentro aprovechó para dejar clara su relación con la prensa:

«Yo hoy vengo aquí, cumplo y se acabó. Informo del nuevo disco y ya paso de todo. Antes perseguía a los periodistas, y si tenía una entrevista estaba emocionado. Ahora solo cumplo y tengo tiempo, mucho más tiempo. Puedo salir, sentarme, dormir y liar, que es lo que debe hacer un poeta. O sea, todo es más guay».

Quedaba patente que la música, la misma música por la que tanto tuvo que pelear, y que más que crear, sangró, lo había convertido, por fin, en un privilegiado que podía permitirse decir no a cualquier medio de comunicación, por altos que fueran los galones que este luciera.

Preguntado por el motivo del título del disco, explicó:

«Vivimos en un tiempo de prohibiciones. Somos gente prohibida con pensamientos prohibidos y canciones prohibidas».

Por último, insistió en que la letra estaba siempre por delante de todo lo demás:

«Soy poeta antes que roquero. Poeta, siempre poeta. Lo que pasa es que si fuera solo poeta, nadie vendría a buscarme».

La gira *Canciones prohibidas* se inició ya en 1999, en marzo, pues necesitaron unos meses para engrasar la artillería.

A principios de ese año, al igual que hicieron mucho tiempo después, de cara a la gira *Robando perchas del hotel,* invitaron a sus fans a que les preguntasen lo que quisieran. La contestación a las preguntas la encabezaron con dos versos del poema «Canción de los poetas líricos», de Bertolt Brecht: *«Hemos estudiado y mezclado las palabras como drogas, / aplicando tan solo las mejores, las más fuertes»,* y aprovecharon para detallar la relación de conciertos del inminente *tour*, que llevó por título *Moñigos, morid.*

Reproduzco un fragmento de la contestación a sus fans que aludía a *Canciones prohibidas,* ya que define ese disco de forma espléndida:

«Hemos recibido algún comentario insinuando un giro comercial en Extremoduro. Esto debería indignarnos. Pero la falta de opinión propia y la ignorancia no deben indignar; más bien dan un poco de pena... ¿Es comercial no salir ni una puta vez hablando en televisión ni en radios? ¿Es comercial hablar de las drogas abiertamente? ¿Es comercial cagarse en Dios? ¿Es comercial una canción de más de ocho minutos? ¿Es comercial rajar críticos, jueces y curas? ¿Son comerciales los largos desarrollos instrumentales? ¿Son comerciales las canciones más duras y rápidas de la historia de Extremoduro? ¿Algún gran medio podría (o se atrevería) a programar algún tema de este disco? Por favor, tened un poco de criterio y no seáis como nuestros abuelos, que no siempre cualquier tiempo pasado fue mejor. Y dejamos estas moñigadas».

La gira arrancó en Navarra, con Fito & Fitipaldis, que acababan de lanzar su ópera prima, *A puerta cerrada,* de teloneros, y volvió a ser un delirio de entradas agotadas y recintos llenos.

En el libro *Cultura de bar. Conversaciones con Fito Cabrales,* el bilbaíno explicaba cómo surgió la idea de aquella gira:

«Fue una coña de Robe. Íbamos Iñaki, él y yo en el coche no sé adónde y, de pronto, se vuelve muy serio y dice: "Me voy de gira y estoy buscando de teloneros a un grupo que tenga un cantante peor que yo. ¿Conoces a alguien?". [...] La verdad es que era la hostia para empezar, y me quedé de piedra y le dije: "Joder, Roberto, *mecagüendiós.* Yo voy donde tú me digas. Así que empezamos, y si no nos dan de hostias a todos, pues seguimos". [...] Porque la gente estaba esperando a Extremoduro y mis canciones no eran cañeras, así que el primer concierto salí cagao. Las canciones se las conocían treinta, pero al final sí que se notó que el disco había sonado más. Fue muy divertida aquella gira, tengo muy buen recuerdo».

Madurez, divino tesoro

Robe definió la colección de temas que conforman ese trabajo del siguiente modo: «En este disco hay letras duras, otras blandas y otras muy bonitas».

Bien. Pues yo digo que *Canciones prohibidas* es un disco *muy* duro. Durísimo. Brutal, en ocasiones. De una irreverencia y crudeza sin parangón en el panorama del rock español. Sobre todo, en aquel entonces. Porque luego han eclosionado muchos discípulos cargados de dinamita. Aunque ya se sabe que no es una cuestión de cantidad.

Canciones como «Esclarecido», «Enemigo» o «Villancico del rey de Extremadura» no son, decididamente, para todos los públicos. Hay en ellas un inquietante regodeo en lo atroz, en la sordidez. Una propensión al feísmo que se contradice con su vena más lírica —también presente en el disco, y en grandes dosis— que muere, y si hace falta mata, por un gramo de belleza, por un soplo de poesía. Aunque, claro, qué cosas digo. Esa mezcla de contrarios es, precisamente, el sabor Extremoduro, el «rock transgresivo».

Por lo demás diré que, en conjunto, *Canciones prohibidas* no posee el fulgor de *Agila* ni su homogeneidad. Y la mayoría de sus seguidores, pese a que el grupo ya se había instalado en la senda de un éxito sin retorno, no tiene ese disco entre sus predilectos. La ya mencionada crudeza es una de las razones. Y hay otras dos: se trata de un trabajo más elaborado —es decir, menos espontáneo— y, a diferencia del anterior, que como Robe subrayó era un poco más suave, es bastante cañero. Pero temas como «Salir» y «Golfa» lo elevan: para mí, esas dos canciones son superiores a cualquiera de *Agila* y están entre las mejores, y ya es difícil, de Extremoduro.

Pero lo que este disco venía a constatar era el alto grado de solvencia de sus músicos. Su solidez, su gran profesionalidad. Su calidad, en suma.

En él se apreciaba —y se sigue apreciando desde su futuro, este presente— la definitiva madurez del grupo, que ya se anticipaba en *Agila*, pero que aquí termina de cuajar.

Su siguiente trabajo traería también las alforjas cargadas de transgresión, de tremendismo, de extremos duros o húmedos. Pero su cuota de belleza, su brillo, lo compensaría sobradamente.

YO, MINORÍA ABSOLUTA: EL BRILLO

Cuatro años. Ese fue el tiempo que medió entre la publicación de *Canciones prohibidas* y la del siguiente disco de estudio, el octavo, de Extremoduro: *Yo, minoría absoluta.*

Lo cierto es que, dicho así, parece una eternidad. ¡Cuatro años! En ese intervalo es posible sacarse, por ejemplo, una licenciatura. Pero es que hay que decir que ese período no fue ni mucho menos infecundo en la trastienda del grupo, sino que les sirvió para activar antiguos proyectos, renovar, una vez más, a algún miembro y, sobre todo, componer.

Respecto a lo primero, un año antes, en 2001, se editó *Poesía básica:* un trabajo que Iniesta se obstinó en sacar adelante contra huracán, marea y la más elemental lógica de mercado, y que consistió en ponerle música a una serie de poemas de su amigo Manolo Chinato. Detrás de ese disco se hallaba un grupo creado para tal efecto: Extrechinato y Tú. Es decir, que estaba compuesto por dos integrantes de Extremoduro, el citado Robe e Iñaki; por Chinato, y por dos miembros de Platero y Tú —no sé si ya exmiembros, ya que la banda se disolvió el mismo año—: Fito Cabrales y, de nuevo, Uoho. Pero de ese disco me ocuparé en un capítulo aparte.

Llega Miguel: se cierra el círculo

En cuanto a la segunda cuestión, los recambios en el grupo, tras la labor de Mikel Irazoki como bajista en la grabación de *Canciones prohibidas* y el posterior fichaje de Diego Garay, «Dieguillo», para la gira de ese disco, la plaza volvió a quedar vacante.

Y es ahí cuando entra en escena Miguel Colino, un portugalujo o *jarrillero,* es decir, natural de Portugalete (Vizcaya), del 66, que había formado parte de grupos como Neurosis, junto a Iñaki «Milindris» Setién, y Flying Rebollos, y que se ocupó del bajo en el primer disco de Fito & Fitipaldis, *A puerta cerrada.* Fue precisamente en el transcurso de esa grabación cuando conoció a Robe, ya que este cantó en el tema «Trozos de cristal».

Colino regentaba en Portugalete, junto a su mujer, el Izai, un bar, según sus propias palabras, de «rollo roquero, fumeta y cañero». Y allí estaba el hombre, atendiendo a su canalla clientela, cuando una memorable noche de 2001 la buena fortuna entró por su puerta bajo la apariencia de Iñaki y Roberto. «¿Te interesaría unirte a nosotros?», le preguntaron. Sobran las palabras. Tan solo añadir que es lógico pensar que, al igual que ocurrió con Cantera, los mejores querían al mejor, y aquel no les defraudó en ningún sentido. Porque desde entonces la formación se mantuvo intacta hasta la separación del grupo. De hecho, a excepción del extremeño, que fue quien lo creó, los otros tres integrantes, los vascos, son los que más años de antigüedad ostentan de toda la larga nómina de músicos que pasó por Extremoduro.

El maestro Uoho trazó para mí la semblanza del bajista:

«Con Miguel hemos encontrado una cosa que Robe y yo necesitamos mucho, que es un seguro a todo riesgo. Es exacto. Nunca falla. Cuando no sabemos qué parte viene o qué dice la letra, él siempre lo sabe. Es nuestro cancerbero. Es infalible. Lo clava todo, lo mete todo en su sitio. Cualquier cosa que escribimos, la interpreta a la perfección. Es un tío muy tranquilo y muy mesurado. La combinación Cantera/Miguel nos da muchísima tranquilidad. Lo tenemos todo cubierto con ellos. Son el sostén de banda perfecto para nosotros. A Miguel le gusta toda clase de rock. Sabe tocar mil canciones con el bajo, cualquier canción. Vamos a tocar una canción, la que sea, y él la toca, se la sabe. Ha escuchado y tocado todo tipo de rock. Música setentera, sobre todo. No sabe música, pero es muy estudioso. Hace los deberes el primero y el que mejor».

Me amplió el retrato, tanto de Colino como de Cantera, Robe, que hizo hincapié en lo que esos dos músicos supusieron para Iñaki y para él, para la banda:

«Cantera y Miguel le han dado solidez al grupo en todos los aspectos. En cuanto a música, porque tocan bien y son una base cojonuda. Pero también porque tienen la cabeza sobre los hombros. Sí, solidez en todos los sentidos. De confianza. Estando con ellos en el escenario, te sientes respaldado. Y también a la hora de hacer las canciones, de entenderlas y de saber lo que quieren. Cantera y yo muchas veces tocamos solos, y mientras lo hacemos voy dándole vueltas a los temas. Y, aunque no nos pongamos entre los dos a formar la canción, me va dando ideas y le voy cantando cosas: "A ver, tócame esto con este ritmo, ahora con este otro...". Y esa es una manera de participar, de estar ahí. Porque cuando haces un tema es difícil enfocar y saber cómo es, qué ritmo lleva. Y sí que ayuda, claro que sí. Pero también en cuanto a darte una confianza, que también hace falta en el grupo».

Miguel Colino me habló de su entrada en Extremoduro y de distintos aspectos del grupo en el que creció como bajista y al que le entregó todo su talento:

«Cuando grabé el disco con Fito, *A puerta cerrada,* estuvo Robe y me dijo: "Me gusta cómo tocas el bajo, le das rollito". Pero no esperaba para nada que me quisieran para Extremoduro. Aunque cuando fueron a mi bar para preguntarme si quería unirme al grupo, fue todo supernatural. Robe: "Miguel, ¿quieres tocar con nosotros?", y yo: "Vale". "¿Quedamos la semana que viene?" "Venga." Y así fue. Yo estaba detrás de la barra, y cuando estás detrás de una barra te lo crees todo —ríe—. Pero sí, fue un alegrón de la hostia. Y quedamos a la semana siguiente, que estaba también Cantera, que no nos conocíamos y nos entendimos enseguida. Yo creía que iba a hacer una prueba, a ver si les molaba o no. Pero qué va, entré directamente.

»De la grabación de *Yo, minoría absoluta* tengo muy buen recuerdo. Fue todo muy fácil. Iñaki escribía los bajos, aunque te dejaba margen, y grabamos en su casa. Yo también soy currela, de meterle horas en *queli* [casa], y la verdad es que fue todo corrido. Iñaki es bajista de espíritu, siempre lo ha dicho, y escribe unas líneas de bajo preciosas. Yo he aprendido muchísimo con él. Y *Yo, minoría...* tiene muy buenos temas. Ese fue un disco muy de local. Tocábamos por las noches. Recuerdo que habíamos grabado "A fuego" y llegaba Robe, emocionado, y decía: "¡Eh, que me he sacado otro cacho!". Y nos poníamos con ello. Aunque mi disco favorito de Extremoduro es *La ley innata.* Creo que es algo insuperable, una obra maestra. Sin Iñaki, muchas canciones de Extremoduro no habrían sido, o habrían sido muy diferentes. Sacar adelante *La ley innata* sin él... eso habría sido imposible. Como concepto de lo que es ese disco, sin Iñaki no habría sido. Lo tengo clarísimo.

»Esa gira, la de *Yo, minoría...,* fue la primera que hice con el grupo, y de maravilla. Se incorporaron además Aiert y Félix [piano y guitarra], y muy bien. Le daban otro color. A Félix lo conocía desde hacía mucho. Y Aiert es que toca muy bien.

»He disfrutado más las giras que el estudio. Prefiero estar dando caña y tocando, sudando con la gente y verles los caretos. Y salir después de la segunda noche de concierto. No recuerdo si fue en Valencia o en Albacete, con Iñaki y Cantera. Chaparon la discoteca en la que estábamos y llegó un taxi. Cantera se tiró encima del coche y el taxista se marchó, mosqueado. Entonces Iñaki habló con unos tíos que tenían un camión de verduras y nos llevaron en la caja del camión. Acojonante.

»Los conciertos de América fueron diferentes. Tenían un calor impresionante. Esa gente canta hasta los punteos. Todo. Una pasada. En Argentina fue la hostia. Tocamos en Rosario y en Buenos Aires, y menuda intensidad. Nunca había visto nada igual.

»En su día me gustó mucho Leño. Y los primeros discos de Ramoncín. Y Alarma!!! Aquella canción... "Frío". Joder. Ese es un temazo. Y Sabina tiene canciones muy muy buenas, y unas letras cojonudas. Pero lo que sí tengo claro, aunque yo haya formado parte de él, es que Extremoduro ha sido uno de los mejores grupos de rock que ha habido en España».

Así las cosas, con la formación ya rearmada por enésima vez, quedaba un último asunto, aunque capital: la composición.

Sin perder el norte

Roberto Iniesta llevaba ya tres años instalado en el País Vasco con su mujer e hijos. El lugar que eligió para vivir fue un pequeño pueblo de los alrededores de Bilbao, en la provincia de Vizcaya, situado a unos veinte kilómetros de Muxika, en donde Uoho tenía un viejo caserío remozado y reconvertido en estudio de grabación, conocido como La Casa de Iñaki, por el que pasó lo mejorcito de cada familia.

Ese salto geográfico, del sur al norte, obedeció, pues, a una cuestión estrictamente laboral, ya que para la realización del anterior disco, *Canciones prohibidas,* se comió más horas al volante que un camionero en todo un año. Me lo confirmó Iñaki:

> «Robe vivía aún en Granada y no sé ni los kilómetros que se hizo, porque nos curramos toda la estructuración, los arreglos y la preproducción en mi piso de Bilbao. Él dormía en el mismo cuarto en el que trabajábamos».

Pero aquella tierra terminó por conquistarle, como el propio protagonista explicó:

> «Hubo un momento en el que todos los componentes del grupo eran de allí y pasaba un montón de tiempo viajando. Necesitaba quitarme toda esa carretera de encima y fue casi una cuestión práctica. Digamos que, al principio, vine un poco obligado por las circunstancias, y al final me gustó y decidí quedarme aquí».

De ese modo, ambos músicos, que ya vivían el uno del otro a un paseo en coche, se pasaban horas investigando en el estudio de Iñaki en busca de la magia con la que tejer sus nuevas canciones. Cada día se ajustaban los guantes y saltaban al *ring* de las ideas con el propósito de hallar esas pepitas de oro que conducen al gran tesoro.

Y luego ya Robe, por su cuenta, se peleaba con las palabras, que son unas contrincantes durísimas, unas verdaderas hijas de puta que no te regalan nada y todo se lo tienes que quitar, e iba tejiendo, metáfora a metáfora, las magníficas letras que terminarían conformando ese trabajo.

En principio, las canciones se resistían a salir. Hasta que, de pronto, los sonidos y las palabras empezaron a cobrar forma, las piezas a encajar, y al extremeño y al vasco les entró un «ataque compositivo»: unos temas tiraron de otros, y se vieron con las suficientes canciones como para entrar, por fin, en el estudio de grabación.

Como un Cristo con dos revólveres

Yo, minoría absoluta fue grabado y mezclado en La Casa de Iñaki entre octubre de 2001 y enero de 2002. Más o menos el mismo tiempo que emplearon en dejar listo *Canciones prohibidas*. Uoho lo produjo y tras un problema con la masterización, que se realizó en los Sterling Sound, en Nueva York, la rehízo casi íntegra en su estudio, y fue supervisada por Aitor Ariño.

Las canciones que lo integran son: «A fuego», «La vereda de la puerta de atrás», «Hoy te la meto hasta las orejas», «Standby», «Menamoro», «Luce la oscuridad», «Cerca del suelo», «Puta», «Buitre no come alpiste» y «La vieja (Canción sórdida)».

En el apartado de las colaboraciones, Gino Pavone se encargó de la percusión; el guitarrista Batiz le metió el efecto *slide* —resbalar un tubo por encima de las cuerdas, impulsándolas— a «Menamoro», en donde Javi Isasi trompeteó, y Lourdes Aldekoa hizo coros en «Hoy te la meto hasta las orejas».

Además del cedé, ese trabajo incluía un extra bastante sabroso —la piratería empezaba a causar estragos y había que ser imaginativos y premiar con dosis de calidad al comprador—: un deuvedé con cinco canciones en directo, «Papel secante», «Buscando una luna», «Jesucristo García», «De acero» y «Sol de invierno», las cuales fueron grabadas en el concierto que ofrecieron en La Cubierta de Leganés el 9 de octubre de 1999, con la misma formación de los últimos años salvo el bajista, que entonces era Dieguillo, y mezcladas en el estudio de La Casa de Iñaki, por este y por Batiz, tres años después. También contaba con dos videoclips, «Puta» y «A fuego».

De todas las portadas de Extremoduro, la de este disco es, posiblemente, la mejor. Desde luego, es la que más fuerza tiene: sobre un fondo negro, Robe es la viva imagen de Jesucristo. Pero es, al mismo tiempo, un Jesucristo *diferente.* A saber: 1) Aunque se aprecian con nitidez las heridas que le infligieron para clavarlo en la cruz —los agujeros de las manos, por donde entraron los clavos—, no está crucificado. Sin embargo, está vivo. Vivísimo. 2) La corona de espinas ha sido sustituida por un collar de perro. 3) Justo encima de la consabida mordedura de lanza del costado izquierdo, de la que manan hilos de sangre, lleva un tatuaje (el tatuaje de las ballenas con el sol y la nube). 4) Va en gayumbos y carga a la izquierda, como los toreros. 5) Se ha ceñido a la cintura —y esto es lo más llamativo— unas pistoleras de cuero como las del Salvaje Oeste, con sendos revólveres —que no pistolas— en su interior, y 6) Los brazos, separados del cuerpo como si fueran alas —unas alas blancas, de ángel vengador, de ángel exterminador—, con las palmas quebrantadas hacia arriba, se tornan amenazantes sobre las armas de fuego. Para rematar el conjunto, encima de los muslos resplandece el título, que casi parece un lema, en rojo sangre: «Yo, minoría absoluta».

Conclusión: ese *Jesucristo* ha resucitado dispuesto a vengarse de sus torturadores —nada de poner la otra mejilla, se va a cagar la perra— con una colección de canciones cuyas letras son capaces de partir en dos una montaña. La obra está firmada por un excelente fotógrafo, Javier Salas. Ahora bien, el modelo a retratar influye, y mucho, en el resultado, y aquel fue la bomba hache: no es lo mismo fotografiar a un banquero o a un cardenal que a un Cristo con dos revólveres. Por cierto, la idea de esa foto, gran idea, fue de Fito Cabrales.

A propósito de aquella portada, Robe, que cuando quiere es pura morriña, no pudo evitar acordarse de su santa tierra y declaró: «A ver si me sacan en la procesión de mi pueblo». Con dos cojones.

Como era de esperar, aquel Cristo abrió las carnes a más de un buen cristiano, y en unos conocidos grandes almacenes recibieron cartas de clientes indignados que exigían la retirada de un disco que mostraba una imagen «irreverente y repugnante» que hería la sensibilidad católica. A este respecto, Robe me dijo:

«Hay gente para todo. Eso de indignarse... Que te indignes porque te ponen unos cartelones o algo muy exagerado en la cara, pase. Pero en la portada de un disco... Aparte de que a nosotros nos oye el que nos quiere oír. No somos un grupo ni de los que imponen las radiofórmulas ni de los que impone la publicidad. Porque hay veces que te indignas por cosas de la publicidad porque te las ponen en las putas narices, y continuamente. Pero nosotros no somos de esos, en ningún sentido. El que nos ve o nos oye, tiene que ir a ello».

Javier Salas realizó también la foto de la contracubierta: unas ovejas vistas desde atrás. En cuanto al libreto interior, lo diseñó, como ya hiciera en *Canciones prohibidas,* el exbajista de Platero y Tú, Juantxu «Mongol» Olano (Mongui Paint & Company), a partir de unas fotos «echadas» por los propios miembros de Extremoduro. En la contra de ese cuadernillo figuran unos versos de «Los encuentros de un caracol aventurero», de Federico García Lorca, parte de los cuales se incluyeron en la letra de «Puta».

Canciones del calibre .50

Yo, minoría absoluta es un disco de rock sin aditivos, que deja de lado los arreglos sibaritas del anterior —fuera secciones de cuerda y viento, fuera pijadas— y se centra y concentra en una fórmula que a ellos siempre les ha funcionado como un motor alemán: batería, bajo y guitarras. Y a correr. Es decir, cuatro tipos armados de electricidad que conocen su oficio y se entregan a él con vehemencia y talento, como si no hubiera nada en el mundo comparable a eso.

El propio grupo reconocía que se habían alejado de manera consciente de las orquestaciones y que volvían a un sonido más sencillo porque «hay que renovarse o morir». Del mismo modo, Robe afirmaba que los temas salieron como salieron porque, como decía su admirado Manuel Molina Jiménez, de Lole y Manuel, él en su corazón no mandaba.

El Jesucristo de la portada desenfunda ambos revólveres y, previo rugido, abre fuego con la poderosa y oportuna —por su conexión con la imagen de la cubierta— «A fuego». Una canción con un ritmo de rock acelerado y unos versos cuya literatura sienta las bases del contenido del disco:

A fuego lento no se calientan mis huesos.
Y bajé al infierno a ver dónde se cuecen tus besos
cansado de buscar un trocito de cielo
lleno de pelos.

Y como en «Esclarecido» se lo robaron, ya escarmentado, y para que no le vuelva a pasar, se lo deja en casa:

—¿Dónde están los besos que te debo?
—En una cajita,
que nunca llevo el corazón encima
por si me lo quitan.

Y vuelve a reivindicar su condición de misántropo e inadaptado, en este caso con una referencia muy bien traída:

Me salgo de mi casa,
me estrello contra la acera,
no puedo recordar qué clase de mundo hay fuera,
salté por la ventana buscando una liana
—¡árbol va!— y Tarzán al suelo.

De la misma forma, queda inmejorablemente expresado su sino: avanzar. Avanzar siempre:

> *Nadie me persigue pero yo acelero.*
> *Llaman a mi puerta y yo ya a nadie espero.*

Luego, una fugaz brisa de aliento...

> *Y a deshora sale el sol alumbrando una esquina*
> *y alegrándome el día.*

... que desemboca en la postrera, doliente y retórica pregunta (bajo la cual suena un punteo expresionista):

> *¿Dónde están los besos que te debo...?*

El videoclip de esa canción remeda un videojuego. Un despropósito visual en el que los cuatro integrantes de Extremoduro son los distintos jugadores. Citaré tan solo las fichas de presentación, ya que no tienen precio:

JUGADOR 1: ROBE. Todo músculo. Nada de cerebro.
JUGADOR 2: UOHO. Rápida aceleración. Difícil frenada. (Control imposible).
JUGADOR 3: CANTERA. Su respuesta a altas revoluciones es: «De puta madre».
JUGADOR 4: MIGUEL. Último modelo.

Iñaki me dio su opinión sobre «A fuego»:

«Me gusta mucho. Me parece que es muy cañera, aunque luego, al escucharla, no sé si lo parece tanto. Como músico es cañera, es agotadora de tocar, trepidante. Y es una canción en la que Robe sacó cosas de mí, y verte en una canción ya hace que tenga, para ti, algo especial. Fue complicada de estructura, porque tenía muchas partes. A mí me parece cojonuda. Funcionaba muy bien en directo, lo que pasa es que nos agotaba. *Tatatatatatata.* Duraba cinco o seis minutos. Acababas con el brazo hecho papilla. Era menos duro hacerte una paja todo puesto de *speed*».

Llega después la deliciosa y sutil «La vereda de la puerta de atrás», una de las preferidas de los fans, en donde se encuentran algunas de las más surrealistas imágenes del cancionero de Extremoduro:

Y si fuera mi vida una escalera
me la he pasado entera
buscando el siguiente escalón,
convencido que estás en el tejado
esperando a ver si llego yo.

Y dejar de lado la vereda de la puerta de atrás
por donde te vi marchar
como una regadera que la hierba hace que vuelva a brotar,
y ahora es todo campo ya.

Dices que a veces no comprendes
qué dice mi voz.
¿Cómo quieres que yo sepa lo que digo
si entre los dedos se me escapa,
volando, una flor
y yo la dejo que me marque el camino?

Iñaki me dijo de ella:

«Es una canción muy bonita. Una canción que, y ocurre mucho en Extremoduro, desde el primer Extremoduro, como puede ocurrir con "Tu corazón"o "Deltoya", tiene dos partes totalmente independientes. Llega a un sitio, se rompe, y ya es otra canción. Tiene una atmósfera y luego el momento de ruptura, para desembocar en otra cosa. También mezcla conceptos, relaciones personales, cómo ve él la sociedad... Son sentimientos mezclados, una constante en Extremoduro."Standby" cuenta solo una cosa, pero las canciones de Roberto casi siempre mezclan conceptos. En el aspecto literario muchas veces son platos combinados, con gusto, no del McDonalds, pero platos combinados. Como lector o como oyente no tienes que tratar de buscar obligatoriamente una explicación».

La siguiente canción es «Hoy te la meto hasta las orejas», un enunciado ante el que sobran las explicaciones. O no. Porque comienza con un lirismo que desmiente el título. Unos versos de corte romántico sobre un fondo de guitarra cuasi pop y con un bajo notabilísimo:

Soñar despierto con la luz de su sonrisa,
soñé en hablarle de su pelo y ser la brisa,
pensé decirle que la vida era su boca,
y no.
Pasa a mi lado su olor
y contengo la respiración.

Sufre Julieta en su balcón
viendo escalar a su galán.
Pensé decirle: más clara la luna brilla
y dar
contra el suelo otra vez más
al contacto con la realidad.

Pero entonces, el título es brutalmente expresado y cobra todo el sentido. Arranca, pues, la transgresión. El hachazo, el disparo, el chorro de fuego:

¡Hoy te la meto de todas todas!
«¿Por qué anda sola esta amapola?»
¡Hoy te la meto de mil maneras!
Y ya anda con la lengua fuera.
¡Hoy te la meto hasta las orejas
solito con mover las cejas!
¡Hoy te la meto hasta el mismo corazón
solo con que digas calor!
¡Calor!

Iñaki me comentó de esa canción:

«Es una canción muy burra, que pretendía serlo, además, muy explícita, que no suele ocurrir mucho en Extremoduro. Porque *«hoy te la meto hasta las orejas»* estará escrito en Extremoduro cuarenta veces, pero no de esa manera. Es una canción imposible de radiar. Nos parecía divertida. Se la propusimos a Martirio. Le escribí y le dije que nos gustaría que colaborara con nosotros, y me contestó diciéndonos que encantadísima. Entonces le dije "pues te mando la canción", y me escribió de vuelta diciendo "no me atrevo, no puedo. Me encanta, pero es que entiende que yo tengo una carrera y que me van a criticar, no me atrevo...". Y al final, esa parte femenina, no con tanto protagonismo como habría tenido Martirio en forma de coro, nos la cantó Lourdes, la mujer de Cantera. Robe y yo la conocíamos de antes, de hacía mucho tiempo, y no teníamos ni idea de que sabía cantar. Y, además, es una chica muy bilbaína, muy alta, y cuando se nos arrancó un día por Andalucía, pues flipamos, porque lo hizo muy bien. Esa canción, por burra, podría haber formado parte de *Canciones prohibidas*».

Y llegamos a la bellísima «Standby», otra muestra de la mejor poesía llevada a la canción. El hecho de que esté escrita en tercera persona, algo excepcional en la obra de Extremoduro, tan ensimismada, tan anclada en el yo, le otorga una cualidad narrativa. Una consistencia de relato o *nouvelle*.

Fue uno de los dos temas más votados por los internautas para que se incluyera en el repertorio de la penúltima gira del grupo, *Robando perchas del hotel*. El otro fue «Si te vas...». Como puede observarse, se trata de dos *lentas*, si es que tal calificativo puede aplicarse con propiedad a alguna canción de Extremoduro. «Standby», sin serlo del todo, sí tiene el aroma intimista propio de estas. Quién iba a imaginar que a Extremoduro le fuese a pasar lo que a Elvis, quien pese a su sobrenombre de rey del rock siempre vendió, y sigue vendiendo, muchos más discos de baladas que de puro y duro rocanrol. Algo que también les sucede a los alemanes Scorpions: tiene huevos que después de tanto guitarreo, y de joyas como aquel doble disco en directo, *Tokyo Tapes*, la canción que al final les va a sobrevivir sea «Still Loving You»...

Volviendo a «Standby», la soledad, la melancolía y el surrealismo vertebran una de las letras más logradas de Iniesta. Su música —Robe/Iñaki— la engrandece. Ya la primera estrofa es un fotograma, el párrafo de una novela:

Vive mirando una estrella
siempre en estado de espera.
Bebe a la noche ginebra
para encontrarse con ella.

Se suceden las imágenes inquietantes, de una fuerza y belleza conmovedoras:

Sueña con su calavera
y viene un perro y se la lleva,
y aleja las pesadillas
dejando en un agujero
unas flores amarillas
pa' acordarse de su pelo.

Sueña que sueña con ella
y si en el infierno le espera,
quiero fundirme en tu fuego
como si fuese de cera.

Y termina por condenar al personaje a la soledad eterna:

... siempre en estado de espera.

De esta canción se hizo un videoclip que se abría con unos versos extraídos del poema «Ideario», incluido en el libro *Cuenta atrás,* de Francisco M. Ortega Palomares:

Me da vértigo el punto muerto
y la marcha atrás,
vivir en los atascos,

los frenos automáticos y el olor a gasoil.
Me angustia el cruce de miradas,
la doble dirección de las palabras
y el obsceno guiñar de los semáforos.
Me arruinan las prisas y las faltas de estilo,
el paso obligatorio, las tardes de domingo
y hasta la línea recta.
Me enervan los que no tienen dudas
y aquellos que se aferran
a sus ideales sobre los de cualquiera.
Me cansa tanto tráfico
y tanto sinsentido,
parado frente al mar mientras que el mundo gira.

Iñaki me dijo sobre «Standby»:

«Es una canción atípica dentro de Extremoduro en el aspecto literario. Más al uso en otros artistas porque coge y cuenta una historia de una persona, y no se sale de ahí. Una canción preciosa, escrita desde muy adentro, desde las entrañas de Robe, y una canción que a mí me costó. Era tan sencillita y tal, pero tampoco la veía desnuda. No sabía cómo abordarla, hacer que cogiera fuerza el estribillo, para el momento más desgarrador que tiene, los distintos climas del estribillo. Me acuerdo que estaba con Fito y le expliqué "estoy con esta canción y bien, pero llego al estribillo y no quiero arrearla demasiado *pa'lante*, quiero que siga siendo tranquila pero que ocurra algo", y Fito me dio alguna idea, pero me sonaba a Fito, claro. Al día siguiente, descartando esas y otras ideas más complicadas, con un guitarreo desgarrado logré esa tensión, esa cosa ahí, y me quedé muy contento con el resultado. Sencillo, efectivo y, sobre todo, que la música favorece a la canción, que es de lo que se trataba. Prueba superada».

«Cerca del suelo» es una buena canción. Una de esas buenas canciones condenadas a languidecer en la «cara b» porque hay otras que son mejores. La letra es espléndida y posee algunas imágenes que son poesía químicamente pura:

No necesito ropa, me arropa el olor
de ayer.
No necesito ropa, me arropa el sabor
a miel.
No necesito que haya nada entre tú yo
(la piel).
No necesito nada de tu corazón
(beber).

Quedamos cerca del suelo
a la altura de tu cintura.
O quedamos cerca del suelo
donde se refleje la luna.

[…] Y se desarma la luna
solo con tocarla.
Y se enciende la luz
que hay dentro de la charca.
Como dos gotas de agua
de distinta nube
que bajan y que suben.

[…] Juntos somos como cataratas puestas del revés
y volver p'arriba otra vez…
Monto de bajada en tu mirada y me dejo llevar
por delante y por detrás.
No queda en pie ni una regla que no podamos saltar,
ni límite por atravesar.

Concluye con un coro de tuna que clama: «¡Y esta sí que salió bieeeen!», pues precisaron de unas cuantas tomas para cerrarla.

En este disco se encuentra otra de las grandes canciones de Extremoduro, «Puta». Un tema que aúna metal del bueno —los punteos de Uoho son prodigiosos— y lirismo del mejor. Robe incluyó en él un fragmento del poema de Lorca «Los encuentros de un caracol aventurero», que ya cité en el capítulo de las deudas poéticas. Contiene un par de versos en los que queda expresada la impotencia del creador. De aquel que intenta apresar la luz para volcarla al papel:

¡Que no me da la gana pasar media vida
buscando esa frase que tal vez no exista!

Y otros, de gran calidad, que casi pueden palparse (y, ejem, saborearse):

Bebo de una fuente caliente, caliente,
y vuelvo a ver al hada que nunca me abandona.
Cuando no estoy contigo domestico las horas
y hago que den brincos, y hago que corran.

El videoclip, ideado por Iniesta y realizado por Mikel Clemente, escenifica la disparatada fuga de un psiquiátrico, en una suerte de parodia de la película *Alguien voló sobre el nido del cuco,* por parte de los integrantes de Extremoduro (menos Robe, al que los celadores, tras llamar puta a una monja/enfermera que le reprende por fumar, se llevan en volandas para aplicarle duros correctivos). Una vez en la calle, los tres músicos les arrebatan la ropa y el coche, un descapotable, a Fito Cabrales y a José Alberto Batiz, que han parado en la cuneta para echar una meada y allí se quedan, groguis y en bolas. Cantera, Colino y Uoho vuelven al psiquiátrico con sus instrumentos y la lían parda. Finalmente, los celadores se llevan al guitarrista y le hacen una trepanación. El videoclip termina con Iñaki y Robe, lobotomizados, sentados delante de una pared como si estuvieran viendo la televisión. Mientras Uoho babea, el otro abre la boca y pronuncia, sin voz, la palabra «puta». En su interior, la bestia sigue viva.

Iñaki me destacó la calidad de «Puta», y lo mucho que le gustaba:

«Esa canción rompió la sequía creativa de Robe. Estuvo un tiempo que no le gustaba nada de lo que escribía, yo trataba de sacar alguna cosita para delante, pero él me decía: "No, esto que he escrito es una mierda". Hubo un momento en el que Robe pensó que ya no podría escribir canciones, que no le iban a salir. Fue un día cualquiera, le salió "Puta", y ya. A mí me chifla, me encanta, me parece un pedazo de tema, con una marcha guapísima, roquera, nos quedó muy apañadito. Grabamos una batería, un bajo y dos guitarras, y a tomar por el culo. La banda base: Cantera, Miguel, Robe y yo. Y a cantar. No es lo habitual».

Cierra el disco «La vieja (Canción sórdida)», con la que regresan al mundo del lumpen tan bien retratado en temas como «Perro callejero». Contiene una introducción protagonizada por Manué y su compinche, el dúo calavera que tanto juego les venía dando desde *Agila.* Suena el órgano de una iglesia y el runrún de una homilía —¿es una parodia del latín?—, tras lo cual se produce este breve diálogo transgresivo:

Robe: —¡Manué...! —Ruidos de esfuerzo del susodicho— . Vamos, que están saliendo ya de la misa.
Iñaki: —Espera un poco, que estoy cagando, tío...

El disco se puso a la venta el 4 de marzo de 2002, y unos días después se presentó en la sede madrileña de la Sociedad General de Autores y Editores (SGAE). Roberto Iniesta, que estaba a dos meses escasos de entrar en el club de los cuarenta, justificó así la elección de tan solemne lugar:

«Además de ser un grupo de rock transgresivo, somos un grupo reivindicativo. Y si en otras ocasiones nos hemos reunido en una casa de okupas, ahora lo hacemos aquí porque reivindicamos este edificio como nuestro. No es de Teddy Bautista ni de una junta de dirección».

Aún faltaban unos años para que efectivos de la Guardia Civil llevaran a cabo un concienzudo registro en aquel edificio, que se saldaría con la detención, y posterior dimisión, de su presidente, Teddy Bautista, así como de otras personas de su confianza, por un presunto delito societario y de blanqueo de capitales.[1] Pero Extremoduro ya tenía claro que aquel espacio era propiedad de quienes hacen las canciones, de los músicos, de los artistas, y no de un plantel de ejecutivos que manejaban los hilos, y los kilos, desde umbríos despachos.

Robe, fiel a su impronta de chico terrible, aseguró que aquel trabajo que presentaban era «el peor disco del peor grupo»:

«Estamos hartos de ver cómo la gente se anuncia como lo mejor de lo mejor. Y con este disco queremos ser más malos que nunca».

Desde luego, ya desde la portada quedaba patente esa intención.

Aquello coincidió con la etapa dorada de *Operación Triunfo,* fenómeno que provocó esta reflexión del músico y poeta:

«Todo lo de *Operación Triunfo* me da un poco de *yuyu*. Cuando veo los índices de audiencia, pienso que estamos rodeados de gilipollas. Quiero pensar que eso es un reflejo irreal de la sociedad, porque si no es que estamos todos locos».

Y aprovechó para pronunciarse sobre uno de los grandes males del momento, la piratería:

«Si todo se fotocopia o se copia, se acabará con los autores. No está en nuestras manos bajar los precios de los discos, pero no creo que sean

1. El 1 de julio de 2011, la Guardia Civil irrumpió en la sede de la SGAE (Sociedad General de Autores y Editores) y detuvo al presidente del Consejo de Dirección de esa entidad durante dieciséis años, Teddy Bautista, y a otras nueve personas dentro de la llamada Operación Saga. La Fiscalía Anticorrupción solicitaba penas que iban desde los dos años a los doce años y medio de cárcel por delitos de apropiación indebida, administración desleal, falsedad de documento mercantil y asociación ilícita. Para Bautista, en concreto, la fiscalía pedía una condena de siete años de prisión por delitos de apropiación indebida o administración desleal por el supuesto desvío de más de cuarenta y siete millones de euros a varias empresas que daban a la SGAE servicios de gestión y promoción de derechos digitales. El juicio se celebró en la Audiencia Nacional entre octubre y diciembre de 2020, y tanto Bautista como los otros nueve acusados quedaron absueltos.

tan caros. Sobre todo, si se comparan con el precio de una entrada para un partido de fútbol».

Pero es que el fútbol, en España, es una religión que cuenta con millones de fieles. Tipos capaces de privarse de cualquier vicio, salvo de la contemplación de esos once contra once y un balón por medio, y de la posterior charleta de bar. Y eso no lo cambia nada ni nadie. No. Ni el Cristo que lo fundó.

Liando la de Dios es Cristo

Llegado el verano, Extremoduro emprendió la correspondiente gira, de nuevo exitosa —eso ya no tendría marcha atrás—, por toda España, en la que incluyeron la tierra de Robe, Cáceres, donde agotaron todas las entradas para el Recinto Hípico. Unos meses después, a finales de noviembre, llenaron dos noches consecutivas la plaza de toros de La Cubierta, en Leganés (Madrid), ante más de veinte mil personas. Y si bien es cierto que con cualquier otro disco con el que hubiesen salido a la carretera la acogida habría sido la misma, *Yo, minoría absoluta* era un trabajo perfecto para los escenarios. Porque con canciones como «A fuego», «La vereda de la puerta de atrás», «Hoy te la meto hasta las orejas» o «Puta» es fácil, muy fácil, extremodurear.

Es decir, que el metal y la poesía tenían en esos temas su mejor tarjeta de presentación hasta ese momento. Era como volver a los orígenes, pero infinitamente más sabios: el sonido había sido destilado con primor y oficio; era poderoso y persuasivo, y estaba más conseguido que nunca. Y en lo que respecta a las letras, eran las más cuidadas y dolientes que habían salido nunca de la pluma —del corazón— de su autor. Un trabajo, en fin, brillante.

La gran novedad de esa gira fue el fichaje de un teclista, Aiert Erkoreka, y un guitarrista de apoyo, Félix Landa, para que el sonido en directo del grupo ganara en calidad y en potencia, creciera.

Aiert recibió una formación clásica. Estudió hasta quinto de piano, pero el veneno del blues y el rock entró en él y dejó las tediosas aulas para empezar a tocar por su cuenta a los clásicos del género, tal y como me relató:

«Cuando estudiaba piano me gustaban mucho el funk, el jazz, el *rock and roll* y el blues. Pero en la educación clásica solo existe la música clásica, y era "no toques eso, no toques eso", hasta que dije: "Que os den por culo. Me piro". Mi hermana tiene toda la carrera de piano, y tocaba todo lo que le mandaban. Yo tocaba poquísimo lo que me mandaban e igual me tiraba tres horas y media al día sacando solos de otros músicos e inventando cosas. Tenía una gran pasión por el blues y el rock. Y amo la música clásica, ojo, pero eso de la imposición, el por cojones, no va conmigo. Mis grandes referentes han sido, y siguen siendo, Nicky Hopkins, que fue pianista de sesión de todas las bandas que salieron en Londres en los sesenta, setenta y ochenta; Billy Preston, el quinto beatle, que fue pianista de sesión y de directo de los Stones y de muchas otras bandas, y Chuck Leavell, pianista de sesión de los Allman Brothers y, desde hace veintitantos años, pianista de los Stones».

Aiert también me contó cómo comenzó a tocar en las giras de Extremoduro y muchas otras cosas de sus experiencias con el grupo:

«Yo tocaba con una banda de Portugalete, los Hush [más tarde Hash], en la que Félix Landa estaba de bajista, si mal no recuerdo. Estuvimos tres años de garitos, y recuerdo muy bien que tocamos en el Umore Ona, de Bilbao, y creo que en ese concierto Félix ya había hablado con Iñaki y Robe para tocar en el grupo. Aquella noche hubo mucho movimiento allí, estaban todos. Pero como era un poco su sitio de quedar, su segunda casa, o la primera, pues a mí no me resultó raro. Aquella noche tocamos de puta madre. Y una semana más tarde, los Hush tenían un concierto en un garito de la costa al que yo no pude ir. Luego supe que a ese bolo fueron Iñaki y Robe para conocerme y charlar. O sea, que Iñaki ya me había *fichado* en el Umore. Y el caso es que a la mañana siguiente de aquel concierto al que no fui, un domingo, muy temprano, me llamó un colega para decirme que Iñaki y Robe me estaban buscando para hacer una prueba. Flipado, me levanté de un salto de la cama, me compré dos paquetes de tabaco y me los fumé, seguidos, dándome un paseo. Me metí cuarenta cigarrillos del tirón. Yo a Iñaki lo veía en los garitos de Bilbao, y en las fiestas llegué a telonear alguna vez a Platero y Tú, y para mí eran gente muy grande, a la que respetaba. Y el caso es que quedamos en el local y ahí empezó toda la historia. Conocía las canciones de Extremoduro porque las ponían a altas horas de la madrugada en los garitos, pero no era un grupo que yo escuchara. No era fan, qué va. Aunque por aquella época salía con una chica que me ponía a Extremo a las ocho de la mañana. Yo le decía "oye, quítame eso, ¿qué música es esa?". Porque yo escuchaba a los Aerosmith, los Black Crowes, los Allman Brothers, los Stones... todo anglosajón. Es muy curioso las vueltas que da la vida. Pero cuando me pasaron todos los cedés del grupo para que los escuchara y fuera familiarizándome, fui pillándole el rollo a un grupo al que, como te digo, no le había prestado atención, y me gustó, claro.

»El primer concierto en el que toqué con ellos fue en Galicia, no recuerdo en qué capital, y había tres mil personas. Nada comparable a lo que iba a venir después, cuando la cosa se hizo mucho más grande. Pero para mí quinientas personas ya era la hostia, con que imagínate. Estaba totalmente alucinado, muy nervioso y muy emocionado. Es algo que la mayoría de los músicos no viven. He sido un afortunado.

»La gira que más disfruté con Extremoduro es la que tocamos "La Pedrá" entera. Para la gente fue un regalazo, pero para los músicos también. Ahora, cuando más hechos hemos estado como músicos ha sido en la de *Para todos los públicos*. Ahí éramos un reloj. Fue nuestro techo. Tocamos para audiencias impresionantes, cincuenta mil personas. Conciertos emocionantes vividos con mucha intensidad. Y los conciertos en América, impresionantes. Lo de los porteños es increíble. En Argentina, mientras tocábamos, tenía la sensación de que iban a asesinar a alguien. Se sabían todos los solos de Iñaki, los cantaban. Hostia, esa era otra puta galaxia.

»*La ley innata* es una obra maestra, y el mejor disco de Extremo. Y las guitarras de Iñaki es que son obligatorias. Cambias esas guitarras por otras y dices "uf, esto no funciona". Ese disco lo tiene todo. Es una canción que abarca todos los tempos, tiene violines, tiene una caña que alucinas, luego de repente se va a un sitio supertranquilo, con pianos... Me parece una auténtica obra maestra, sí. Tanto la composición de Robe como los arreglos de Iñaki, que son bestiales. Y ahí hay labor compositiva por parte de Iñaki, igual que en "Standby", del disco anterior, *Yo, minoría absoluta,* que es también un discazo, otra maravilla del primer al último tema.

»Robe e Iñaki son muy distintos a la hora de trabajar. En el caso de Robe, aparecía en el local con su guitarrita y nos decía: "Tengo esto, a ver qué os parece". Y solo tocando la guitarra con su voz y con su pedazo de letra, nos quedábamos flipados. Decíamos: "Es que este tipo es un puto mago". Él solo es increíble. Pero para una banda de rock esa canción necesita un vestido a medida, y ahí es donde entra Iñaki, que es otro mago de los arreglos musicales. Te traen una canción en crudo y dices, sí, vale, muy bonito, pero eso hay que pulirlo. E Iñaki tiene una grandísima musicalidad, no solo porque controla con la guitarra, es que, además, toca el piano y conoce también todas las pijadas del órgano, los tiradores y demás. Iñaki te coge una canción y te la multiplica por un millón. Así salieron temazos como "Standby", "Si te vas..." o "Dulce introducción al caos", que ahí está Iñaki detrás. Y con esas melodías de guitarra, que tienen su huella. Y cuando se juntaban Iñaki y Robe era ya la hostia. Pero esas canciones primeras no habrían sido lo que luego han sido de no haber intervenido Iñaki en ellas, en absoluto. Iñaki ha sido el arquitecto del sonido de Extremoduro. Y no solo el sonido: ver la filosofía del tema, qué es lo que le viene bien. Por ejemplo, "Si te vas...", que Robe la tocaba y te decías "sí, muy bonito, esto es mágico", pero ahí había que meterle, tenía que caminar para una banda de rock, y sin los arreglos de Iñaki se quedaba a medio gas. Iñaki es un visionario musical. Lleva muchos años y tiene muchísimas tablas.

»Extremoduro ha sido el mejor grupo de rock que ha habido en España en los últimos veinticinco años. Porque, además, ha hecho una cosa que no ha hecho mucha otra gente, que es ir barriendo generaciones. Tipos de cincuenta y tantos y chavales de dieciocho. Y un grupo que es capaz de hacer eso... dice mucho».

Félix Landa, el otro fichaje para esa gira, pasó por el conservatorio y dio clases particulares, pero es, según él, «casi completamente autodidacta en lo que a la guitarra eléctrica se refiere». Sus primeras influencias eran todas clásicas: Beethoven, Tchaikovsky, Dvořák, Holst... Siempre tuvo claro que quería ser músico, pero no sabía en qué instrumento se especializaría. Fue tras escuchar «Rockin' in the free world», de Neil Young, cuando se dio cuenta de que la guitarra era su instrumento. Y entonces comenzó a escuchar a The Who, Led Zeppelin, Bowie («con Mick Ronson, sobre todo»), los Stones, Beatles, Hendrix...

Antes de comenzar a tocar en Extremoduro lo hizo en otros muchos grupos, de entre los que destacaron dos: J.O.E, que fue «su proyecto», aunque era, y sigue siendo, un proyecto conjunto, y Hash, que se disolvió hace años, y con la que hizo una gira con Fito y grabaron dos discos «maravillosos», en sus propias palabras.

Félix me relató cómo surgió el tocar en las giras de Extremoduro y otras cosas sobre el grupo:

«Mi contacto con Extremoduro fue a través de Miguel [Colino]. Somos amigos desde hace mil años. Extremo necesitaba un músico de apoyo, él les habló de mí, hice una prueba y *pa'lante.*

»La verdad es que no era muy seguidor de Extremo. Había escuchado media docena de temas, y no tenía ni idea del poder de convocatoria que tenía la banda ya por aquel entonces. Cuando entré, pensaba que íbamos a dar bolos para doscientas o trescientas personas como mucho —ríe—. Y en el primer concierto que hicimos hubo *solo* dos mil quinientas o tres mil quinientas personas, no recuerdo bien, pero sí recuerdo que fue, sino el más flojo (de público) de las cinco giras, uno de los más flojos. Imagínate…

»Mi papel en la banda no era "creativo". Cuando llegaba a los ensayos las canciones ya estaban grabadas, con lo que por mi parte no había ningún espacio para la improvisación, salvo quizá para meter alguna *percu.* Mi trabajo consistía en hacer los "recordings adicionales" de los discos. Que había una guitarra, la hacía; que había una *percu,* la hacía; que había un coro, lo hacía; que había un coro y una guitarra a la vez, me ocupaba de ambos; que había una guitarra, un coro y una *percu* a la vez… Bueno, ahí ya había un problema y había que elegir —ríe—. Pero por no intentarlo que no fuese. Si hacía falta era capaz de colgarme una pandereta del nabo…

»La gira que más me gustó fue la de 2012, porque tocamos entera *La ley innata,* que es mi disco favorito de Extremoduro. Y eso que fue una gira cortita, lo que supuso una diferencia muy considerable con las demás en lo que a ingresos económicos se refiere. Anécdotas de las giras tengo cientos. Pero si tengo que elegir una me quedo con llorar tocando *La ley innata* en más de la mitad de los conciertos de dicha gira. Llegaba un momento, al final de la canción, después de la catarsis, en la parte del barquito de papel, que no podía evitar llorar de emoción. Todavía hoy en día hay ocasiones en las que solo de pensarlo se me saltan las lágrimas y se me erizan los pelillos de todo el cuerpo.

»En las giras de Extremoduro siempre ha habido personas de todas las edades, pero en la última, la de *Para todos los públicos,* se notaba un "relevo" generacional, había mucha más gente joven. Claro que nosotros también éramos más viejos que en las anteriores, y quizá eso tuviese algo que ver. Y estuve en las dos giras de América, en 2012 y en 2014. Como músico, las recuerdo como unas vacaciones dentro de la gira. Ten en cuenta que fuimos más o menos veinte días para cinco conciertos, y los músicos solo currábamos los días de bolo. Para los técnicos fue totalmente distinto, claro, en algunos bolos las pasaron putas…

»¿Diferencias entre Iñaki y Robe a la hora de trabajar? No te sabría decir, porque yo siempre he trabajado con los dos, y eran uno. Pero si tengo que decir algo diría que Robe es más visceral e Iñaki más analítico, lo que en mi opinión es la combinación perfecta si hay confianza mutua. A ver si me explico: a Robe si algo le suena bien, le vale. Iñaki compone y/o arregla con la filosofía de los compositores clásicos: hasta que tiene la última nota clavadita, no para de darle vueltas».

Volviendo a *Yo, minoría absoluta*, Iñaki me dio su parecer sobre ese disco, quizá su preferido de toda la discografía de Extremoduro:

«Para mí, *Yo, minoría absoluta* es una piedra básica de Extremoduro. Es esencial para entender Extremoduro, que ha tenido tres o cuatro épocas. Pero ese disco está justo en un punto de transición, como de una época a otra. Es un disco muy potente que a mí me gusta mucho. No sé qué lugar ocuparía, si el primero, el segundo, el tercero..., porque no me gustan las clasificaciones, pero es un disco impepinable. Quizá sea mi favorito».

Entonces se me ocurrió decirle que, apurando, casi se podría considerar el último disco de Extremoduro. De Extremoduro entendiéndose como Extremoduro. Porque después llegó *La ley innata,* que inauguró un escenario distinto... Él rio y dijo:

«Quizá. Se podría decir. Sí, después de ese disco hubo una época de evolución, compositiva, creativa... Por mucho que a alguien le guste la época azul de Picasso o la realista de Dalí, y piense que es la mejor, eso no obligaba a Picasso ni a Dalí a quedarse en esa época. Ellos evolucionaron hacia otras cosas, y nosotros también. De manera natural, no provocada. Andando el camino. Pero del Extremoduro más roquero... —ríe—. Nunca se me había ocurrido pensarlo, pero sí, puede ser *Yo, minoría absoluta* el último disco de esa época».

Todo hacía pensar que el grupo continuaría por esa senda creativa y que su siguiente entrega no tardaría, pues, demasiado en aparecer. Pero los simples mortales proponen y los todopoderosos dioses disponen.

Dos años más tarde, en mayo de 2004, cuando *Yo, minoría absoluta* ya había conseguido un disco de platino por sus más de cien mil copias vendidas —atención: en una época en la que las ventas de discos habían caído en picado debido al cáncer de la piratería— y acababa de ver la luz su primera entrega de «lo mejor de», esto es, *Grandes éxitos y fracasos (Episodio primero),* amén del deuvedé *Gira 2002,* Extremoduro ofreció una rueda de prensa para presentar la gira que comenzaría unos días después, y que los iba a llevar por toda la geografía española hasta mediados de noviembre. En ella, advirtieron:

«Preferimos tocar en directo a sacar un disco cada año sin sustancia. Si la puta musa tarda cuatro años en venir, pues tarda cuatro años».

Que tenían ojo clínico estaba claro. Porque desde que hicieron esas declaraciones hasta que el nuevo disco de creación del grupo estuvo listo para llevar, transcurrieron, exactamente, cuatro años. Seis en total desde la publicación del anterior.

Un infierno.

LA LEY INNATA: LA EXCELENCIA ERA ESTO

Los discos tienen la extraña virtud de apresar el alma de quienes los hacen. Si hablamos de artistas de veras y no de simples caricaturistas de la canción, no hay lugar para el fingimiento. Es por ello que, dependiendo del estado de ánimo de los autores, y al margen del estilo musical que desarrollen, pueden rebosar amargura, optimismo, furia; ser festivos o melancólicos; calmos o histéricos. Estar más o menos vivos.

Mick Jagger afirmó que *Their Satanic Majesties Request,* el álbum con el que los Stones se adentraron en la psicodelia, fue compuesto «bajo la influencia de la libertad bajo fianza» —poco antes de iniciar las sesiones de grabación, Keith Richards y él habían cumplido una parte de sendas condenas de cárcel relacionadas con el consumo y la posesión de estupefacientes—, y de ahí el resultado: esa atmósfera opresiva, densa. Como si unos grilletes invisibles atenazaran tanto los instrumentos como la voz.

Utilizando ese símil, podría decirse que *La ley innata,* el noveno disco de estudio de Extremoduro, fue cocinado bajo los demoledores efectos de la impotencia creadora.

Solo hay que acudir al comienzo de ese trabajo, a la hermosa «Dulce introducción al caos», para certificarlo. La voz de Roberto Iniesta, tras más de un lustro silenciada, se metía en nuestros tímpanos desde su hondura habitual y lo primero que hacía era justificar tan largo período de improductividad:

Cómo quieres que escriba una canción
si a tu lado no hay reivindicación.
La canción de que el tiempo no pasara
donde nunca pasa nada.

Y algo más adelante insistía:

Cómo quieres que escriba una canción
si a tu lado he perdido la ambición.

No podía deberse a la mera casualidad que el disco arrancase con semejante confesión. Más allá del significado real de esa letra, Robe, a su manera, se estaba disculpando. Y lo hacía explicándonos de qué horrendo lugar venía: donde el tiempo se detiene, queda en suspenso. Donde nada acontece.

Porque los años transcurridos hasta dar con aquella mina de oro, entre 2002 —tras la publicación de *Yo, minoría absoluta*— y 2008, cuando por fin salió a la luz, supusieron para él algo muy parecido al cumplimiento de una severísima condena. El otrora mortificante «¿dónde están mis amigos?», ese devorador grito interior, se había convertido en «¿dónde está mi talento?».

Fue una vez publicado el disco cuando Robe describió con tino, incluso con cierta carga de poesía, qué era lo que había experimentado en esa etapa de oscuridad:

> «En seis años da tiempo para que te den muchos bajones. No encontraba la inspiración y me torturaba a mí mismo recordando aquella época en la que me decían que era el mejor. No encontraba a esa persona».

La aspiración era la de ser uno mismo, así de sencillo. Solo que, claro, en su mejor versión. Y no, no había manera. Aquello era un ochomil al cubo.

Sucede que los terremotos de mayor intensidad, y este se salió de la tabla, precisan de una muy larga labor de reconstrucción. Y eso fue lo que ocurrió.

Robe pasó de bracear en medio de la oscuridad, extraviado, impotente, a verse con un material altamente sensible entre las manos, pura *delicatessen*. Un material de una complejidad muy superior a cuanto había hecho hasta entonces, e Iñaki y él se pusieron a trabajar con la disposición de dos cirujanos ante una operación de gran envergadura. El segundo lo explicó de un modo esclarecedor:

«No sé qué fue, pero fue repentino. De repente, empecé a recordar cómo hacía lo que hacía».

Bien, pero cada cosa a su tiempo. Vayamos por partes.

Un entreacto (y un balón de oxígeno) llamado Muxik.es

En noviembre de 2006, algo menos de dos años antes de que *La ley innata* estuviera en las tiendas, Robe emitió un comunicado a través de la página web del grupo que entristeció a sus miles de seguidores. En él decía esto:

«Hola de nuevo. Os escribo para daros buenas y malas noticias. Primero, las malas: el verano que viene, Extremoduro no vamos a hacer gira. De momento no entra en nuestros planes tocar sin tener canciones nuevas. Puede que muchos penséis que no hace falta hacer un disco nuevo para hacer una gira, que en los conciertos queréis oír las canciones que conocéis de siempre, y puede que tengáis razón, pero yo necesito hacer cosas nuevas para que el grupo siga teniendo sentido. Espero que para el verano de 2008 las cosas hayan cambiado y tenga temas nuevos. O puede que para entonces me haya cambiado el punto. Pero eso, ahora, tampoco puedo saberlo. Yo no dejo de tocar la guitarra y de intentar que me salga algo, pero siempre he compuesto con el corazón y, como cantaban Lole y Manuel, yo en mi corazón no mando».

Estas eran, pues, las malas noticias. Y con ellas, Robe reconocía que vivía preso —*«por mis pecados, sigo preso»*— de una sequía creativa que le impedía poner el huevo que tantos esperaban. La nueva criatura extremoduriana.

Los datos eran desalentadores: el último disco del grupo fue *Grandes éxitos y fracasos (Episodio segundo),* que salió a la venta a finales de noviembre de 2004. Y de eso hacía ya dos años. Una eternidad.

Las buenas noticias no tenían en absoluto que ver con Extremoduro, sino con una aventura musical de Iñaki, con lo cual sus fans —o cómplices, que diría Sabina— solo se contentaron a medias:

«Y ahora vamos con las buenas: os cuento todo esto solo para que tengáis información de primera mano sobre Extremoduro, pero la verdadera razón de que me ponga en contacto con vosotros es para contaros lo que está haciendo el Uoho. Todavía no está todo claro, supongo que más adelante él os irá dando más información. Está preparando una banda y un disco. La banda la forman, además de él, Cantera, Miguel y un tío que se llama Calvo que canta, toca la guitarra y tiene talento. Y el disco saldrá en enero o febrero, aunque de momento, ni el disco ni la banda tienen nombre. Pero no creáis que solo es un proyecto, todo está en marcha y cualquier día de estos os pondremos algún tema en la página de Extremoduro o en Muxik.es, la página de la discográfica. Espero que los disfrutéis. Un saludo».

En 2006, Roberto Iniesta e Iñaki «Uoho» Antón crearon la discográfica Muxik.es —el nombre juega con las palabras música y Muxika, la localidad vizcaína en la que se encuentra La Casa de Iñaki—, «una iniciativa particular de miembros de Extremoduro, por medio de la cual queremos dar a conocer primeros trabajos de grupos que pensamos que merecen ser escuchados». Así se presentaban en la página web creada para tan noble causa.

La primera apuesta de aquella insensata aventura empresarial y loable institución filantrópica fue el lanzamiento del disco *Ni, zu... gu,* del grupo vasco Kriston, influenciado por el rock setentero y con cuidadas letras cantadas en euskera.

Y fue ese sello el que consiguió sacar a Robe de sus cuarteles de invierno, de su búnker de las afueras de Bilbao, en donde andaba a hostia limpia con las musas, para presentar en sociedad el disco de Uoho que unos meses antes había anunciado en la página oficial de Extremoduro.

Así pues, en marzo de 2007, en Madrid, ambos músicos comparecieron públicamente para botar y defender no solo el disco prometido, sino alguno más.[1]

El primero llevaba por título *La inconsciencia de Uoho,* que era a su vez el nombre del grupo que lo había creado (aunque poco después se acortó y se quedó en Inconscientes, a secas, pues a Uoho aquel protagonismo con fines publicitarios le producía urticaria). Ese grupo estaba compuesto por tres de los miembros de Extremoduro. Además de Iñaki, el batería José Ignacio Cantera y el bajista Miguel Colino, más Jon Calvo, líder a su vez de Memoria de Pez, quien oficiaba de cantante y guitarrista. Es decir, todos menos Robe, que se limitaba a cofinanciarlo, promocionarlo y darle su bendición, lo cual no era poco.

Compuesto de once temas —«Cuestión de principios», «Dentro de una botella», «Luna», «Una vez más», «Sin querer», «Empieza la función», «Miedo a despertar», «Tendrá que ser otra vez», «Andar del revés», «Mujer brutal» (versión del «Ace of Spades» de Motörhead; adaptación al español de Álex Sardui, cantante de Gatibu) y «Aprender a olvidar»—, aquel era un disco de rock and roll, sin más etiquetas, tal y como lo definió Uoho. Aunque enseguida le sacaron parecidos con AC/DC, Status Quo —las fuentes son las fuentes, qué coño— y, sobre todo, con los inevitables Pla-

1. Los dos amigos y socios, a quienes les iba el corazón y la pela en aquella causa, hicieron algo insólito en ellos: fueron a la tele a promocionar ese trabajo. El espacio en cuestión fue *Noche Hache,* un *late show* que se emitía en la cadena Cuatro y que era conducido por Eva Hache, que fue quien los entrevistó. Al principio de la charla se les notó algo tensos, como fuera de lugar. Como si se estuvieran preguntando qué coño hacían ahí. Pero acabaron relajándose, e incluso riéndose. Un momento histórico, en fin. Uoho me explicó los motivos de su inaudita presencia en un plató de televisión: «Queríamos promocionar a los grupos de los que habíamos sacado un disco, echar una mano. Nos fuimos al matadero para echarles un cable. Porque ya sabes que por Extremoduro no lo habríamos hecho».

tero y Tú. La portada era ingeniosa: los cuatro miembros del grupo suplantan a los currelas que almuerzan o se fuman un cigarrillo sobre una viga del rascacielos Rockefeller Center. Una celebérrima fotografía en blanco y negro tomada en Nueva York en los años treinta.

La aventura de Inconscientes no se quedó ahí, sino que el grupo realizó una gira por toda España —más de cuarenta conciertos, en algunos como cabeza de cartel— para defender su trabajo. Uoho me dio sus impresiones sobre aquel *tour*:

> «La idea era la de mantener a la banda viva, porque la sequía creativa de esa época nos tuvo demasiado tiempo en el dique seco. La gira tuvo un calor de puta madre. Fue impecable y muy satisfactoria».

No obstante, me reconoció que evitaba escuchar ese disco porque las letras, de su autoría, «reflejaban los momentos de bajón de esos días. Un rollito un poco deprimente».

Los otros discos que se presentaron en aquel acto fueron *Calaña,* del grupo del mismo nombre, muy en la línea de los jerezanos Los Delinqüentes, y *Terroritmo,* de Antisocial, una banda más cercana al punk.[2]

El lujo que se permitieron con aquellos trabajos fue el de mimarlos mucho. Dedicarles el tiempo que precisaran en el estudio de grabación, sin prisas ni urgencias de ningún tipo. Eran discos de artistas hechos por artistas.

Por otro lado, en la rueda de prensa citada Robe reveló que llevaba tres años escribiendo un libro y regaló ironía:

> «No se trata de una autobiografía, porque no podría hacerla a menos que encontrara algo grabado. Tampoco es una novela histórica ni científica. Es un relato».

2. A esos discos les siguieron, un año después, *En el mar de los sueños,* de Memoria de Pez, y *Sexo, ternura y misterio,* de Doctor Deseo. Y hasta hoy.

Aquel libro era, claro, *El viaje íntimo de la locura,* la novela que dos años después optó por autoeditar ante las leoninas condiciones de las editoriales con las cuales habló.

Y llegó la pregunta del millón: «¿Para cuándo el nuevo disco de Extremoduro?». Y la doliente respuesta de Robe:

> «No salen las canciones. Estoy esperando a que pase un día de estos, pero no sale nada».

En aquellas fechas, Iñaki, cuyas manos y corazón serían decisivos en la composición musical de ese disco que se resistía a salir, lo reiteró en una entrevista para el diario *El País:*

> «Ahora en Extremoduro estamos un poco estancados por las letras».

Un desierto en el alma

Las palabras no acudían a la cabeza de Robe. Por más que, infatigable, las buscara, por más que tratara de dar con aquellas que le permitiesen avanzar, ir hacia el sol, estas se negaban a mostrarse. A dejarse atrapar.

De cuantos males le pueden sobrevenir a un creador de canciones, ese es el peor. La historia de la música, como la del arte en general, está llena de dolorosos ejemplos de ello. En realidad, no hay músico, escritor, pintor o cineasta en exceso perfeccionista y autoexigente que no haya pasado alguna vez por ese trance. Por un angustioso proceso en el que quien lo padece lo único que desea es despertar cuanto antes de esa pesadilla y volver a la luz. Es la otra cara de la moneda, el revés de los parabienes y el éxito. Es, en fin, la depresión del artista, que se queda seco como una pasa y no es capaz de arrancar de sí las flores que antaño producía sin apenas esfuerzo. Y es, también, sí, una cura de humildad. Forzosa, pero innegable.

En el terreno musical, Robe carece de conocimientos teóricos: posee un don natural que le facilita nadar contra la corriente y con el que, ayudado de un poco de paciencia, otro de voluntad y un mucho de Uoho, consigue llegar a tierra firme. Pero lo de las letras ya es otra historia.

El poeta y músico le confesó al escritor Lorenzo Silva, en la entrevista que este les hizo a él y a Iñaki para la revista *Rolling Stone,* lo complejo que le resultaba escribir una canción:

«Yo no puedo hacer canciones cuando quiero. No es como escribir; escribir puedes escribir todo lo que tú quieras si estás en un buen puntito y tienes la cabeza un poco abierta. Hacer canciones es una cosa más de los sentimientos. Necesitas que te deje alguna novia o que pase algo raro o que se te muera el perro. A mí me gustaría poder hacer una gira cada año y hacer un disco cada año, y tener un montón de discos. Es muy difícil.»

Pues eso: cómo quieres que escriba una canción si a tu lado no hay reivindicación.

No era esa, en cualquier caso, la primera vez que Robe aludía a esta cuestión. En anteriores ocasiones había explicado que se puede estar mucho tiempo intentando componer y nada, no hay forma de que salte la chispa. Hasta que un día, de improviso, la inspiración se te planta delante y hay que abrazarse a ella, como el náufrago a la tabla, y tratar de aprovecharla al máximo. Abusar hasta del último centímetro de su ser. Porque quién sabe cuánto tiempo permanecerá ahí.

Es por ese motivo por lo que tiene distintas guitarras distribuidas por toda la casa: para que si un día brota el germen de una futura canción, no le dé pereza ponerse a tirar del hilo, meterse en faena. Porque él no es un compositor de método, en absoluto. Aunque si existiera alguno que le ayudase a hacer las canciones como él quiere, lo cumpliría, aseguró, de forma escrupulosa.

Un *tour* de éxito con sabor amargo

A principios de mayo de 2008, Extremoduro colgó en su página web «Dulce introducción al caos», la primera canción de su esperado nuevo disco. Era una hermosa pieza de algo menos de ocho minutos que comenzaba muy lenta. Aunque luego tenía un cambio de ritmo marca de la casa que la llevaba al terreno en el que el grupo mejor se desenvuelve, el de los *riffs* poderosos.

La gente pareció reaccionar con tibieza. Como si esperara otra cosa. Incluso hubo algún crítico que la condenó antes de concederle un mínimo período de gracia para que se asentara y mostrase su verdadero potencial. Así, mi admirado Darío Prieto escribió para *La Luna de Metrópoli* del diario *El Mundo:*

> «La canción de adelanto del nuevo cedé, "Dulce introducción al caos", no presagia nada bueno: un baladón algo pastelero salpicado de punteos de guitarra, como si Robe se inspirara ahora en Marea y otros grupos que copiaron su estilo».

Aquel fue —y el tiempo así lo ha constatado— un juicio cruel y demasiado presuroso. Porque ese disco tenía, como ya he dicho, un nivel de complejidad mayor que cualquiera de los que habían realizado antes y requería, por lo tanto, de una escucha más atenta, más concentrada. De una más larga digestión. Porque a medida que lo ibas reescuchando descubrías nuevos matices. Pequeños detalles que te habían pasado inadvertidos y que le daban otro cariz, otra dimensión al conjunto. Sin olvidar la belleza de las melodías y la profundidad de los textos. El propio Robe reconocía ese inicial grado de dificultad con un escueto: «No es fácil de oír».

Unos días después de darse a conocer aquel tema, el 17 de mayo, arrancaba en Santander una gira que los llevaría por cincuenta ciudades españolas. Una gira que fue como un tiro, que agotó las localidades allá por donde pasó, que devolvió la sonrisa a muchos, pero que a Robe y a Iñaki les dejó un sabor de boca agridulce.

Pues, contrariamente a lo que habían defendido siempre, tenían que salir a la carretera con un disco que aún no había visto la luz y del que, por lo tanto, no podían tocar las canciones (salvo el primer corte, que era lo único que la gente había tenido ocasión de escuchar por gentileza del grupo).

Aunque, ya avanzada la gira, y una vez editado el disco, en algunos conciertos tocaron también el «Primer Movimiento: El sueño». Y en Sevilla mostraron la «Coda flamenca (Otra realidad)», un tema muy propio para aquel decorado.

El 31 de mayo hicieron parada en Plasencia, la ciudad natal de Robe, en donde llenaron el campo de fútbol después de trece años sin tocar allí. En una entrevista que concedió para el diario *Hoy* de cara a ese concierto, respondió así a la pregunta de qué sentía después de tantos años de ausencia:

> «La verdad es que va a ser un momento muy especial, y lo sé. Una de esas ocasiones en las que tienes que intentar "estar bien" y cantar lo mejor que puedas hasta cierto punto. Porque sabes que puede llegar un momento en el que se te haga un nudillo en la garganta y la cosa sale peor».

Quienes estuvieron allí esa noche lo recuerdan como un concierto singular, diferente. Con una magia a la altura de la responsabilidad que comporta tocar en casa, para los tuyos. Por más que los «suyos» sean, en realidad, todos: extremeños, catalanes, vascos, andaluces, valencianos, madrileños... Personas, al fin y al cabo. Amantes de la buena música.

El noveno, por fin

Grabado y mezclado, al igual que *Yo, minoría absoluta,* en Muxika, en La Casa de Iñaki, fue producido por este y contó con Íñigo Etxebarrieta como técnico de grabación. La masterización se efectuó en los estudios Impact Mastering Labs., en Barcelona, y la realizaron Álvaro Balañá y el propio Uoho.

La nómina de colaboradores fue mayor que nunca, lo que daba una idea de la complejidad del trabajo. Al igual que en *Canciones prohibidas* contó con un cuarteto de cuerda, aunque en este caso los músicos elegidos fueron otros.

El primer violín fue el libanés Ara Malikian, una bestia de la naturaleza que conjuga una depuradísima técnica con una honda sensibilidad. Junto a él: Thomas Potiron, segundo violín; Humberto Armas, viola, y Juan Pérez de Albéniz, violoncello. Esta aportación fue registrada en los madrileños estudios CATA, propiedad de la SGAE.

Gino Pavone se ocupó de la percusión; Ander Ercilla, del oboe; Mikel Piris, de la flauta; Aiert Erkoreka, del piano (Javier Mora fue el pianista del «Cuarto Movimiento: La realidad»); Patxi Urchegui, de las trompetas mariachis, y Sara Íñiguez y Airam Etxániz de los coros (Gastelo hizo los coros de «Dulce introducción al caos»). De la transcripción de las partituras se encargó José Ramón Gutiérrez.

Además, y como es costumbre en todos sus discos, algunos amigos se pasaron por allí para echarles un cable: Batiz metió el *slide* en el «Primer movimiento: El sueño»; María Martín y Jon Calvo cantaron coros; Diego Garay, «Dieguillo», gritó en «Dulce introducción al caos», y Happy «cantó como un perro».

Los distintos cortes de la canción son: «Dulce introducción al caos», «Primer movimiento: El sueño», «Segundo movimiento: Lo de fuera», «Tercer movimiento: Lo de dentro», «Cuarto movimiento: La realidad» y «Coda flamenca (Otra realidad)».

La portada, de cuyo diseño se ocupó Dabid Zelaia, es la más sobria de toda la discografía de Extremoduro y resulta un acierto, ya que posee la carga de misterio que el contenido —las canciones— exigía. En ella vemos a *El hombre de Vitruvio,* de Leonardo da Vinci, una figura masculina inscrita en un círculo y un cuadrado que nos muestra al hombre como centro del universo. Sobre él aparece impreso el siguiente fragmento de una cita de Cicerón que alude a la legítima defensa:

> EST · ENIM · IVDICES · HAEC · NON · SCRIPTA · SED · NATA · LEX · QVAM · NON · DIDICIMVS · ACCEPIMVS · LEGIMVS · VERVM· EX · NATVRA · IPSA · ARRIPVIMVS · HAVSIMVS · EXPRESSIMVS · AD · QVAM · NON · DOCTI · SED · FACTI · NON · INSTITVTI · SED · IMBVTI · SVMVS.

O en román paladino, según la libérrima traducción llevada a cabo por Robe:

«Existe, de hecho, jueces, una ley no escrita, sino innata, la cual no hemos aprendido, heredado, leído, sino que de la misma naturaleza la hemos agarrado, exprimido, apurado. Ley para la que no hemos sido educados, sino hechos; y en la que no hemos sido instruidos, sino empapados».

Aquel texto, todo un acierto, a punto estuvo de no ver la luz, tal y como me relató David Bonilla, de Warner:

«Era la primera quincena de agosto y yo me había ido de vacaciones. El disco ya estaba terminado, pero el arte no. Lo mandaron, que lo hizo un chico de allí, Dabid Zelaia, y en Madrid siempre tenemos a una persona de diseño que lo revisa. El caso es que en la portada hubo una capa, la del texto de Cicerón, que no se grabó, y se imprimieron cincuenta o sesenta mil libretos sin ese texto, con solo el dibujo. Recuerdo que me llamaron y me dijeron: "Oye, ¿esto de Extremo no tenía un texto?", y yo: "Sí, ¿qué ha pasado?". Me enviaron una foto y cuando lo vi no me lo podía creer. Se tuvieron que tirar esos sesenta mil libretos a la basura. Yo traté de convencer a Robe para mantenerlos y le sugerí ponerles una funda de cartón en la que sí se vieran las letras, con la portada original, y me dijo: "Mira, lo siento mucho. Pero es que el disco está pensado así y así tiene que ir. Hay que cambiarlo". Me lo dijo de muy buenas maneras. Si hubiese colado lo habríamos hecho, pero no coló. Los tiramos, ya digo, con el coste que eso suponía, que es una pasada, y se volvieron a hacer. Eso igual lo retrasó una semana o dos días, pero fue algo mínimo».

La ley innata es lo que se conoce como un disco conceptual: un solo tema, que no llega a los cuarenta y cinco minutos, recorre la espina dorsal del disco. Aunque, en este caso, consta de diversos cortes —seis—, si bien todos ellos siguen un hilo conductor. Son como los sucesivos capítulos de una historia única, de una novela. De hecho, al final del último corte vuelve a sonar el comienzo del primero. Un bucle. El eterno retorno.

Estas palabras del guitarrista y coautor de las canciones de Led Zeppelin, Jimmy Page, sobre «Stairway to heaven», quizá su canción más famosa y uno de los más grandes temas de rock de la historia, sirven para definir lo que es *La ley innata*. Porque es justo eso:

> «Comencé con la idea de algo que se descubría capa tras capa, a medida que avanzaba la canción. Había una guitarra frágil al inicio de todo, luego aparece la voz sobre esa guitarra, y luego todo se movía como una ola hacia algo más sensual».

Es decir, de la brisa al ciclón. «Stairway to heaven», que mezcla con brillantez rock progresivo, folk y rock duro, desafiaba las reglas de grabación convencionales, puesto que su ritmo aumenta de manera gradual (como *La ley innata,* aunque esta tiene algún remanso de paz según avanza). La de Led Zeppelin comienza como una balada, tiene una sección intermedia de guitarra eléctrica lenta a la que le sigue un largo y magnífico solo de guitarra —Page lo ensayó de un modo compulsivo en las sesiones de grabación y según distintos medios especializados es el mejor punteo de rock de todos los tiempos—, y en su último tramo deviene en una sobresaliente muestra de rock duro que Plant definió como un «orgasmo». En *La ley innata* hay unos cuantos orgasmos.

Hay quienes han entroncado este disco con *Pedrá,* su antecesor en lo experimental, pero Robe se mostró taxativo al respecto: «No tienen nada que ver». Y es cierto: no se parecen en nada.

En las entrevistas de presentación, el extremeño lo resumía así:

> «Se trata de un único tema y, a pesar de ello, tiene mucha variedad. Va a sorprender por el tipo de música. Y con una única canción se va a poder encontrar más diversidad que en otros discos con varias canciones. Al componer, me daba cuenta de que salía una canción, y es más difícil hacer un solo tema de cuarenta y cinco minutos que varios de tres. Cualquier variación de un minuto afecta a la canción entera».

Y aprovechaba para explicar la idea del disco:

«Queremos reivindicar la individualidad de cada uno. La ley innata que cada uno tiene. Es un homenaje al individuo».

Un homenaje al individuo y una ley escrita con muy buena letra

Cuando en 1979 el británico Roger Waters, bajista y voz de Pink Floyd, alumbró a modo de catarsis el doble álbum *The Wall* («el muro»), el disco conceptual por antonomasia, además de exorcizar sus traumas de infancia y adolescencia y confesar sus frustraciones de adulto, se ganó merecidamente una plaza en el Olimpo de los más grandes creadores de rock. En ese trabajo está contenida toda la amargura de una vida: desde la pérdida del padre en la Segunda Guerra Mundial, la sobreprotección por parte de su madre o las secuelas de una educación represiva basada en el lema «la letra con sangre entra», hasta su rosario de debacles amorosas, el uso y abuso de drogas y los continuos conflictos que le generaba su condición de famoso. Todos esos luctuosos episodios eran los «ladrillos» con los que Pink, su álter ego en el disco, levanta un muro que le sirve para mantenerse a salvo de las amenazas del exterior, pero que lo ensimisma peligrosamente y le obliga a inventarse una existencia ficticia que lo acaba aislando.

Roberto Iniesta, a diferencia de Waters, no pretendía levantar muro alguno, sino derribar el que había crecido en torno a él sin que pudiera remediarlo. Salir de aquel encierro forzoso y volver a respirar el aire purísimo de la creación. Beber otra vez, en fin —¡al fin!—, *«el agua de la nieve de abril»*.

En el terreno musical, aquello era lo más endiabladamente difícil que habían construido hasta ese momento. Y ese disco mantuvo ese récord hasta la disolución del grupo. Iñaki me contó con qué grado de concentración trabajaron, hasta casi desquiciarse:

«Es el disco que más trabajo nos ha dado. Casi nos volvemos locos los dos, pero de verdad. No como cuando tu madre te decía: "¡Me estás volviendo loca!", no, sino de verdad. Era un disco que tenía que tener equilibrio, era un concepto de cuarenta minutos... Tenía que tener un hilo conductor. Si metías algo al tuntún en un sitio, se desequilibraba todo. Nos pasábamos el día encerrados en mi casa, en una habitación, como dos científicos locos, como dos zumbaos. Y cada vez que escuchábamos la maqueta en contexto, era media hora, y nos veías a los dos discutiendo o andando mientras escuchábamos música con las manos atrás, dando vueltas por la habitación, totalmente enloquecidos. Acabamos medio trastornados. Fue un parto difícil. Musicalmente, es un disco bastante completo. No entra la vena punk, pero entra casi todo lo demás».

Y me regaló una perla. Me confesó de qué improvisada manera nació aquel disco:

«Estábamos trasteando con una canción, la que luego sería *El sueño* ["Primer movimiento: El sueño"], y allí, en mi casa, en la habitación de hacer música, ocurrió como medio en broma: "Y si estiramos esto y hacemos una obra larga...". Y cuando vimos que esa canción iba creciendo, la fuimos estirando, nos propusimos hacer una obra larga, del estilo de *Pedrá*, pero más ambiciosa, bien organizada, con hilos conductores, como con reminiscencias de los grandes compositores clásicos, y donde hubiera partes instrumentales que te conectaran. Y entonces nos pusimos a ello. Robe iba trayendo partes, las íbamos colocando, trabajamos mucho los dos, yo iba haciendo música, vino la "Dulce introducción al caos" por delante... Y es un trabajo diferente, porque cuando vimos que *El sueño* pasaba de los seis minutos, nos apeteció abordar eso, a ver si éramos capaces, y lo abordamos. Y es un disco conceptualmente diferente porque a partir de un punto nos propusimos hacer algo distinto, que es lo que hicimos con mayor o menor fortuna».

El disco se abre con «Dulce introducción al caos». Tras la sutileza de la música, que acaricia, que mece, bajo la aparente calma (tensa) hay un fondo de desasosiego que tiene que ver con la letra, en la que el cantante comienza reconociendo que la estabilidad conyugal es terreno infértil para la inspiración, y que de forma paulatina aumenta su nivel de profundidad y nos deja algunas imágenes inquietantes que aconsejan no cerrar del todo los ojos, por si acaso:

Un otoño el demonio se presentó.
Fue cuando el arbolito se deshojó.
La canción de que el tiempo se atrasara,
donde nunca pasó nada.

Y a partir del segundo minuto, las guitarras eléctricas gritan, con toda la belleza de que son capaces, hasta volver al punto de partida, de nuevo mansas. Y luego, otra vez crecidas, se unen a la voz que clama:

Se rompió la cadena que ataba el reloj a las horas.
Se paró el aguacero, ahora somos, flotando, dos gotas.
Agarrado un momento a la cola del viento me siento mejor.
Me olvidé de poner en el suelo los pies y me siento mejor.
Volar... Volar...

Justo aquí, hacia el ecuador de la pieza, comienza a sonar el 10.º movimiento de la cantata BWV 147 de Johann Sebastian Bach, que lleva por título *Corazón y boca y actos y vida.* Un ribete clásico, de un gran exotismo, que eriza la piel sin previo aviso.

La última estrofa, acompañada de una guitarra furiosa, desdice el idílico comienzo y nos muestra un paisaje arrasado. Es la representación misma del caos, consecuencia del colapso de la creación:

Ya no queda una piedra en pie,
porque el viento lo derribó.
No. No hay esa canción.
Ya no queda nada de ayer,
porque el viento se lo llevó.
No. No hay esa canción.

El siguiente corte, «Primer movimiento: El sueño», es, con algo más de seis minutos, el segundo más corto del disco. Arranca con una voz que certifica el título: es un sueño. Aunque no está muy claro que lo sea del todo:

No hay nada en el espejo,
y persigo mis reflejos
igual que en los sueños.

De andar desorientado
voy cayendo en picado.
Es igual que un mal sueño.

La vida es roja si te vas
y me derrota igual
que en los sueños.

Y olvido y ya no sé qué hacer,
no dejo de correr
como en sueños.

A medida que la canción —esa parte de la larga y única canción— avanza, las guitarras poderosas, tan Extremoduro, empiezan a hacerse fuertes. Y aquí aparece por vez primera ese fraseo de guitarra, hermosísimo, que se te adhiere al cerebelo y no se despega, y que se repetirá en el segundo y cuarto movimientos, o lo que es lo mismo, en los cortes tercero y quinto.

En cuanto a la letra, hay una serie de estrofas que inciden en la violencia que la actualidad nos sirve en bandeja a diario, y que, a fuerza de ser reiterada, mostrada, forma ya parte de nuestra rutina. Es un trasto más de nuestro mobiliario existencial. En esos versos Robe hace periodismo, reporterismo. Son una crónica viva y puntual de la desdicha. El Caín que llevamos dentro, negra herencia:

No hay día que me levante
y no haya muertos delante.
Es peor que un mal sueño.

Hoy han dicho en la tele
que han muerto tres mujeres
y que han sido ellos.

Que un hombre-bomba entró en un bar
dispuesto a dialogar
con sus muertos.

Que bombardean una ciudad
y algo ha salido mal,
por supuesto.

Una bomba inteligente
ha matado al presidente,
pensó que era bueno.

Y dicen por la tele
que han muerto más mujeres
y que han sido ellos.

El «Segundo movimiento: Lo de fuera» es el corte más largo del disco. Casi doce minutos en los que cabe todo: el duro autorretrato, la opresión existencial, el imposible encaje en un mundo incomprensible, el anhelo, el amor...:

Se acabó. El odio me royó la razón,
con mi época estoy comprometido.
Y el amor se fue volando por el balcón
adonde no tuviera enemigos.

Y ahora estoy en guerra contra mi alrededor,
no me hace falta ningún motivo.

Y es que soy maestro de la contradicción
y experto de romper lo prohibido.

Y más adelante nos muestra los metafóricos grilletes de esa cárcel interior:

Y sigo preso,
pero ahora el viento corre alrededor.
Por mis pecados, sigo preso.
Carne y hueso,
se muere de hambre el mundo alrededor.
Tú y yo, total, de carne y hueso.

Y la duda, siempre la duda:

Necesito saber,
dime tu nombre.
De dónde sale el sol
y de qué se esconde.

El mundo no importa nada, no vale nada. Solo cuenta ella:

Si miro alrededor no puedo comprender, me da pereza.
Si hay algún escalón pa' dar un tropezón, voy de cabeza.
Tú y yo en la habitación, para que vuelva, amor: naturaleza.
Hay un televisor en medio del salón: no me interesa.

La alusión a la televisión no es nueva; hay otros ejemplos en su cancionero. Así, en «La vereda de la puerta de atrás» canta: *«Y muere a todas horas gente dentro de mi televisor»*. Y en «Luce la oscuridad»: *«Estoy cansado de romper televisores / y vuelven a salir de dentro siempre los mismos señores»*. Por no hablar de la ilustración que se incluyó en *Deltoya,* en la que un hacha acababa para siempre con ese diabólico invento.

El corte finaliza, de hecho, con el verso *«La buena educación de la televisión no me interesa»*. Pero antes de llegar a eso está el desorden que provoca la marcha de ella (solo Robe sabe si se trata de una mujer o de la inspiración: esa «golfa», como la definió dos discos atrás, una década antes). Tan irreparable, tan dañina, que le hace perder por completo el equilibrio:

Se me cae la casa desde que se marchó,
y ahora ya solo espero el derribo.
Y es que perdí la pista del eje del salón
y estoy continuamente torcido.

El sol, siempre liberador, se torna una amenaza:

Llegó el verano y asoló la primavera,
y el sol asfixia en tu jardín...

Y el presente es tan incierto como el futuro:

[...] Abrí los ojos para ver,
con el destino me encontré
de cara.
Lo tengo todo a medio hacer.
Me preguntaba si tal vez...
Mañana.

Aunque el anterior tenía partes muy cañeras, el «Tercer movimiento: Lo de dentro» es el corte más burro de todo el disco. Las dosis de metal y el berrido son casi constantes, y los punteos son un prodigio de técnica. El propio corazón no es de fiar:

¡Miente! Si dice no, me miente.
Si dice sí, me miente.
Y si calla también miente.

Dice que yo ya no te espero.
¡Un cabrón embustero
es mi corazón, que miente!

Solo, sin ella, la vida es un pasillo en penumbra. El sol está en la luna. Es inalcanzable mientras ella no esté:

No se atreve la luz, si no estás tú,
a pasar por aquí si oye mi voz.
Desde que no estás tú en este rincón,
no se atreve a pasar la luz del sol.
Si oye mi voz se queda fuera.

¡Luz, maldita sea la luz
que me desvela!
¡No! ¡Aquí no ve y la luz
se desespera!

Y, de nuevo, se nos muestra la violencia del exterior:

Me arroja a ver el mundo
y me lo encuentro furibundo.
Si quiero ir a la moda
necesito una pistola.

Hay imágenes espléndidas, cantadas —gritadas— con el alma en carne viva:

¡Viento, me pongo en movimiento
y hago crecer las olas
del mar que tienes dentro!

¡Tiempo! Devuélveme el momento.
¡Quiero pasar las horas
nadando mar adentro!

Y los siguientes versos son capaces de resumir una vida:

Y dicen que mi vida es un exceso
y yo me vendo solo por un beso.

¿Qué voy a hacer si vivo a cada hora
esclavo de la intensidad?
Vivo de la necesidad.

Ella —¿la esquiva inspiración?— es quien tiene el control. Siempre:

Me mira, me droga,
las fuerzas me abandonan.
Me droga, me mira.

Me dice, guasona,
métete en mi persona [...].

Y la última perla filosófica:

¡Se volvió a gusano, mariposa,
cansada de volar y no poder
arrastrarse al fondo de las cosas
a ver si dentro puede comprender!

Por más que en él se siga insistiendo en la inspiración como un «*lugar*» imposible de alcanzar, el «Cuarto movimiento: La realidad» podría muy bien desgajarse del resto y funcionar como un tema independiente. Uno de los más bellos de su cancionero. Vuelve el mejor lirismo envuelto en una engañosa calma chicha:

Acostumbrado a escapar de la realidad,
perdí el sentido del camino
y envejecí cien años más de tanto andar
perdido.

Y me busco en la memoria el rincón
donde perdí la razón.
Y la encuentro donde se me perdió
cuando dijiste que no.

Hice un barquito de papel para irte a ver,
se hundió por culpa del rocío.
No me preguntes cómo vamos a cruzar el río.

La obra se cierra con la «Coda flamenca (Otra realidad)», que se inicia con una frase de los *Episodios nacionales* de Benito Pérez Galdós:

Por verme amado de ella por todo el día
mañana, en perder la vida, consentiría.

Robe le pone pellizco flamenco a la cosa y suena convincente. Los versos que siguen, de gran belleza, nos envuelven como humo, son solo humo:

Y el fuego del infierno ya es solo humo.
Y ahora el fuego ya es solo humo.
Después de arder, el fuego ya es solo humo.
El infierno ya es solo humo.

Y a partir de aquí se alude, como si recapitulara —porque este corte es una recapitulación en clave flamenca de todo el disco—, a distintos momentos de los anteriores cortes. Comienza con la parte del «Segundo movimiento: Lo de fuera», que reza: «... *Y es que perdí la pista del eje del salón*»:

En el hueco del eco de su voz,
vive el eje que desapareció.

Después vuelve a la idea de volar —ser libre— tan bien expresada en «Dulce introducción al caos» *(«Me olvidé de poner en el suelo los pies y me siento mejor. / Volar... Volar...»):*

Agarrados del aire viviremos...

Y ansía poderle decir al sol, que en el «Tercer movimiento: Lo de dentro» tanto lo temía —«*Desde que no estás tú en este rincón,*

/ no se atreve a pasar la luz del sol. / Si oye mi voz se queda fuera»—, que aún está en pie. Maltrecho, pero en pie. Como aquella sentencia de Hemingway en *El viejo y el mar:* «Un hombre puede ser destruido, pero no derrotado»:

Arráncate a cantar y dame algún motivo
para decirle al sol que sigo estando vivo.

Del mismo modo que le advierte al destino, que le mentía en el «Tercer movimiento: lo de dentro» —*«Miente el destino para hacer / que no te vuelva a ver»*—, que se ande con mucho ojo:

¡Ay del destino! Que no juegue conmigo.

Y en alusión a su afirmación *«... y yo me vendo solo por un beso. / ¿Qué voy a hacer, si vivo a cada hora / esclavo de la intensidad?»*, del «Tercer movimiento: Lo de dentro», se justifica así:

¿Y qué si me condeno por un beso?
¿Y qué si necesito respirar?

Para cerrar, al fin, el círculo volviendo al principio de todo:

Canta la de que el tiempo no pasara.
Canta la de que el viento se parara.
Canta la de que el tiempo no pasara.
Donde nunca pasa nada.

Y justo antes de que se retome la guitarra que abre la «Dulce introducción al caos», no le falta a su *quejío* el guiño al inefable Manué. Es la broma final de Robe e Iñaki. La única que se permiten en todo el disco, que es de una gravedad absoluta. Tres cuartos de hora de dolor que te dejan un regusto muy parecido a la felicidad.

Le pedí a Iñaki que me diera su impresión acerca del significado de ese disco. ¿Era, es, un viaje, Ulises... qué?

«Bueno, esa podría ser una interpretación. Un viaje. Robe ha recurrido mucho, en los últimos años, a viajes interiores. Le gusta mucho situarse, cuando escribe, en el límite de la locura, en esa frontera. Como en su novela, lo que pasa es que ahí es prosa. En el límite de la locura, sí. Aunque tampoco hay que buscarle un significado único. Roberto maneja muy bien el meterte una frase que le ha venido de pronto, y que parezca que tiene que ver con otra cosa. Yo, *La ley innata* lo interpreto como un viaje en la frontera entre la realidad y la irrealidad en la mente de una persona. Lo que comienza diciendo es que ese artista necesita tener malas experiencias, duras, para que le motiven a escribir. Porque si todo te funciona bien y plácidamente y vives de puta madre, no tienes nada de qué escribir. Eso es lo que nos viene a decir la entrada. Si solo fuera eso, esa canción se acabaría muy rápido. Por eso tiene un desarrollo. Para que podamos seguir. La entrada del argumento del tema sería "pues todo eso que estaba tan bien, ahora lo descojonamos, se jodió el arbolito, lo ponemos patas arriba, y de estar en una vida plácida me coloco en la frontera de la locura a causa de este Cristo y vamos a ver qué ocurre". "Dulce introducción al caos"».

Lo hemos visto en muchas películas, sobre todo estadounidenses, de acción o policíacas: hay una existencia plácida y, de pronto, ocurre un suceso que lo trastoca todo. La vida, tantas veces. Como enamorarse, por ejemplo, que no deja de ser un terremoto.

«Sí, es así. No es algo que Roberto escribiera desde el principio: voy a empezar por aquí, llego a este punto de locura y tal. No. Porque la «Dulce introducción al caos» no fue lo primero que hicimos de la *Ley innata,* sino que a algo que ya tenemos le ponemos un principio. *El sueño* empezaba un poco la irrealidad. Está muy bien gestionado. Tengo algo que está muy bien y todo se jode. Se va a joder el arbolito, se me va a destruir toda la placidez en la que vivo y, de repente, me voy a ver en un filo, y ya estoy en el primer movimiento de la locura. A Robe y a mí nos gustaba jugar. Jugar al ajedrez, hacíamos apuestas, juegos de palabras... Y nos gustaban los retos. Y cuando hay una canción que me viene desnuda y no sé cómo abordarla, porque es como un jeroglífico, como un juego, que no ves la respuesta claramente, eso te motiva, te pone cachondo. Por eso, cuando nos propusimos convertir *El sueño* en la génesis de una obra larga, nos propusimos un juego a nosotros mismos, ambicioso, serio. Son cosas que se deciden en cinco minutos y que sabes que le vas a tener que dedicar a eso un par de años. No somos tontos. Pero dijimos "vamos a jugar a esto". Y lo hicimos. Y yo, más que en *El muro* de Pink Floyd, pensaba en una obra clásica conceptual, como estructura y como complicación instrumental. Y como una partichela que podía contar con un número indefinido de partituras simultáneas. Nosotros estábamos jugando a hacer un disco sinfónico de rock con una estructura clásica y con un empaque. Y teníamos muy presente que no se nos podía desequilibrar. Que se pudiera oír de una vez. Que te hiciera viajar musicalmente por la rabia, por el amor, por la placidez, por la tristeza, por el desencanto, por la alegría, por el miedo..., pero sin que perdiera su equilibrio como unidad».

Publicar y besar el santo

El noveno trabajo de Extremoduro se puso a la venta el 9 de septiembre de 2008, cuando la gira llevaba ya tres meses y medio dale que te pego. Nada más salir se situó a la cabeza de las listas de los discos más vendidos, y en apenas tres semanas obtuvo el de oro por unas ventas superiores a las cuarenta mil copias. Una barbaridad. Sobre todo si tenemos en cuenta que entonces era más fácil que la gente comprara heroína en las farmacias que discos en las grandes superficies. O en las pequeñas: no se vendía nada.

Por ese motivo, la discográfica Warner —este era el primer disco que lanzaban bajo ese sello, pues desde *Deltoya* hasta *Yo, minoría absoluta* todos sus trabajos habían visto la luz en la filial DRO— organizó un acto para hacerles entrega del galardón en la Sala Barracudas, en Madrid.

Robe, Iñaki, Colino y Cantera estaban exultantes. Después de años en blanco —o en negro, mejor dicho, pues ese es el color de la falta de inspiración—, llegaba la merecida recompensa.

Y el ambiente de alegría hacía ver que aquella época estaba del todo superada. Que era una mota apenas visible en el retrovisor. Hasta el punto de que el cantante se permitía, incluso, un poco de cachondeíto fino al respecto: contó que había sido tal su grado de desesperación por el hecho de que las canciones no surgieran, que a punto estuvo de poner en práctica el consejo de un amigo y pintarse un huevo de cada color, por ver si así volvían las musas.

Pero es que eso es como la salud, que solo te acuerdas de ella cuando te falta. Y ellos volvían a estar embadurnados de sol. Además, la crítica se rindió y, de forma cuasi unánime, describió el cedé como uno de sus más logrados trabajos, si no el más.

Atrás habían quedado las reticencias que algunos mostraron al escuchar el primer corte. Porque ahora, con el disco íntegro disponible, era cuando se podía apreciar en su justa medida su valor. Por lo que el placer, para los miembros del grupo en general y para Uoho y Robe en particular —ya que ambos eran los responsables de la composición, el primero de la música y el segundo de esta y de las letras—, fue doble.

Hacia el final del trayecto

La gira siguió su curso con la misma rutina de recintos al límite de su aforo y una gran expectación en los días previos a la llegada del grupo.

Por fin, las noches del 14 y 15 de noviembre, Extremoduro la clausuró con dos vibrantes conciertos en el madrileño Palacio de los Deportes, en los que convocaron a treinta mil personas de distintas generaciones y les ofrendaron un repertorio compuesto de las mejores canciones de sus mejores discos. Un alarde de poderío y sabiduría escénica que hablaba de que en su definitiva madurez —llevaban ya más de dos décadas en activo— era cuando más finos estaban. De lejos.

A partir de ahí, quedaba una asignatura pendiente para sus seguidores: escuchar *La ley innata,* que solo llevaba dos meses en la calle, con calma. Saborear cada verso, cada estrofa, cada melodía y cada quiebro inesperado con la atención que merecía tamaña proeza artística.

Aquel disco no se estrenaría sobre los escenarios, completo —salvo la «Coda flamenca: Otra realidad», que no la tocaron—, hasta la minigira *Robando perchas del hotel,* cuatro años después. Y la gente, que ya se lo sabía de memoria, que ya había hecho los deberes y disfrutó, además, haciéndolo, lo agradeció.

Porque ese trabajo era su particular demostración de que, cuanto peor están las cosas, más hay que pedalear para remontarlas. No cejar, sino resistir. Seguir avanzando y jamás detenerse.

La excelencia estaba, está, ahí, en esos seis cortes que son, en realidad, un todo y que hasta la fecha continúa siendo su obra cumbre. Su Everest.

La ley innata de su talento.

MATERIAL DEFECTUOSO: DISTINTAS TEXTURAS, LAS MISMAS HERIDAS

Hay veces en que los títulos juegan al despiste y ofrecen una idea equivocada de lo que luego se va uno a encontrar, bajo el envoltorio, al ver una película, leer un libro o escuchar un disco.

Ese fue el caso de *Material defectuoso,* que no era en modo alguno merecedor de tal nombre. Desde luego que es un disco sui géneris, singular, infrecuente. Para empezar, porque solo tiene seis canciones. Aunque, a cambio, estas poseen una duración mayor de lo normal: la más corta, «Mi espíritu imperecedero», se acerca a los seis minutos, y la más larga, «Si te vas...», a los nueve. Pero, sobre todo, porque es un trabajo que, a pesar de mantener ciertas constantes ineludibles, se alejaba de los planteamientos estéticos, que no filosóficos, de Extremoduro.

Para comprobarlo, sus seguidores no tuvieron que esperar tanto como con el disco precedente. Se extendió el rumor de que el grupo quiso sacarlo antes y acompañarlo de la correspondiente gira, pero que la discográfica decidió postergar el lanzamiento.

Lo que sucedió, en realidad, fue que hubo que cambiarle el título y la portada a última hora, con el consiguiente retraso. David Bonilla, de Warner, me lo explicó:

«Nos pusimos a buscar la foto como locos, que es de una sesión que se hizo mientras se rodaba el videoclip de "Puta". Pero ese disco salió cuando estuvo. Y no hubo gira porque ellos no quisieron. Con Extremoduro, cuando el disco está acabado, sale. Estamos supeditados a ellos. No es que ellos decidan lo que hay que hacer, es que hasta que no acaban el disco no lo tenemos. Ellos no hacen maquetas y no nos metemos con el repertorio, si es bueno o es malo, porque la tradición nos ha enseñado que lo que han hecho a su bola ha funcionado siempre. ¿Para qué meterle mano entonces? Creo que hace años, antes de que yo empezara a trabajar con ellos, les llegaron a proponer ir a mejores estudios, trabajar con más medios, y dijeron que no. Siguieron trabajando con su gente en el estudio de Iñaki y vendiendo un montón de discos. Una vez que acaban el disco, lo entregan. Y ya entonces hablamos de en qué fecha lo sacamos. Y ya digo que *Material defectuoso* salió cuando estuvo. Igual lo retrasamos un mes por algún tema estratégico, no sé, no salir en plena Semana Santa o algo así. De todos modos, lo que también ocurre es que nosotros enviamos boletines a nuestros clientes para que hagan sus previsiones. Por ejemplo, puedes ver en la FNAC que el disco de Extremo está anunciado para enero. Y luego, aunque les digas que no, que no sale en enero, sino en otoño, eso ya se queda así y no sabes por qué. Porque retrasos no ha habido nunca. El disco, ya digo, cuando se acaba, sale».

Fuera como fuere, tres años separan la publicación de *La ley innata* y la de *Material defectuoso*. Justo la mitad de tiempo del que medió entre aquel y *Yo, minoría absoluta*. Roberto Iniesta se tomó muy en serio lo de recuperar aquel largo lustro perdido. Si es que se puede llamar así a los años que hicieron falta para sacar adelante un disco como *La ley innata,* sin parangón en el rock nacional, y una novela, *El viaje íntimo de la locura,* de casi cuatrocientas páginas. Y, aunque él y Uoho seguían siendo un ejemplo de artesanía y perfeccionismo, y retuvieron el disco hasta que consideraron que no había forma humana de mejorarlo, la tendencia era esperanzadora para quienes querían más y más de ellos.

El décimo disco de estudio de Extremoduro se publicó el 24 de mayo de 2011, si bien desde un mes antes el grupo había colgado en su página web el penúltimo corte, «Tango suicida», para ir preparando el terreno y darles un poco de cuartelillo a sus adeptos.

Ese trabajo contiene seis espléndidas canciones: «Desarraigo», «Mi espíritu imperecedero», «Otra inútil canción para la paz», «Si te vas...», «Tango suicida» y «Calle Esperanza s/n».

A pesar de que rehusaron hacer ningún tipo de promoción, ni siquiera una veloz rueda de prensa para presentarlo, en la primera semana se despacharon doce mil copias y le arrebataron el primer puesto de la lista de los discos más vendidos a Lady Gaga, entonces en su cénit, lo que daba una idea nítida del poderío del grupo.

La grabación, las mezclas y la masterización se llevaron a cabo en La Casa de Iñaki, y el guitarrista se encargó también de producirlo. Íñigo Etxebarrieta, que ya participó en *La ley innata,* fue el técnico de sonido.

Como siempre, hubo colaboraciones: María «Cebolleta» Martín cantó todos los coros femeninos; Gino Pavone se ocupó de la percusión; Javier Mora, de los pianos y órganos, y Mikel Piris, del saxo y de la flauta. Además, el cuarteto de Ara Malikian, que ya había colaborado en *La ley innata,* volvió a imprimir su talento: el citado Malikian, primer violín; Mario Pérez, segundo violín; Juan Pérez de Albéniz, violonchelo, y Humberto Armas, viola.

La foto de la portada es un rato macarra, con un Roberto Iniesta perfecto para asistir a una cena de gala: agarrado a una alambrada, desnudo y con el pelo mojado y aplastado sobre la cara. Desde luego, el título sí encajaba con esa imagen tomada por Iñaki Mintegui durante la grabación del videoclip de «Puta» (cuando le dan, por llamar «puta» a una de las cuidadoras del psiquiátrico, un escarmiento a base de agua helada como aperitivo a la ulterior trepanación). Las restantes fotografías son todas de Uoho, menos un par de ellas firmadas por Roberto Iniesta. Por último, la foto que está dentro de la foto de la contra, en un marco, y que muestra a una mujer rubia en el campo, la mujer de Robe, es de María Álvarez. Sobre ella, en la réplica que aparece cerrando el libreto, unos versos impresos:

Al camino recto,
por el más torcido,
vengo derecho

para hablar contigo
de nuestros defectos
constitutivos.[1]

Dabid Zelaia, el diseñador de *La ley innata,* fue quien supervisó el diseño gráfico llevado a cabo por los músicos, y aportó algunas ideas.

En este disco, Extremoduro quería dejar constancia de la impagable labor que realiza la persona que se ocupaba de su oficina, Nuria Hernández, de la que especificaban que hacía muchas cosas para las que ellos no servían, y también la de David Bonilla, quien fuera su cordón umbilical con Warner. A su vez, señalaban la presencia del guitarrista José Alberto Batiz, habitual compadre en sus últimas grabaciones, y le daban la bienvenida a Txortx (Jorge Etxebarrieta), músico y técnico de grabación.

Seis canciones nada defectuosas

El tema que abre el disco es «Desarraigo», que comienza con un sonido de tamtam, muy tribal, desconcertante, al que se suma una de esas percusiones «¡venga esas palmas!» seguida de un tenue, pero perceptible, toque electrónico —sí, sí, electrónico— que es estrangulado, aunque no desaparece, por un bajo vigoroso y una guitarra melódica y muy pegadiza. La música, aquí, es una invitación a la danza alrededor de una hoguera. En taparrabos, a ser posible.

La canción sube de intensidad con un estribillo de esos que en directo dan mucho juego:

1. En la minigira que Extremoduro emprendió un año después, *Robando perchas del hotel,* dieron a conocer una canción inédita que llevaba el título provisional de «Contra todos», y los versos arriba citados pertenecen a ella. Ese título terminó siendo definitivo y la canción se incluyó en el primer disco de Robe, *Lo que aletea en nuestras cabezas,* con esos versos ligeramente modificados: el «derecho» pasó a ser «directo» y los «defectos constitutivos» se convirtieron en «derechos constitutivos», que no es ni mucho menos lo mismo.

Arranqué un ramo de flores,
se lo regalé a mi amante.
Dijo que no las quería,
que estaban mejor antes.
Y ahora he vuelto a mis manías,
no quiero rehabilitarme.
Dijo que no me quería,
que estaba mejor antes.

La canción sigue avanzando entre al amor —*«nuestras almas, que se arrollan»*—, el sexo —*«cuando nuestros cuerpos follan y follan»*—, de nuevo el amor —*«nuestras almas son dos versos que se rozan»*—, el adiós —*«Condenado a estar toda la vida / preparando alguna despedida»*—... Hasta que alude al destino y, entonces, es inevitable acordarse de *La ley innata* y del papel que aquel jugaba en el «Tercer movimiento: Lo de dentro», y que al protagonista, ese épico antihéroe —feroz contradicción—, no se le va de la cabeza:

Sé que al destino volveremos a engañar,
por que no se acostumbre a nuestras rarezas,
por que nunca más nos vuelva a manejar.

Y a continuación se verbaliza ese motor que ya estaba en la primitiva «La hoguera», el de mojarse y no quedarse, nunca, jamás, de brazos cruzados:

Dar contra un muro pa' poderlo derribar,
que seguro nos depara una sorpresa.
Si te atreves, yo me atrevo a atravesar.

Sobre «Desarraigo», Iñaki me dijo lo siguiente:

«Es una canción con bastante desarrollo. Nunca nos hemos cortado con longitudes pero en esa época aún menos, hacíamos lo que nos daba la gana. Pasea por varios ambientes. Y la pusimos la primera como definitoria del disco. Como una seña de identidad».

La siguiente canción es «Mi espíritu imperecedero», que tiene uno de esos títulos... Pues eso: uno de esos títulos. Sobran las palabras. En esa canción, bellísima canción, durísima canción, es como si asistiéramos al doloroso espectáculo que supone ver a un dios abandonar su todopoderosa condición y, ya humano, marchitarse en la soledad pedestre:

Regalé mi alma imperecedera.
¿Para qué? Para que nunca más me duela.
¿Y ahora qué? Ahora coloco las aceras:
«al fondo de la calle, jefe, queda un sitio».

Hay aquí otro guiño a *La ley innata*. En este caso, a «Dulce introducción al caos» (a los versos *«Un otoño el demonio se presentó. / Fue cuando el arbolito se deshojó»*):

El diablo me visita y, cada noche,
marchita este jardín con su anarquía.

Y, al final, tan solo queda el pobre consuelo del dolor compartido:

Pregúntale del tiempo,
y a ver si se acuerda de mí.
Pregúntale si es cierto
que nadie la ve sonreír.
Pregúntale qué añora
y en qué piensa cuando llora.
Pregúntale si el tiempo
cambia o sigue lloviendo.

Iñaki me comentó de esa canción:

«A esta la llamábamos "Regalé". Igual que a "Desarraigo", "Arranqué". Es una canción sencilla, pero cuidado con las canciones sencillas. La tocamos bastante en directo, nos gustaba para el directo porque entraba con mucha naturalidad».

«Otra inútil canción para la paz», tercer tema del disco, es un anhelo utópico en boca de un escéptico:

Pide un deseo.
Quiero que caiga una droga del cielo.
Puro veneno
que haga del mundo un lugar más ameno.
Y respirar, y que entre bien dentro
solo con respirar.

Roberto Iniesta, temiendo caer en una balsa de almíbar, se pone contrapesos transgresivos:

No me amarga el sabor de la derrota,
del fracaso ya he sido compañero.
Me acurruco al calor de mis pelotas
y me fijo en cómo les crece el pelo.

O bien:

Me ha cagado en la calle una paloma
que llaman de la paz, la mensajera.
Me calienta el calor de las personas,[2]
y hace un frío que pela por la acera.

Emerge luego, como del mar que la acompaña en el libreto, como un rumor de ola, «Si te vas...». Se ha dicho por ahí que es una canción cursi. Bueno. Bien. También he leído alguna vez que *Dos hombres y un destino* es una película aburrida. Y que «Yesterday» es una canción pastelosa. Y que a la obra de Antonio López le falta fuerza... Gi-li-po-lle-ces. «Si te vas...» es una canción muy hermosa. Un rincón en el que detenerse y quedarse allí, sin más, viendo cómo va cambiando el color del día, cómo los objetos envejecen.

2. ¿Seguro?

Tiene algunos versos espléndidos:

Ojalá que me la encuentre a ella entre tantas flores...

Como a la mujer del marco. Y también:

Donde rompen las olas, salva una caracola.

Y:

[...] que este bar está cansado ya de despedidas.

Y:

«¿Dónde vamos tan deprisa?»,
me pregunta su sonrisa.

Nos encontramos también con esas huellas delictivas tan del gusto de Robe:

Si he tardado y no he venido,
es que ha habido un impedimento:
me llevaron detenido
para hacer un declaramiento.[3]

He robado y he mentido
y he matado, también, el tiempo.
Y he buscado en lo prohibido
por tener buenos alimentos.

Una hermosísima canción, sí, qué coño. Y que se mueran los feos.

3. Aquí, el palabro se lo ha sacado de ahí mismo para conseguir la rima. Pero es que el poeta está legitimado para hacer eso y más: las palabras son suyas, siempre y cuando lo expresen sin lugar a dudas.

Iñaki me dijo sentir debilidad por ella:

«Es de esas canciones que te afectan en lo personal, con las que te sientes muy implicado por razones personales. Originariamente no tenía las primeras estrofas, empezaba en *"Ojalá"*. Habla de amor, claro. De amor profundo. Esa canción vino en un momento crítico de mi vida. Una canción a la que le tengo mucho cariño, y es muy moña, pero me gusta un montón. Tengo un vínculo con ella del que no me puedo separar. La monté solo, en Málaga, con el amor profundo que ella misma me generaba. No era lo habitual; trabajábamos por lo general juntos, y a Robe no le hacía gracia dejarme solo —ríe—, pero esa canción la quise arreglar como Robe la escribió: solo. Era especial, al menos para mí. Y tuvo un éxito tremendo entre las chicas más jóvenes».

Le sigue un trueno: «Tango suicida», la pieza más transgresiva de todo el disco. Una interpretación libérrima —transgresora, o sea— del tango, que comienza con el sentimiento desgarrador propio de ese género:

Sangre negra de esta herida brota.
No dejo de pensar
que te dejé marchar.

Nunca había estado un alma tan rota.
Desde que tú no estás
no quiere recordar.

Se pasó una vida entera
y yo solo guardo el recuerdo
de unas pocas horas.

Era primavera,
el sol salió ese día
por ponerse a tu vera.

Y el olor de un día de enero,
estribadito en tu agujero,
sigue en mi cabeza.

Para pasar al cachondeíto fino netamente Iniesta:

¿Qué te corre por las venas
que te noto que te falta, nena,
temperatura?
Que algo te hiela.
Eso me apura;
toma una vela.

Y la ocurrencia sexual de corte chulesco, logradísima:

Deja que te diga, nena,[4]
que lo nuestro no es equitativo.
Todas las noches
que estoy contigo,
tú eres quien come
y yo soy comido.

Hasta que brotan, al igual que la sangre del comienzo, las guitarras extremas. Tanto como los versos que las acompañan:

Dinos qué te pasa. «Estoy jodido:
perdí la conciencia,
y ahora busco, siempre sumergido,
en montones de mierda.»

Iñaki me dijo sobre «Tango suicida»:

«Es una de las canciones más completas del disco. Nos adentramos en un terreno nuevo con todo el placer. "Ahora vamos a jugar con

4. Ese reiterado «nena», tan demodé, tan setentero, parece intencionado.

el tango." Y digo jugar. Hay unas entradas y salidas que van progresivamente, no son cortes abruptos, del tango a la bestialidad de Extremoduro cuando nos poníamos en ese plan. Es una gran canción de Extremoduro. Si hubiera que hacer una selección de gran calidad, la incluiría. También habla de varias cosas, mezcladas. Y con sentido del humor. Pienso...».

La canción que cierra el disco, «Calle Esperanza s/n», es perfecta para presidir la banda sonora de una película en la que el chico y la chica son perseguidos por una banda de mafiosos. Honda, pétrea... Un imán. La voz de Robe es un punzón: se nos mete en el cuerpo. Y, al mismo tiempo, creo que es la menos Extremoduro de todo el disco. Tiene hasta un aroma de canción italiana: Vasco Rossi declamando, bajo un foco, en San Siro, sin que ni Dios se atreva a abrir la boca. Es, en fin, un temazo. Para mí, con «Mi espíritu imperecedero», la mejor de las seis, y eso que todas son muy buenas. Los versos de arranque... Pues eso, de película:

Arde, al atardecer,
entera la ciudad.
No hay tiempo que perder
si queremos escapar.

Y termina con ese romanticismo cien por cien Robe:

«¿Tu casa dónde está?»
«Entre viento y nieve.
No me pienso alejar
por si se mueve.»

Que es otra manera de decir aquello de «Esclarecido»:

Tú no te separes de mí,
no sea que te vayan a robar.

Esto es: pase lo que pase, se estrellen los planetas, se extinga el sol, estalle el mundo en mil millones de pedazos, tú, amor, permanece en todo momento a mi vera.

Iñaki me dijo que le encantaba:

«Me chifla. La tocaba muy tranquilito. Y me gustaba mucho. La veía como algo ajeno a Extremoduro. Una pieza singular. La tocábamos mucho en directo. No ha sido muy celebrada, y a mí me parece de las mejores del disco».

Reacciones

Aunque como ya he dicho el disco voló de las tiendas, los fans se quedaron un tanto descolocados con aquellas canciones. ¿Demasiado intelectualizadas quizá, demasiado exquisitas? A lo primero, no, porque también poseían toneladas de alma. Y a lo segundo, desde luego que sí.

Pero no era eso. La cosa es que, en el fondo, muchos de esos seguidores seguían esperando el advenimiento de *Agila II,* aquel inaudito artilugio que aunaba el arpa de los versos cinco estrellas con la metralleta de las guitarras como navajas lorquianas. Y Robe y Uoho volvieron a traicionarles y a hacer lo que les dio la gana. Aunque el tiempo, como siempre, les terminó dando la razón. Lo mismo sucedió con *La ley innata,* que en un principio desconcertó y, sin embargo, es un trabajo tan bello y audaz como inencontrable en la discografía española.

En cuanto a la opinión de la crítica, que sobra decir que a esas alturas a los integrantes de Extremoduro les preocupaba tanto como la cotización del yen o las novedades de la pasarela de Milán, estuvo dividida.

En la agencia de noticias Europa Press, en una crítica que llevó por título «Extremoduro o cómo pegarse un tiro en el pie y seguir corriendo», señalaron:

«Extremoduro [...] ha firmado de nuevo un disco redondo, con seis canciones perfectamente escogidas que huelen a disco conceptual —no lo sabremos porque [Robe] no dejará que le preguntemos— y que, pese a ciertas innovaciones sonoras que pueden hacer que los más reaccionarios griten como Matías Prats, siguen sonando a Extremoduro. Pero no ya a aquella banda de principios de los noventa, sino a un Roberto Iniesta que cada vez trabaja más sus composiciones y letras y que deja entrever que en cada canción se deja una parte de sí mismo...».

Mientras que en el diario *El País,* Íñigo López Palacios, bajo el título «Ni tanto ni tan calvo», afirmaba:

«Las seis canciones están hinchadísimas, su voz parece cascada y las letras caen en la cursilería. Pero también es verdad que aparecen con más frecuencia de la esperada estribillos vibrantes y momentos brillantes. Resumiendo: que sea el peor disco de Extremoduro no significa que sea un disco malo».

No puedo estar más en desacuerdo con este último. Es más, *Material defectuoso* es uno de los discos menos defectuosos y más inspirados de Extremoduro; con pasajes de una muy alta temperatura emocional, musicalmente logradísimos, y con una literatura sobresaliente.

Sucede que, al igual que su antecesor, es un disco de combustión lenta: necesita atención, paciencia, cariño. Es como un bonsái. Pero una vez que le coges el punto, el deleite es tal que, al llegar al *the end,* te dices: ¿ya? Entonces vuelves a darle al *play* y otra vez se te mete en el cuerpo ese:

Voy perdidito y me he encontrado a una princesa...

Le pedí a Iñaki su opinión sobre él:

«Me gusta. Es un disco más íntimo, más tranquilo, más limpio. Con sentimiento. Pulcro. Me parece un disco maduro. Todas las gemas las trae Robe. Yo no trato de expresarme como cuando hago una canción. Intento ponerme al servicio de ella».

Y eso me dio pie a preguntarle cómo era ese proceso. Una pregunta cuya respuesta podría dar para todo un libro:

«Muchas veces me vienen fogonazos y los tengo que apuntar, o me tengo que ir a casa corriendo. Porque estás todo el rato con canciones y con ideas en la cabeza. Robe trae canciones y yo les busco un sentido, un sonido, una filosofía. Entonces, lo mismo me pilla andando en bicicleta por ahí y me vuelvo a casa a toda hostia para que no se me olvide, y voy tocando cosas».

La gira que empezó tarde, pero funcionó como un reloj

En 2011 no hubo gira, porque Robe y Uoho estaban concentradísimos en la composición de nuevas canciones y, además, querían que su público digiriese bien los temas de *Material defectuoso,* que se familiarizara con ellos antes de echarlos a volar sobre el escenario como palomas mensajeras (¿y qué otra cosa son las canciones sino eso?).

Tuvo que pasar todo un año y, a principios de mayo de 2012, la discográfica Warner emitió un comunicado en el que se anunciaba la presentación de la gira de Extremoduro, *Robando perchas del hotel,* con una rueda de preguntas abierta a todo el mundo —y varias veces citada a lo largo del libro— que colgaron en la página web del grupo, y cuyas respuestas publicarían en ese mismo espacio y en todos los medios de comunicación nacionales e internacionales que tuvieran a bien hacerlo.

Un mes después, el mismo día en que arrancó el verano, el 21 de junio de 2012, Luis Iglesias García, más conocido como Luis von Fanta, batería de los tres primeros álbumes de Extremoduro, murió en Plasencia a los sesenta y un años. Las últimas noticias sobre él databan de cuatro años antes, cuando solicitó ayuda al Ayuntamiento placentino para poder grabar un disco,

E-videncias, en el que él tocaría todos los instrumentos y cantaría todos los temas. Pero aquello nunca cristalizó. En su página web, Extremoduro colgó la siguiente nota:

«Hoy 21 de junio ha fallecido Luis von Fanta, batería de los comienzos de Extremoduro. Su batería suena para siempre en *Rock transgresivo, Somos unos animales* y *Deltoya.* Queremos dejar aquí un sentido recuerdo en forma de canción. Hasta siempre, Luis».

Y colgaron la primera versión de «Ama, ama, ama y ensancha el alma», la de *Deltoya,* en la que él tocó la batería.

Volviendo a la gira, el nombre elegido surgió después de que Robe leyera un artículo de Juan José Millás en *El País* que llevaba por título «Miserias», y en el que el escritor ironizaba sobre las cutres medidas de ahorro de los hoteles a raíz de la crisis, que consistían, entre otras cosas, en usar perchas provistas de sistema antirrobo, es decir, carentes de gancho y por ello inútiles fuera de sus dependencias. Millás escribió:

«El ladrón de perchas [...] es un sujeto admirable. Alguien que sale del hotel con dos o tres perchas en la maleta es un ser inocente, un ingenuo, un ángel que ni conoce el precio de las cosas ni mide las dificultades».

Pues hala, ahí había cuatro ladrones de perchas dispuestos a robarles el corazón a las cerca de ciento cincuenta mil personas que compraron las entradas para asistir a los pocos conciertos que realizaron por España: Sevilla, Valencia, Murcia (en cada una de esas tres ciudades fueron dos las fechas), Madrid, Barcelona, Cáceres, Bilbao y A Coruña.

El motivo de que fuese una minigira se debió a la intención del grupo de realizar un *tour* más extenso en 2013 o 2014 con las canciones, ya rodadas, del nuevo disco, el que sucedería a *Material defectuoso.*

Al margen de un nutrido puñado de grandes éxitos y fracasos, *Robando perchas del hotel* tuvo como plato fuerte *La ley innata,* que por primera vez se ejecutó en vivo de forma íntegra —salvo la «Coda flamenca (Otra realidad)»—, pues en la gira anterior, la de 2008, tan solo se pudo disfrutar de «Dulce introducción al caos» y del «Primer movimiento: El sueño».

Y fue un auténtico espectáculo. Ya que la tocaban igual que en el disco, hasta la última coma. Algo que *a priori* parecía imposible de hacer, dada su complejidad. Ver esos cinco cortes en vivo equivalía a asistir a un equilibrado ejercicio de dominio instrumental y sentimiento embridado —no es fácil contener la emoción con material tan inflamable y con un público, catalán o murciano, madrileño o asturiano, tan cómplice—, y solo por esa razón se erigió en la gira del año. Además, contó con el añadido de algunos de los temas de *Material defectuoso*, los cuales fueron variando en función del lugar en el que actuaron.

En Madrid, y a diferencia del resto de la gira, el concierto no fue independiente, sino que formó parte del festival En Vivo, que celebró su tercera edición durante el último fin de semana de septiembre en el Recinto Auditorio Miguel Ríos, en Rivas Vaciamadrid, y en el que la de Extremoduro fue la actuación estelar del cartel, tal y como reconoció el jefe de prensa, Ibai Villapún:

> «Aparte de las bandas internacionales, contar con Extremoduro, una formación que no se prodiga en exceso y que realizó su última gira hace cuatro años, es muy especial. Ha sido el gran reclamo del En Vivo y el principal responsable de la venta de entradas. En esto, ha cumplido con creces».

Extremoduro no solía actuar en festivales por cuestiones meramente técnicas —equipo, pruebas de sonido, etcétera—, pero en este caso la organización les brindó todo tipo de garantías y facilidades, y el concierto, al que asistí, fue electrizante, con Robe, Uoho, Colino y Cantera imprimiendo toda su sabiduría instrumental, y cerca de cuarenta y cinco mil personas sumidas en una suerte de trance colectivo.

Las críticas de aquella noche coincidieron en un punto: Extremoduro, como en el adagio de Baudelaire, estuvieron sublimes sin interrupción. Baste con reseñar el título de la que Fernando Neira escribió para *El País,* epítome de todo lo publicado: «Robe es el amo».

Otra de las cumbres de aquella gira fue el concierto que ofrecieron en Cáceres, en la tierra de Robe, la noche del 13 de octubre, cuatro años después de tocar en Plasencia y en Mérida y ocho allí, y en pleno puente del Pilar, lo que motivó que los hoteles de la ciudad alcanzaran el cien por cien de ocupación (de hecho, los directores de los hoteles consultados atribuyeron la excesiva demanda, más allá de la fiesta, a la visita del grupo). También estuve en ese concierto, y doy fe de que el ambiente rozó por momentos la histeria colectiva. La cita fue en el Recinto Hípico, donde quince mil personas se encargaron de no dejar un centímetro de suelo libre (en la reventa, las entradas alcanzaron los doscientos euros). Robe salió a escena con su remedo de camisa de fuerza y demostró que su locura es una medicina para el espíritu. Tras el introito de la aún inédita «El pájaro azul» —se acabó titulando «El camino de las utopías» y se incluyó en su siguiente disco—, enlazaron dos temas clásicos, «Ama, ama, ama y ensancha el alma» y «No me calientes que me hundo», y ahí fue cuando el hijo pródigo habló:

> «Bueno, aquí estoy. En casa. Esta semana ha sido horrible. He estado jodido. He tenido faringitis, catarro... la madre que la parió. El lunes bien; el martes, regular; el miércoles, hecho una braga. Y el jueves lo más sensato habría sido suspender el concierto, pero ya sabéis que la sensatez no ha sido nunca mi punto fuerte...».

Y abordó «Mi espíritu imperecedero» para encadenar una sucesión de materiales nada defectuosos, rock transgresivo y leyes innatas.

Al cabo de más de tres horas de música en estado puro, atenuadas por dos pausas, el grupo se dirigió a la puerta de salida con, claro, «Salir», tras la intensidad sin anticlímax de *La ley innata.* En mitad de la canción, Robe alzó la guitarra, ebrio de gratitud, y apenas logró decir: «Gracias, gracias...». No le salía la voz del cuerpo. La canción era una fiesta absoluta y el recinto Hípico ardía como el Circo romano durante la carrera de cuadrigas de *Ben-Hur.* Tras pronunciar el último verso, *«ya no me acuerdo de na»,* el extremeño miró a la masa, más individualizada que nunca, y añadió: «Sí me acuerdo. Sí que me acuerdo... Hasta siempre. Hasta siempre», y, emocionadísimo, se retiró del escenario para ya no volver.

De regreso al hotel, en un taxi que tardé más de una hora de reloj en conseguir —las inmediaciones del concierto eran un río de gente a la caza del taxi—, el conductor aseguró que nunca, jamás, había visto a tantas personas en los alrededores de un concierto. Ni con Mecano ni con Sabina ni con Luis Miguel ni con Bisbal. Solo con Dire Straits en 1984, en el momento de mayor popularidad del grupo británico, y en el estadio de fútbol.

A la mañana siguiente, los diarios cacereños destacaron en portada lo visto por mis ojos y escuchado por mis oídos. El diario *Hoy* tituló: «Apoteosis con Extremoduro», seguido de: «Más de 15.000 personas asistieron al concierto en el Hípico de Cáceres y miles lo escucharon desde fuera». Por su parte, *El Periódico de Extremadura* dio el siguiente titular: «Extremoduro revienta el Hípico de Cáceres».

El cierre de aquella gira tuvo lugar en A Coruña, donde llenaron el Coliseo, algo que nadie lograba desde que Fito & Fitipaldis lo hiciera seis años atrás. En *La Voz de Galicia* señalaron aquel hecho como un acontecimiento y, además, lo argumentaron:

> «Lo que no lograron Juanes, Lenny Kravitz o Sabina & Serrat lo va a conseguir Extremoduro. Las diez mil quinientas entradas que el Coliseo había puesto a la venta para su recital del sábado ya tienen dueño. [...] Todo esto ocurre con dos *handicaps* que arruinarían cualquier recital. Primero, la nula promoción. No se ha visto ni un solo cartel en las calles. Todo ha funcionado por el de boca en boca. Segundo, el sábado se disputa el derbi Celta-Deportivo, un partido que acaparará la atención de miles de personas en la ciudad. Ambos son obstáculos menores para Extremoduro».

Canciones que fueron y son

Extremoduro regaló a los asistentes de aquellos conciertos dos canciones inéditas. Dos canciones bellísimas con más poesía que distorsión. La primera de ellas no había sido editada, pero no era del todo desconocida, pues ya la habían interpretado unos meses atrás, en acústico, Robe e Iñaki en el transcurso de la gala La Música Alimenta, celebrada en el Teatro Filarmónica, en Oviedo, y organizada por la Fundación El Pájaro Azul. Entonces llevó por título «El pájaro azul». Robe justificó así, sobre el escenario ovetense, su presencia allí:

«Estamos aquí hoy porque nos hemos enterado de que hay una gente que se llama El Pájaro Azul que dicen que no se identifican con ningún sistema ideológico ni político ni religioso, y eso nos gusta porque es lo que nos pasa a nosotros. Siempre. [...] Vamos a tocar una canción que no tiene nombre, así que como estamos aquí la vamos a llamar, hoy, "El pájaro azul" mismo. Y luego, otro día, ya veremos cómo la llamamos. Esperamos que os guste». Como detalle, Robe llevaba una camiseta negra con la palabra CULPABLE en blanco. Aquel lema había sustituido al NO QUIERO SER COMO TÚ!! de antaño.

«El pájaro azul» era la que servía para abrir todos los conciertos, que arrancaban siempre de la misma forma: con la proyección de un vídeo cargado de referencias autobiográficas, y con el que el grupo rendía su particular homenaje a la película *Granujas a todo ritmo,* protagonizada por los Blues Brothers, esto es, el ya fallecido John Belushi y Dan Aykroyd.

El comienzo del vídeo es de animación: la cámara nos conduce a las entrañas de una prisión y nos lleva hasta una celda en la que Uoho está sentado en el catre con la mirada perdida; tras él, en la pared, resplandece el tatuaje de Roberto Iniesta: las ballenas que vuelan hacia el sol. Le abren la reja y sale. Camina hacia la salida y lo vemos detenido en la puerta, de espaldas, el sol recortando su silueta mientras mira al exterior como si no se lo creyera o tuviera que tomar una buena bocanada de aire antes de abandonar ese lugar.

Nada más poner el pie en la calle —fin de la animación—, lo primero que hace es *levantarse* una furgoneta roja con la que se dirige a un psiquiátrico. Allí está Robe con camisa de fuerza y sujeto a una camilla, como Hannibal Lecter en *El silencio de los corderos*, pero sin la máscara. Iñaki se lo lleva y los dos van en la furgon eta más felices que un par de perdices: Uoho al volante, con una camiseta en cuya parte frontal figura el lema CULPABLE, como la que Robe llevaba en la actuación de la gala de la Fundación El Pájaro Azul, y el cantante de copiloto: debajo de su camisa de fuerza, la misma que lucía en los conciertos de la gira *Robando perchas del hotel,* asoma la cara del Coyote, la eterna víctima del hijoputa del Correcaminos y símbolo del sufrimiento exacerbado. Se dirigen hacia las montañas.

La furgoneta se detiene en unos jardines en los que unos músicos amenizan el banquete de una boda: el trompeta y el contrabajo son Aiert Erkoreka y Félix Landa, pianista y guitarra de apoyo, respectivamente, en las últimas giras de Extremoduro (parece ser que así era como se ganaban el pan en la vida real, tocando en bodas, comuniones y bautizos).

Cuando ven al vehículo tras ellos, y a sus tripulantes animándoles a subir, arrojan al suelo los instrumentos y Félix se despoja de la peluca que lleva y deja al descubierto una calva perfecta, mientras que Aiert se arranca la camisa y se puede ver el logo del Capitán Tabernícola. Robe e Iñaki, junto con las dos nuevas adquisiciones, salen de allí a escape y reemprenden la labor de reclutamiento/salvamento.

Aparece luego el bar Pájaro Azul, abandonado. Después, el Simetría, el garito que Robe regentó en su Plasencia natal, con no uno, sino dos carteles de «Se vende». Llegan a Portugalete (se entiende): Miguel Colino está en su bar, el Izai, el cual tuvo que cerrar por culpa de la crisis, con el mandil puesto y barriendo, cuando Robe y Uoho aparecen en la puerta y el segundo le da una voz. Colino se dice «pero qué coño», y arroja lejos de sí mandil y escoba y les sigue.

La *troupe* se detiene por último en la academia de Indautxu (Bilbao) en la que José Ignacio Cantera impartió clases de batería durante la etapa de sequía que medió entre *Yo, minoría absoluta* y *La ley innata*. Está enseñando a un niño a aporrear la *batera,* y cuando mira por la ventana y ve a sus troncos haciéndole señas para que baje, coge la caja y se la estampa en la cabeza al niño, que se queda con el instrumento como un flotador alrededor de sí, igual que en los dibujos animados.

La furgoneta vuelve montaña arriba, hacia el sol, y, de pronto, se convierte en un pájaro azul. Cuando a Robe le sugirieron la idea de que la furgoneta adoptara la forma de un pájaro, rojo como el color del vehículo, se acordó de la interpretación del tema para la Fundación El Pájaro Azul, y dijo: «Hostias. Pues que sea un pájaro, sí, pero azul».

No es de extrañar que, al final, la canción llevase por título «El camino de las utopías», porque todos los pájaros de esa furgoneta se libran de una existencia grosera y gris gracias a Extremoduro.

Pero un momento. Si las biografías de Cantera, Colino, Landa y Erkoreka son fidedignas, ¿qué pasa entonces con Robe, que nunca estuvo en un psiquiátrico —salvo en la piel de «Jesucristo García»—, y con Uoho, que no ha estado en el trullo? El primero me lo aclaró:

> «Iñaki y yo lo hemos hablado muchísimas veces: de no ser por la música, habríamos acabado, seguro, en un manicomio o en la cárcel».

Esa canción se incluyó finalmente en su siguiente disco, el último de la banda, *Para todos los públicos,* con el título, ya lo he dicho, «El camino de las utopías».

La otra canción inédita de aquella gira fue «Contra todos» —pasó a titularse «Defectos constitutivos», pero al final volvió a ser «Contra todos», y así se quedó—, y era presentada por Robe con estas palabras:

> «No es necesario un mundo mejor. Lo necesario es luchar por conseguirlo. Pero el resultado final me la suda. Pero es que me la suda».

Una canción que, advirtió, no estaría en el siguiente disco del grupo, ni en el que viniera después, y puede que en ningún otro. Y acertó, al menos respecto a que no estaría en ningún disco de Extremoduro, pero sí que vio la luz en disco, pues formó parte del primer cedé en solitario de su autor, *Lo que aletea en nuestras cabezas*. Reproduzco aquí su letra definitiva:

Contra todos.
Otra vez me levanto contra todos.
Si en la vida... me vuelvo a preguntar.
Si en la vida me vuelvo a equivocar...
Ahora que, ahora que estoy, que estoy tan solo,
dime, para buscarte, dónde estás,
que yo sé que hay otra manera:
del destino no me dejo llevar.
He buscado la vida entera
y he encontrado la forma de escapar:
me salí del camino a caminar.

Necesaria.
Para mí esta canción es necesaria.
Todo el mundo me dice: ¿para qué,
si ella nunca, ella nunca va a volver?
Y por eso les llevo la contraria,
y por eso me vuelvo del revés.
Siempre voy a contracorriente,
de la noche, el color, yo quiero ver,
y apartarme más de la gente
y alejarme de todo en lo que creen
y olvidar la manera de volver.

Ay ay ay ay al camino recto, por el más torcido,
vengo directo, ay ay ay ay ay a hablar contigo
de nuestros derechos constitutivos.

Y a la pálida luz de la luna,
llega una duda;
me pregunta si ya no te espero.
Y esta flor, que ya sabes que es tuya,

se descapulla,
recordando el roce de tus pelos.[5]

No, que nunca te vuelva a ver,
que no te vuelva a rozar,
decidió el amanecer.

Aire, aire, que me falta el aire.
Aire, que me falta el suelo.
Aire, aquí hace falta un trueno.

Por ti la luz de la aurora
se queja de verte sola,
y ahora llega más temprano.
Y a mí la luz de la luna
no quiere dejarme a oscuras
y me lleva de la mano…

a abrazarte cuando estoy perdido.
Dime dónde estás. Frío, frío, frío.
Y lanzarme al vacío.
Dime dónde estás. Frío, frío, frío.

Incendiario.
Todos dicen que soy un incendiario,
que enciendo hogueras solo con hablar
y que morir no me importa y me da igual
hasta el día en que caerá en el calendario.
Y es que no me preocupa tropezar
siempre con la misma piedra,
de cabeza me tengo que pegar
siempre con la misma piedra.
Del pasado nada puedo cambiar,
el futuro lo estoy cambiando ya.

5. No podía faltar la pincelada transgresiva.

América, América

Tras acabar la gira española, el grupo apenas tuvo un mes de descanso: a principios de diciembre, y por primera vez en su historia, se trasladaron a América del Sur y realizaron una pequeña gira de teatros por Argentina (Buenos Aires y Rosario), Chile (Santiago de Chile) y Uruguay (Montevideo).

Si existía una asignatura en verdad pendiente en la trayectoria de Extremoduro, esa era la conquista de América. De hecho, resulta incomprensible que necesitaran veinticinco años para dar ese salto. Para viajar a un lugar en el que no solo conocían su trabajo, sino que además se trata con amor y pulcritud la palabra. Y eso es así porque saben de su valor. Porque son sensibles a la poesía y al lenguaje escrito con buena letra.

Ya en 1997, en la rueda de prensa que ofrecieron en un local de okupas de Madrid para presentar el disco en directo *Iros todos a tomar por culo,* Robe expresó su deseo de iniciar una gira por Latinoamérica. No sabía entonces que habrían de transcurrir quince años, tres lustros, para que ese deseo cobrase forma.

Hablé con David Bonilla, de Warner, y le pregunté por qué un grupo como Extremoduro, de los más vendedores de España y, en teoría, potencialmente rentable en el continente hermano, tardó tanto tiempo en visitar América. Su explicación fue la siguiente:

> «Ahora, cruzar el charco es hablar de ir de España a Argentina. Pero es que ha habido años en los que Extremoduro no ha ido ni a Mallorca, porque las condiciones técnicas no eran las adecuadas. Al ser una isla española, no vas con tu propio equipo. Y ellos eran tan exigentes, y lo siguen siendo, que si veían que iban a dar un espectáculo de menor calidad al que estaban acostumbrados, pues no lo hacían. Y quien se fije en los conciertos que han dado verá que, hasta hace poco, Baleares y Canarias no existían. Estoy hablando desde la publicación de *Iros todos a tomar por culo* y *Yo, minoría absoluta.* En esos cinco años, no han ido nunca a las islas».

Le señalé entonces al productor que esto era algo muy distinto, ya que se trataba de abrir mercado. Bonilla lo razonaba así:

«Extremoduro tampoco era el grupo más fácil para eso. No era Alejandro Sanz. Hicimos un intento publicando allí un disco especial, recopilatorio, un disco hecho expresamente para el mercado latinoamericano y que aquí, en España, no se ha editado nunca. Ellos fueron quienes se encargaron de la selección del repertorio. Hicimos unas quinientas copias y las distribuimos de México a Argentina, y la respuesta fue absolutamente tibia. Y si no había una respuesta que justificara el desembarco, pues no se hacía».

A este respecto, Robe tenía otro punto de vista, que me trasladó:

«Pero ¿tú crees que alguien se enteró? ¡Hicieron quinientos discos para toda América! No vale con hacer discos, porque la gente no llega a la tienda y dice: "¿A ver qué disco es ese que hay ahí?". La única manera es haciendo promoción. Porque el trabajo de una casa discográfica tiene que ser el de dar promoción y distribuir. Si en la distribución haces quinientos discos para toda América, ¿qué cojones de promoción habrás hecho? Ninguna. Yo es que sigo sin entender que hicieran quinientos discos para toda América... ¡Quinientos! A nosotros nos daba la risa cuando nos lo dijeron. La verdad es que si no hemos ido antes a América ha sido porque no tuvimos facilidades para ir. Me refiero a garantías para tocar con unos medios a la altura, y tener la posibilidad de contar con gente que esté dispuesta a llevarte y a prepararte un concierto. Pero nuestra idea siempre fue que tenía que haber discos nuestros allí. Porque éramos un grupo que aquí estábamos funcionando bien».

Aquel disco, que llevó por título *Extremoduro,* sin más adornos, se publicó en América en 1998. Editado y remasterizado en los estudios Lorentzo Records, en Berriz, Vizcaya, de los arreglos y la producción se hizo cargo Iñaki Uoho. La selección de canciones recorría todos los discos del grupo hasta *Iros todos a tomar por culo,* inclusive. En total, trece temas: «Jesucristo García», «La hoguera», «Tu corazón», «La canción de los oficios», «Quemando tus recuerdos», «Ama, ama y ensancha el alma» (le quitaron un «ama»), «Estado policial», «Pepe Botika (¿Dónde están mis amigos?)», «Pedrá» (fragmento), «Sucede», «So payaso», «El día de la Bestia» y «Deltoya» (versión directo).

El arte del disco, realizado por Juantxu «Mongol» Olano, exbajista de Platero y Tú, estaba cuidadísimo. En la portada, una Gibson Les Paul emerge de la tierra como un árbol. El cuadernillo es muy bonito: a la izquierda, las canciones de cada trabajo aderezadas con entradas de sus conciertos, pases de *backstage* y el tatuaje de Robe, y a la derecha, la portada del disco al que pertenecen. La contra del libreto lleva, abajo, una fotografía del grupo en concierto que se incluyó en el cuadernillo de *Iros todos a tomar por culo,* y arriba estos versos del poema «Autobiografía», de Luis Rosales:

> *Como el náufrago metódico que contase las olas que le bastan para morir,*
> *y las contase, y las volviese a contar, para evitar errores,*
> *hasta la última,*
> *hasta aquella que tiene la estatura de un niño [y le besa]*[6] *y le cubre la frente,*
> *así he vivido yo con una vaga prudencia de caballo de cartón en el baño,*
> *sabiendo que jamás me he equivocado en nada,*
> *sino en las cosas que yo más quería.*

Surgía entonces una pregunta inevitable: si en América tan solo se editó ese disco y apenas se vendió, ¿cómo se explicaba el éxito cosechado con la gira *Robando perchas del hotel,* en la que no solo agotaron todas las entradas, sino que en alguno de los conciertos, como el del Teatro de Verano Ramón Collazo, en Montevideo (Uruguay), actuaron ante cerca de cinco mil personas?

David Bonilla aportó datos razonables:

6. Roberto Iniesta omitió *«y le besa».*

«Lógicamente, estoy hablando de hace quince años. El mito se ha ido haciendo después. De hecho, con *La ley innata* y *Material defectuoso* las visitas en Youtube han aumentado muchísimo. Y artistas hispanos que hablan en ese sitio de Extremoduro, como Calamaro, hacen que la gente se interese y que el nombre empiece a sonar. Más allá de eso, misterios de este negocio. Creo que Robe sería comparable, como figura, por lo que representa, al Indio Solari, el cantante de [Patricio Rey y sus] Redonditos de Ricota. Es el tipo de personaje que a los argentinos les gusta mucho: maldito, que apenas concede entrevistas, al que nadie conoce realmente. Y yo creo que eso engordó el mito de Extremoduro, y de Robe en particular. Luego está Last Tour Internacional, que son los que se ocupan de sus giras. Porque el grupo, en la actualidad, no tiene mánager. Y Alfonso Santiago, de Last Tour, ha sido un poco el que lo ha movido y el que ha contactado con promotores, y con el tiempo han visto que había condiciones muy buenas para ir y lo han hecho. Cuando me dijeron que se iban dieciséis personas a América, dije: "Estáis locos". Pero, claro, si van nueve mil personas a verte puedes permitírtelo. Porque cualquier otro grupo van dos, y encima cargando ellos con las guitarras. Pues eso, el mito y Youtube es lo que ha hecho que en esos países se hable de Robe. Y luego están las bandas tributo, que allí son mucho más fuertes. Milongas Extremas, de Uruguay, es una propuesta muy original. Porque lo que hacen las bandas de aquí es tocar el repertorio calcado del de Extremoduro y con el mismo logo. Parece que quien toca es Extremoduro. Pero allí no. Al tema americano no hay que darle muchas más vueltas. En su día se hizo un leve acercamiento y no hubo una respuesta positiva. Y ahora sí».

Roberto Iniesta coincidía con Bonilla en la importancia que había tenido internet para que se decidieran a viajar allí:

«No hemos podido ir a América hasta que, gracias a internet, se han conocido nuestros discos. Porque allí todo el mundo se sabía nuestras canciones. Vamos, es que cantaban hasta los punteos. Desde el principio al final».

El caso es que meses antes de su desembarco, ya habían agotado las entradas para la actuación del Teatro Flores, en Buenos

Aires, por lo que ofrecieron un segundo concierto. Y en las semanas siguientes las ventas siguieron imparables y tuvieron que ampliar fechas, pues los boletos volaron en todos los lugares programados.

Aquellos recitales fueron emocionantes. No solo para el público, también para los miembros del grupo: estos no daban crédito cuando comprobaron *in situ* que la gente, además de saberse de memoria las canciones, conocía, incluso, algunas de Platero y Tú. Maravillas de internet, que con solo pulsar una tecla puedes acceder a las distintas formas del bien y del mal que acontecen en la otra esquina del planeta.

Un mes antes de la llegada del grupo, se editó en esos tres países el recopilatorio *Grandes éxitos y fracasos (Episodio primero).* Le pregunté a David Bonilla si había previstos nuevos lanzamientos discográficos en tierras americanas:

«Preparamos *Grandes éxitos...* y *Material defectuoso* para llevarlos a Argentina, porque Chile y Uruguay dependen de ese país; ellos se encargan de distribuirlo. Robe e Iñaki querían que se editasen los dos, y nosotros también. Pero dijimos: no nos columpiemos. Vamos a lanzar quinientas copias del *Grandes éxitos...*, y si vuelan, sacamos también el otro. Y ya después el resto. Vendió unas cuatrocientas copias, por lo que *Material defectuoso* no se llegó a publicar. En digital sí; en digital está editado todo el catálogo de Extremoduro en América. Para los americanos, tanto del norte como del sur, el digital es importante. Ellos están más acostumbrados a comprar el digital que nosotros. Ahora estamos pendientes de que hagan un segundo viaje a América, en este caso a México, Perú y Ecuador. Son sitios en los que haces un solo concierto, pero a lo bestia. Porque sin una visita previa del grupo, no tiene sentido publicar».

De cara a los conciertos que iban a ofrecer en Chile, Roberto Iniesta concedió una entrevista a un medio local, *RockNvivo,* que es lo mismo que decir que habló para América, y dejó los siguientes titulares:

«Uno de los más grandes logros es poder hacer las cosas tal y como queremos. No estamos sujetos a fechas ni a las condiciones de los sellos discográficos, lo que nos da mayor libertad en el momento de componer y hacer la música que nos gusta».

«A partir de *Agila* las cosas fueron mucho mejores para nosotros como banda. Las giras fueron muy seguidas y más extensas. Guardo muy buenos recuerdos».

«Para mí, las letras son uno de los puntos más importantes de Extremoduro».

«En España, las bandas se empezaron a ir a la mierda un poco por el tema de los sellos discográficos. Eso no ha ayudado mucho a los grupos. Creo que en el último tiempo han salido pocas cosas nuevas. Con los sellos tenías el apoyo del medio y la gente comenzaba a conocer tus canciones, te montaban una gira de promoción y todo eso. Ahora, internet ayuda. Pero no a todos. O sea, sirve, por ejemplo, para que en Chile nos escuchen y conozcan».

«Todos nuestros trabajos son muy diferentes entre sí».

«En *Material defectuoso* hay un cambio en la manera de decir las cosas. Las líricas son mucho más directas».

Todo eso es cierto, certísimo, y creo que a lo largo de este libro ha quedado claro.

Como también lo es que *Material defectuoso,* algo que ya dije al principio del capítulo, supone, en efecto, una vuelta de tuerca respecto a sus trabajos anteriores.

Es decir, con otras texturas, con otras cuerdas, con distintos condimentos y desde lugares diferentes, se pusieron en pie, de nuevo, las viejas obsesiones, las mismas heridas de siempre.

Por lo demás, 2012 resultó, pues, un año intenso y rejuvenecedor para el grupo. Tras un cuarto de siglo de existencia, se sentían como si estuvieran empezando. Algo en lo que tuvo mucho que ver su conquista de América, un territorio con el que nació una historia de amor que auguraba nuevos y apasionantes revolcones.

Pero para ellos lo único que contaba era el presente, y en él Extremoduro trabajaba en el que sería su siguiente disco, el undécimo de su carrera, y del que solo se sabía que incluiría el tema «El camino de las utopías». Y ya se vería, porque con estos muchachos todo eran interrogantes.

Lo que sus seguidores sí sabían es que Robe y Uoho trabajaban al máximo para que las canciones que lo integrasen fueran las mejores que podían salir de su genio. El lugar más alto al que eran capaces de llegar.

Porque ese afán, el de la búsqueda de la canción filosofal, de la canción perfecta, era su único motor, su principal objetivo como artistas. Su norte.

PARA TODOS LOS PÚBLICOS: LOS PUNTOS SUSPENSIVOS QUE ACABARON EN PUNTO FINAL

A partir de *Agila,* y debido a que desde entonces eran ellos y no la compañía discográfica quienes fijaban los plazos de entrega, los discos de estudio de Extremoduro se hicieron bastante de rogar. Es por ello que una de las preguntas más recurrentes en torno al grupo era: «¿Para cuándo un disco con canciones nuevas?», y la respuesta siempre era la misma, tan obvia como imprecisa: «Para cuando esté listo».

Esa era entonces, en 2013, la situación: los miles de seguidores con que contaban estaban a la espera de que en cualquier momento, a través de su página web, que es desde donde solían informar de las novedades,[1] comunicaran la feliz noticia: el nuevo disco estará a la venta tal día y aquí tenéis entre tanto un tema para ir abriendo boca.

En esa ocasión, el motivo de la demora —en mayo de 2013 se cumplieron dos años de la edición del anterior disco— no era la existencia de un apagón creativo, al contrario: había canciones de sobra. Roberto Iniesta atravesaba en ese sentido una etapa

1. Hace años, en la época de *Agila,* antes de que internet nos hiciera la vida un poco más fácil a todos (y nos separase de paso un poco más), Robe, tomando como modelo las «líneas eróticas», contrató una línea de teléfono —906 30 05 04— para que la gente pudiera informarse sobre fechas de conciertos y demás novedades relacionadas con el grupo. Su propia voz aclaraba cuáles eran los discos oficiales y dónde podían encontrarse, y cuáles no tenían nada que ver con ellos —sí, esos que picaban— y, por lo tanto, no había que comprarlos.

harto fecunda. Así lo aseguró, al menos, en una entrevista que le hizo José Fajardo para el suplemento *La Luna de Metrópoli,* en plena gira *Robando perchas del hotel:*

«Tengo mucho material nuevo. Todo lo que no hice en cinco años de sequía [...] me ha salido últimamente. Estoy tan ilusionado como un niño. Me gustaría meterme en el estudio y grabar y grabar y grabar canciones. Pero hay que ir paso a paso».

No, la falta de canciones no era la causa de que el undécimo disco de estudio de Extremoduro no hubiera visto aún la luz. La causa era la voluntad perfeccionista de Robe e Iñaki, casi enfermiza, que les hacía volver una y otra vez sobre lo ya hecho, hasta la náusea. Como si cada tema fuese tratado como un disco en sí mismo.

Le pregunté al jefe de producto de Warner, David Bonilla —la persona que estaba al corriente en todo momento de los avances del grupo en el estudio de grabación, pues era quien hablaba con ellos de forma regular—, cómo pintaba la cosa, y me dijo:

«La última vez que fui a verles, ya en el estudio nuevo de Iñaki, Muxikon, estuve escuchando algunos de los temas. Eso fue en abril del año pasado [2012], que el disco estaba prácticamente acabado... Pero no, aún no lo han acabado del todo. Ya habían grabado las voces y las van a repetir. No sé si todas o una buena parte. Y no porque estuviesen mal, sino porque Robe cree que ahora lo va a hacer mejor. O igual ha cambiado alguna parte de las letras. En este tipo de artistas eso es muy habitual. Tú, que has hecho libros con Sabina, lo sabrás bien. Ellos no acaban los discos, los abandonan llegado un momento. Y Robe disfruta más componiendo que grabando. Grabando está siempre tenso. Porque Iñaki y Robe, aunque la gente no lo crea, intentan poner el listón de calidad lo más alto posible. Por eso tardan tanto. Iñaki me dijo que creía que el disco estaría listo hacia finales de abril de 2013. No habiendo gira en verano, y estando el disco en primavera, lo lógico sería que saliese en octubre. Porque sacarlo en mayo o junio es tirarlo a la basura. Después de tantos años, todos hemos visto que entre sacar un disco justo antes del verano o sacarlo entre septiembre y octubre, vende el doble el que sale a finales de año».

Hablé con los dos protagonistas y les pregunté por lo que se traían entre manos. Robe me confirmó que, en efecto, había vuelto a grabar todas las voces del disco:

«He repetido todas las voces porque me parecía que ahora, después de la gira, tenía mejor el puntito para cantar, y me he puesto y, sí, me gustan más ahora».

Le pedí entonces que me adelantara algo de un trabajo que la gente esperaba no ya con expectación, sino con avidez. Como desde hacía tres lustros venía siendo costumbre:

«Es un disco que tiene más marcha que el anterior, y de canciones separadas. Faltaban unos detalles, pero hemos decidido darnos tiempo y meterlos bien. Cuando haces canciones, nunca sabes qué punto darles exactamente. Y cuando son un poco raras, tu voz no la tienes muy conocida en ciertos registros».

Le pregunté si «rara», para él, era toda canción nueva, y rio antes de contestar:

«La verdad es que un poco sí. Para mí, es más raro hacer las cosas muy suaves, aunque siempre las he hecho. Porque siempre ha habido alguna cosita suave, desde los primeros discos, y por eso me sorprende que a la gente le sorprenda. No era lo que más abundaba, pero sí que las había. Pero es más fácil cantar rompiendo la voz y dándolo todo, metiendo bulla. Si te pones a hacer cosas delicadas, la voz la puedes poner de muchas maneras, siendo tu voz. El otro día se lo decía al Uoho, que soy un compositor sin piedad. Porque él me decía: "¿Cómo has compuesto eso, si no llegas?", y yo: "Bueno. Algunas veces he llegado, joder". Sí, compongo sin piedad».

Iñaki, que es más técnico, me dio más datos sobre el disco en preparación:

«Son ocho canciones. Es un disco que la gente un poco corta de miras calificaría como "más Extremoduro". Tiene sus canciones de caña, tiene rock, tiene sus cosas tranquilas... Podría estar cerca de *Yo, minoría absoluta* y de *Canciones prohibidas*. Hay canciones en las que solo hay cuatro pistas de instrumento y la voz, son rock, y hay canciones más delicadas y que tienen más arreglos. Digo que es un disco más Extremoduro porque va viajando por conceptos musicales. Lo mismo tienes una canción para ir por la autopista en el coche con candela que tienes canciones para escuchar tranquilo en tu casita. Siempre he pensado, y es algo que ya te he dicho, que lo más importante son las canciones. Y las de este disco me parece que son cojonudas».

Al exigirse cada vez más, Robe e Iñaki prolongaban el tiempo de cocción de sus trabajos con el fin de dejar sus canciones lo más cerca de la perfección que eran capaces de llegar. El primero me lo confirmó:

«No creo que haya hecho todavía mi mejor canción. Siempre lo he pensado. Si pensara que lo siguiente iba a ser peor que lo anterior, creo que me desanimaría mucho».

Pese a las pistas dadas por los dos músicos, el aroma y sabor de su próximo disco eran un completo enigma. Incluso cabía la posibilidad de que la comparación con antiguos trabajos del grupo hecha por Iñaki fuera un jugar al despiste. O no. O quizá a él le diera la impresión de que las nuevas canciones guardaban cierto parecido con atributos sonoros de esos títulos, tal vez. Lo más probable era que no se asemejase a ninguno de los discos anteriores y que, al mismo tiempo, fuera igual que todos.

Es decir, que contendría, seguro, el aliento poético, el pulso multirrítmico y el aguijonazo melódico característicos del estilo transgresivo. O quizá deberíamos hablar ya, por qué no, de género. Pues Extremoduro es, quién puede negarlo, un género en sí mismo.

En eso, parecen haber seguido con fidelidad el imperativo de Cesare Pavese: ser brillantemente monocordes. Daba igual con qué texturas estuviera hecho el disco por venir, ya que el nivel de autoexigencia al que Robe e Iñaki se sometían descartaba casi al cien por cien la posibilidad de que no fuera un trabajo serio, de peso, y con saber eso bastaba.

Es como cuando ese inmenso poeta que fue José Manuel Caballero Bonald soltó en una entrevista que él no estaba educado para escribir mal. Pues exactamente eso.

Lo en verdad importante, lo reseñable, era que al hacedor de canciones al que durante años se le fundieron los plomos, aquel que trataba de salir de un túnel que, en realidad, estaba dentro de sí, no solo se reencontró con las musas, sino que estas correteaban a su vera: deslenguadas, elocuentes, felices. Encantadas del uso y abuso que un tal Robe hacía de ellas.

Y encantadas, también, de que Iñaki, con el cedazo de la técnica y el sentido común propios de un ingeniero del arte o de un artista con los pies en el suelo, las elevara y las hiciera pasar del fulgor impreciso de la idea a la realidad de la joya perfectamente pulida, corporeizándolas. Porque el vasco siempre supo afilar los estornudos creativos de su compañero y ponerle orden al caos. Cuando Robe recibía un chispazo de inspiración y soñaba una cabaña, le mostraba ese germen a Iñaki y este se encerraba con él en su *laboratorio* y, en vez de la cabaña imaginada, le entregaba un palacio. Y hace falta mucho talento para eso. Hasta el punto de que una buena parte de las mejores canciones de Extremoduro, clásicos populares, jamás habrían alcanzado semejante estatura sin su genio y sensibilidad musical. Sin el arreón de su mirada hondísima. No serían, en fin, como hoy las conocemos, o directamente no serían.

Y qué milagro, qué prodigio, qué maravilla dejar de ser una brisa, un fogonazo de inspiración, para ser canción. Y serlo ya, ay, para siempre.

Para todos los públicos

Aunque el undécimo disco de estudio de Extremoduro se puso a la venta el 8 de noviembre de 2013, once días antes de lo previsto después de que apareciera íntegro en distintas plataformas de descarga ilegal,[2] Robe e Iñaki comenzaron a trabajar en él en la segunda mitad de 2011, y grabaron las bases entre febrero y marzo de 2012, tras lo cual se fueron de gira con las canciones de *Material defectuoso* y *La ley innata*. Retomaron el disco en la primavera de 2013 y lo dejaron grabado, con Íñigo y Txortx Etxebarrieta como técnicos, y con Perru y Edorta como técnicos de instrumentos, en los estudios Muxicon, en Mungia (Vizcaya), y allí lo mezclaron a lo largo del verano. Se masterizó en Madrid, en septiembre de ese año, en los estudios Mastering Mansion, con Nick Litwin como técnico. El disco fue producido por Uoho.

El responsable de las ilustraciones de la portada —una explosión nuclear, imagen catastrofista que reflejaba cómo andaban los

2. En la cadena de producción del disco se sustrajeron varias copias. La Guardia Civil, dentro de la llamada Operación Agila, dio con el responsable, que fue detenido. Según declaró un portavoz de ese cuerpo, el disco se publicó en más de cincuenta webs de descargas y en solo tres días se produjeron alrededor de sesenta mil descargas. Warner Music, la compañía discográfica, que tuvo que emitir también un comunicado en el que explicó las razones de la filtración, estimó en ciento veinte mil euros el perjuicio económico causado por la filtración. En la página de Extremoduro, Robe e Iñaki publicaron un comunicado en el que mostraron su enfado con todo el mundo. Es para enmarcar: «Os vamos a poner al día, breve, pero claramente, de cómo hemos vivido este asunto del robo del disco que tanto ha dado que hablar en los últimos días. En un primer momento pensamos en demandar al que robó el disco de la empresa en la cual trabajaba, pero luego nos dimos cuenta de que el chorizo solo tenía una mínima parte de culpa. Entonces pensamos en demandar a todos los que se bajan música sin pagar y, además, intentan justificarlo, porque, en cierto modo, son los instigadores. Más tarde, cuando todo salió a la luz pública a través de los medios de comunicación, pensamos en demandar a todos esos medios de pacotilla que han anunciado que nosotros pusimos la primera demanda. Y, aún más tarde, pensamos en demandar a la Guardia Civil por dejar entrever en su confusa rueda de prensa que la denuncia partió del grupo. Al final, nos pareció que sería demasiado trabajo, porque, ya de antes, teníamos pendiente demandar a la compañía discográfica y a la oficina de contratación. Así que nos lo hemos pensado mejor: IROS TODOS A TOMAR POR CULO».

ánimos— y el libreto fue Markel Urrutia, con el diseño a cargo de un colaborador habitual del grupo, Dabid Zelaia. Las fotografías de los cuatro integrantes del grupo en plena actuación son de Víctor Pareja.

El disco contiene las canciones: «Locura transitoria», «Entre interiores», «¡Qué borde era mi valle!», «Poema sobrecogido», «Mama», «Mi voluntad», «Pequeño rocanrol endémico» y «El camino de las utopías», y la broma «Manué IV».

En él colaboraron María «Cebolleta» Martín en los coros de todos los temas, menos «¡Qué borde era mi valle!» y «Mi voluntad»; el guitarrista José Alberto Batiz, que metió un solo, el segundo de los cuatro que lleva la canción, en «Pequeño rocanrol endémico» (el primero lo firma Robe, y el tercero y cuarto, Iñaki); Félix Landa, guitarrista de apoyo en las giras de Extremoduro desde la de *Yo, minoría absoluta* (2002), hizo coros en «Entre interiores» y «Mama»; el violinista Ara Malikian puso su talento en «Locura transitoria», en donde también tocaron Carmen María Elena González (violín), Humberto Armas (viola) e Irene Etxebeste (violonchelo); de la percusión de todo el disco se encargó Gino Pavone; Javier Mora tocó el órgano en «Locura transitoria», «Poema sobrecogido», «Mama», «Pequeño rocanrol endémico» (órgano final) y «El camino de las utopías», donde también le dio al piano; Agnes Lilith hizo coros en «Locura transitoria», «Poema sobrecogido» (gritos) y «Mama», y Auram Etxaniz fue la segunda voz de «Poema sobrecogido». Iñaki Antón, además de las guitarras, hizo coros en todas las canciones menos en «Entre interiores», y tocó el órgano («Entre interiores», «Pequeño rocanrol endémico») y el piano («Locura transitoria», «Mama»).

Iñaki me definió casi todas las canciones del disco, por lo que iré alternando la cosecha propia y sus declaraciones.

El disco lo abre «Locura transitoria», que comienza plácida y armada de belleza —¿otra *La ley innata*?, cabe preguntarse—, con arpegios y un cuarteto de cuerdas con Ara Malikian al frente, y la voz de ogro de Robe que irrumpe desde el principio y taladra el cerebro del que escucha:

No sé en qué parte de esta historia
perdí el argumento primario.
No sé qué cojones me agobia.
Hoy, según dice el calendario,
vuelve a llegar la primavera,
y me molesta el sol.
Alma que nunca se deshiela
y se queja del calor.

Y Robe vuelve a incidir en una de sus obsesiones, la pérdida de la razón:

Sufro locura transitoria;
bajo a la tierra y cruzo la línea divisoria
que separa, en esta historia,
la locura y la razón.

Y aumenta la intensidad en su sui géneris estribillo, con unos versos que fusionan a Miguel Hernández y el «rock transgresivo» (pero es que ese poeta, inmenso poeta, fue muy transgresor):

¡Coño!
Un ruido del demonio se mete en mi cabeza,
y se enciende dentro un puto rayo que no cesa.
Tieso.
Yo sigo todo tieso la misma trayectoria
y no entiendo por qué estás cada vez más lejos.

Hacia la mitad del tema, con el *«Y otra vez. Una y otra vez»* como espoleta llega el primer cambio de ritmo notable, y se envalentona, asciende, para aplacarse otra vez cuando Robe se transmuta en un Quijote del siglo XXI cruzado de la ironía que tantas veces asoma en sus letras:

Ya no me dejo llevar,
pero si el viento no sopla, mejor,

¡que estoy viendo molinos!
Ya arreglaremos cuentas,
gigante descomunal,
que seguro que me siento mejor
después de haber vencido.

Y remata esa estrofa un verso épico con aroma a lamento:

Siempre soy yo mi guerra.

Contiene, además, unos versos en los que resplandece la brutalidad medieval de la España profunda:

¿Qué hace esta cabra fuera del rebaño?
¡Vamos a tirarla desde el campanario!

Es un tema espléndido, de los mejores del disco y a la altura de las más inspiradas composiciones de Extremoduro. Iñaki me dijo de él:

«Un temazo. Un temazo. Y con él saltamos a "El camino de las utopías". Originariamente eran la misma canción. De hecho, si te fijas, la introducción es prácticamente la misma en otro tono. Iban a conformar una sola canción. Como, por ejemplo, la primera del disco anterior... "Desarraigo", que desemboca en otra. En el caso de la primera y la última de *Para todos los públicos,* al contrario de lo que solemos hacer, al final decidimos separarlas. Son dos temazos, "Locura..." y "El camino...". Y al colocarlas la primera y la última, en vez de juntarse como estaba previsto, se juntan por el otro lado, se siguen tocando. Y "Locura transitoria" está compuesta a su vez por dos ambientes completamente diferenciados. Llega un momento en el que cambia el ambiente y se va a otro lado. Y ahí está otra vez el tema tan recurrente en la obra de Roberto, la locura, preguntarse si está loco o no. Y ubicarse en la frontera».

La segunda canción es «Entre interiores», una pieza guitarrera y contagiosa con esencia de blues. Tiene una letra introspectiva, jonda, existencialista, como demuestran estas dos estrofas:

Y yo, ¿para qué las quiero,
las cuatro estaciones,
si todo lo que sueño
está entre interiores?

Y yo, ¿para qué las quiero,
todas las palabras,
si todo lo que sueño
está en las entrañas?

El solo de guitarra es magistral. Su responsable, Iñaki, me la definió así:

«Más estándar. Una canción personal. Habla de diferencias que hay que acabar asumiendo, quizá. Luego que cada uno interprete. Me gustaba mucho tocarla en directo».

La tercera canción, «¡Qué borde era mi valle!», es la más burra, musicalmente, del disco (por dentro es más burra «Mi voluntad»). Rock contundente, caña, en una pieza que apunta a la Plasencia natal de Robe ya desde el comienzo:

Vamos a robar cerezas
de las del Valle del Jerte.
Soy capaz de cualquier cosa
por volver a verte.

La estrofa con coros está logradísima, por lo bronca, feroz y pegadiza que resulta. En los dos primeros versos hay inequívocos destellos nostálgicos de su tierra, y en los tres últimos los juegos de palabras camuflan el deseo (los versos en negrita, por rotundos, son los coros):

Atravieso otra montaña,
y tu recuerdo me acompaña.

Sí, y voy cada vez más lejos.
Doy la vuelta cualquier día
para darte compañía.
Sí, y cada vez más dentro.

Y prosiguen los guiños al pasado:

Dices que no te hago caso.
Es que tuve que irme lejos.
Pero te prometo que doy pasos
sin tocar el suelo.

Iñaki me habló de ella:

«Esa es la canción más roquera del disco. Salimos con ese sencillo por eso. Bestializada, pueblerina. Con lo que hemos aprendido con el paso de los años, pero que, en esencia, nos retrotrae a los Extremoduro de otro tiempo. Es un viaje al Extremoduro más roquero, esencial, de pueblo».

«Poema sobrecogido» tiene ecos de la «Coda flamenca» *(La ley innata),* ese espíritu flamenco, jondo, de pasión desangrada, tan Lole y Manuel, tan Triana:

Hay en el vacío
un reflejo mío
que me habla de otras cosas:
de una luz borrosa
y de sentir
que me habla desde dentro
y me dice que voy lento,
y corrí.

Y de este desvarío
se escapó un quejío...

El solo de cierre, anabolizado de pedales y efectos, pero sin salirse en ningún momento de la senda flamenca, es una piedra preciosa.

Y llega su «Manué IV», el diálogo surrealista entre Robe e Iñaki que arrancó como una tontería en *Agila,* y que en este caso encierra un homenaje a «Al alba» de Luis Eduardo Aute, cuyo aparente relato de una inminente ruptura sentimental era, en realidad, un canto desesperado por quienes fueron los últimos fusilados del franquismo, tres integrantes del FRAP y dos de ETA. La pieza de Extremoduro hay que entenderla como lo que es, un chiste, una broma:

Robe: —Manué.
Iñaki: —Qué pasa [con voz de aburrimiento].
R: —Qué pena que nadie nos fusile al alba.
I: —[Con voz queda e indolente] Puto revolucionario de los cojones. Ya me has jodido la tarde, tío.
R: —Que te den por culo. Tú no entiendes nada.

Y acto seguido brota «Mama», otra broma, en este caso en forma de canción, que mezcla ribetes funk con rock enérgico.

Hay sitio para la hondura:

Su calor es puro veneno,
y eso es lo que yo ya echaba de menos.

Se marchó
y, de nunca besarme,
se pudre la carne
de mi corazón,

que me habló,
enterrado entre hielo:
—Latir ya no quiero,
y no quiero oír su voz.

Y también para la guasa, con un imperativo que es contestado como debe ser:

—*Mama.*
—*Ya he mamado.*

Iñaki me comentó también «Mama»:

«Nos metimos en ritmos que no son habituales en nosotros. Que nuestra música no tuviera límites de estilo, dentro de nuestras posibilidades, claro, era algo que a los dos, a Robe y a mí, nos molaba mucho. Es una cosa medio tropical... y ese tipo de humor de Robe».

La enlaza sin solución de continuidad la agreste «Mi voluntad». Rock duro, vivaz, sin mariconadas. Podría haber formado parte del repertorio de *Canciones prohibidas* por su esencia *destroyer*. Robe, en ella, es Belcebú:

Salgo, por cambiar el ritmo,
fuera de mí mismo,
a ver qué pasa
por fuera de esta carcasa.
Me convierto en algo incierto,
cántaro o diablo, ¿qué más da?

Y contiene una estrofa inquietante, terrible:

¿Por qué estás, diablo, tan abatido?
—Soy malo, y mi suerte maldigo.
Tengo en el horno niños metidos
y me duele escuchar sus quejidos.

Iñaki veía así esa canción:

«Habla sobre la reafirmación personal. Yo siempre siendo la hostia y teniendo siempre razón, funciono. Mis santos cojones, vamos. Una canción trepidante, muy divertida de tocar. Hicimos un vídeo en casa con imágenes de ella que ya te enseñaré. Una bonita canción, elemental, chula».

El penúltimo corte, «Pequeño rocanrol endémico», es, junto a la primera y última canciones, lo mejor del disco. Comienza en modo AC/DC, un guiño de Iñaki para la parroquia. Contiene cuatro solos, uno de Robe, otro de Batiz y dos de Iñaki (por ese orden).

La letra es un reproche mayúsculo a la inclemente amada, una mala pécora que ha abandonado al protagonista como a un «perro»:

Dijo no y se fue, la traidora.
—No recuerdo quién eres ahora.
—Soy un tipo que anda perdido
por las calles de tu olvido.

Dime por qué me llevaste al barrio del olvido.
Ahora di que no, di que no.
Anda, di que no, di que no.

Y hay versos que recuerdan a «19 días y 500 noches». Los de Sabina son estos:

Así que se fue,
me dejó el corazón
en los huesos...

Y los de Robe:

Dijo no y se fue, la embustera.
[...]
No, que este perro ya está en los huesos...

Iñaki me dijo de ella:

«Una canción a la que yo le tenía mucho cariño, porque me gustaba y porque... En Extremoduro no puedes hablar de adentrarte en el blues, porque es algo que a Robe, salvo los discos de ZZ Top..., pues no puedes. Sí juguetea con él. Y aceptó el juego y jugamos a hacer blues extremeño. Ligero. La podíamos haber desarrollado de otra manera y con otro sonido y estilo, por ejemplo, Platero. No llega a ser festiva, porque es un medio tiempo. Y podemos hablar, hasta cierto punto, de influencias de la música negra sajona. En Extremoduro hay canciones que si las analizas podrían pertenecer más a la canción ligera que al rock, aunque sean rock. Si la analizas, dices, "esta es una canción que podríamos haber hecho para uno de esos artistas que salen por la tele con un traje". Es una canción que sabes que no va a tener un gran recorrido, pero le tienes cariño».

La canción que cierra el disco, «El camino de las utopías», es la mejor. Se puede decir, incluso, que es una de las grandes canciones de Extremoduro, que es lo mismo que decir del rock español. Es una de esas piezas que lo tiene todo: belleza, poesía, rock, ironía, épica...

La reproduzco íntegra por su belleza:

Voy buscando lo que quiero,
averiguando, a mi manera,
que no me gustan los maderos
ni la gente con banderas,
ni la Virgen María,
ninguna ideología...
Pero si sirve de algo
yo pido libertad para los pigmeos,
que me dan, aunque no los veo.

Agua. Si vienen a por mí, tú dame el agua.[3]
Mientras, intentaré a la vida negociar
lo que tengo, lo que tú ya sabes,
lo que guardo bajo siete llaves.
Salgo a la calle desnudo,

3. «Dar el agua» es avisar de la llegada de la policía.

nadie piense que es locura,
que con el ojo del culo
mido la temperatura,
mientras la mayoría,
más terca cada día,
se ocupa de sus cosas, yo pido…

Hace tanto que te espero
que he perdido la conciencia social,
y ya no encuentro agarradero,
abandonado en esta ausencia global.
Desde que no te veo…
concédeme un deseo:
si no es mucho pedir,
yo pido libertad para este minero,
que quiere entrar en ese agujero.

Ardo. Te veo pasar y ahí me caliento y ardo,
y entro a hacer, en tus caderas, prospección.

Si me pierdo, dime adónde sale,
qué motivos son los principales,
que solo el viento me sirve de guía
por los caminos de las utopías.

Sopla el viento sin parar
para que vuelva, para que vuelva…
Y en el viento viene y va
una respuesta, una respuesta…

Y ese epílogo prodigioso:

Estoy… buscando una respuesta
que lleva el viento
y voy… detrás de todas las tormentas
y no la encuentro y voy…

detrás de todas las tormentas
por si la encuentro y voy...

Los solos de Iñaki, qué maravilla, son muy Brian May. Y el final conecta con la primera canción, «Entre interiores» (de hecho, en un principio fueron la misma canción, como ya he dicho), un bucle como el que se da en *La ley innata.*

Iñaki me dijo de ella:

«Sí, es una canción/monumento y define la esencia de Extremoduro. Y para el directo teníamos preparado un *finalaco* precioso. Es épica, sobre todo, el final. Y para los conciertos llevábamos ese punto épico del final a algo superlativo. Lo alargábamos y lo magnificábamos. Precioso. Qué pena no haberla podido tocar. En 2014 ya le dábamos caña a ese final, pero lo llevamos aún más lejos en la gira que se quedó sin hacer. Instrumental, casi todo».

Estuve en la rueda de prensa de presentación de la gira de ese disco —que terminaría siendo la última—, en el Hard Rock Café de la plaza de Colón de Madrid, y los entrevisté para *Rolling Stone* horas antes del concierto que ofrecieron en Valencia el 6 de junio en el Auditorio Marina Sur.

De aquella entrevista salieron declaraciones suculentas que deben ser incluidas en este libro por eso, por su importancia. Respecto a su alergia a los medios, Robe me dijo que solo hay que salir a la palestra cuando tienes algo nuevo que contar. Pero bastaba con bucear en las hemerotecas para constatar que eso no era ni mucho menos así (su anterior trabajo, *Material defectuoso,* de 2011, ni siquiera tuvo una puesta de largo). Por otro lado, me aseguró que la leyenda de maldito que lo envuelve era solo eso, una leyenda (en la presentación de *Para todos los públicos* llegó a decir, incluso, que si no concedían más entrevistas era porque a los otros miembros del grupo les gustaban menos que a él). Pero ¿acaso no era consciente, a lo largo de esos años de escasísima visibilidad mediática, de que con tan esquiva actitud lo único que conseguía era agigantar ese mito? Robe contestó lo siguiente:

«Las cosas nunca han sido demasiado planificadas. No había premeditación. También es cierto que yo cambio mucho de opinión. Bueno, no, no cambio mucho de opinión... O sí, sí. Pon mejor que sí. Cuando digo que no siempre ha sido premeditado, me refiero a que a nosotros la prensa nos ha ninguneado durante mucho tiempo. Y no te hablo de cuando empezábamos, sino de tocar en Madrid, meter en un sitio a quince mil personas, y al día siguiente buscarlo en el periódico y, ¡coño!, no viene nada. Eran pequeñas decepciones, pero como de un niño. "Coño, estaba buscando mi regalo y no lo he encontrado." Ni una foto, ni una reseña. Y durante mucho tiempo ha pasado eso. Luego, en otra época, hemos visto que la prensa de este país es muy del corazón, muy sensacionalista, muy de *reality show* y de hablar de cosas que no tienen que ver con la música; de si me gusta más el chocolate que la fresa y qué opino de esto y de lo otro. Y yo no soy un opinador. Y si acaso lo fuera, ya lo hago con mis canciones».

De cualquier forma, siempre existió la sospecha de que en el momento en el que pasaron a ser un fenómeno musical con decenas de miles de seguidores, allá por 1996, decidieron darle la espalda a la prensa como castigo o venganza por los tiempos en los que les ignoraron a conciencia. ¿Verdadero o falso? Contestó Iñaki:

«Es cierto en parte. Aunque no lo interpretaría como un castigo ni una venganza. Si habíamos conseguido llenar pabellones en Madrid sin que saliera una sola reseña en el periódico, pensamos que ya no necesitábamos a los medios. Después de no habernos hecho ni puto caso, de tomarnos por un subgrupo, por una panda de desharrapados, solo por el hecho de haber tenido cierto éxito en el 95 empezaban a llamar a nuestra puerta... Pero ahí ya no nos hacía falta; nos hizo falta antes».

Robe ahondó aún más y esgrimió razones, digamos, filosóficas:

«Siempre ha sido el hacer un poco lo que nos ha dado la gana, pero no en plan rencor ni nada de eso. Lo que pasa es que llega un momento en el que te vas haciendo mayor, y, aunque a lo mejor no sabes aún lo que quieres, sí sabes lo que no quieres. Las obligaciones no nos gustan, igual que las entrevistas. Pero tampoco quiero ser intransigente del todo. Un poco sí; un poco sí hay que serlo. Tener una mente abierta y estar un poco abierto a todo, pero manteniendo ese grado de intransigencia, porque es la única manera de pensar por ti mismo».

Se les preguntaba con demasiada —aunque lógica— insistencia dónde creían ellos que residía el secreto de su éxito, y Robe siempre terminaba apelando a la calidad de esas canciones que son nítidos ejercicios de contorsionismo musical. Piezas de una plasticidad inencontrable en cualquier otro grupo de rock o pop español, pues huyen de las fórmulas convencionales y cuentan con múltiples recodos, cambios de ritmo, sorpresas. Y es un hecho que la España más diversa se siente irremisiblemente atraída por esas composiciones estupefacientes que fusionan poesía de altura y crudeza. Imágenes deslumbrantes que son de pronto atravesadas por una nota de grafismo. Como si en mitad de una interpretación de *bel canto* o una declamación lírica atronara un potentísimo eructo. Porque, más allá de las melodías, muy trabajadas y magnéticas, su extraordinaria conexión con el público y su perdurabilidad parecen obedecer a una cuestión mayor. De lenguaje, de discurso. A un lirismo machete en mano, muy jondo, que toca el corazón y los convierte en un grupo excepcional. Robe me admitió el valor de las letras, pero reivindicó la canción, esa suma de texto y música:

«Desde luego, para mí las letras son lo más importante. Puedo tener muchas músicas en la cabeza, pero si no tienen una letra en la que apoyarse no son nada. Aunque, al final, son las dos cosas. Una muy buena letra, sin una música que la acompañe, que se acople a ella, pues tampoco lo tienes. Donde está el rollo es en las canciones».

Para Iñaki, la integridad que ostentaron a lo largo de su carrera tenía mucho que ver en ello:

«En el hecho de que perduremos tantos años y haya gente nueva, joven, que viene a vernos y que escucha nuestros discos, influyen más factores. Aparte de la calidad de las canciones, que es discutible porque es subjetiva, y la calidad de las letras, que es algo también subjetivo, aunque más difícil de discutir, pienso que hemos sido honestos con nosotros mismos. Y para serlo, desde lo más profundo, hay que serlo también con los demás».

Alguna vez advirtieron que sus canciones no estaban hechas para «niños ni abuelas», sino para adultos. Pero en esa gira, la última del grupo —aunque entonces no lo supieran—, se apreciaba su hondo calado en las nuevas generaciones. ¿Les sorprendía? Habló Robe:

«Mucho. Y cada nueva gira un poco más. No sé si es que, al ser cada vez más viejo, a los jóvenes los ves cada vez más jóvenes, pero en las primeras filas hay mucha chavalería. Eso te hace ver que no estás en la inopia y que tienes los pies en el suelo. Sí, siempre he dicho que nuestras canciones no son para niños, por eso puede llegar a sorprender el título del disco y de la gira. En él hay una ironía clara, pero por otro lado me planteo que por qué no. Quizá no haya nada más peligroso para un niño que un anuncio de juguetes en horario infantil. Y a partir de ahí puedes decir que tal vez todo esto le venga mejor».

La evolución musical de Extremoduro ha sido de las más notables de este país. Una voluntad investigadora que no fue celebrada de igual modo por todos sus fans. ¿Eran ellos conscientes de haber perdido seguidores de la primera época, la anterior a *Agila* (1996), en el camino a la cumbre? Iñaki lo negó:

«No tengo conciencia de que haya seguidores que se han quedado en el camino. Puede que haya gente que esté estancada y a la que no le guste el progreso que hemos tenido, pero te diré que he estado después de los conciertos con gente mayor que nosotros, que nos conoce desde hace muchos años y que sigue manteniendo el mismo grado de emoción. Aunque no está en nuestra mano decidir a quién tenemos que seguir gustando, ni es nuestro propósito».

Robe compartía su opinión:

«No soy consciente de que hayamos perdido seguidores por una cuestión de evolución o cambio de estilo, porque no creo que se haya dado tal cambio. En Extremoduro siempre ha habido canciones fuertes y suaves, de todo tipo, y experimentación, porque desde los primeros discos no todo es un rock claramente clasificable. Y al experimentar, cada vez avanzas un poquito más. No puedes pensar: "Voy a hacer algo que le va a gustar a todo el mundo". Siempre he compuesto sin pensar en nada, a ver lo que me sale. Luego lo analizo, veo de qué habla, a veces lo entiendo y otras no. Pero es al revés: es la canción lo que sale y luego la puedes analizar, nunca al contrario».

Pese a su coherencia, en algún momento no tuvieron más remedio que hacer pequeñas concesiones: en el concierto de Cáceres, al ser conscientes de que si arrancaban en pleno desarrollo de la final de la Champions mucha gente se decantaría por el fútbol, instalaron pantallas gigantes para que el partido se pudiera ver, ofrecieron hora feliz —dos copas al precio de una— y no salieron al escenario hasta la conclusión del encuentro, al filo de la medianoche. La música, pues, al servicio del deporte rey. Intervino Iñaki:

«A nosotros nos importaba una mierda la final de la Champions, pero había más gente: estaban el promotor y, naturalmente, el público, que es lo principal. Y escuchando a todo el mundo, vimos que lo más cabal era hacer eso. Las pantallas estaban allí porque pensábamos ofrecer realización para quienes estuvieran un poco lejos, y entonces era sencillo de hacer. Y lo de la hora feliz fue un regalo para que esa gente a la que no le gusta el fútbol se tomara algo a nuestra salud, qué cojones».

A propósito del fútbol, es sabido que a Robe no le interesa. No obstante, su padre era *colchonero* y existe una foto en la que Iniesta posa con la camiseta del Atleti junto a Rosendo. ¿Le habría gustado a Robe que el resultado de la final de la Champions —ganó el Real Madrid al Atlético de Madrid, 4-1— hubiese sido otro, aunque solo fuera por un motivo sentimental?

«Claro. Estábamos en el camerino y desde allí se oían los gritos de los goles. Cuando el gol del Atleti, yo todavía no había llegado, y no lo pude oír. Pero sí que oí el del Madrid [el de Ramos, el del empate], y recuerdo que pregunté, sin saber aún quién había marcado: "¿Cómo sonó el otro grito?", y me dijeron todos: "¡Mucho más fuerte!", y dije: "Pues entonces este ha sido del Madrid". El grito del Atleti fue mucho más fuerte, sí. Estábamos oyendo que seguía metiendo goles el Madrid porque oíamos los gritos de la gente y decíamos: "Otro del Madrid"».

Lo que sí le interesa a Robe es el motociclismo. ¿Marc Márquez le alegraba el corazón?

«Sí, claro que sí. En esas cosas creo que soy el único que... No sé cómo decirlo... Patriótico. Es en lo único que puedes decir: coño, mola que los españoles estén ahí, en el punto, y hace que te interese mucho más. Aunque ya empiezas a tener ganas de que a Márquez le salga algo mal en la salida y le dé un poco de emoción, porque si no tienes que decir: a ver quién queda segundo».

Detalles como el del concierto de Cáceres arrojaban luz sobre lo lejos que había quedado la llamada «era del caos», aquella feroz etapa de anarquía y desorden. Viejos zorros, eran supercontroladores con todos los aspectos de una gira. Profesionalidad al cien por cien. Ni un solo cabo suelto. Iñaki lo explicó de forma certera:

«Con los años, te das cuenta de muchas cosas. Tanto de la manera de crear las canciones o de grabarlas, como de interpretarlas. Queremos ofrecer lo mejor. Ya no vamos de fiesta, y entendemos que hay gente que paga un dinero por entrar; que vienen desde otra ciudad y que tenemos que ser respetuosos con ellos. Es honestidad. La fiesta, para nosotros, empieza y acaba en el escenario».

A toro pasado, ¿lo mejor que dejaron las drogas, aparte del placer del momento, era la materia prima para ser carne de canción, argumento, tema? La respuesta de Robe:

«Creo que eso es la imaginación la que te lo da. Si supiera qué droga te abre la imaginación y te hace componer, no habría pasado cinco años sin canciones, sino que los habría pasado atiborrándome de esa droga. Estuviera donde estuviese, habría ido a buscarla. Pero qué va. Eso sale de dentro. ¿Que las drogas son una parte fundamental de nuestro cancionero? Bueno, sí. Unas veces hablando de ellas mismas y otras veces como metáforas, porque no siempre se puede entender a primera vista».

Y la de Iñaki:

«Las drogas pueden dejar cosas buenas y malas, pero lo que perdurará es el momento imaginativo que producen. Con el tiempo, hemos visto que las canciones estaban en nuestras cabezas. Quizá no conocíamos los métodos para extraerlas y a veces buscábamos algún tipo de ayuda, pero hemos aprendido que lo que tienes dentro acaba saliendo. Con drogas o sin ellas».

No faltaban, sin embargo, quienes les afeaban que evitaran hablar de los excesos cometidos. Un poco el dicho aquel de no hay mujer más santa que la puta arrepentida. Consideraban que de esa forma renegaban de una parte importante de su biografía. Esos excesos estaban de sobra retratados y explicados en sus canciones, y ellos no tenían reparos en entrar al trapo siempre que fuera a través de estas. Robe:

«Sí, porque contar tu vida no va a ningún sitio. Yo cuento lo que tengo que contar con las canciones, pero no me arrepiento de nada. En absoluto. Soy lo que soy por mis aciertos y mis errores, indudablemente. Todo está ahí».

Iñaki lo secundó:

«No nos arrepentimos, es solo que evitamos hablar de nuestra vida personal. Son nuestros momentos de fiesta, las cosas que hemos hecho al margen de la música, y pensamos que no le interesan a nadie. Es como si nos preguntan por nuestras mujeres. Y es cierto que, cuando es a través de las canciones, no tenemos mayor problema en hablar de ello. Porque las canciones reflejan el momento que vives cuando las haces, y quien sabe leerlas y escucharlas ve cosas en ellas y no necesita que se las expliquen. Si están bien hechas, reflejan una parte de ti».

En esa gira, y como algo del todo insólito en su trayectoria, contaron con el patrocinio del Gobierno Regional de Extremadura, la tierra materna de Robe, con la que tantos desencuentros había tenido. Promocionar sus productos ecológicos les había reportado ciento veinte mil euros. ¿Chocaba eso con la filosofía «antipublicidad» del grupo? Robe contestó:

«A nosotros la publicidad nos parece contaminación y nunca nos ha gustado. Intentamos mantener los espacios limpios, tanto en nuestra página web como en los conciertos, pero siempre hemos dicho que alguna vez podíamos hacerla. ¿Qué condiciones pondríamos? Bueno, que nos den pasta a nosotros y que la gente, que es a la que se está contaminando, obtenga algún beneficio. Y esta vez ha habido diferentes razones. Estás anunciando una cosa que no te molesta. No es una multinacional ni es nada perjudicial en ningún sentido. Es casi un consejo de salud. Y gracias a ello, en esta etapa de crisis podemos bajar el precio de las entradas, que están bien baratas. Más que en la gira pasada, y no es porque toquemos peor. Aunque nuestra filosofía en ese sentido no ha cambiado. En absoluto».

Dos años antes, Extremoduro dio el primer paso de su internacionalización visitando Argentina, Uruguay y Chile, países en donde fueron recibidos como héroes legendarios. Era lógico pensar que sus viajes a ese continente serían ya frecuentes y cada vez más largos. ¿O no? Robe ofreció su visión de la conquista americana:

«Nos falla un poco esto de la ambición, en todos los sentidos. Yo la única ambición que tengo es la de hacer canciones cada vez más guapas, pero no la de ser un grupo cada vez más grande. En lo de Latinoamérica me lo tomo un poco más como "cumplir con mi oficio", como decía o dice Neruda. Este año haremos cinco o seis conciertos como máximo, igual que el anterior. ¿Sabes qué pasa? Es como cuando no has leído nunca, que en cierta medida eres un afortunado porque tienes todos los buenos libros a tu alcance para cogerlos por primera vez. Pues esto es un poco así. No se trata de pegarte una *jartá* de conciertos y hacerlos cansado. No, que no sea una carrera».

Por su parte, Iñaki elogiaba la sabiduría y el ardor de ese público:

«Igual que están acostumbrados a leer muy en serio, escuchan música más profundamente. Aquí, en los últimos años, tenemos mucha tendencia a consumir música muy rápido, olvidarla y buscar nueva, sin empaparnos de ella. Y allí la gente que sigue al grupo conoce cada canción, cada retruécano, cada melodía, cada punteo y cada letra al dedillo. ¡Los tíos cantan hasta las guitarras! Y luego está la intensidad. En España hay provincias en las que los conciertos se viven con más intensidad que en otras. Madrid, por ejemplo. Pues he de decir que los americanos superan eso. Los argentinos son unos animales, en el buen sentido de la palabra. Alma de rock».

En sus inicios, Extremoduro eran los hijos de Leño y Barón Rojo; hoy, son los padres de diversos grupos y solistas, quienes reconocen esa inmensa deuda. ¿Eran conscientes del halo de prestigio e incluso santidad que los envolvía a ojos de sus compañeros de oficio? Iñaki:

«Eso que dices asusta un poco... Seguimos siendo gente normal que trabaja igual que esos grupos. Es cojonudo ver que has influido en gente, o que te digan que aprendieron a tocar contigo. Pero esa responsabilidad casi te abruma porque nunca hemos pretendido nada de eso, tan solo canalizar una forma de expresión. Intentar hacer arte y transmitirlo».

Robe:

«Que opinen bien de nuestro trabajo es algo halagador y que te anima, claro. A los artistas nos hace falta el reconocimiento de los demás porque el arte no es como un deporte, que si saltas cinco metros eres el campeón y nadie te puede decir que no. En el arte cualquiera te puede decir que lo que haces es una mierda y tener razón. Si el arte se basa en gustar o no a la gente y esa es su opinión, pues tiene razón. Y por eso los artistas necesitamos de ese estímulo».

Extremoduro hizo doblete en Madrid, los días 12 y 13 de septiembre de 2014, en sendos conciertos magníficos en Las Ventas, y cerró la gira española de *Para todos los públicos* en Santa Cruz de Tenerife el 8 de diciembre. Veinte días más tarde visitaron América del Sur por segunda vez, donde tocaron en las capitales de Argentina, Uruguay, Chile, Ecuador —vendieron todas las entradas— y Colombia. Aquel concierto en Bogotá, el 14 de diciembre en el Gran Salón de Corferias, sería el último del grupo.

Entonces, Robe e Iñaki no podían imaginar que justo cinco años después anunciarían en una rueda de prensa en Madrid que Extremoduro había muerto.

CODA: LOS QUE SE FUERON

En el período de un año, entre el verano de 2020 y el de 2021, fallecieron el músico al que se le ocurrió la idea de poner en marcha lo que terminó siendo *Pedrá,* Selu, del grupo Reincidentes, y dos antiguos miembros de Extremoduro, Gonzalo Muñoz Hinojal, Salo, uno de los fundadores, bajista en el primer disco y guitarra solista en los dos siguientes, y Carlos Jiménez González, alias «el Sucio», bajo en el segundo y tercer discos. En la web de Extremoduro les ofrecieron sus particulares honras fúnebres.

Selu (Reincidentes)

El 28 de julio de 2020, Robe firmó este obituario para su amigo:

¡Hola a todos!

Hace veintisiete años, una noche caótica después de un concierto caótico, Selu, que por aquel entonces tocaba el saxo con Reincidentes, me propuso hacer un proyecto diferente, con gente de distintas bandas, para hacer algo distinto. Él ya tenía pensado con quién y cómo hacerlo. Esa misma noche decidimos que el proyecto se llamaría Pedrá.

Fue una experiencia única e inolvidable, y se la debemos a él, a Selu, que, aunque falleció ayer, estará siempre en nuestro recuerdo, y su saxo seguirá sonando para siempre.

Hasta siempre, amigo.

Dieguillo, exguitarrista de Extremoduro, también se despidió de él:

Así como la energía genera vida y la vida, energía, gracias Selu, por generar en mí emociones vitales. Relájate, conduzco yo.

Salo

El 13 julio 2021apareció la siguiente nota en la web de Extremoduro:

Hoy nos ha dejado Salo, uno de los primeros componentes de Extremoduro. Un músico de los pies a la cabeza y un corazón de oro. Su recuerdo y su música estarán siempre con nosotros.

¡Que suene bien alta esa música!

Carlos «el Sucio»

Y el 25 de agosto de 2021, las líneas del adiós definitivo fueron para este exguitarrista:

El fin de semana pasado falleció Carlos «el Sucio», bajista de Extremoduro en Somos unos animales *y en* Deltoya. *Su recuerdo y su música siempre estarán entre nosotros.*

IV

Recopilaciones con voluntad de discos nuevos

¿Dónde termina una canción inquisitoria?

Silvio Rodríguez,
«Variaciones sobre un viejo tema»

IROS TODOS A TOMAR POR CULO: DIRECTÍSIMO

Aunque durante años se habían mostrado reacios a lanzar un disco en directo —zanjaban la cuestión con un lacónico «para eso están los conciertos»—, terminaron transigiendo y publicaron uno.

La resistencia a hacerlo tampoco se entendía muy bien, puesto que todos los grandes grupos de rock tienen uno o varios discos en directo editados. Discos que, en algunos casos, mejoraron de forma notable los temas originales. De entre los extranjeros destaca *Made in Japan,* de Deep Purple. Pero hay otros: *Tokyo Tapes,* de Scorpions; *Alive!* y *Alive II,* de Kiss, o *If You Want Blood (You've Got It),* de AC/DC. Discos que dotaron a las canciones que los integran de una mayor consistencia y poderío y que, para una gran parte de los compradores, sustituyeron por siempre jamás a los temas de los álbumes de estudio.

En España, y dentro del género rock, hay también un racimo de discos en directo que merecen la consideración de «clásicos», como *Suave es la noche* y *¿Hay alguien ahí?,* de Los Suaves; *En directo,* de Leño; *Rock & Ríos,* de Miguel Ríos; *¡A por ellos...! Que son pocos y cobardes,* de Loquillo y Trogloditas; *Barricada,* de Barricada; *Al límite. Vivo y salvaje,* de Ramoncín, o *En directo,* de Burning.

Tras aquella inicial reticencia, aquel disco en directo de Extremoduro fue concebido como la primera entrega de otros tantos. Pero cuando vio la luz cambiaron de opinión —qué raro— y concluyeron que con uno era más que suficiente.

El título no podía ser, claro, *En directo,* o *En vivo,* o *En concierto.* Demasiado previsible, demasiado fácil. Tenía que ser, a la fuerza, «transgresivo». Y qué mayor transgresión para un título que *Iros todos a tomar por culo,* que nada más oírlo —el título— te parece la versión *destroyer,* pero muy *destroyer,* de «Pero qué público más tonto tengo», de Kaka de Luxe. Es decir, que parece ir dirigido, o arrojado, a la gente como un eslogan punk.

Y, sin embargo, nada más lejos de la realidad. O al menos eso aseguraba Robe, quien explicaba así el motivo de aquel exabrupto:

> «El título no va contra nadie en especial. No tiene segundas ni terceras. Es una reivindicación de las libertades de cada uno. El derecho a tener ideas propias y a pensar en ti mismo como algo distinto a los demás».

Coño. Quién iba a imaginar que esa frase encerrase semejante significado...

Las catorce canciones que lo integran fueron grabadas en los últimos meses de 1996, en el transcurso de la gira con Platero y Tú, y son: «Amor castúo» y «Buscando una luna» (grabadas en el Auditorio de la Cartuja, en Sevilla, el 18 de octubre); «De acero» y «Correcaminos, estate al loro» (grabadas en la Sala Cuattro, en Avilés, Asturias, el 1 de noviembre); «La hoguera» (grabada en la Sala Gares, en Puente la Reina, Nafarroa, el 25 de octubre), y «Jesucristo García», «Tu corazón», «Bribriblibli (En el más sucio rincón de mi negro corazón)», «Quemando tus recuerdos», «La carrera», «Pepe Botika (¿Dónde están mis amigos?)», «Deltoya», «Pedrá» (fragmento) y «Ama, ama, ama y ensancha el alma», que fueron grabadas las noches del 8 y el 9 de noviembre en el Palacio de los Deportes de la Comunidad Autónoma de Madrid.

Además de Roberto Iniesta, los músicos que componían entonces Extremoduro eran Ramón, «Mon», bajo y coros; Alberto

Gil, «Capi», batería; Iñaki Setién, «Milindris», guitarra solista, e Iñaki «Uoho» Antón, que, con un pie en esa formación tras su imprescindible labor en *Agila* —fue la cabeza sobria y perfectamente ordenada y el que metió en vereda a Robe— y otro en Platero y Tú, puso su magisterio en la guitarra en todos los temas del disco.

El resto de los miembros de Platero colaboraron a su vez en varios de los temas: Juantxu «Mongol» Olano tocó el bajo en el fragmento de «Pedrá» y en «Ama, ama, ama y ensancha el alma»; Jesús «Maguila» García se hizo cargo de las baquetas en «Jesucristo García», y Fito Cabrales hizo coros y tocó la percusión en todos menos en «Amor castúo» y «Buscando una luna».

El disco fue mezclado en los estudios Lorentzo Records, en Berriz, Vizcaya, y producido por Uoho, quien repetía tras *Agila* y que, desde entonces, es el productor oficial de todos los trabajos posteriores del grupo. Los técnicos de grabación fueron Aitor Ariño y José Alberto Batiz.

La portada, obra de Ramone, es una ilustración de un planeta Tierra a punto de explotar: es decir, semeja una bomba de tebeo, con su correspondiente mecha encendida, en mitad de la galaxia. Pues eso: iros —que no «idos»— todos a tomar por culo, estallad en mil pedazos. La fotografía de la contra es de Miguel Pérez, y la autoría de las del libreto, maquetado por Manuel Guio, se la reparten Juan Luis Vela, Santiago Esteban y el citado Pérez.

El disco está dedicado a Raúl Guerrero, exmánager de Extremoduro, y a Leire Antón: «con quienes tanto queríamos». Esa fórmula —«con» y no «a»— está inspirada en la dedicatoria del poema de Miguel Hernández «Elegía a Ramón Sijé», cuya última estrofa Robe incluyó junto a los nombres de los amigos fallecidos: *«A las aladas almas de las rosas / del almendro de nata te requiero, / que tenemos que hablar de muchas cosas, / compañero del alma, compañero».*[1]

En *Iros todos a tomar por culo,* Iniesta se permitió el lujo de traicionar tanto la letra como la música originales —tenía sentido:

1. Joan Manuel Serrat grabó ese poema para su disco *Miguel Hernández* (1972), en el que llevó a la canción algunos títulos del hondo poeta oriolano.

estaban grabando un disco y, conociéndoles, no querían ofrecer un calco de lo ya hecho, sino algo diferente, y desde luego que lo consiguieron—, y nos obsequió con un rosario de perlas, entre la poesía y el despropósito, esparcidas a lo largo del repertorio, las cuales abrían o cerraban las canciones.

La grabación comienza con unos versos nihilistas de Robe. Un «no future» más punk que un cóctel de cresta con imperdibles:

El público puesto en pie, agitando las banderas,
grita una y otra vez: ¡Mierda!
¡Qué mierda!
¡Qué mierda más gorda!
¡Qué asco de idealismos sociales!
¡Qué asco de ilusiones,
solo llenas de falsas esperanzas!
¡¿Dónde están las bonitas verdades?!
¡Por aquí no andan!
Si acaso, de vez en cuando,
pasan como tormentas de verano
¡por mis asquerosos pensamientos!

Tras lo cual estalla «Amor castúo», que Iniesta canta como si se tratase de Belcebú abroncando a sus lugartenientes.

Al cabo de la potentísima «De acero», Robe, después de decir: «Vamos a dedicarle otra al señor alcalde», prologa «Correcaminos, estate al loro» citando a Scott Fitzgerald, autor de *El gran Gatsby:* «Os voy a hablar con la sabiduría que me da el fracaso: ¡Correcaminos, estate al loro!». Un guiño literario —y muy oportuno, tratándose del *Coyote*— que no pilló ni uno solo de los periodistas musicales que le entrevistaron con posterioridad, pues le preguntaban acerca de esa frase y su significado de continuo y él, que sabe decir «esternocleidomastoideo» en bereber e incluso en copto, se iba por la tangente, menudo es.

Una de las canciones más transfigurada de *Iros todos...* es «Jesucristo García», musicalmente muy distinta de la original. La primera parte, además del público, la canta Fito Cabrales. Y luego ya irrumpe la Bestia —el repentino grito del público delata su presencia— y brama: *«Yo no soy Jesucristo García, / a mí no vienen a verme los enfermos, / a mí viene a verme la gente sana, / y yo les pongo a todos ciegos».* Y llegado el estribillo, la célebre pregunta *«¿Cuánto más necesito para ser Dios?»* se convierte en *«¿Cuánto más necesito para ser yo, yo, yo?»*, un ejercicio de narcisismo que Robe, ya entonces una prima donna absoluta del rock nacional, podía permitirse. Y la coda: *«No consigo recordar cómo pude llegar desde la orilla hasta mar adentro. ¡Ah, sí!, ya lo recuerdo: he muerto en el naufragio de tu barco de guerra traicionero. Y resucité al tercer día. En el psiquiátrico, absurdo invento».*

En «Bribriblibli (En el más sucio rincón de mi negro corazón)», tras el solo de Milindris, Robe se crece aún más y anuncia: «Esta noche me voy a poner como una burra a vuestra salud. Hasta que pierda el conocimiento». Y tras cantar: *«—¡Mira por dónde va el Robe!, para mí que ya está pedo»*, grita: «¡Todavía no!», seguido de un *«¡rayayayayayá!»* que a buen entendedor... Pues eso. Y concluye con un guiño al mundo del cómic: «Rayos y centellas. Es hora de pagar el pato».

La emocionante «Quemando tus recuerdos», cambiadísima también, comienza con unos versos de Chinato/Robe gritados por el músico: *«¿Y qué le importa a nadie cómo está mi alma? / Más triste que el silencio / y más sola que la luna. / ¿Y qué importa ser poeta o ser basura?».*

El siguiente tema, «La carrera», antediluviana pieza de Dosis Letal recuperada para *Agila,* se presenta así: «¡Me gusta, me gusta mucho, me gusta mucho! Me gusta mucho tener ideas contradictorias. Porque así, aunque siempre meto la pata, siempre tengo razón. ¡La carrera!».

Con la frase: «¡¿Dónde están mis amigos?! Los que no están presos, los están buscando», Robe da paso a otro de los clásicos de la primera etapa de Extremoduro, «Pepe Botika (¿Dónde están mis amigos?)». Y el remate de la canción: *«Se abrió un claro entre las nubes, / hemos vuelto a ver el sol. / Como dos presos comunes / en el tejado de una prisión».*

En «Deltoya», un temazo en directo, Robe inquiere a modo de cierre: «Quini, ¿y el costo que te pedí antes? Quini, ¿y el costo?», y una voz le contesta: «¡Se está quitando!». Y él, erre que erre: «Un momento... Que no es pa' mí. Que no es pa' mí, joder. Quini, tráeme un porro que no es pa' mí. Que es pa' otro que se está quitando...».

El fragmento de *Pedrá* comienza con el recitado de los versos del poema «A mis obligaciones», de Pablo Neruda:

Cumpliendo con mi oficio
piedra con piedra, pluma a pluma,
pasa el invierno y deja
habitaciones muertas
sitios abandonados:
debo substituir
tantos olvidos,
llenar de pan la esperanza...[2]

Tras «Ama, ama, ama y ensancha el alma», Robe se despide al grito de: «¡Hasta siempre! Deja que llegue la primavera y así me paso la vida entera». Y, a modo de estrambote, Uoho se marca el *riff* de guitarra de «Rockin' All Over the World», de John Fogerty, aunque quienes la hicieron célebre fuesen Status Quo. El músico bilbaíno rendía así su particular homenaje al grupo que cerca de veinte años atrás le inoculó el amor por el rocanrol, y esa canción se convirtió en el tema con el que Extremoduro, con Robe ya ausente del escenario, cerraría en adelante todos sus conciertos.

2. Robe alteró por error el orden de dos versos (recitó *«habitaciones muertas»* antes que *«sitios abandonados»*) y modificó otro (utilizó *«esperanza»* en vez de *«tinieblas»*: *«Llenar de pan la esperanza»*). La memoria, que juega esas malas pasadas. Y el directo, que es aquí te pillo, aquí te mato y no tiene marcha atrás.

Spot surrealista y rueda de prensa multitudinaria

Conscientes de que aquel título daba mucho juego, rodaron un delirante *spot* para la televisión: en él, Tomás Rodríguez, el entonces mánager del grupo, un tipo menudo y enjuto, salía caracterizado de mimo delante de la ilustración del espacio exterior de la portada del disco, con una camiseta negra con la leyenda Extremoduro en blanco. Por medio de una lengua de signos que sería el equivalente a hablar como los indios, recreaba el título del disco: primero, extendía ambos brazos al frente y aleteaba las manos *(Iros todos...);* después, clavaba los codos hacia abajo varias veces, con fuerza *(... a tomar...),* y, por último, se señalaba el orto *(... por el culo),* tras lo cual hacía mutis por el foro sin dejar de apuntarse las nalgas. En la parte inferior de la pantalla aparecía el siguiente aviso: «El anuncio original ha sido censurado».

La presentación se celebró el 17 de abril de 1997 en un local de okupas madrileño cercano a la discográfica. Una nave de grandes dimensiones decorada con pintadas antifascistas y habitada por un grupo de jóvenes que desarrollaba actividades culturales diversas. En la mejor tradición anglosajona, los músicos se permitieron el lujo de llegar con una hora de retraso. Como Liz Taylor, que en paz descanse. Pero no importó: allí los esperaban, ávidos, representantes de todos los informativos de los grandes canales de televisión y de todos los periódicos de tirada nacional. Habría unos trescientos periodistas —como un pequeño concierto— con ganas de tirar de la lengua al mascarón de proa del grupo de moda.

Robe, en su discurso, y en un alarde de coherencia, reiteró algo que ya había argumentado en el pasado como principal motivo para no sacar un disco de directo:

«Los conciertos son para vivirlos y los discos para escucharlos».

Sin embargo, las razones que en este caso les habían animado a lanzarse eran de peso:

«Hacer frente a todo el pirateo que se está vendiendo a nuestra costa».

Y no perdió la ocasión de citar al inefable sello Avispa, que, aseguró, vendía las maquetas cutres que sacaban como si se tratara de discos originales. Y, aun dio un segundo motivo (una bala de cinismo):

«La compañía nos ofreció grabarlo y, como no teníamos canciones nuevas ni ganas de hacerlas, aceptamos».

Menos de dos semanas después de aquella presentación, iniciaron una gira por veintiocho ciudades españolas que los mantuvo en la carretera hasta el 12 de septiembre de 1997. Y justo un año más tarde, a finales de septiembre de 1998, *Canciones prohibidas,* su séptimo disco de estudio, ya estaba en las tiendas.

GRANDES ÉXITOS Y FRACASOS Y GIRA 2002: LO DE ANTES, PERO MEJOR

Quince años después de la publicación de su ópera prima, con ocho discos de estudio a sus espaldas y cientos de miles de copias vendidas, Extremoduro se había ganado el derecho a sacar un grandes éxitos.

Por aquello tan inherente al grupo de huir del menor asomo de previsibilidad y aportar distinción, y bajo el discutible argumento de que ellos no eran de ninguna de las maneras una banda con canciones de gran éxito, ya que la única de su abultado cancionero que según su criterio merecía semejante etiqueta era «Jesucristo García», al manido «grandes éxitos» le añadieron el reverso transgresivo de «grandes fracasos».

La idea de partida era bastante ambiciosa y sugerente, y consistía en lanzar un disco con cerca de cuarenta temas ya conocidos más alguno inédito, a ser posible acústico, además de un libreto atiborrado de fotos potentes y nunca vistas. Los fans, claro, se pusieron a salivar como el perro de Pávlov.

Sin embargo, cuando llegó el día D la decepción fue generalizada. Porque no solo el público se llevó un chasco mayúsculo, sino que el grupo, tan exigente con todo lo que firma y pone a la venta, no quedó en absoluto satisfecho con el resultado. Tuvieron que renunciar a aquel sueño y dividir el trabajo en dos entregas, y de canciones nuevas y fotografías desconocidas ni hablar. Robe declaró que su deseo era el de sacar aquel género de una tacada, en una sola caja. Pero los arreglos de las canciones que terminarían conformando la segunda entrega no estaban listos, y encima les sobrevino una gira que les obligó a utilizar dicha fórmula.

En el libreto, Robe explicaba el porqué de aquel contenido y lo hacía con mucha guasa (era preferible reír que llorar):

«Comenzamos a hacerlo hace años, cuando estaba D [¿Diego Garay, "Dieguillo"?] en el grupo, pero entre que Iñaki es un gandul, Cantera un borracho y Miguel siempre llega tarde a todas partes, al final solo hemos podido sacar este primer volumen. Yo me paso el día intentando reconvenirles, pero no hay manera, son unos zoquetes. La segunda parte, y la caja con todo, saldrá dentro de unos meses según creen los de la compañía, que no saben con quién se juegan los cuartos. Casi todo es broma, menos la vida; la vida es una puta broma».

La elección de los temas que integran esa primera parte, *Grandes éxitos y fracasos (Episodio primero),* fue el resultado del criterio de la banda y de las opiniones de los fans, la cual pulsaron a través de su página web.

Ese disco contiene las siguientes canciones: «No me calientes que me hundo», «Jesucristo García», «Pepe Botika (¿Dónde están mis amigos?)», «Necesito droga y amor (Los camellos no me fían)», «Tu corazón», «Extremaydura», «La canción de los oficios», «Sucede», «Sol de invierno», «El día de la Bestia», «Golfa», «La vereda de la puerta de atrás», «So payaso», «A fuego» y «Ama, ama, ama y ensancha el alma».

A su favor hay que señalar que no se trata de un mero recopilatorio. Es decir, que no se limitaron a coger canciones de varios discos y a reunirlas sin más con una nueva portada. En absoluto. Robe e Iñaki se emplearon en la compleja labor de despojar a aquellos temas de todas las imperfecciones e impurezas de antaño, fruto de las prisas en el estudio y de la falta de sensibilidad de las compañías discográficas, para las que la única prioridad es la de llegar a la fecha acordada.

De esta forma, y a excepción de «Extremaydura», a la que le sustituyeron las guitarras y el bajo, le añadieron percusiones y la volvieron a mezclar, todas las canciones pertenecientes a los cuatro primeros trabajos, desde *Rock transgresivo* hasta *¿Dónde están mis amigos?,* fueron de nuevo grabadas porque el sonido les parecía «demasiado guarro».

Dos de las tres canciones de *Agila* —«El día de la Bestia» y «So payaso»—, así como la única de *Canciones prohibidas* —«Golfa»— y las dos de *Yo, minoría absoluta* —«La vereda de la puerta de atrás» y «A fuego»— se mantuvieron tal y como fueron grabadas en su día. Y a «Sucede» se le metieron coros y percusiones y se volvió a mezclar.

Al igual que en todos sus discos de creación —y este, con las nuevas hechuras, algo de creación tenía—, *Grandes éxitos y fracasos (Episodio primero)* contó con varias colaboraciones. De los coros se encargaron gargantas diversas: Olga Román, esa voz de oro fino que tanto bien le ha hecho al cancionero sabiniano, y en la que Robe se fijó precisamente tras escucharla en los discos de Joaquín, metió coros en «Ama, ama, ama y ensancha el alma», y Sara Íñiguez se ocupó de «Tu corazón», «No me calientes que me hundo», «Pepe Botika...», «Sol de invierno» y «Sucede». Álex Sardui, cantante del grupo Exkixu, y más tarde de Gatibu, cantó en «Jesucristo García», en la que también lo hizo Fito Cabrales, que participó además en «Tu corazón» y «Necesito droga y amor». Merche, la mujer de Uoho, trinó en «Tu corazón», y Rosendo, trece años después, volvió a visitarles guitarra en mano para ponerle voz, junto con Robe, a «La canción de los oficios» y, de paso, marcarse un par de punteos de esos tan suyos. «Ama, ama...» y «Sol de invierno» conservan las voces de Belén y María que ya estaban en las pistas originales.

El percusionista Gino Pavone, colaborador habitual del grupo, le puso ritmo a «Jesucristo García», «Extremaydura», «Ama, ama...», «No me calientes...» y «Sucede». Dieguillo es el bajista de «Tu corazón», «Necesito droga...» y «Pepe Botika...», y Manolo Chinato aportó su voz cargada de biografía para embellecer sus propios versos en «Ama, ama...».

Producido por Uoho, los sucesivos técnicos de sonido fueron José Alberto Batiz, Beñat Aguirre y Txortx Etxebarrieta, y salvo

«No me calientes...» y «Pepe Botika...», que fueron remasterizadas en La Casa de Iñaki, el resto del disco fue masterizado por Ian Cooper en los Metropolis Studios, en Londres.

La portada es un óleo de Ana Fernández-Villaverde, más conocida como La Bien Querida, cantante y pintora, quien ilustró también el episodio segundo, y el diseño del libreto fue confeccionado por el estudio Dos Dimensiones a partir de esa portada. Esta muestra una larga carretera en cuya orilla izquierda hay una furgoneta averiada y sus cuatro ocupantes, fuera, en distintas actitudes. Lo más llamativo del conjunto son los postes de electricidad, que semejan clavijeros de guitarra. El nombre del grupo, arriba, está escrito con letras de humo, y el sol, semioculto, parece estar poniéndose, pues se encuentra a la izquierda. En principio, la portada iba a haber llevado la ilustración de un avión cuya estela formaría el nombre del grupo. Pero debió de parecerles que estaba demasiado visto y, a última hora, para no faltar a su costumbre, la descartaron. Querían un pintor o un dibujante de corte realista, y David Bonilla, de Warner, se acordó de La Bien Querida, a quien conoció a través de Andrés Calamaro, y que utilizaba la técnica de trampantojo, que consiste en pintar un objeto en la pared, por ejemplo, una puerta, de tal forma que la perspectiva, la profundidad, le dé una sensación óptica de realidad. La artista habló con Robe e Iñaki y se puso a ello. Ella misma lo contó:

«Robe sabía perfectamente lo que quería. Me dio el boceto y yo solo lo ejecuté. Hablé bastante con él por teléfono, fue muy simpático. Después lo conocí en persona durante la fiesta de presentación del disco y me pareció un hombre tímido».

El primer episodio de *Grandes éxitos y fracasos* se publicó a la vez que el deuvedé *Gira 2002*, que, en palabras del grupo, recogía «los mejores momentos» de la gira *Yo, minoría absoluta*. Diecinueve temas grabados en el transcurso de los conciertos ofrecidos en Leganés, Lesaka y Bilbao, ya con la formación actual, Robe, Iñaki, Cantera y Miguel, más Félix Landa a la guitarra y Aiert Erkoreka a los teclados. Las canciones que lo integran son: «A fuego», «Buscando una luna», «El duende del parque», «Tu corazón», «Hoy te la meto» (acortaron el título), «Golfa», «Quemando tus recuerdos», «La vereda de la puerta de atrás», «So payaso», «Deltoya», «La vieja» (acortaron el título), «Autorretrato», «Pepe Botika» (acortaron el título), «J. D. La Central Nuclear», «Menamoro», «Amor castúo», «Salir», «Standby» y «Ama, ama, ama y ensancha el alma», e incluye cinco videoclips de los temas «So payaso», «Esclarecido», «A fuego», «Puta» y «Standby».

La grabación de las imágenes de Bilbao y Lesaka la realizó Mikel Clemente, quien también se encargó del montaje del vídeo de esos conciertos y del *collage* de «A fuego», que tiene el sonido de Bilbao y las imágenes de los tres conciertos. La de Leganés es obra de Cut Vídeo, y el montaje, de Javier Lasso. El grafismo del libreto lo hizo Eneko Egaña, y el diseño, Dos Dimensiones. En él se advierte:

«A estas alturas no debería ser necesario decir que no se ha hecho en el estudio ningún *recording,* ni edición, ni nada que no sea mezclar».

Esto es, que no había ni trampa ni cartón: eran las canciones tal y como habían sido tocadas en vivo. Si algún reproche se le puede hacer a ese deuvedé es que ese era el mejor Extremoduro *hasta ese momento*. Es decir, que si el grupo no hubiese seguido en activo, aquella habría sido la mejor versión de lo que eran capaces de dar en vivo, su cima. Una década después los miembros de la banda estaban más hechos como músicos y su sonido en directo había mejorado de forma considerable. Por ello, habría sido necesario actualizar ese trabajo con alguno de sus conciertos de la gira *Robando perchas del hotel* o de la última, la de *Para todos los públicos*. ¿Existen grabaciones decentes de algunas de sus últimas actuaciones? David Bonilla, de Warner, me respondió afirmativamente:

«Hay muchos directos de Extremoduro grabados. En esta última gira no [la de *Robando perchas del hotel*], pero antes siempre se grababan dos o tres conciertos por si acaso. Hoy en día los medios son mucho mejores y mucho más baratos. En 1997 dieron un concierto en Las

Ventas que grabó Canal+, y las mezclas las hizo Iñaki. Y a ellos aquel concierto siempre les gustó mucho de imagen. Yo nunca lo entendí, porque era algo muy televisivo y con muy poco arte, pero ellos pensaban que reflejaba muy bien lo que era un concierto de Extremoduro. Aunque nunca se puso a la venta. Si tuviéramos que hacer un directo hoy en día, sería una gozada. Lo grabas en alta definición y cuesta muchísimo menos. Pero si la idea no parte de ellos es tontería. En la última gira [*Robando perchas del hotel*] no sé si llegamos a hablar de grabar algo, pero se quedó en agua de borrajas. De esa y de la anterior se grabaron tres o cuatro conciertos y están guardados. No creo que para ellos sean tan especialmente espectaculares como para pensar en editarlos, y tampoco hay ninguna necesidad».

Aquellos dos trabajos, el disco y el deuvedé, se pusieron a la venta el 3 de mayo de 2004, y tres días después Extremoduro los presentó en los recientemente desaparecidos locales de ensayo y estudio de grabación Ritmo & Compás, en Madrid, en un acto en el que se les hizo entrega de un disco de platino por las cien mil copias vendidas de *Yo, minoría absoluta*.

Robe, que llevaba una camiseta con el texto «Vais a ver cómo una persona se fuma un porro y no pasa nada», aclaró, en referencia a *Grandes éxitos y fracasos (Episodio primero)*:

«Muchos de los temas han sido regrabados, se han metido pistas, suprimido sonidos estridentes y hemos mejorado algunas voces que sonaban demasiado rotas. Pero se ha mantenido la esencia porque no queríamos que parecieran versiones. Queríamos mejorar el sonido de las grabaciones originales de los cuatro primeros discos, que los hice sin tener ni puta idea. Nos hemos comido mucho el coco para conseguir que los temas tuvieran el punto de antes y que además sonaran bien».

El 14 de mayo, una semana después de aquella presentación, arrancó en Lleida una gira que recorrió cuarenta ciudades y que finalizó el 13 de noviembre en Salamanca. Es decir, un promedio de dos actuaciones por semana que se dieron siempre en viernes o en sábado con el propósito de que pudieran trabajar en la segunda parte de sus grandes éxitos.

Grandes éxitos y fracasos (Episodio segundo)

El 15 de noviembre de 2004, a los dos días de la finalización de la gira, vio la luz *Grandes éxitos y fracasos (Episodio segundo),* el cual podía adquirirse en tres formatos diferentes: el cedé solo más uno de regalo, titulado *Canciones sin voz,* con versiones instrumentales de diecinueve de los temas de las dos entregas; la primera parte y la segunda de forma conjunta, y, por último, una supercaja con los dos episodios, el cedé con las versiones instrumentales y el deuvedé *Gira 2002.*

El segundo episodio contiene las siguientes canciones: «Papel secante», «Amor castúo», «Decidí», «Quemando tus recuerdos», «El duende del parque», «Deltoya», «Bribriblibli (En el más sucio rincón de mi negro corazón)», «Bulerías de la sangre caliente», «De acero», «Historias prohibidas», «Estado policial», «Arrebato», «Salir», «Volando solo», «Buscando una luna», «Prometeo», «Puta» y «Standby».

A excepción de los dos temas de *Agila* —«Buscando una luna» y «Prometeo»— y los dos de *Yo, minoría absoluta* —«Puta» y «Standby»—, que son las versiones originales, y de «Volando solo» y «Salir», que fueron remezclados, pero con muy pocos cambios, las doce canciones restantes fueron nuevamente grabadas.

En el apartado de las colaboraciones, Olga Román repitió e hizo coros en «Quemando tus recuerdos», en donde también cantó Sara Íñiguez. Esta última puso además su voz en «Decidí», «Bribriblibli...», «Amor castúo» y «Standby». El guitarrista Félix Landa, Fito Cabrales y el cantante Álex Sardui también hicieron coros. El primero en «Quemando tus recuerdos» y en «Papel Secante»; el segundo, en «De acero», «Deltoya», «Estado policial», «Historias prohibidas» y «Standby», y el tercero en «El duende del parque» y «Amor castúo».

José Alberto Batiz punteó arrebatadoramente en «Arrebato», en donde Gino Pavone se ocupó de la percusión. Este también colaboró en «Quemando tus recuerdos», «Bulerías de la sangre caliente», «Papel secante» y «Standby».

El disco —como el anterior y como todos los posteriores— fue producido por Uoho, y contó con los mismos técnicos de sonido del primer episodio. Las canciones se grabaron y mezclaron en La Casa de Iñaki, salvo la obertura de guitarra de «De acero» —que lleva la firma de Robe—, el punteo *tronado* de Salo del comienzo de «Deltoya», las pistas originales de «Volando solo» y de «Estado policial», que fueron grabadas en los estudios Box, en Madrid, en 1992, así como «Buscando una luna» y «Prometeo», registradas y mezcladas en los estudios Box en 1995, y «Salir», grabada en Lorentzo Records, en Berriz, Vizcaya, en 1998. La masterización la hizo Tony Cousins en los Metropolis Studios, en Londres.

En cuanto al disco cuasi instrumental *Canciones sin voz,* pues, aunque del bramido de Robe no hay rastro alguno sí cuenta con todos los coros, se compone de nueve temas del episodio primero: «No me calientes que me hundo», «Jesucristo García», «Pepe Botika», «Necesito droga y amor», «Tu corazón», «Sol de invierno», «La vereda de la puerta de atrás», «A fuego» y «Ama, ama, ama y ensancha el alma», y diez del segundo: «Papel secante», «Amor castúo», «Decidí», «Quemando tus recuerdos», «Bribriblibli», «De acero», «Historias prohibidas», «Salir», «Puta» y «Standby».

La «Presentación» que lo abre es un guiño al diálogo entre Manué y su interlocutor que da comienzo a la versión de «Me estoy quitando», de Tabletom, y es una manifiesta invitación al karaoke:

> —*Hola, Manué, qué pasa. Mira, que estoy buscando…*
> —*A ver, ¿cuánto quieres?*
> —*Que no, Manué, que no é eso. Que estoy buscando el disco este que le han quitao la voz.*
> —*¿Para qué?*
> —*Para cantar con él.*

Y arrancan las guitarras de «No me calientes que me hundo».

Reedición de la discografía con «temas extra» y cajas recopilatorias

Seis años después, en 2010, Warner reeditó toda la discografía del grupo —sus nueve primeros discos de estudio— con *bonus track:* las distintas versiones que se realizaron en 2004. De ese modo, a *Rock transgresivo* se le añadieron las versiones mejoradas de «Amor castúo», «Extremaydura», «Jesucristo García», «Decidí» y «Arrebato»; a *Somos unos animales,* «Tu corazón», «Necesito droga y amor», «La canción de los oficios» y «Quemando tus recuerdos»; a *Deltoya,* «Ama, ama, ama y ensancha el alma», «Sol de invierno», «Papel secante», «Deltoya», «Bulerías de la sangre caliente», «De acero», «Estado policial» y «Volando solo»; a *¿Dónde están mis amigos?,* «No me calientes, que me hundo», «Pepe Botika», «El duende del parque», «Bribriblibli» e «Historias prohibidas»; a *Agila,* «Sucede», y a *Canciones prohibidas,* «Salir».

Todos los títulos se publicaron por separado, pero también se puso a la venta una preciosa caja que los reúne, *Extremoduro. 20 años. Discografía completa.* Una caja cara, aunque exquisitamente editada, con un lomo que imita al de un libro de piel (de los de la colección de clásicos Aguilar, pata negra). Once años más tarde, en diciembre de 2021, Warner actualizó esa caja —*Discografía completa. Edición definitiva*—, a la que se le añadieron sus dos últimos discos de estudio, *Material defectuoso* y *Para todos los públicos,* el disco en directo *Iros todos a tomar por culo* y el inclasificable *Pedrá.* Además, la multinacional publicó una antología bajo un título sin adornos, *Extremoduro. Canciones 1989-2013,* un triple CD que reúne un total de cuarenta y cuatro temas extraídos de su decena de discos de estudio, y entre los que resplandecen algunos clásicos incontestables del rock español de las tres últimas décadas: «Jesucristo García», «Quemando tus recuerdos», «Ama, ama, ama y ensancha el alma», «Deltoya», «Bribriblibli», «Buscando una luna», «Sucede», «So payaso», «Salir», «Golfa», «A fuego», «La vereda de la puerta de atrás», «Standby», «Puta», «Dulce introducción al caos», «Mi espíritu imperecedero», «Si te vas», «Locura transitoria», «El camino de las utopías»...

Por el momento, hasta aquí llegan las reediciones de los trabajos de Extremoduro. Aunque es de suponer que en los próximos años, y a pesar de que el grupo ya no existe, vendrán más, solo que ya sin cambios en las canciones: el esfuerzo de Robe e Iñaki por embellecer lo ya hecho y alcanzar la perfección se concretó en los dos episodios de *Grandes éxitos y fracasos*, y no se repetirá.

EXTREMODURO EN EL CINE Y LAS DISTINTAS COLABORACIONES DE ROBE E IÑAKI EN OTROS DISCOS

No quiero terminar este bloque sin antes detenerme a reseñar un par de películas en las que Extremoduro sonó, así como una serie de colaboraciones de Roberto Iniesta e Iñaki «Uoho» Antón para discos de grupos afines.

Respecto al cine, a pesar del fiasco de *El día de la bestia,* película en la que al final no se incluyó la canción del mismo título que Robe compuso por encargo y que cantó con Albert Pla, otros temas de Extremoduro sí han sido llevados a la gran pantalla. El primero fue «Jesucristo García», del que Fernando León de Aranoa echó mano para *Barrio* (1998). Aquella cinta obtuvo tres premios Goya, entre ellos el de mejor director y el de mejor guion original, y también la Concha de Plata a la mejor dirección en el Festival Internacional de Cine de San Sebastián.

Por otro lado, Manuel Martín Cuenca dirigió, en 2003, la adaptación cinematográfica de *La flaqueza del bolchevique,* novela homónima de Lorenzo Silva que había quedado finalista del premio Nadal. Protagonizada por Luis Tosar y María Valverde, esa película incluía en su banda sonora tres canciones de *Yo, minoría absoluta*: «Puta», «A fuego» y «Standby».

Colaboraciones de Robe en otros discos

Aparte de las ya citadas a lo largo del libro, que no son pocas, existen otras colaboraciones de Robe en discos de artistas con los que mantiene una relación de amistad o por cuya música siente afinidad.

En 1996, Boikot, grupo madrileño de punk/rock, publicó su cuarto trabajo de estudio, *Tu condena,* en el que el extremeño recitó dos versos de *Pedrá,* ligeramente modificados, al final del tema «Dopaje»: *«No recuerdo nada... ¡Hostia, anoche qué pasada! Aquello no era yo. / Qué penita no estuvieras para ver las marchas que me corro, Dios».*

Un año después participó en *¡Esto huele a pasta!,* segundo disco de los portugalujos The Flying Rebollos, el grupo de procedencia de Miguel Colino. Robe y Fito Cabrales cantaron en el rocanrol «Mis amigos».

En 1998 se publicó *Todo es mentira,* debut musical del grupo cántabro Neurastenia, en donde Robe puso el zarpazo de su voz al servicio de «Miro la ventana».

Ya en 2002 colaboró en dos discos: en el primero, lo hizo como integrante del grupo Los Piratas del Nervión,[1] formado por tres miembros de Extremoduro (además de Roberto Iniesta, Uoho y Cantera), y por Fito Cabrales, José Alberto Batiz y Francis Díez, cantante del grupo Doctor Deseo. Grabaron el tema «De nuevo en tus brazos», cantado por Francis, Fito y Robe, y el cual se incluyó en el cedé *Aste Nagusia 25 Urte,* grabado con motivo de las fiestas de Bilbao de 2002 (meses después se volvieron a juntar para tocar en el Festival Auzotarrok).

El otro disco en el que colaboró ese año fue *Zoramena* («locura», en euskera). Se trataba del debut del grupo guerniqués Gatibu, liderado por Álex Sardui, excantante de Exkixu, y con músicos provenientes de grupos de la escena vasca como Einbigu,

1. «Piratas del Nervión» es el título de una canción del grupo Eskorbuto, incluida en su disco *Kalaña* (1996).

Frik, Noiz?, Cartoon Band o The Rabid Harpy. La canción en la que Robe cantó, en euskera, fue «Mila doinu aidien».

Y al año siguiente echó una mano en un disco producido por Iñaki «Uoho» Antón, *En peligro de extinción,* de la banda Chorra N' Rock (ahora llamada Malsujeto). El tema en el que participó fue «La canción del oso marino», cuyo estribillo es para enmarcarlo: *«Es un oso marino, pero le mola mi pepino. / Un oso marino, pero me da igual».*

En 2005 colaboró en el segundo disco de Gatibu, *Disko infernu,* en la canción «Doniene», en la que volvió a cantar en euskera.

Nueve años después participó en el doble disco de debut de Ciclonautas, *Qué tal?,* para el que cantó en «Kamikaze del nido». El batería de ese grupo es Alén Ayerdi, mánager de Extremoduro y baterista de Marea.

En 2019, Robe, con la ayuda de los músicos extremeños que lo acompañan en su caminar en solitario, hizo una versión espléndida del clásico de Sabina «Calle melancolía», tema que se dio a conocer en 1980 dentro del disco *Malas compañías.* Como debe ser cuando se acomete esa labor, Iniesta traiciona el original y lo reinventa. Aquella joya se incluyó en el disco *Tributo a Sabina. Ni tan joven, ni tan viejo.*

Colaboraciones de Iñaki en otros discos

Iñaki ha colaborado en distintos discos, principalmente por amistad, aunque alguna vez ha dado un sí a una petición de algún grupo para el que contar con una colaboración suya era un regalo de los dioses.

En 1992, tocó la guitarra —la «guitarra ponzoñosa», según se especifica en el disco— en la canción «Modesta» de la ópera prima de The Flying Rebollos, *Me vi a matá,* y las «teclas» en ese tema y en «Lola» y «Blues for one Rebollo».

También ha colaborado en varios discos de Fito & Fitipaldis, primera aventura en solitario de su hermano de sangre en Platero y Tú. En su primer disco, *A puerta cerrada* (1998), que coprodujo con Fito, tocó la guitarra en «Trozos de cristal» y el trombón en «El funeral». En el siguiente, *Los sueños locos* (2001), que produjo, metió su guitarra inconfundible en «Al mar» y «A la luna se le ve el ombligo», y el órgano y el bajo en «Ni negro ni blanco». En *Lo más lejos, a tu lado* (2003), producido también por él, contribuyó con su guitarra en «Feo» y con el trombón en «Corazón oxidado».

En 2002 produjo el disco de Marea *Besos de perro,* en donde tocó el órgano en «El rastro», y al año siguiente fue el productor del disco *En peligro de extinción* del grupo Chorra'n Rock (más tarde rebautizados como Malsujeto) y colaboró en las canciones «Chorra 'n Rock» (guitarra) y «Soy rebelde» (órgano).

Cuatro años más tarde coprodujo con Ariel Rot el disco de Despistaos *Lejos,* donde tocó la guitarra y el órgano en «Mi problema».

En 2007 se publicó el disco de Marea *Coces al aire 1997-2007,* en el que se incluyó una versión en directo, grabada en 2002, de «En tu agujero», en la que Iñaki tocó la guitarra.

Siete años después, en 2014, su guitarra se escuchó en «Kamikaze del nido», que formó parte del doble disco de debut de Ciclonautas, *Qué tal?,* y al año siguiente, para el segundo disco de ese grupo, *Bienvenidos los muertos,* tocó el órgano en «Mordieron luna (hasta rabiar)».

En 2016 colaboró en el disco de Kutxi Romero *No soy de nadie,* donde tocó la guitarra en «No me beses en la boca».

Un lustro después coprodujo el disco *Aquí y ahora* de los portugalujos Tacoma y tocó la guitarra —un solo magnífico— en «Bicho raro», en el que se le puede ver en el videoclip.

Por último, en 2022 cantó «Ya nos veremos» para *Boni. Nada más. Un recuerdo de...,* el disco de homenaje al fallecido Boni, de Barricada, en el que participaron, entre otros, Rosendo, Fito & Fitipaldis, M Clan, El Drogas y Rulo y la Contrabanda.

Enchufando a Bach

En pleno confinamiento por el covid-19, Extremoduro publicó en su página tres momentos del concierto que Iñaki y la Orquesta Sinfónica de Gran Canaria ofrecieron el 20 de abril de 2019 en el Teatro Pérez Galdós de Las Palmas de Gran Canaria, y en el que Uoho interpretó piezas de Johann Sebastian Bach.

Iñaki ya había coqueteado con Bach en *La ley innata,* la obra magna de Extremoduro y el mejor disco español, en cualquier género, de lo que llevamos del presente siglo. Pero en este caso lo que mostró fue todo Bach, de principio a fin. Es decir, su audaz guitarra eléctrica sobre un fondo de violines, violas, violonchelos, flauta de pico, contrabajo y clavecín acometiendo el *concierto de Brandeburgo* n.º 4 (movimientos: I. *Allegro*. II. *Andante*. III. *Presto*), el concierto para clave n.º 5 en fa menor, BWV 1056 (interpretado en fa sostenido menor), y el Preludio y Fuga n.º 2 en do menor, BWV 847.

Desde Deep Purple hasta Metallica, muchos han sido los grupos de rock que han invadido el sacro templo de la música clásica con desiguales resultados. Y en España existe una orquesta sinfónica compuesta solo de guitarras eléctricas, Sinfonity, que ejecuta piezas de, entre otros, Vivaldi, Manuel de Falla y el citado Bach. Pero a diferencia de esas bandas, Iñaki no llevó a cabo una revisión ni una reinterpretación de algunas de las obras del sumo maestro de la música barroca. Tampoco contó para esa difícil travesía con el abrigo tranquilizador de otros guitarristas. Lo que Iñaki hizo fue enfrentarse a unas partituras clásicas —sin necesidad de leerlas, previamente memorizadas— con una propiedad y un rigor absolutos. Quiere esto decir que huyó de tentadores efectismos, de ese tipo de malabarismos metaleros que buscan el aplauso fácil, pero carecen de alma, y respetó casi escrupulosamente la literalidad de los textos originales. De hecho, se permitió escasas licencias, apenas unos adornos introductorios. Ribetes líricos propios del fino estilista que es.

La calidad como instrumentista de Iñaki, de cuyo virtuosismo ya sabíamos —y he dicho «virtuosismo», ojo, que es dominio del instrumento musical, no simple velocidad—, se hace todavía más patente en esa ocasión. De pie en el escenario, con la verticalidad de un mástil, el músico vasco demostró una seguridad con las seis cuerdas al alcance de muy pocos de sus colegas, y una capacidad encomiable para abordar el género musical supremo y hacerlo suyo. Porque después de ver cómo su guitarra reproduce a uno de los grandes compositores de la música clásica, nadie dudará que podría ascender cumbres aún más altas y salir incólume.

El talento verdadero, cualquiera lo sabe, es una rareza. Es esa cuarta hoja que hace que un trébol se distinga del resto de su especie. Ese relámpago cegador que se rebela contra la dictadura de la noche cerrada. O esa guitarra que, como en aquel poema de Borges, te puede matar. Esa guitarra «asesina» bien pudiera ser la de quien fue la mitad pensante de Extremoduro arrancándose por Bach y demostrando que un instrumento musical puede convertirse en una alfombra voladora capaz de transportarte a otros mundos. Siempre y cuando quien lo ejecute lo haga con excelencia, hondura y buen gusto.

Si Bach resucitara y viera lo que Iñaki ha hecho con su música se sentiría, no me cabe duda, halagado. Mucho.

V

EL ESLABÓN PERDIDO

En mi pueblo de raza verde
salí entre gris y morado.
Llamé la atención por raro
y nunca me aceptaron en parte alguna.

JOSÉ EMILIO PACHECO, «Minorías»

El viento no tiene fronteras. Y yo tampoco.

MANOLILLO CHINATO

EXTRECHINATO Y TÚ: EL ARTE DE MUSICALIZAR LA VOZ DEL HOMBRE LIBRE

Atención: *Poesía básica* no es un disco de Extremoduro ni de Roberto Iniesta, sino de Extrechinato y Tú. Y Robe, aunque fue quien se empeñó en sacarlo adelante y hasta que no lo logró no cejó, embarcando de paso en la arriesgada aventura a un buen par de amigos músicos y a un reguero de colaboradores, era solo uno más de sus integrantes.

Esto quedó clarísimo cuando el 9 de mayo de 2001, en la presentación del susodicho trabajo en la sala de actos de la FNAC de Callao, en Madrid, el músico y poeta tomó un ejemplar del conocido suplemento de un conocido diario español, en cuya portada salía él junto al resto de los miembros del recién nacido grupo, y dijo:

«Voy a intentar que este periódico sirva para informar, y yo creo que con un poquitín de ayuda lo vamos a conseguir. Esto es una entrevista que hicimos hace unos cuantos días en *El País de las Tentaciones*. Entonces dice: "Extrechinato y Tú. La última aventura de Robe Extremoduro". Esto *nothing*».

Arrancó la página y la lanzó hacia atrás, y añadió:

«A la mierda».

Después arrojó el montón de papel al suelo y, dirigiéndose de nuevo a los periodistas, disparó:

«Espero que así entendáis un poquito de lo que va este rollo: esto no es Extremo, ni duro ni menos duro. Ni Platero, ni más duro ni menos duro. Yo sí tengo un extremo que a veces está más duro y a veces menos duro, pero de eso no estamos hablando ahora —risas sonoras de los presentes—. Aquí de lo que queremos que se hable es de un tema que hemos hecho y que gira alrededor de Manolo Chinato, de su poesía y de su trabajo. Y lo demás son pamplinas».

Vamos, como para no entenderlo.

En aquel acto también se encontraban los otros protagonistas: Fito Cabrales, Iñaki «Uoho» Antón y Manolo Chinato. Este último, el poeta ensalzado, quien ha reconocido haber leído poco y tener como modelos poéticos a su padre y a Miguel Hernández, Federico García Lorca y Juan Ramón Jiménez, era muy consciente de lo positivo que ese disco iba a resultar para él, para su obra, pese a tratarse de un registro distinto:

«Todo poema que se hace canción, como poema pierde. Pero lo que dice el *Róber*: como poema pierde, pero lo escucha mucha más gente».

Y tanto que sí. De hecho, gracias a aquel trabajo fueron muchos los que pudieron adentrarse en el universo poético de un tipo del que, hasta entonces, tan solo se sabía que era el autor de la bella letra de una célebre canción de Extremoduro y de algunos versos sueltos.

Roberto Iniesta y Manolo Chinato se habían conocido bastantes años atrás, una noche, en un bar, como es menester —no se iban a conocer en una sucursal bancaria o en una junta de vecinos—, en los primeros tiempos de Extremoduro. Robe actuaba allí y le pidió a aquel poeta de Salamanca al que acababan de presentarle que subiera al escenario a recitar algo, y este obedeció y se arrancó con «Ama, ama, ama y ensancha el alma». Aquello supuso el inicio de una hermosa amistad que llega hasta hoy. Chinato lo explicaba así en una entrevista de 2007:

> «Robe me escuchó recitar hace diecisiete años en el bar Los Conos de Hervás, donde Geri, su dueño, ya fallecido, me pedía de vez en cuando: "Manolo, recítame 'Soledad de amores', que lo necesito". Y ahí empezó todo».

Desde aquella noche de música, versos y alcoholes, Robe, como ya se ha dicho varias veces a lo largo del libro, utilizó versos suyos, algunos textuales y otros «reinventados», en las canciones de Extremoduro. Y uno de los himnos del grupo, la ya citada «Ama, ama...», es un poema del salmantino que Iniesta convirtió en canción, con lo que no solo lo engrandeció, sino que lo sacó de la clandestinidad y lo universalizó. Eso es lo máximo que se puede hacer con un poema, cuya difusión, y más hoy día, está condenada por lo general a un ámbito minoritario.

El caso es que, convencido de lo valioso del cargamento lírico de Chinato, de su talento —porque la amistad sola no es suficiente para embarcarse en una travesía artística profesional—, se propuso llevar sus versos a un disco. «¿No lo han hecho con Lorca, Neruda o Antonio Machado? —se debió de decir—. Pues yo lo voy a hacer con este tipo que me pone la piel de gallina. Sí, para que se la ponga también a otros.» Y cuando el extremeño se propone algo, ese algo acaba por materializarse.

El nombre de la formación que habría de defender aquella empresa poético-musical lo sacaron, en un subidón democrático, de los de los grupos a los que tres de sus cuatro miembros pertenecían, más el del poeta glorificado: Extre(Robe e Iñaki)chinato y Tú(Iñaki y Fito).

La idea de hacer ese disco surgió en 1996. Pero debido a los distintos compromisos de los músicos, aquello se fue postergando año tras año y parecía que no había forma de concretarlo.

En el cuadernillo del disco lo explicaban con no poca guasa:

«Comenzó todo esto en el año 1996, durante la gira de Extremoduro *Iros todos a tomar por culo*. Entre peta y peta se nos fueron echando los meses encima. Fumamos cartones...

»Al final de ese año nos juntamos en Puerto de Béjar para dar a la idea forma de canciones. Fumamos más...

»Nos íbamos metiendo a grabar diversos trabajos, y este proyecto siempre se quedaba para después. Seguimos fumando...

»A veces lográbamos juntarnos cada año, y entre las veces fumábamos plantaciones...

»Poco a poco, montamos nueve temas, hicimos una maqueta..., fumamos otro poco...

»Y, por fin, en junio de 1999 entramos en Lorentzo Rec. a empezar en serio... Pero continuamos fumando.

»Hicimos otros discos mientras tanto, y en marzo del 2001 hemos terminado con este, y con la paciencia de los que teníamos alrededor.

»¿Que quiénes somos?

»Esto se llama EXTRECHINATO Y TÚ porque lo pone en la portada y porque lo hemos hecho entre Robe, Iñaki, Fito y Manolillo Chinato, que además hemos contado con la ayuda de los demás de Platero y Tú, Extremoduro, y de mucha gente más...».

A propósito de Chinato, señalaban en el libreto:

«Manolillo es un poeta vivo. Muchos lo conocéis porque es el autor de la letra de "Ama, ama, ama y ensancha el alma". También conoceréis versos suyos escondidos entre las líneas de *Pedrá,* y espolvoreados por los discos de Extremoduro».

Poesía básica cuenta con las siguientes canciones: «A la sombra de mi sombra», «Juguete de amor», «Viento (Déjame ir contigo)», «Abrazado a la tristeza», «Eterno viajero», «Tres puertas», «Si el cielo está gris», «Sueños», «Rojitas» y una coda, «Manolillo Chinato».

La grabación del disco se realizó en tres lugares distintos: en los estudios Lorentzo Records, en Berriz, Vizcaya; en Puerto de

Béjar y en La Casa de Iñaki, y fue mezclado en el primero. El técnico de grabación fue Aitor Ariño, que contó con la ayuda de José Alberto Batiz y Beñat Aguirre. La masterización la hizo Tony Cousins en Londres, en los Metropolis Studios.

La nómina de músicos que participó en él fue abultadísima. Dejando a un lado a los protagonistas, que cantaron, recitaron y tocaron diversos instrumentos, José Ignacio Cantera tocó la batería en «Eterno viajero», «Si el cielo está gris» y «Sueños»; su hermano Ricardo (excelente baterista), en «Tres puertas», y de las restantes se encargó el batería de Platero y Tú, Jesús «Maguila» García. Batiz metió el *slide* en «Eterno viajero» y Gino Pavone se ocupó de la percusión. Javier Mora, piano; Javi Alzola, saxo; Patxi Urchegui, la trompeta y el fiscorno, y Norman Hogue el trombón. Además, en «Abrazado a la tristeza» y «Tres puertas» hizo falta una orquesta, por lo que aparte del trompetista y el trombonista, aportaron su sabiduría Jacek Cygan, primer violín; Víctor Ambroa, segundo violín; Dionisio Rodríguez, viola; Ángel Luis Quintana, violonchelo; Antonio G. Araque, contrabajo, y Ander Ercilla, oboes.

La portada de *Poesía básica* es una fotografía de Manolo Chinato en pelotas, a lomos de un caballo (la imagen de la libertad absoluta), y fue realizada por Uoho. En la foto de la contraportada salen los cuatro integrantes de Extrechinato y Tú apoyados en una mesa de piedra. El libreto fue diseñado por Mongui Paint & Company, y las fotos del interior son de Manolillo, Jerónimo Álvarez e Iñaki Antón.

El tema que abre el disco, «A la sombra de mi sombra», del cual se hizo videoclip, es una bella canción —un bello poema hecho canción— que comienza con la voz de Fito Cabrales y que alcanza su clímax cuando Robe entra para cantar unos versos que resumen muy bien el ideario existencial de Chinato:

No quiero ver injusticias ni miserias;
no quiero ver militares ni princesas;
no quiero ver dictaduras ni pobrezas;
no quiero ver religiones ricas, ni reinas.

En «Juguete de amor», cuyo inicio recuerda a «Si te vas...», de *Material defectuoso* —aunque sería más exacto decir que la canción de Extremoduro recuerda a la de Extrechinato y Tú, pues esta es anterior—, la voz de Chinato recita a lo largo de todo el tema. Hacia el final, en la parte más conseguida, el coro clama unos versos que ya fueron incluidos en «Quemando tus recuerdos». Solo que, en aquel caso, el orden fue alterado y el primer verso estaba, además, ligeramente modificado. Estos son los versos originales:

¡Qué importa que me engañes si luego me sonríes!
¡Qué importa ser poeta o ser basura!

Para conseguir el efecto sonoro del comienzo de esa canción (una «orquesta de cencerros») liaron una buena. Estaban en Puerto de Béjar (Salamanca), donde vive Chinato, y se les ocurrió situar micrófonos a todo lo largo de un puente romano de piedra para grabar el ruido del ganado al pasar. Para ello, hicieron trasladarse hasta allí a un técnico del País Vasco, Aitor Ariño, para que colocase los micros. Robe me lo contó muerto de risa:

«Nos dieron a cada uno un palo y nos dijeron: "Tú no dejes pasar por ahí a las vacas", y nosotros flipando: "¿Cómo que no las deje pasar?..". Fue la hostia, montamos la de Dios. Y al final, el resultado es que lo tienes que contar. Ya que nadie se ha enterado, te dices, por lo menos lo tendré que contar».

«Abrazado a la tristeza» es una letra de Fito aderezada con versos de Chinato, y en donde resplandece una estrofa que ya fue incluida en *Pedrá:*

Y verás sin duda el resurgir poderoso del guerrero
sin miedo a leyes ni a nostalgias.
Y lo verás caer una y mil veces y levantarse de nuevo,
con la pura bandera de su raza.[1]

1. Esta estrofa ha experimentado cambios respecto a la aparecida en *Pedrá*. El «*sin duda*»

El sexto corte, el poema «Tres puertas», ya fue recitado por Chinato en algún concierto de Extremoduro; como aquel que ofrecieron en la plaza de toros de Las Ventas, en septiembre de 1997, cuando el salmantino expulsó de sí esos versos mientras sonaban las diabólicas guitarras del comienzo de «Jesucristo García». En este caso, es la voz de Robe la que declama:

Una sola puerta de tres, abierta.
Una sola puerta.
Enfrente, la montaña.

Pasa la nube inmensa;
toda suya... todo suyo.
Huracanes de vientos;
lluvia andante semiparalela
y en todo el monte funerales alegres, naturales,
de hojas muertas.

Los cabellos terráqueos danzan todos iguales
al son de trompetas invisibles
que vienen de los mares.

[...] Llegó el otoño; llegó la muerte...
¡Mas no para todos!

Hoy morirán hojas y animales.
Mas no morirán para siempre y,
en su transformación de mañana,
darán
con más calor
a la tierra,
de su muerte,
pasado mañana,
brotes de esperanza.

---

del primer verso no estaba, y los dos últimos versos de aquella rezaban: «... *y caer mil veces más, y levantarse de nuevo, / sin más bandera que sus güevos*».

Estos últimos versos, más los que cito a continuación, ya los había utilizado Extremoduro —menos el tercero y el segundo, *«Me alegro de la lluvia / y me alegro del viento»,* y los dos de cierre— en la canción «Caballero andante (¡No me dejéis asííí!)», que formó parte, primero, del recopilatorio *Robe, mi pequeña historia,* y que después se incluyó en la reedición de *Rock transgresivo:*

Y yo no he muerto.
Me alegro de la lluvia
y me alegro del viento.
Si tengo frío, me caliento;
si tengo miedo, ¡que no lo tengo!,
susurro y pienso...
Y para mañana
ya me he comido mi pequeña ración de esperanza.

Una sola puerta de tres, abierta.
Una sola puerta. Inmensa.

Iñaki me relató que tuvo una suerte de epifanía cuando trabajaba, solo, en esa canción:

«Abordé "Tres puertas" como una obra *grandipequeña.* O sea, corta, pero quería que allí hubiera bacalao. Yo sabía de qué iba el poema. Entonces, saqué de la habitación de la música un ordenador, un previo y tal, puse una mesa portátil frente al balcón de mi casa de Múgica, puse allí el ordenador, la pantalla, un pie de guitarra, y me puse a ello. Con instrumentos virtuales al principio, claro. Lógicamente, luego eso lo grabaron violines, oboes, trompetas... Y me metí ahí, frente a la luz y el aire del balcón, porque eso me daba una visión de lo que decía el poema. Y hubo un momento en el que me dije: "Hostia, ¿qué acabo de hacer? Está cojonudo". Pensé: "A esto le doy *play* una vez tras otra y me la flipo". ¡Buah! Esos son momentos de auténtica euforia. Como si te drogaras. A veces está justificado y otras no. Pero cuando estás haciendo una canción nueva y se te ocurre una cosa, la llevas y vas corriendo a grabarla para que no se te olvide. Y aunque acabes no te quieres ir a dormir, y la quieres escuchar con una batería y un bajo a ver qué pinta tiene... Le das al *play* y te pones a bailar en la sala del estudio porque estás flipando».

El noveno corte, «Rojitas», es una muy popular canción de Fito Cabrales que formó parte de la ópera prima de Fito & Fitipaldis, *A puerta cerrada,* con el título «Rojitas las orejas». En este disco, entre las estrofas de la letra se fueron intercalando versos de Chinato.

La pieza que cierra el conjunto, titulada «Manolillo Chinato», a secas, es una suerte de *totum revolutum* en donde el poeta, sobre un fondo de voces que se superponen como en un salmo delirante, recita versos de algunos de los poemas precedentes. Es, sí, el equivalente a la «Coda flamenca» de *La ley innata:* una especie de recapitulación, solo que más difusa.

Resulta extraño que a pesar del guitarreo y la potencia de temas como «Viento (Déjame ir contigo)», «Eterno viajero» —uno de los más logrados del disco—, «Si el cielo está gris» y «Sueños», la sensación que queda tras escuchar *Poesía básica* es la de haberse sumergido en un trabajo de preponderancia acústica, muy coral, de gusto exquisito, que aporta la lógica diferencia que le otorga su naturaleza.

A propósito de su elaboración, Robe, en el acto de presentación del disco, afirmó que aquellos poemas les habían brindado enormes posibilidades a la hora de ponerles música:

> «Los músicos somos los dueños de los estilos musicales, entonces hacemos lo que nos da la gana. Podemos ir a cualquier estilo porque son todos nuestros. Somos los amos. Y cuando tienes una letra escrita puedes hacer con ella lo que quieras, irte a donde quieras. No hemos tenido ninguna dificultad, todo han sido puertas abiertas para irnos a donde nuestra imaginación nos ha dejado. Cada canción la hemos visto de una manera, y por eso el disco es tan distinto».

Mientras el músico nos daba una idea bastante clara de cómo fue cocinado aquel trabajo, aprovechaba para hacer una sonora reivindicación de la libertad del creador (Robe nunca da puntada sin hilo). Un argumento cuya vigencia perdura.

Hablé con Uoho de *Poesía básica* y compartía el criterio de su amigo:

«Es, quizá, el disco más musical que hemos hecho. La dependencia de las letras era mucho menor. Podíamos meternos en conceptos musicales sin preocuparnos tanto de cómo encajaba la letra o de una estructura. En el sentido musical, fuimos más libres que nunca. También hay canciones normales, como "Si el cielo está gris", pero en otras nos dejamos llevar musicalmente por lo que nos decía el poema, aunque este luego esté treinta y cinco segundos en la canción».

Poner en pie esa singular obra no debió de resultar algo tan sencillo como aseguraron. Pues se trataba de musicalizar una antología poética, y aunque es cierto que ese material te permite una gran libertad de movimientos, también te constriñe en exceso: las fórmulas a emplear no son tantas si no se quiere caer en la reiteración. No, no creo que fuese una tarea fácil. Ni mucho menos. Solo que las más arduas ascensiones, una vez realizadas, no son para tanto.

Sentimientos de ida y vuelta

En 2003, dos años después de su estreno discográfico, Manolillo Chinato editó el poemario *Amor, rebeldía, libertad y sangre,* que llevaba prólogos de Roberto Iniesta y Fito Cabrales, y con el que obtuvo un éxito de ventas considerable para lo que es el género: vendió más de cinco mil ejemplares. Algo que de no haber sido por la existencia de *Poesía básica,* que consiguió un disco de oro y le reportó cierta popularidad, es casi seguro que no se habría dado. Porque el mercado es así, y las obras, los «productos», al margen de su calidad, deben contar con un aval para abrirse camino.

Reproduzco un fragmento del texto que Robe le dedicó:

«No sé si [Manolo Chinato] quiere que explique sus palabras con mis palabras, y eso yo no puedo hacerlo. Puede ser que quiera que cuente por qué me gustan sus poemas, y eso tampoco puedo hacerlo. Podría contar cómo nos conocimos en un concierto o cómo, una noche, quisimos mover la iglesia de su pueblo a guitarrazos, o el día que después de oírle recitar, rompí el carné de identidad y el de conducir —o los tiré a una lumbre— para ser más libre y no tener ni nombre. O algo así, no me acuerdo muy bien. Aunque quizá todo eso es mejor dejarlo estar.

»Creo que lo único que puedo hacer es devolverle unas palabras que me escribió en un trozo de cartón [...]:

»Gracias por volver como eres.

»Gracias por la inmensa sonrisa de tus cansados ojos.

»Gracias por poner a los míos con un poco más de luz».

Amistad y poesía, en fin. Y quién necesita más.

VI

Roberto Iniesta: de la poesía a la prosa

Fue entonces cuando comencé a darme cuenta de cuánto más feliz era mi vida, pese a todas las lamentables circunstancias, que la existencia sórdida, perversa y abominable que había llevado en el pasado. Ahora se había modificado la índole de mis penas y alegrías, se habían alterado mis deseos, mis afectos cambiaban su sentido y mis deleites eran absolutamente nuevos.

DANIEL DEFOE, *Robinson Crusoe*

EL VIAJE ÍNTIMO DE LA LOCURA: DEBAJO DE LOS ADOQUINES ESTÁ LA PLAYA

Durante años, siempre que a Roberto Iniesta le preguntaban si tenía intención de escribir un libro de poemas meneaba la cabeza: «Las letras que hago son para oírlas cantadas. No, no creo que llegue a escribir un poemario». Carecía de sentido componer lírica desprovista de música, pues lo que él hacía, y hace, es, si cabe, más completo: música y poesía en un solo paquete.

Pero nunca dijo que descartara la idea de escribir una novela. Entre otras cosas, porque a nadie se le ocurrió preguntárselo.

Cierto es que costaba imaginarlo. De hecho, muchos de sus colegas han publicado poesía —Manolo Tena y Javier Corcobado— o ensayos sobre música —Sabino Méndez, Santiago Auserón, Julián Hernández—, pero muy pocos se han adentrado en el territorio de la narrativa. Entre ellos, el ya citado Corcobado[1] y el líder de Def Con Dos, César Strawberry.[2]

Pero el tipo de novela que Iniesta escribió supuso una ruptura total con todo lo que había hecho hasta entonces: era un texto ambicioso, de largo aliento, en el que se puso a prueba como narrador y con el que logró cautivar a los lectores, que era el objetivo que se marcó desde el comienzo de esa aventura.

1. *El amor no está en el tiempo* (Tropismos, 2005).

2. *Besando la lona* (Ediciones Irreverentes, 2005) y *Nunca quise ser como tú* (Ediciones B, 2010).

Aquello surgió durante los seis años que transcurrieron entre la publicación de *Yo, minoría absoluta* y la de *La ley innata*. En ese período de conflicto con la creación musical, el Roberto Iniesta poeta le cedió el testigo al Roberto Iniesta prosista, y este comenzó a pergeñar —«por puro aburrimiento», aseguró— una historia fantástica, o al menos en parte. Un extenso relato que fue tomando trazas de novela pura y dura, y que acabó viendo la luz el 28 de septiembre de 2009. Y no en un sello editorial importante —«las editoriales son peores que las discográficas», declaró en plena vorágine promocional—, sino en uno de su propiedad, El Hombre del Saco. Esto es, que se autoeditó.

La ilustración de la portada, que es bastante cañera, un hombre agarrado a la taza de un váter que es una suerte de puerta a otra dimensión, es de Diego Latorre, y del diseño de esta se encargó Dabid Zelaia, quien ya había diseñado las de *La ley innata* y *Para todos los públicos* y supervisó la de *Material defectuoso*. Las ilustraciones interiores son de Daniel Rivero.

En la escueta nota de agradecimientos que se incluye al final del libro, Robe señalaba: «A escribir este libro, como a todo, me han ayudado mi familia y mis amigos». Y citaba a Uoho («me ayudó desde el principio de la idea hasta el fin último»); a Nuria [Hernández] («a organizar, corregir y más»); a Dieguillo, Merche, su hermano Juancho y Pedro J. («me echaron una mano con la corrección»); a Juantxu, «el Mongol» («me orientó sobre muebles antiguos»); a Javi Caldera («me puso al día en el tema de las lombrices»), y a Last Tour International («me brindó su inestimable apoyo»). Y añadía: «Y mucha más gente, hablándome, ha hecho posible que este trabajo salga adelante. A todos, gracias».

En la contracubierta del libro la historia se nos presenta así:

«En el jardín hay un cerezo dormido, pero parece muerto. Este otoño comenzó a sentirse apático, y la dejadez se apoderó de su espíritu. La vida, cansada de verle abúlico y desastrado, decidió que lo mejor sería que se tomaran un tiempo para reflexionar sobre su relación, y se marchó de vacaciones, dejándole en un estado de abatimiento que hizo que se fuera consumiendo poco a poco hasta que acabó por convertirse en lo que es ahora; el aletargado esqueleto de un cerezo; una osamenta de madera clavada al suelo, que solo espera que regrese la vida».

No es una sinopsis muy esclarecedora, la verdad. Porque *El viaje íntimo de la locura* es el retrato de una transformación, de una revelación. La historia de un aburrido notario, don Severino, cuya vida experimenta un cambio asombroso. Una historia con una estructura narrativa que alterna dosis de realismo, fantasía y pesadilla.

Robe reconoció que todas las experiencias vividas marcan de algún modo e influyen en lo que se escribe («también me he inspirado en alguna vivencia propia, porque he experimentado y he hecho muchos viajes que ayudan a abrir la mente», en clara alusión a las drogas), pero manifestó claro que en ningún caso pretendió hacer un libro autobiográfico, y que la historia, que pedía a los periodistas que no fuese desvelada para que los lectores la disfrutasen más, había salido de su imaginación. Respecto al tratamiento, explicó que había puesto excesivo cuidado en la forma:

> «He cuidado mucho el lenguaje, buscando que fuera bonito y sonoro, para que dijera más de lo que dicen las palabras por sí solas, y he repasado párrafos durante días enteros hasta quedar satisfecho con el resultado».

El libro tuvo una extraordinaria acogida por parte del público: baste decir que nada más ponerse a la venta superó al gran *best seller* del momento, *La reina en el palacio de las corrientes de aire,* tercera entrega de la serie *Millennium,* del sueco Stieg Larsson, y a escritoras multiventas como Isabel Allende, que en aquellas fechas tenía en las librerías la novela *La isla bajo el mar.* En apenas dos meses, la ópera prima de Roberto Iniesta Ojea había despachado más de veinticinco mil ejemplares en tres ediciones. Una gesta. Y eso que previamente había advertido: «Me la suda si vende mucho o no. Solo quiero que le guste a quien la lea».

Para terminar de redondear la cosa, la crítica no le castigó. Al contrario, le reconoció su valor. Así, por ejemplo, en *El Cultural*, el suplemento de cultura del diario *El Mundo*, la escritora Care Santos señaló:

«El libro se lee como una novela de acción clásica, pero también es un viaje iniciático y, sin duda, es una historia escrita por alguien familiarizado con la lírica, que disfruta mimando las palabras y tiene plena conciencia del ritmo narrativo. Es, cuando menos, un debut interesante».

A raíz de la publicación de esa novela entrevisté a Robe para la revista *Interviú*. El libro me llegó un día antes de nuestra charla, y en una tarde y una buena parte de la noche me lo ventilé.

Como suele ser habitual en los medios, de una entrevista de quince mil caracteres (ocho páginas) solo se publicaron tres mil quinientos caracteres (página y media), y no todo aludía al libro. Es por ello que reproduzco aquí la conversación que mantuvimos sobre esa obra, ya que en ella Robe cuenta muchas cosas interesantes sobre el proceso de creación en general y sobre el de su novela en particular:

Javier: —Salvo algunos guiños, tu primera novela no cuenta con ninguno de los elementos que caracterizan la obra de Extremoduro. Los fans que busquen en ella a Robe, se van a tener que conformar con Roberto.

Robe: —Sí, puede ser. Sí que he intentado que se me reconociera en el lenguaje. Pero desde luego no tiene mucho que ver con las letras de Extremoduro. En el libro se usan las metáforas igual que en las canciones, lo que pasa es que quizá se interpreten de distinta manera.

J.: —Sí que hay una clara voluntad poética a lo largo de todo el relato. Y un par de homenajes encubiertos a dos grandes del género: Juan Ramón Jiménez y José Santos Chocano. A algunos de tus colegas, letristas competentes por más señas, les produce vértigo la palabra «poeta», como si les viniera grande. ¿Es tu caso?

R.: —No, no es mi caso. Y tienes razón en lo de Juan Ramón Jiménez. Porque lo que quería hacer era un poco eso. No un libro de prosa pura, sino un libro para leerlo despacito, suave, calmado. Para saborearlo. Claro que necesita una trama para que te vaya llevando, porque la poesía es muy difícil de leer y que te guste. La idea era tener ese pretexto de la trama para poder jugar con las palabras, como hace Juan Ramón Jiménez, que cuando escribe en prosa lo lees con mucho gusto, como en *Platero y yo,* por ejemplo, y no vas buscando quién es el asesino. Todo lo contrario de *Millennium,* de Larsson, que lo vas leyendo como poseído, para acabarlo enseguida. Joder, ya me he leído cien páginas y no me acuesto todavía... Como un psicópata. En mi libro, ya digo, hay una trama que va tirando de ti, pero no quería que fuese una trama excesivamente fuerte y que te obligara a correr, sino que te permitiera poder ir parando.

J.: —Si hubiera leído tu libro sin conocer el nombre del autor, habría concluido que es la obra de un idealista, un utópico y un sentimental. ¿Te reconoces en ese traje?

R.: —Sí. Puede ser, sí.

J.: —La novela tiene dos partes claramente diferenciadas: la primera mitad, de corte fantástico, y la segunda, realista o casi...

R.: —Yo creo que tiene tres partes, y he intentado hacerlas bien diferentes entre sí. El principio de la novela es más descriptivo; la segunda parte se empieza a poner punki, y acaba punki del todo, y luego ya el final, que es más realista, sí, pero llevando consigo todo lo de atrás.

J.: —¿Sabías con antelación cómo debía de evolucionar la trama o la fuiste resolviendo con brújula, sobre la marcha?

R.: —No, no la tenía pensada desde el principio. Hice un guion hasta cierto sitio, porque si escribes sin guion es demasiado fácil quedarse en blanco. Tenía un guion en donde decía: aquí va a pasar esto, luego esto y más tarde esto otro...

J.: —O sea, que luego te encontraste con situaciones y escribiste pasajes que ni siquiera tenías en mente cuando empezaste la escritura de la novela.

R.: —Claro, claro. Al principio no sabía dónde iba a llegar ni cómo, porque el guion era un esqueleto con lo más esencial, lo más importante, igual que resumir en unas pocas frases lo que es el libro. Pero cuando se acabó lo que tenía de esqueleto, tuve que ponerme a pensar otra vez. Muchas de las cosas que luego escribí no estaban previstas, y lo que no es esqueleto, la carne, te va saliendo porque surgen unas situaciones a partir de otras. Cuando tenía muchas dudas, me decía: «A ver, ¿yo sería capaz de escribir una descripción de tal cosa? Bueno, venga, voy a escribirla. Y ¿sería capaz de escribir una escena en la que pasara tal otra? Venga, voy a escribirla». Y así. «He llegado desde aquí hasta aquí, pues ahora vamos a ver si consigo llegar desde este sitio a este otro, poco a poco.» Una manera distinta de hacerlo. No fue paso a paso, sino que di saltos y luego tuve que unirlo. Es mi primer libro y he usado muchas cosas para aprender. También tengo que decirte que esta novela no está escrita del tirón, sino que está hecha a lo largo de mucho tiempo. Para ir soltándome estuve haciendo primero relatos cortos. Luego, la empecé y tuve un parón. Entre otras cosas porque quería ver primero si mi manera de escribir gustaba. Porque una cosa es lo que te gusta hacer, y otra si lo que te gusta hacer puede ser útil para los demás. Si se trata solo de jugar, pues también podría jugar a la Play y ya está.

J.: —Te sentías inseguro.

R.: —Claro. Yo me lo he pasado muy bien haciéndolo, pero no es lo mismo pasártelo bien, a secas, que saber que estás haciendo una cosa que puede gustar a la gente. Necesitaba asegurarme. Me puse otra vez a estudiar para coger un poco de soltura con las palabras. Me matriculé en la UNED [Universidad Nacional de Educación a Distancia] para estudiar gramática y ortografía... Y a medida que lo hacía, me daba cuenta de que el texto iba saliendo de otra manera; y prácticamente reconstruí toda la primera parte. Si tú has notado esa diferencia, que hay dos partes, antes se notaba mucho más.

J.: —A mi modo de ver, la segunda mitad está mejor escrita.

R.: —Yo noto el cambio, pero no todo el mundo me dice eso. Tú dices que te parece mejor la segunda parte. Sin embargo, otra gente me dice que le gusta más la primera. Son, desde luego, muy distintas.

J.: —La segunda parte se podría llevar perfectamente al cine.

R.: —Sí, sí. La primera, o lo que yo llamo la segunda, es más difícil porque es más descriptiva. Se trata de meterse en un ambiente un poco agobiante y monótono, y de ahí empezar a divertirte y a llevarlo por otro lado. Por eso creo que el libro se va a disfrutar más si el lector no sabe qué va a pasar, si desconoce la trama. No porque la trama sea muy importante, ya que ha sido como un pretexto para jugar con las palabras, pero quizá haya dos o tres detalles en el libro que si no los conoces, los disfrutarás mucho más cuando te lleguen.

J.: —Hay en tu relato una reflexión sobre la importancia de encontrarse a uno mismo y, también, una invitación a la vida. El protagonista, don Severino, es un poco como Ulises en pos de Ítaca, y pasa de ser el hombre del traje gris que cantaba Sabina a un cruce de Tarzán y el Charlton Heston de *El planeta de los simios*.

R.: —Sí, sería un poco así. Se trata de conocerte a ti mismo y de no tener miedo de quién eres ni de los cambios que te puedan surgir, y tirar *pa'lante* con lo que venga. Los cambios pueden ser buenos o malos, pero hay que atreverse a ir hacia ellos y tener la mente un poco abierta.

J.: —Lo de contemplar el mundo a través del inodoro, ¿hay que entenderlo como que todo es una mierda o solamente lo malo que dejamos atrás?

R.: —Todo puede ser una mierda, sí, según cómo se mire. Porque todo es y debe ser cuestionado.

J.: —Hay situaciones hilarantes, como el episodio escatológico con el *Papamóvil* y con la reina de Inglaterra, o el pasaje de la mutilación de la Estatua de la Libertad. ¿Era una forma de vengarte de los males de la religión católica, de Gibraltar y del Imperio estadounidense?

R.: —De Gibraltar no; sí un poco de la pomposidad de los reyes. Porque la monarquía más rancia podría ser la de Inglaterra. Y era un modo, sí, de vengarme de todos ellos.

J.: —Y ¿en cuanto a la religión? ¿Eres ateo por la gracia de Dios?

R.: —Sí, soy ateo porque odio a los curas. Bueno, en realidad, no sé si existe Dios o no. Pero, principalmente, no me gusta la Iglesia. Y las religiones cada día me dan más por culo. Todas.

J.: —Tienen la culpa de los grandes males de la humanidad.

R.: —Sí, pero no ahora, sino desde hace mucho tiempo, muchos años, y siguen teniéndola.

J.: —Declaraste: «Me cago en las banderas». ¿Lo sostienes aún con idéntica contundencia?

R.: —Pues sí. Me parece que esto de las banderas, de hacer bandas y separaciones entre unos y otros, es un horror.[3]

J.: —O sea, que de los nacionalismos ni hablamos.

R.: —No me gustan, no. Tampoco es que esté totalmente en contra, porque todas las cosas pueden valer para algo bueno. Pero según cómo se enfoquen, claro.

J.: —¿Piensas que todos los hombres deberíamos ser universalistas?

R.: —Sí, porque enseguida es el «nosotros somos de aquí y vosotros sois de allí...». O: «Nosotros intentamos vivir lo mejor que podemos...». Sí, claro, pero a costa de que los otros vivan lo peor que puedan. Eso siempre conlleva una rivalidad y una exclusión. ¿Para qué se hacen los países? Para vivir mejor que los de al lado, con un egoísmo tremendo. Somos demasiado egoístas. Todos. Nos juntamos en religiones, en países o en naciones para defender nuestros derechos, pero a costa de joder los de los demás. Sí, la palabra debería ser «universalista» porque somos ciudadanos del mundo y somos todos iguales.

J.: —La nuestra es, en fin, la raza humana.

R.: —Pues sí, así es.

J.: —Volviendo a la novela, en un momento dado dices de la casa del protagonista: «Y al tercer día se levantó». La referencia a Jesucristo es clara. ¿Hay también una autoparodia de «Jesucristo García»?

R.: —No, no exactamente... Pero también podría ser, sí. En realidad, la idea era la de resucitar la casa, que parece que se ha muerto pero sigue viva.

J.: —Creo que la influencia de Robinson Crusoe es también palmaria. Por la soledad, por la necesidad de empezar de cero...

R.: —Sí, bueno. La idea era llegar a un punto muy bajo para después poder subir. Un poco como vaciarte. Y la manera de vaciarte es

3. Ya en «Malos pensamientos», canción de *¿Dónde están mis amigos?*, señalaba: *«En mi casa, las banderas están hechas de agua pura; / [...] las banderas de mi casa son la ropa tendía»*.

un poco eso, la soledad. Olvidar todo lo demás y poder empezar de nuevo. Sí, Robinson Crusoe puede ser la idea. Un señor que tiene una vida y, de repente, esa vida desaparece y empieza otra.

J.: —¿La novela podría entenderse también como una pesadilla o una alucinación, como si nada de lo que en ella sucede estuviera ocurriendo en realidad?

R.: —Sí, sí. O como una verdadera locura.

J.: —Como el ingreso de una persona en la locura.

R.: —Sí. Pero, claro, en vez de ver a esa persona desde fuera, la ves desde dentro: sabes qué está pensando y qué es lo que pasa por su cabeza. Ahora veo que corre, ahora veo que salta o se ríe... Sería como estar dentro de su cabeza, sí, y ver las cosas que él podría ver. Sí, puede haber un poco de juego con eso.

J.: —¿Aspiras a seguir cultivando la novela, a hacer carrera como novelista de forma paralela a Extremoduro?

R.: —Sí, me gustaría. Pero no va a depender de cómo funcione este libro. Hombre, en parte sí. Si todo el mundo te dice que es una mierda, pues no te vas a empeñar tú en decir lo contrario. Pero quiero escribir novela porque lo he pasado muy bien haciéndolo. Lo que ocurre es que encontrar la historia, que se te encienda la bombilla, la idea... Ese primer puntito es, creo, lo más difícil. Que digas: «Joder, en cuanto llegue a casa voy a hacer esto». Pensar en ello todo el rato. Que no te tengas que obligar y decir: «Bueno, voy a hacer un trabajo sobre esto y voy a escribir tantas horas al día...». No, que no necesites eso, al contrario. Que te tengan que llamar y decirte: «¡Tío, ve a acostarte ya, déjalo un poco!», y tú: «Ahora, ahora lo dejo. Ahora mismo...», y sigues. Ese es el punto que tienes que conseguir. Y eso es, ya digo, lo difícil: encontrar unos personajes y una historia que te hagan sentir que estás haciendo algo que mola.

J.: —¿Así ha sido escrito este libro, con esa pasión?

R.: —Sí, porque yo no sé hacer las cosas de otra manera. Lo primero que piensas es: «¿Qué estoy haciendo yo aquí? ¿Quiénes son estos? ¡Pero si estos no existen, si solo salen en mi cabeza...!». Te lo tienes que creer. Es como con las canciones, que no puedo ponerme fechas. Es: «Ahora tengo el punto, ahora he encontrado la historia... ¡A por ello!». Últimamente tengo los dedos que me cuesta trabajo dejarlo. Me pongo ahí, a darle a la guitarra, y me tienen que estar dando el toque. Al final, llevo cuatro horas tocando y me duele todo el cuerpo, y me digo: «¿Qué hago? Voy a llamar a un colega», pero solo por dejarlo un poco. «Eh, tío, ¿qué haces?», solo para calmar el dolor de los dedos. Y si no lo hago así, no lo puedo hacer. Por eso te digo que seguir escribiendo no va a tener que ver con el éxito que tenga esta novela, sino con las ganas que yo tenga y con lo que me cueste encontrar una historia que me motive y que me haga tirar *pa'lante*. Que no te tengas que poner obligaciones. Al contrario.

Pues dicho quedó. Cuando la historia llegue sin necesidad de forzarla, y las ganas de acometerla sean incontrolables, se pondrá a ello. Y entonces tendremos una segunda novela «transgresiva».

Palabra de Roberto Iniesta Ojea.

VII

Estrambote: saliéndonos de la partitura

Conforme la historia se aleja, las voces y
los rostros de muchos hombres con los que
hablamos en cercanía permanecen en el recuerdo.
La entrevista los reaviva.

José Julio Perlado

MÁS ALLÁ DE LA MÚSICA PERMANECE LA PALABRA

Una vez hecha la machada de escribir la biografía de Extremoduro, y después de que Roberto Iniesta e Iñaki «Uoho» Antón la hubieran masticado y digerido, tocaba ponerse a hablar de sus impresiones al respecto y, de paso —pues las ocasiones de mantener una conversación con ellos se daban con la misma frecuencia con la que los políticos españoles dicen «lo siento»—, preguntarles por otras muchas cuestiones relacionadas con el grupo.

Lo que sigue es el resultado de esa charla.

Javier: —Tras leer el libro y ver la historia del grupo, de este más de cuarto de siglo de andadura, ordenada sobre el papel, ¿qué recuerdos os han venido? ¿Qué habéis pensado/sentido? ¿Tenéis la sensación de que ha pasado todo ese tiempo o, como se suele decir, parece que fue ayer?

Iñaki: —Al leer el libro se nota que ha pasado el tiempo. Nosotros, como vivimos en presente, nos parece que todo eso ha sido hace poco. La última gira la hicimos el año pasado, y decíamos: es que el año pasado llevábamos la batería no sé cómo. Pero ¡qué el año pasado! ¡Si fue hace cuatro! ¡Y la anterior hace ocho! Tras leer el libro, tomas conciencia de que hay mucho recorrido. Y también una historia importante. Como has dicho, ya son veintiséis años de Extremoduro, y prácticamente veinte que estoy yo con Robe currando. Ha pasado mucho tiempo, sí, y eso te asusta un poco. Te dices: coño, ¿tanto hemos hecho ya? ¿Qué pasa, que somos mayores? Afortunadamente, tenemos tanto por delante, tantas cosas que hacer, tantos proyectos y canciones pendientes, que esas preocupaciones se nos acaban pronto. Porque, a pesar de que ya tenemos una edad, estamos tan vivos e ilusionados, y con tantos planes pendientes, que me siento a mitad de camino.

Robe: —Uf, yo he pensado y sentido de todo, tío, de todo. Ahí está toda la gente que ha tenido que ver con el grupo y de la que me he ido acordando... La lectura ha sido una mezcla de emociones: empiezas a recordar cosas y te empiezas a acordar, ya te digo, de gente... Unos están, otros no... Se te remueve un poco todo por dentro. Algunas cosas sí han supuesto un recuerdo grato, pero también te invade la nostalgia. Supongo que para que me gustara *todo* lo que hay en el libro, tendría que haberlo escrito yo. Y seguramente ni así. Me gustan las cosas bonitas del libro. Por ejemplo, que hables de las letras. Se ha hablado tanto de cosas que no tenían nada que ver con el grupo, como las drogas, o lo que hacemos o no hacemos, o cómo somos o contestamos, que por eso me hace ilusión que se hable de las letras y de las cosas que estas pueden querer decir. En algunas cosas aciertas y en otras no, pero es que las letras son algo muy personal, y es muy difícil explicarlas. Yo no podría. Algunas cosas concretas sí, pero como me dice Iñaki cuando se las explico: «¡Eso no lo entiende nadie, tío! Yo, porque me lo acabas de explicar, pero casi ni así. ¿Cómo quieres que la gente lo entienda?». Y yo le digo que me da igual que lo entiendan o no; que si entienden otra cosa, a lo mejor es más bonita que lo que yo estoy queriendo decir. Para mí, sería imposible hacer lo que tú has hecho. Imposible. Hacer ese análisis. Y me gusta también que hayas hablado de las canciones porque, últimamente, lo nuestro parecía «el extraño éxito de Extremoduro». Cojones. ¿Extraño? ¿Incomprensible? ¿Por qué? ¿Porque no salimos en los medios, en la tele? Vamos a ver. Si llevamos un montón de años haciendo música, y es buena, ¿por qué es extraño e inexplicable ese éxito? Y en otro sentido, creo que este libro va a estar muy bien para que se vea lo que ha sido el grupo y las dificultades que ha habido. Para que gente que está haciendo grupos, en cierta manera se anime a tirar *pa'lante* contra viento y marea. Porque las cosas, al final, te pueden salir bien. Y sí que ha pasado tiempo, sí. Hay cosas que estaban muy lejanas. No me parece que haya sido ayer. La lectura, en ese sentido, ha sido un removimiento.

J.: —¿Creéis que Extremoduro ha tenido una trayectoria coherente, que, incluso con los saltos que hayáis podido dar en lo musical (que, de hecho, habéis dado), el grupo ha seguido una línea lógica?

I.: —No, no lo creo. No creo que la coherencia sea una de nuestras virtudes. En los primeros años, Robe y yo nos pasábamos todo el día y toda la noche juntos por ahí, inventábamos cosas, se nos ocurrían ideas, y éramos tan inconscientes que luego las llevábamos a la práctica. Siempre trabajamos en presente, ya digo, y no sé qué es una coherencia musical. Al principio, era todo muy espontáneo, muy visceral, y ahora pensamos más lo que hacemos. Creo que somos coherentes, y lo queremos seguir siendo, filosóficamente. Queremos ser coherentes con nosotros mismos, con nuestra manera de pensar. Con nuestras concesiones o no concesiones al comercio, al *show business,* al mariconeo y todo eso. Somos coherentes en el sentido de que ni antes, ni ahora, estamos dispuestos a traicionarnos. Pero musicalmente creo que vamos dando bandazos. Si entendemos coherencia como seguir un camino musical concreto, no. Ahora, si es como una manera de pensar y de trabajar, sí.

R.: —En algunos aspectos sí que ha sido coherente, porque ha habido una evolución que hemos dejado que se diera. Esa ha sido su coherencia. No nos hemos empeñado en hacer algo que no quisiéramos hacer. Nos hemos basado siempre en el arte, y en ese sentido ha sido coherente.

J.: —Robe, en aquellos momentos en los que te viste solo, como, por ejemplo, cuando se marcharon los catalanes y tuviste que recurrir a Iñaki para que te consiguiera músicos, ¿nunca te planteaste iniciar una carrera en solitario, como Roberto Iniesta, sin el nombre de un grupo detrás?

R.: —Sí, pensarlo sí. Aunque no le veía demasiado sentido,

porque también se pueden hacer cosas al margen del grupo. Y muchas veces las he hecho. Sin los demás, con otra gente. ¿Usar mi nombre? Bueno, también puedo hacer otras cosas usando mi nombre, pero nunca he sentido que tuviera que dejar de usar el nombre de Extremoduro. Entiendo a Fito. Él, de repente, empezó a hacer una cosa totalmente distinta. Era un cambio tan grande que no podía seguir llamándose Platero. En mi caso, nunca he visto que haya habido ese cambio. Quizá ahora fuera distinto. Sí, no sería igual. No lo he hecho hasta ahora. Pero si Extremoduro se separase, lo vería de otra manera. Esa ruptura no se va a producir, pero si se diera sí podría hacer una carrera en solitario porque ya no sería lo mismo. Aunque en el pasado, cuando se dieron todos aquellos cambios, no. Porque los primeros que empezaron a tocar tampoco duraron mucho. No es como si hubieran estado mucho tiempo y, de pronto, hubiese que haberlo hecho todo desde el principio, no. Como fui a salto de mata desde el inicio, cambiamos los músicos, pero la esencia no cambiaba. Sonaba un poco mejor o un poco peor, pero como era yo el que lo hacía todo, a todos los niveles, los demás se limitaban a tocar, y eso se traducía en que en algunos discos había mejores músicos o peores, pero me parecía que la esencia no cambiaba.

J.: —¿Te dio pena que Salo y Luis von Fanta, quienes comenzaron contigo y grabaron los tres primeros discos de Extremoduro, se perdieran el éxito del grupo?

R.: —Sí, claro. Y me dio pena cuando dejaron de estar en el grupo, claro que sí. Fueron dos músicos que le vinieron muy bien a Extremoduro. Porque aunque las canciones de entonces, las de los primeros discos, está demostrado que eran buenas, porque han llegado hasta hoy y, de hecho, si los sigo tocando en directo es porque son buenos temas, quizá con otra gente no habrían calado. Porque ellos le daban una base a eso. Yo compongo un poco como un salvaje. Me pongo a tocar y, hala, sálvese quien pueda. Aquí cada uno que me siga por donde pueda. Y quizá ellos, con su experiencia y su personalidad, me acanalaran un poco esa música, me ayudaran a llevarla por su sitio.

J.: —Porque eran buenos músicos.

R.: —Sí, ya lo creo que lo eran. Tocaban de puta madre. Los dos llevaban en la música mucho tiempo, desde muy pequeños. Tenían un gran oficio y eran muy precoces. No sé si Salo, con trece años, o puede que incluso menos, ya estaba tocando con gente y subiéndose a los escenarios. Tenían un sonido muy personal. A Fanta le tiraba mucho el jazz, aunque tocaba todo tipo de cosas porque había tocado en grupos de todo tipo y en orquestas. Los dos eran muy buenos, sí. Y fue una suerte poder contar con esa base. Porque igual que lo de William y Kaíto fue un poco más salir del paso con dos colegas (William, de hecho, empezó a tocar la batería conmigo, porque antes tocaba otro instrumento), Salo y Luis, sin embargo, ya venían muy rodados de muchos grupos. Llevaban, como digo, toda la vida. Salo no sé si me saca diez años, y estaban más metidos en la movida de los sesenta. Pero no la que había en Extremadura, sino echando los ojos más para fuera y moviendo a la gente de allí.

J.: —Por cierto, Iñaki, tú los conociste. ¿Qué opinión te merecían como músicos?

I.: —Salo era un buen bajista. Pero tener en el bajo a ese tío, que tenía esa alma setentera y ese rollo psicodélico, en un momento dado sencillo, pero muy flipao, y que tenía una cultura de rock grande, lo consideraban un desperdicio. Cuando Carlos «el Sucio» entró de bajista, ganaron a un guitarrista como Salo. El estilo de Salo era mucha alma. Un claro ejemplo es la entrada de «Tu corazón», el *solito,* que es un rollo psicodélico. Era un hombre que tenía el rollo de los sesenta y los setenta dentro, y le salía por las manos con toda facilidad. Un músico de inmediatez, no de análisis. «Vamos a tocar esto», y se ponía a tocar y era bueno. Y como bajista no hay más que oír cómo trabajaba con el único soporte por arriba de la guitarra de Robe. O sea, que el bajo tenía personalidad.

J.: —¿Qué destacarías de von Fanta?

I.: —Von Fanta era una persona muy especial y, por lo tanto, un músico muy especial. A mí me encantaba cómo interpretaba la batería. Yo todavía se lo digo a Robe: «Vamos a hacer aquí como hacía Fanta». Era un batería con personalidad. Como persona era inimitable, y lo mismo con la batería. Los músicos nos reflejamos en lo que tocamos, y él le dio a esos tres primeros discos de Extremoduro una sensación que no tienen otros. Ni mejor ni peor, pero esa sensación de su concepción del ritmo de la canción, de sacar cajas de sitio para apoyar a Robe... Sabía leer muy bien la canción, ya lo creo. Para que un trío funcione, es como en Leño: ahí ninguno puede flaquear, porque solo son tres. Y Robe, de lo que tenía a mano en su pueblo, eligió desde luego muy bien. Dos músicos mayores que él, y ya bregados.

J.: —A propósito de marchas, Iñaki: cuando Fito Cabrales decidió *romper* Platero, ¿cuál crees que habría sido tu futuro inmediato de no haber tenido encaje en Extremoduro? ¿Habrías buscado un sustituto para Fito, te lo habrías montado por libre, habrías formado una nueva banda?

I.: —Son quimeras, es difícil saberlo... Lo que sí sé es que, de las opciones que has barajado, desde luego que no habría buscado un sustituto para Fito. Porque no existe, porque es imposible, y porque no habría tenido sentido. Yo sé que hay gente que hace esas cosas, pero no las entiendo. Platero éramos los cuatro, y si le quitas la guitarra y la voz de Fito, pues ya no es Platero, es otra cosa. Puedes seguir, pero ya no es lo mismo. Si le quitas la voz, la guitarra y la parte de composición de Fito, eso ya no sería Platero.

J.: —En los seis años en los que simultaneaste tu trabajo en ambos grupos, con dos estilos tan distintos, ¿en qué barco te sentías más a gusto? Me refiero a lo estrictamente musical.

I.: —Me lo pasaba muy bien con los dos, aunque son muy diferentes. En Platero hacíamos un rock divertido, con mucha grasilla roquera, y yo me divertía tocando. Y en Extremoduro había, y hay, más amplitud creativa, abarca más segmento musical, y eso para un músico mola mucho. Extremoduro me ofrecía más paleta creativa y más libertad. Porque en Platero éramos un grupo, y por más que Fito y yo compusiéramos la mayoría de los temas, se daba más el «esto qué es, esto no me gusta, esto es una mierda». Sin embargo, a Robe le decía: «Mira lo que se me ha ocurrido», y él: «Ahí va la hostia. Pues venga, vamos *pa'lante*».

Era más abierto, y diríamos que en Extremoduro cabía una paleta más amplia de colores.

J.: —Cuando ya estabas plenamente integrado en Extremoduro, ¿tuviste la sensación de haber subido un peldaño en cuanto a profesionalidad, te notabas más hecho?

I.: —No, porque la entrada en Extremoduro fue muy progresiva y llevada por un rollo de amistad y de concordancia. Te llevas bien con alguien, trabajas con él, pasa mucho tiempo en tu casa, te enseña las canciones, te pones en el cuatro pistas a enredarlas, y cuando te das cuenta estás metido hasta las pantorrillas. Ponerme a trabajar con un tío con el que me lo pasaba muy bien, y con el que encima hacía cosas muy chulas, no lo consideré un cambio de estatus. Aparte de que cuando empecé a trabajar con Robe, el estatus de ambos grupos no era muy diferente.

J.: —Robe, son conocidas tus opiniones acerca de los primeros discos de Extremoduro: en resumidas cuentas, les faltó tiempo. Hasta *Agila*. A partir de ahí, sin embargo, apenas habéis hablado de vuestros trabajos. No habéis destacado qué es lo que más os gusta de ellos. Es obvio que siempre tratasteis de hacer el mejor disco posible, pero ¿con cuál o cuáles os quedáis?

R.: —Siempre te gusta más lo último que haces, y de lo anterior que has hecho, las buenas canciones van quedando ahí y las sigues tocando. En los primeros discos hay canciones buenas, igual que en los últimos. Y siempre que me he referido a ellos hablaba del aspecto técnico, no de las canciones, que sí me gustan. Un disco que haces con prisas, como fue el caso de los primeros, que encima tenía que hacerlo yo un poco todo, y los demás poniendo lo que podían, pues claro, no voy a estar igual de contento que con los discos de ahora. En el nuevo disco, por ejemplo, como sabes, tenía ya metida la voz de las canciones y después de la gira he tenido la oportunidad de volverlas a cantar. Un lujo impensable en aquellos tiempos, que te ibas con la voz cantada y hasta luego, Lucas. Ya no había vuelta atrás; no iba a haber otro día para cantarlas. Y, además, no existían los medios de ahora. Antes tenías que grabar con la cinta, aquello corría y tenía que salir todo *a huevo*. El tiempo en el estudio es dinero.

Pero volviendo a lo que decías, seguramente el disco que estamos haciendo ahora *[Para todos los públicos]* va a ser el que más me va a gustar. Malo sería lo contrario. Aunque cuando lo saquemos, esas canciones no van a ser las que más me gusten porque ya hay otras que estoy haciendo ahora que me gustan más.

J.: —Siguiendo esa línea de pensamiento, de lo editado hasta la fecha tu favorito sería *Material defectuoso*. ¿Eso es así o no necesariamente?

R.: —No necesariamente. Ahora ya ha pasado, y bueno. De todas maneras, les coges más cariño a unos discos que a otros por muchas razones. A *La ley innata* le tengo mucho cariño, pero porque llegó después de un tiempo de sequía muy largo. Fue un disco que costó mucho trabajo hacer, pero que nos dio mucha alegría cómo quedó. Y, sobre todo, que llegara después de tanto tiempo. Le tienes un cariño especial por haber hecho eso; esa obra tan difícil.

J.: —Es vuestra obra más ambiciosa y compleja.

R.: —Sí, desde luego. Fue un trabajo dificilísimo de hacer.

I.: —*La ley innata* es el disco que con más cariño hemos hecho, y con más sensación de estar haciendo una *obra*. Es lo más laborioso, ambicioso y complejo que hemos abordado, sí. Me parece que pocas veces, en un disco, se pasa por tantos ámbitos musicales diferentes, y creo que el tiempo lo terminará poniendo en su sitio. Pero hay otros que también me gustan mucho. *Yo, minoría absoluta,* por ejemplo, es uno de mis discos favoritos. Es un trabajo muy de banda, en el que huimos de los arreglos elaborados del anterior *[Canciones prohibidas]*. Maquetamos, y sin pulir mucho la maqueta la llevamos al local de ensayo y lo tocamos una y otra vez. Trabajamos estilo banda de rock. Me encantan las canciones y me encanta el resultado. La inmediatez de ese disco.

J.: —Robe: como escritor, en cada disco has estado más hecho. Aunque hay letras de las antiguas que se siguen sosteniendo como si las hubieras escrito hoy, como «Jesucristo García» o «Tu corazón», no me cabe duda de que ahora escribes mejor que en los noventa.

R.: —A mí me gusta más lo que hago ahora. No sé si es porque soy mejor escritor. Si tú dices que sí, pues muchas gracias, porque de eso es de lo que se trata. Si pensara que ahora soy peor, joder, qué desánimo. No podría. Un artista difícilmente puede pensar que se le ha acabado la inspiración y que lo que hace es peor que lo que hizo. Si haces eso, creo que lo acabarías dejando. Es normal que si escribes durante mucho tiempo, lo hagas cada vez mejor. Desde donde yo lo veo, me gusta más lo que hago ahora, sí.

J.: —Iñaki, en tu caso se puede decir lo mismo respecto a la música: en cada nuevo trabajo se percibe un salto cualitativo, y que tú eres, también, mejor guitarrista. ¿Aprecias ese cambio? ¿Ha sido un proceso natural, fruto del mayor oficio, o has trabajado de una manera consciente para crecer como músico y guitarrista?

I.: —No, no creo haber trabajado para ser mejor guitarrista de una manera consciente. Tampoco me considero un guitarrista en el sentido absoluto y estricto de la palabra. Me considero y trabajo como un músico. Un músico que luego, sí, interpreta con la guitarra...

J.: —Si hace falta, tocas hasta la conga.

I.: —[Ríe] Sí, pero hay gente que hace esas cosas mejor. Trabajo como músico, igual que Robe. Porque dices que él ahora es mejor letrista, y sí, es cierto, pero también es músico, y es mejor músico ahora. Vamos madurando, claro, y eso nos va dando sabiduría. Y en los conciertos esa evolución que dices no es que se note, creo, técnicamente, sino que cuando te amplías como músico tienes otras formas de interpretar, otras cosas que tocar y otros caminos por los que buscar. En ese sentido, sí veo que maduramos y evolucionamos, y que acumulamos experiencias que nos hacen tener más recursos. Ya sabemos qué buscar, y cómo. Nos gusta mucho la música y trabajamos con ella. Nos comemos el coco con ella.

J.: —A ese respecto, ¿tu faceta de técnico estrangula más de lo deseable a la de músico?

I.: —Sí, y creo que ese es un mal común en los grupos de este tiempo. Pasas muchas horas delante del ordenador, buscando un sonido, poniendo una *reverb* en un programa... y tocas menos.

Eso es algo que hay que vigilar, porque tiene muchas ventajas, pero es muy invasivo. He pasado largas temporadas sin tocar, y luego lo noto mucho. No soy un tío muy estudioso desde hace muchos años, la verdad. Toco la guitarra cuando tengo que tocarla. Y digo, hostia, si no me sale nada. Entonces tengo que empezar a meterle horas. Indefectiblemente, me vuelve a ocurrir por ciclos.

J.: —Robe, una vez hablamos de que en arte hay cosas que deben ser insinuadas pero no mostradas, y pusiste el ejemplo de muchos de los cineastas españoles, quienes meten una larga escena de sexo con calzador, casi sin venir a cuento, ya que eso podría haberse resuelto sin necesidad de enseñarlo. Me diste otro ejemplo mucho más gráfico: ves a una tía que está muy buena, y lo último que haces es imaginártela cagando. ¿No os parece que, por lo brutal de su propuesta musical y lo excesivo de sus letras, en *Canciones prohibidas* no solo imaginasteis a la chica cagando, sino que encima lo contasteis?

R.: —¿*Canciones prohibidas?* No veo un cambio muy pronunciado entre ese disco y los demás...

J.: —Hombre, Robe, reconocerás que canciones como «Esclarecido» y «Villancico del rey de Extremadura» son un rato bestias...

R.: —[Ríe] Bueno, sí, un poco bestias sí son... [no deja de reír]. Quizá esas sean un poco duras. Pero en los discos de Extremoduro siempre ha habido un poco de todo... Aunque sí, quizá esas sean un poco directas...

J.: —Vamos, que sí. Que sacasteis a la tía buena cagando [más risas].

I.: —*Canciones prohibidas* es un disco muy elaborado, con toda la música muy pensada, muy meditada y muy trabajada. Y, como dices, excesivo. Sí, a mí también me lo parece. Un disco transgresivo. «Esclarecido» es excesiva, y el villancico también. Pero esa fue nuestra intención. Habíamos tenido éxito con *Agila*. Ganamos perras. Nos compramos hasta un coche y todo. Uno cada uno. «Queremos dos coches.» Nos sentíamos, por primera vez en nuestra vida, artistas. Fuera del estudio y del escenario nos podíamos sentir artistas. Habíamos tenido mucho éxito, ya digo. Y lo que veíamos fácil, posible, era ser comerciales, hablar en las letras sin tacos ni burradas, y aprovecharnos de ese éxito. Porque sabíamos que era el momento en el que se podía continuar. Y eso no nos lo planteamos en ningún momento, pero casi nos planteamos lo contrario. Es decir, ni pa' Dios. Vamos a decir aquí lo que haya que decir, y tacos y «me cago en Dios». Sin ninguna concesión comercial, para ser honestos con nosotros mismos. Para no caer en lo que era fácil caer, y en lo que ha podido caer otra gente, de aprovechar ese éxito, hicimos lo contrario: ser nosotros mismos al cien por cien. Creo que, de todos nuestros discos, ese es el que tiene más canciones a las que el personal no les ha pillado el punto, o que no les han gustado. Pero, en cambio, tiene otras, como «Salir» o «Golfa», de mucho calado, que se han hecho imprescindibles. Nosotros casi no podemos hacer un concierto sin tocar esos dos temas. Se han convertido en clásicos obligatorios.

J.: —Hablando de conciertos: desde la *Gira 2002,* y hasta la última [*Robando perchas del hotel,* que es la penúltima], es decir, a lo largo de cuatro giras, os han acompañado dos músicos, el teclista Aiert Erkoreka y el guitarrista Félix Landa. ¿Qué le deben las actuaciones de Extremoduro a los susodichos?

I.: —Bueno, el motivo de sumar dos en directo ya te lo he contado: es poder reflejar mejor en los conciertos el trabajo de composición, donde, al primar lo creativo, reflejamos toda la música que nos apetece. En los discos podemos tocar varias pistas simultáneas, en directo no, y ellos cubren ese vacío. Aiert vive el rock de una manera intensa, por lo que además aporta una interpretación en ciertas partes viva, emocional y personal.

J.: —Aiert es un teclista y su presencia en el escenario es del todo comprensible. Sin embargo, al ser dos guitarristas muchos se preguntarán si un tercero es, en realidad, necesario. ¿Qué hace exactamente Landa que el público no sepa y debería saber?

I.: —Félix hace mucho más que tocar la guitarra. Hace un gran trabajo con coros (los de chicas incluidos), cubre las necesidades básicas de percusión, que consideramos importantes, y cuando hay dobles guitarras solistas, dobla las voces conmigo. En los discos puedo grabar yo dos veces; en directo es mi sombra. Casi na. Y encima lo hace muy bien.

J.: —Robe: en el verso de «Otra inútil canción para la paz» que reza: *«Me calienta el calor de las personas»,* he añadido una nota al pie un poco malvada, en la que digo: «¿Seguro?». Dada tu fama de misántropo, y de tipo que marca mucho las distancias, cualquiera lo diría.

R.: —Hombre [entre risas], pues claro que me calienta el calor de las personas... Que no quiera hacer entrevistas ni salir en la tele ni ejercer de personaje público, y que no me guste que la gente vaya buscando mi casa para hacerse fotos delante de ella como si yo fuera Copito de Nieve, no quiere decir que no me guste estar con la gente. Es otra cosa. Lo que no me gusta es estar en ese circo. Yo quiero distanciarme de ese punto de popularidad, por eso paso un poco de ello. También eres una persona, y hay que apartar una cosa de la otra. El estar haciendo entrevistas, saliendo en la tele, promocionando tu disco, yendo a hacer tonterías a los programas y a los concursos... Todas esas cosas no van conmigo. Conmigo lo que va es poder ir por la calle tranquilo y sin que me den la vara.

J.: —En el País Vasco, donde vivís, ¿os dan mucho el coñazo?

I.: —Yo hago una vida completamente normal, y, además, es lo que me gusta. En nuestro entorno, en Vizcaya, que ya están acostumbrados a vernos, no le dan ninguna importancia. Sí que hay veces en que la gente te habla del curro: «Oye, qué buenos sois...». Pero a mí eso me hace sentirme un poco incómodo. Afortunadamente, no somos muy de medios y eso nos ayuda. En Madrid, por ejemplo, se nota más. Siempre te para alguien por la calle y te pide una foto, pero la mayoría de la gente es educada. Lo que pasa es que eso, uf. Si estás a las tres de la mañana en un bar, te da igual. Pero cuando estás haciendo tus cosas normales, te hace sentirte un poco incómodo. A mí me hace sentirme incómodo. Prefiero ser anónimo en mi vida cotidiana. Eso es impagable. Si te quitan eso, todo el dinero que ganes y el reconocimiento profesional que tengas no compensa.

R.: —En general, la gente de por aquí no es de darte el coñazo. Si sales en la tele y eres famoso no es lo mismo que si te conoce la gente a la que le gustas y que va a los conciertos. No es lo mismo. Ese tipo de popularidad de todo el mundo es la que no quiero en absoluto. Que a mí me salude un tío que ha estado en un concierto, pues no me importa, está bien. Pero que vayas por la calle y que te conozca todo el mundo, que no puedas ir por ahí tranquilamente... Uf. Que alguien que te conoce, que va a tus conciertos y conoce tu música, te diga si se puede hacer una foto contigo no es darte el coñazo. Es distinto. De todos modos, mi cara no la conoce mucha gente, y por eso no soy ese tipo de persona al que se le acerca todo el mundo. Yo voy a todos los sitios y a mí la gente no me conoce en todos los lados, solo en ciertos ambientes, que es de lo que se trata. Yo ya sé dónde voy y si me van a conocer o no. Pues claro, si te vas a un concierto de rock aquí en España, pues sabes que no vas a ver el concierto porque no vas a dejar de hacerte fotos, pero es una cosa normal. Pero puedo ir por la calle tranquilamente, y es lo que pretendo seguir haciendo.

J.: —Robe, ¿te encuentras más cómodo en el País Vasco de lo que has estado en cualquiera de los otros lugares en los que has vivido? ¿Crees que es tu sitio definitivo?

R.: —Sí que estoy cómodo. Un poco peor por el clima, pero lo sobrellevo porque me bajo mucho a Plasencia.

J.: —¿Piensas que el clima influye a la hora de componer, que te saldrían unas canciones distintas si vivieses en Almería o en Cádiz?

R.: —Influye en tu cabeza, y todo lo que influye en tu cabeza influye, claro, en tus canciones. Pero bueno. Es una cosa más que hay en el ambiente. Tampoco es decisiva. No significa que salgas y haga buen día y te pongas de buen humor. Pero ya te digo que trato de bajarme cuando puedo a Plasencia. En invierno te da más igual, porque en todos los sitios hace frío. Ahora, ya la primavera y el veranito, me escapo. Sí, sí que estoy a gusto aquí. Además de que todos los músicos son de aquí, y que aquí tenemos el estudio, la oficina, los chavales tienen su vida ya... Llevo aquí desde el noventa y nueve.

J.: —Y a ti, Iñaki, a pesar de ser vasco y de estar más que hecho a la lluvia y a los días grises, a ese tiempo tan desabrido del norte, ¿te condiciona de algún modo? ¿Crees que si vivieses en el sur concebirías la música de un modo distinto?

I.: —Sí, es posible que algo te cambie. Es más fácil hacer cosas intensas en climas frescos, que necesitas entrar en calor, y cosas más relajadas en el sur. Imagínate a un cubano haciendo trash metal... A menudo bajo a Andalucía; voy a grabar guitarras a Málaga, y no soy consciente de eso. Pero al preguntármelo, me lo pones en consciente y puede que sí, que sí que cambie el matiz. Sí, creo que eso puede tener cierta influencia en matices. Pero, en general, somos nosotros mismos, con nuestras experiencias, con lo que es nuestra vida, lo que se refleja de alguna manera en las canciones. Robe ha vivido en Plasencia, en Madrid, en Granada, en Barcelona y aquí. Y eso le ha enriquecido. Y aquí tampoco tenemos un carácter nórdico. Una cosa mediana. Viajamos, él va a Plasencia, como te ha dicho, y yo al sur... El matiz. Dónde te encuentres te puede influir en un pequeño porcentaje.

J.: —Imagino que cruzar el charco por vez primera y tener semejante recibimiento ha debido de resultar un subidón, y que será solo la primera entrega de otros muchos revolcones con el público latinoamericano. De hecho, tengo entendido que planeáis ampliar el espectro: México, Perú y Ecuador.

I.: —El recibimiento que hemos tenido allí ha sido un flipe. Y ojalá que sí, que volvamos. Esa es nuestra idea. Si no hemos ido a más países en esa gira, ha sido porque no queríamos hacer un viaje demasiado largo. Porque, coño. Es que allí, de un país a otro hay muchos kilómetros. Imagínate, de Buenos Aires a México el viaje es larguísimo. La idea de ir a América era la de ampliar nuestro ámbito de acción. Hemos hecho la fase sur y nos falta la fase norte de Hispanoamérica, pero está en mente porque hemos venido encantados y estamos deseando tener la ocasión de volver. Ahora, ver cómo esa gente vive la música ha sido un flipe. En

España se vive la música con intensidad, pero allí ha sido un giro más de tuerca.

J.: —Iñaki, ¿eres consciente de que sois unos privilegiados? ¿Alguna vez imaginaste que la vida te daría tanto como te ha dado?

I.: —No, no, para nada. He superado todos mis sueños. Recuerdo que cuando empezaba mi mayor meta era tocar en el Pabellón de Deportes de Bilbao. Decía: «Joder, ¿te imaginas que algún día pudiera tocar aquí, como Frank Zappa o Motörhead?». Me parecía que jamás iba a conseguirlo. Y no solo lo conseguimos, sino que también hemos tocado en Las Ventas, en Madrid, o ante cincuenta mil personas. Hemos conseguido mucho más. Procuro ser consciente cada día de la suerte que tengo. Y no pensar que esto es normal, y que es así y ya está, sino que tengo mucha suerte por tener todos los medios que necesito hoy por hoy para hacer la música que quiero. Sí, lo que yo quería en la vida lo he superado con creces. En ese aspecto soy feliz, sí. Y tengo un agradecimiento enorme por todo lo que me ha ocurrido.

J.: —Porque en nuestra sociedad, el artista, desarrolle la disciplina que sea, es un inadaptado. Pero vosotros, al haber *llegado*, sois unos inadaptados de cinco estrellas.

I.: —Es verdad que los músicos, y los artistas en general, somos unos inadaptados. Porque somos marcianos. Y nosotros, Extremoduro, sí somos unos inadaptados de cinco estrellas. Pero para llegar a serlo, antes hemos tenido que ser unos inadaptados de pensión muchos años. Y eso se dice en una frase, pero hay que pasar todos esos años y hay que tener muchas ganas.

J.: —Y tú, Robe, ¿te consideras un afortunado por cómo te ha tratado la vida?

R.: —La vida nos ha tratado bien, sí. Claro que sí. Poder vivir de tu trabajo es lo máximo. Al final es en lo que basamos la vida, en el curro. Si lo que da sentido a tu vida es, además, en lo que pasas más tiempo, lo que falta para la felicidad ya lo tienes que poner tú.

J.: —Iñaki, supongo que cuando empezaste a mostrar tus inclinaciones musicales, pero no por la música clásica, sino por el rock, tu familia, tus padres, se llevarían las manos a la cabeza y pensarían: Dios, la que nos ha caído. ¿Hoy se sienten orgullosos de lo que has conseguido?

I.: —Sí, claro. Yo me imagino que sí. Mi familia ha podido ver toda la evolución hasta ahora, y que vivimos de puta madre, como auténticos privilegiados. Y es un orgullo para ellos. Claro que cuando era joven decían: «Este niño, con esos pelos, y la guitarrita...», y ahora... Pues claro. Ahora están orgullosos de su niño.

J.: —Robe, ¿tu padre llegó a conocer tu éxito, te vio triunfar en la música?

R.: —Bueno, el éxito primero. El éxito de antes de *Agila.*

J.: —Lo digo porque, seguramente, alguna vez pensó que vaya cruz la suya; que menudo cafre de hijo le había salido. Y si al final pudo decir: coño, pues el chaval ha terminado encontrando su camino y ha conseguido salir adelante.

R.: —Sí, sí llegó a verlo. Pero justo hasta *Agila,* porque murió en el noventa y seis.

J.: —¿Te animó con el grupo, le hacía ilusión, estaba contento?

R.: —Sí, bueno. Ya sabes que en *Agila* lo que hubo fue un cambio a mejor en el sentido de más audiencia, más pasta y tal, pero ya antes vivíamos del grupo, ya era reconocido, y sí que lo vio. No vio lo que es ahora. Los dos, él y yo, vimos el éxito del grupo, pero a otra escala. Porque si tú tocas delante de cien tíos, y a los cien les gustas, pues es un exitazo. Pero es a otra escala. Él murió en junio del noventa y seis, tras una enfermedad larga, justo cuando *Agila* empezó a subir. Estaba subiendo poco a poco, porque tampoco es que ese disco tuviera una explosión rápida, sino que fue dándose a conocer de poco en poco. Me acuerdo de que cuando nos dieron el disco de oro, que eran cincuenta mil copias, que luego se llegaron a vender más de trescientas mil, se lo dediqué a mi padre. Y por eso recuerdo que él ya había muerto. Fue en ese período en el que el disco estaba yendo a más. Pero él ya vio buenos tiempos en el grupo.

J.: —¿Y tu madre se siente orgullosa de tu caminar como músico?

R.: —Claro, hombre, por supuesto. Es normal que estén orgullosos de que te hayan salido las cosas bien después de andar tanto tiempo detrás de ello.

J.: —Cuando veis lo mal que está el patio en nuestro país y el grado de corrupción política que hay, del signo político que sea, igual da, que parece que todo se está derrumbando, ¿qué sensación tenéis? ¿Creéis que de seguir así las cosas esto podría desencadenar un estallido social?

I.: —Yo paso mucho de los políticos y de los telediarios y de los periódicos, y, sin embargo, ahora esto me llega. Esto viene a confirmarme lo que he pensado siempre: que si no eres un trepa y un cabrón, no te dedicas a la política. Siempre he pensado que son todos unos cabrones y no quiero saber nada de ellos. En general, como concepto profesional, de profesión. Gente como Gerardo Iglesias, que cuando vio que eso era un cachondeo se dio de baja y se volvió a la mina, me parece admirable. Pero en política no creo que quede nadie así. Me parece que gente que te vende tanto que trabaja por tu bien, pues yo no me lo creo. No me lo he creído nunca. No me creo a ninguno. Y tampoco creo en las tendencias, porque nos llevan al bipartidismo y nos hacen creer que son diferentes pintándonos unos matices superficiales que los diferencian, pero son lo mismo. Y lo del estallido social, creo que si no dejan de ser tan descarados sí se va a producir. Se debería producir. Nunca he hecho ninguna manifestación política ni me he presentado a ninguna, pero a un movimiento social para corregir el concepto general, creo que sería capaz hasta de apuntarme.

R.: —Lo de la corrupción sí parece que sea algo generalizado. ¿Estallido social? No, qué va. Vivimos en la época del todo vale. No son solo los políticos, ¿eh? Creo que ahora hay una gran falta de valores, pero a todos los niveles. Quizá ellos deberían dar ejemplo, sí... Cada uno defiende a su equipo, las trampas de su equipo. Ves a los futbolistas cómo se tiran al suelo, haciendo como si hubiera sido un penalti. El árbitro no lo ve, lo toca con la mano. Y oyes a la gente hablar, y discutir de los partidos de fútbol, y cada uno defiende a su equipo. Y si la tocó con la mano, pero el árbitro no lo vio, pues no lo vio. El fútbol es fútbol. Y si valió para ganar el encuentro, pues vale. Nadie dice: «Pues no, yo no quiero ganar así. Mi equipo ha ganado porque este ha simulado un penalti, y yo no quiero que mi equipo gane así». Nadie dice eso porque todo vale. Vivimos en un mundo en el que todo vale, y los niños de hoy, cuando sean mayores, habrán crecido en el mundo del todo vale. Viendo a los futbolistas en el telediario, sin restringir la hora ni nada, y viendo cómo el mundo defiende la trampa que ha hecho el de su equipo. Así somos.

J.: —Robe, una vez me dijiste, y está recogido en el libro, que no te gustan las banderas. ¿Cómo lleváis lo de vivir en un lugar en el que estas tienen tantísima importancia?

R.: —Yo vivo mi vida y cada uno con su historia. No estoy a favor de los nacionalismos, pero tampoco estoy en contra. Mientras que las cosas se hagan con cabeza, no estoy en contra. ¿España tiene que ser así porque siempre ha sido así? Pues no sé por qué. No lo tengo muy claro. A mí lo de la tradición y la historia tampoco me vale para nada. Pero eso de ser cada uno de un sitio no lo acabo de entender muy bien.

I.: —Aquí, como en otros sitios, hay gente que le da importancia a las banderas y otra gente que menos. En el País Vasco se vivieron cuarenta años de represión en ese aspecto, y ha habido una necesidad, un poco desbordada, de afirmarlo. Para mí, en la era de la comunicación, en el siglo XXI... En ese aspecto siempre he sido un poco *hippy* y he pensado que todos somos hermanos y las fronteras me molestan. Todas las fronteras. La Tierra, vista desde arriba, es la Tierra. No tiene ni líneas ni fronteras ni policías que te registran para pasar de un sitio a otro. Creo en el internacionalismo, y en que el mundo, tal y como progresamos, y cómo se acortan las distancias, cómo se viaja y cómo nos comunicamos, tendría que ser un sitio global donde vivir todos los humanos, los animales y los vegetales en armonía.

J.: —Para terminar: ¿creéis que es un indicativo del tipo de país en el que vivimos el que cuando escribes en Google «Iniesta» salga antes Andrés que Roberto?

R.: —[Ríe]. Metiendo un penalti, que se lo ha hecho Ronaldo, que le ha engañado... El fútbol con su corrupción. Sí, es así. Es normal. Los telediarios nos dan un poco la idea de cómo son las cosas. Corrupción este, corrupción el otro, y el otro... Los partidos de fútbol los han comprado, los han vendido. Luego salen los jugadores tirándose a la piscina... Bueno, bueno...

I.: —Lo que dices es un indicativo de que en cada ciudad, cada domingo, hay cuarenta o sesenta mil personas que pagan ochenta o cien pavos por una entrada a un espectáculo como es el fútbol, mientras los teatros y los conciertos están con un precio mucho menor y vacíos. O cerrándose, directamente. Como es el caso de los teatros. Y cuando hay actuaciones no se juntan quinientas personas a treinta euros. Eso dice mucho sobre las inquietudes y el nivel cultural que hay en el país. Un país que entiende más de fútbol que de cultura, es un país ignorante y muy manejable. Muy maleable por los que mueven los hilos. Y eso es lo que más miedo me da.

J.: —Por cierto, ¿vosotros sois futboleros?

R.: —No, no me va. Algún partido me tengo que tragar aquí en casa, por la peña. Pero no. Huyo.

I.: —Yo jugaba al fútbol de chaval y me gusta ver un partido, pero no soy forofo. Si estoy cenando en un bar y hay un partido, me pongo a verlo. Juegue quien juegue. Pero no me emociona.

J.: —Serás del Bilbao [el Athletic Club].

I.: —Hombre, simpatizas con los del pueblo, sí. Pero ni siquiera estoy al tanto ni al día de los resultados. Sé cómo van en general, pero sin más. Lo que hay alrededor del fútbol me repele bastante. Aunque el fútbol en sí me pueda gustar, lo que hay alrededor me repele y no me meto ahí.

Al final, hasta a los que no nos gusta el fútbol, o nos repatean ciertos aspectos de su universo, acabamos hablando de él.

Si es que somos un caso perdido...

VIII

El canto del buitre: adiós, Extremo, adiós

En el sitio donde el sueño tropezaba con su realidad.
Allí mis pequeños ojos.

FEDERICO GARCÍA LORCA, «1910 (Intermedio)»

El anuncio de la disolución de Extremoduro, por medio de un escueto comunicado en su página web el 17 de diciembre de 2019, cayó igual que un misil entre las varias generaciones de españoles que han crecido con el lírico rugido de Robe de fondo:

¡Hola a todos!

Después de tanto tiempo sin dar señales de vida, nos ponemos en contacto con vosotros para anunciaros la separación del grupo.

Queremos que sepáis los motivos de primera mano y esperamos que nos comprendáis.

Para trabajar de la manera en que nosotros hemos trabajado tanto tiempo, es imprescindible tener una compenetración muy, muy especial. Ahora, esa compenetración tan difícil de conseguir y mantener, aunque existe, no es la misma. Por eso hemos preferido dejarlo aquí: para quedarnos siempre con el recuerdo de tantos años felices, y porque nos parece lo más honesto. Seguimos y seguiremos siendo compañeros de viaje, aunque de otra manera, pero siempre compañeros.

Besos y abrazos.

Cierto es que su último disco de estudio databa de 2013, y que la gira española que lo defendió concluyó en 2014. También, que a partir de ahí Robe inició una interesante y lírica carrera en solitario y que Iñaki reactivó el grupo Inconscientes dispuesto a recuperar los mejores atributos del rock clásico (una gota de esperanza en nuestra geografía eminentemente pop). Pero ambos, en distintas entrevistas, si bien señalaron que el grupo necesitaba de unas largas vacaciones, aseguraron que volverían. Por eso, la noticia del divorcio de dos amigos que durante un cuarto de siglo levantaron canciones como torres, canciones que ya no son suyas, sino nuestras, provocó que las reacciones en las redes sociales fueran una larga elegía.

Como una de esas mágicas corrientes de hermandad que se generan en los conciertos, miles de personas compartieron la misma inquietud: «Joder, ya no voy a volver a disfrutar de un nuevo disco ni a verles tocar». A lo del disco sí que parecía que había que hacerse a la idea, pero lo de verles sobre un escenario sí iba a poder ser: Roberto Iniesta e Iñaki Antón ofrecieron una rueda de prensa en Madrid, dos días después de dar a conocer la separación del grupo, para confirmar de viva voz la ruptura y anunciar al mismo tiempo una gira de despedida que arrancaría en mayo del siguiente año. En principio, doce conciertos en ocho ciudades.

Para muchos, la alegría, que, sin duda, lo era, no dejaba de saber a muy poco. Porque vale, bien, podrían ver una vez más a sus héroes en acción, interpretando sus más célebres composiciones, pero ¿y después qué? No nos engañemos: la noticia de la retirada de un artista de gran reconocimiento, como es el caso de la banda que nos ocupa, va siempre acompañada de la revisión del vínculo emocional que cada cual ha mantenido con él, y si este ha sido estrecho, la sensación de orfandad es inevitable.

La relación que las personas establecemos con las canciones y con quienes las hacen y defienden no solo es personal e intransferible, también inexplicable. Quiero decir que no se puede explicar sin desnudarse en exceso; sin mostrar aspectos inconfesables de nosotros mismos. Al margen de la inmediata tristeza que el cese de actividad de un referente provoca, ese *the end* nos obliga a hacer recuento del propio camino recorrido y, sea cual sea la reflexión, nos damos cuenta de lo mayores que somos ya y de que la vida, la muy puta, iba completamente en serio.

En *la rueda de prensa del adiós,* el tándem Iñaki/Robe —ya entonces muy cerca de dejar de serlo tras un cuarto de siglo de feliz y fructífero matrimonio artístico— pronunció una sentencia incontestable: «Los grupos no son eternos, las canciones sí pueden serlo». Pero por más cierto que eso sea, no por ello es menos aturdidor el efecto que su separación definitiva provoca en nosotros. Tanto como el que sus canciones producen en quien se adentra en ellas por vez primera.

Hubo un momento, previo al primer cedé con su nombre, en el que Robe intuyó que había llegado la hora de desenchufar la guitarra y nadar en aguas aparentemente —y el adverbio aquí no es casual— más mansas, mientras que Iñaki optó por mantener el volumen igual de alto y seguir dando saltos y provocándolos.

Son los suyos dos modos muy distintos de abordar la creación, como distintos son sus gustos e influencias, si bien juntos han funcionado con la precisión de un reloj suizo y han dado forma a una treintena de canciones imprescindibles en la historia de la música popular española, y eso es mucho decir.

Robe seguirá experimentando sin proponérselo. Esto es, afinando el pájaro de versos y melodías que aletee en su cabeza en cada momento y afilando el palo de sus obsesiones con la voraz navaja de su curiosidad. Sin ponerse diques ni pararse a pensar un solo segundo en esos asfixiantes corsés que son los estilos o las etiquetas. Pues la belleza atrae y emociona, independientemente del traje que vista.

Iñaki mantendrá ambos pies en el rock. Un rock clásico que en sus últimos trabajos (léase Inconscientes y Uoho) ha evidenciado un claro crecimiento, una mayor enjundia compositiva, pero rock puro, contagioso y celebrante en cualquier caso.

Da igual que Robe haya sustituido la guitarra eléctrica por una lira y que los punteos de sus discos en solitario sean ya solo de violín, o que la lava de antaño resulte menos explícita. Y da igual porque, ya sea con la motosierra de ayer o con el estilete de hoy, siempre consigue pellizcarnos el corazón, secuestrárnoslo. Y seguirá haciéndolo. Como sé que ver a Iñaki en pleno éxtasis escénico, arrancándole a su instrumento imposibles y bellísimos fraseos, continuará siendo el espectáculo más rock que podamos encontrar en España.

La última obra o actuación de un artista recibe el nombre de canto del cisne. En este caso, y respecto a la gira anunciada, se podía hablar de canto del buitre *(El canto del buitre tour).* Pues, aunque esa ave rapaz, moradora del cielo de la tierra natal de Robe, llevaba años ausente de la imaginería del grupo, fue una de sus primigenias y más reconocibles enseñas.

Las alas de ese buitre sumaban ya demasiados inviernos y tan solo verían una última primavera. Cansado de sí mismo, de sus excesos, de su esencia extrema, se retiraba en pos del nido del que se elevó por primera vez, cuando el sueño de volar tan alto era menos imposible que impensable. Parecía que durante todo ese trayecto, con el cuchillo del crepúsculo en el horizonte, ese buitre no iba a dejar de cantar, de cortar el aire, de reivindicarse. Que moriría, tal y como Iñaki y Robe nos prometieron, dando lo mejor de sí. Pero no pudo ser. Y estos fueron los motivos.

Razones para un adiós inconcluso: la gira imposible

Las entradas para la gira de despedida se pusieron a la venta y si quedaba todavía algún despistado que dudara del extraordinario tirón de Extremoduro, tuvo que rendirse ante una evidencia puramente matemática: en veinticuatro horas despacharon doscientas mil. Espectacular. Eso suponía el récord español de venta de entradas en un día, tanto de un artista nacional como extranjero. Sin embargo, y pese a la colosal expectación creada, aquella gira nunca llegó a celebrarse, y todo parece indicar que jamás lo hará. Primero fue la pandemia. Mientras Robe e Iñaki ensayaban con Cantera, Colino, Aiert Erkoreka y Félix Landa las canciones que iban a muscular el repertorio de la gira, cayó sobre nosotros el coronavirus y la cosa se jodió.

Landa, guitarrista de apoyo en las giras de Extremoduro, me contó, entre la tristeza y la resignación:

«No sencontrábamos ensayando la gira cuando empezó la pandemia, sí. Pero para mí fue más palo cuando se rompió la banda. Estábamos ensayando *Mayéutica* los seis, algo que nunca habíamos hecho para ningún disco, y me hubiese encantado grabarlo, lo teníamos prácticamente acabado. Sin el prácticamente, lo teníamos acabado. La gira de despedida... supongo que hubiese sido algo especial para la gente, pero yo puedo vivir tranquilamente sin ella. Total, a estas alturas ya me hubiese fundido toda la pasta. Personalmente prefiero quedarme con el recuerdo de las cinco que hemos hecho, la verdad».

Aiert también me trasladó sus impresiones sobre la no-gira:

«Me acuerdo perfectamente de los ensayos de enero y febrero de 2020, porque me puse muy malo. Robe dijo: "No quiero aquí a nadie que tenga tos ni nada de nada», eso en enero. Y yo a finales de febrero estaba muy jodido de los pulmones. No sé si tuve el covid aunque fuera de pasada, porque estuve malísimo. Y los ensayos iban bien. Nos sabíamos el repertorio de puta madre. Y se fue todo al carajo por el tema del covid. Me dio mucho bajón. No solo por hacer una gira los seis y cerrar un círculo, sino por la gente. Creo que se lo debíamos. Y luego ya pasó lo que pasó. Pero creo que esa gira se podría haber hecho. En el 2023, 2024... Porque creo que la gente se lo merecía. Es un círculo que se ha quedado sin cerrar. Y ahora las cosas están como están. Aparte de la pandemia, las desavenencias, los comunicados y todas estas cosas. Y qué vas a hacer. Hay que adaptarse. Es lo que hay».

Cantera y Colino me expresaron de igual modo su parecer. El primero:

«Yo de la ruptura del grupo me enteré por la tele, porque Iñaki no nos había avisado. Joder, pensé. Y para la gira de despedida estuvimos trabajando muy bien, muy enchufados. Se pusieron fechas, pero la pandemia lo jodió todo».

Y el segundo:

«Lo de la ruptura del grupo... en fin. Al final, Iñaki y Robe no tenían tan buena relación. Pero no nos esperábamos algo tan drástico, una ruptura. En 2019 se veía que ya no trabajaban igual. Aunque cuando nos juntamos para la gira de despedida fue bien. Estuvimos ensayando y todo bien. Hubo armonía, estábamos como siempre. Y no poder hacerla fue una putada. Pensábamos que la haríamos, pero el coronavirus lo impidió».

Aquella maldición bíblica los obligó a postergar varias veces esa gira, y después surgió un choque entre Robe y la promotora, Live Nation, como consecuencia de la devolución de las entradas. El primero publicó —en un principio de forma conjunta con Iñaki, pero más tarde en solitario— varios comunicados en la página web del grupo, e Iñaki publicó también un par de ellos en los que dejaba clara su postura. Helos aquí, desde que se pusieron las entradas a la venta, por orden estrictamente cronológico:

21 de diciembre de 2019

A todos los que habéis intentado comprar una entrada para nuestra Gira de despedida *y no lo habéis conseguido.*

Queremos explicaros algunas cosas con la mayor urgencia posible:

Empezaremos por el final: No compréis entradas en las webs de reventa.

Ayer salieron a la venta el 90 % de las entradas disponibles para las ocho ciudades que vamos a visitar. El 10 % restante lo teníamos bloqueado por razones de logística; estábamos pendientes de dar forma definitiva al escenario y queríamos tener un margen para no provocar bajo ningún concepto problemas de espacio. No preveíamos de ninguna manera que se podían vender todas las entradas de la gira en un solo día, y pensábamos que teníamos tiempo para hacerlo, meses. Ya hemos comprobado que no y estamos trabajando a toda hostia para ofrecer soluciones que, en principio y a la espera de que la promotora pueda hablar con ayuntamientos y entidades y poder pensar con un mínimo de tiempo, serán las siguientes:

1- Haremos que salgan a la venta, en cuanto sea posible, el 10 % de entradas que estaba reservado, y adaptaremos todos los requisitos técnicos para que todos dispongáis de perfecta visibilidad y sonido.

2- Estudiaremos la posibilidad de ampliar algún aforo, y no descartamos hacer algún concierto más, aunque a día de hoy no podemos prometer nada en este sentido. Lo que sí os podemos prometer es que trataremos de que todos los que lo deseáis, podáis vernos, y nosotros a vosotros.

Por estos dos motivos, os pedimos encarecidamente que no compréis entradas de reventa y no paguéis ni un euro más de lo que valen.

Muchas gracias por vuestra respuesta. Esta gira prometía ser la más emocionante de nuestra vida, y ya lo está siendo desde el primer día de anunciarla. Nos hemos quedado sin palabras.

6 de marzo de 2020

Como os dijimos, si se vendían rápidamente las entradas para el 25 de julio, en Madrid, sacaríamos a la venta otro concierto el día 24 de julio. Pues ya se han vendido casi todas las del día 25, y ya tenéis disponibles las del 24.

Besos y abrazos; repartíroslos como queráis.

26 de marzo de 2020

¡Hola a todos!

Queremos deciros que no tenemos ni puta idea de qué va a pasar con la gira. Lo único que sabemos con absoluta certeza es que nosotros vamos a tocar. En mayo, en verano, en septiembre, el año que viene o cuando sea. Pero vamos a tocar por cojones.

Nosotros estamos encerrados en casa y ensayando con grabaciones que tenemos hechas de los ensayos. Tocando más que nunca y esperando que todo se arregle pronto.

Quedaros en casita e intentad llevarlo lo mejor posible. Intentad ver el lado bueno. Siempre lo hay.

Besos y abrazos.

8 de abril de 2020

(Ese día, Robe, en pleno confinamiento, colgó en la página del grupo un vídeo en el que interpretaba una canción a la guitarra, que acompañó de las siguientes palabras):

Hola a todos, espero que lo llevéis lo mejor posible. Me gustaría daros un poco de ánimo.

Una vez me dijo mi primo Potri, Antonio Ojea, que no le gustaba que le vieran haciendo bocetos cuando dibujaba. Literalmente, me dijo que para él era como si le vieran cagando.

Y le comprendí, porque a mí me pasa un poco igual, así que seguramente me arrepentiré de este vídeo, pero no importa.

Afortunadamente, en mi vida he hecho muchas cosas de las que luego me he arrepentido.

¡Besos y abrazos!

Robe

(Esta era la letra de esa canción, que llevaba por título «Yo me quedo contigo aquí»:

El mundo ahora parece detenido
y ya no gira como tiene que girar.
Y yo para encontrar el norte miro
y en busca de una estrella
fugaz.

Y tú como si no fuera contigo,
qué pena, qué pena, qué penita
que te tengas que marchar,
que no puede llegar tarde a la cita que tiene con la estrella
polar.

Y el mundo gira y gira sin sentido,
descontrolado,
y nos lleva en el espacio, fugitivos,
de lado a lado,
y avanza lentamente al infinito y yo,
yo me quedo contigo aquí.

El tiempo pasa siempre a nuestro lado
y ay, ay, no se queda.
Y ahora se ha convertido en pasado
y no nos espera.
Y cabalga desbocado al infinito.
Yo, yo me quedo contigo aquí.)

8 de mayo de 2020

¡Hola a todos!

Hemos estado esperando hasta el último momento con la esperanza de que el descubrimiento de algún tratamiento nuevo solucionara esta grave crisis sanitaria y nos permitiera hacer la gira. Pero esto ya es totalmente imposible. Así que os anunciamos que vamos a aplazar la gira y a intentar hacerla en otoño. Y si en otoño tampoco es posible hacerla, con todas las garantías sanitarias, la volveremos a aplazar al año que viene.

Las entradas que habéis comprado serán válidas para las nuevas fechas y, por supuesto, quien quiera podrá devolverla a través de los canales correspondientes.

Quizá en algún sitio no sea posible hacer el concierto en el mismo recinto que estaba anunciado. Nos consta que la empresa promotora ha hecho todo lo que estaba en su mano.

En breve os daremos toda la información.

¡Ánimo!

29 de junio de 2020

¡Hola a todos!

Estamos teniendo problemas para anunciar las fechas. Seguimos pensando que la obligación de todos es estar preparados para trabajar justo en el momento que se pueda. Pero nadie sabe si vamos a poder tocar en otoño, y estamos teniendo todo tipo de dificultades. Por eso de momento no podemos anunciarlas.

La idea era que la gira empezara a finales de agosto o principios de septiembre. Así que vamos a fijar el 31 de julio para saber si se hace o no. Si ese día ya no hay absolutamente ninguna restricción ni de aforos ni de mascarillas ni de geles ni de poder abrazarse y besarse con lengua con desconocidos, entonces haremos la gira. Si ese día no ha salido ningún tratamiento efectivo y continuamos teniendo que mantener las distancias, entonces la llevaremos a primavera del año que viene.

Hemos exigido a la promotora Live Nation, como condición, que devuelva el dinero de las entradas a quien lo solicite, aunque no estén anunciadas las nuevas fechas concretas. Nuestro acuerdo con ellos dice que están obligados a gestionar la devolución del importe íntegro al que lo pida, inmediatamente después de anunciarse la suspensión o aplazamiento de los conciertos.

Si siguen obcecados en su postura, lo siguiente será ponerlo en conocimiento de un juez.

¡Besos y abrazos!

Robe

30 de julio de 2020

¡Hola a todos!

Bueno, pues ya está claro que en otoño no vamos a poder hacer la gira. La próxima cita será en mayo del año que viene si la pandemia lo permite. Haremos igual que ahora, un mes antes de empezar no tendrá que haber ninguna restricción de ningún tipo, ni mascarillas ni geles ni distanciamiento.

En cuanto a las entradas, ahora ya (después de la bronca), parece que la empresa promotora, Live Nation, está devolviendo el importe a los que lo solicitan. Lo que no acaban de hacer bien es informar con claridad sobre los plazos. Parece que tienen algún tipo de alergia a la palabra devolución. En el comunicado que sacaron ni siquiera la mencionaban. Encima, querían que lo firmáramos conjuntamente. ¡Hace falta ser zoquetes! No ganan nada con esto, solo tocar los cojones. Y no creo que sea el mejor momento. Espero no tener que volver a reconvenirles.

Os informaremos de las fechas concretas en cuanto las sepamos, pero os adelanto que seguramente empecemos el 14 de mayo y acabemos a final de julio, más o menos como estaba previsto para este año. Pero el orden de los conciertos cambiará ligeramente. Espero que la próxima semana podamos dejarlo todo cerrado.

¡Ojalá podamos besarnos pronto!
Robe

11 de noviembre de 2020

¡Hola a todos!

Por fin podemos anunciar las fechas de 2021.

Aunque de momento la situación no es nada halagüeña, faltan más de seis meses para que empiece la gira y confiamos en que para entonces pueda haberse arreglado todo esto.

Besos y abrazos.

Robe

12 de noviembre de 2020

¡Hola de nuevo!

Como parece que algunos tenéis dudas sobre las equivalencias de las entradas, os contamos cómo va la cosa.

Las entradas de 2020 valen para la misma ciudad y para el mismo día de la semana en 2021.

Por ejemplo, en Valencia, las entradas del viernes 15 de mayo de 2020 valen para el viernes 14 de mayo de 2021. Y las del sábado 16 de mayo del 2020, para el sábado 15 de mayo de 2021.

En Madrid, que son dos fines de semana, lo mismo, las entradas de los dos primeros conciertos, los del viernes 5 y sábado 6 de junio de 2020 valen para los conciertos del viernes 4 y sábado 5 de junio de 2021 respectivamente. Y las entradas del viernes 24 y sábado 25 de julio valen para el viernes 30 y el sábado 31 de julio de 2021 respectivamente.

Todos los conciertos, salvo los de Barcelona, se harán en los mismos recintos que estaban anunciados en 2020. En Barcelona nos hemos visto obligados a moverlo al Parc de Can Zam en Santa Coloma de Gramenet.

Para los que queráis devolver la entrada, podemos deciros que la empre-

sa promotora, Live Nation, nos ha asegurado que no va a poner ninguna pega y se va a encargar de ello con diligencia y sin añadir dificultades innecesarias.

¡Besos y abrazos!

Robe

17 de marzo de 2021

¡Hola a todos!

Dije que tocaríamos por cojones, pero ahora ya no estoy tan seguro. De momento, lo único seguro es que este año no va a poder ser.

Ya hemos aplazado dos veces. Primero aplazamos al otoño de 2020 y luego a la primavera de 2021. No tiene sentido volver a poner fechas para 2022 sin tener la más mínima seguridad de que se vaya a poder hacer. No queda otra que adaptarse y hacer otro tipo de espectáculos más acorde con la situación que estamos atravesando.

Y cuando todo se arregle, reprogramaremos la gira si es que para entonces todavía sigue teniendo algún sentido.

Respecto a las entradas, confiamos en que la empresa promotora, Live Nation, no os ponga ningún problema para recuperar el importe íntegro.

Tengo guardado en un cajón un disco de Robe. La idea era sacarlo después de la gira de Extremoduro. O sea, que deberíamos haberlo sacado en octubre del año pasado. ¿Hasta cuándo lo vamos a dejar guardado, otro año o quién sabe si más aún? No puedo hacer eso. No puedo seguir parado indefinidamente hasta que nos dejen hacer conciertos de treinta mil personas. Es necesario adaptarse y hacer conciertos más pequeños que cumplan la normativa que nos impone el Covid en cada momento. Estando así las cosas, sacaremos el disco esta primavera y empezaremos a hacer conciertos de Robe en otoño y seguiremos tocando durante el año que viene.

Besos y abrazos.

Robe

Al día siguiente, el 18 de marzo, Iñaki entró en escena para dar su punto de vista sobre el último comunicado de su amigo:

Tras leer esta mañana el comunicado unilateral de Robe, del que no tenía ningún conocimiento y cuyos plurales en absoluto me conciernen, me veo en la obligación de transmitiros que mi decisión firme durante todo este tiempo ha sido realizar la Gira de Despedida de Extremoduro en cuanto sea posible y la Covid lo permita, ofreciendo fechas tantas veces como sea necesario y retrasándola cuanto haga falta siempre que nos veamos obligados por la situación sanitaria. Seguiré intentando que así sea; creo que os lo debemos.

Hasta pronto.
Iñaki

El 6 de mayo, Robe volvió a escribir. Fue su último comunicado:

¡Hola a todos!

Dicen en la empresa promotora y en algunos medios de comunicación que la gira de Extremoduro está en mis manos. No os lo creáis, es mentira.

Para los religiosos, está en manos de Dios, y para los ateos, en manos de la ciencia.

A día de hoy, nadie puede asegurar, con la más mínima certeza, que los conciertos se vayan a poder hacer en 2022 por mucho que yo firme en un papel.

Pero por fin tenemos buenas noticias: se ha abierto un plazo de devolución de veintiún días para devolver las entradas.

En la empresa promotora, Live Nation, están obstinados en poner fechas para 2022. Yo ya les trasladé mi decisión de no poner nuevas fechas hasta no tener la seguridad de poder llevarlas a cabo. No puedo volver a comprometerme mientras dure la pandemia y confiar, en contra de la opinión de muchos expertos, en que el año que viene se pueda llevar a cabo la gira de Extremoduro.

Como ya os expliqué, creo que hay que adaptarse a la situación actual y trabajar en proyectos que sean posibles, haciendo conciertos que cumplan la normativa de cada momento.

Yo, estando así las cosas, no puedo hacer nada más que meterme de lleno en la próxima gira de Robe que, como dije, empezará en otoño y continuará durante todo el año que viene porque, como los aforos estarán limitados, tendremos que hacer muchos más conciertos que en una gira normal.

Muchos me preguntáis qué deberíais hacer con las entradas. Os daré mi opinión. Estamos viviendo una crisis mundial que nadie sabe cómo va a acabar, por eso yo no puedo animaros a que conservéis las entradas.

Yo no sé qué va a pasar con la crisis económica que sin duda acarreará esta crisis sanitaria, ni siquiera si la gira finalmente podrá hacerse. Por eso creo que lo más sensato es que tengáis en cuenta este plazo de 21 días que ha abierto la empresa promotora para pedir la devolución del dinero y, como ya dije, si cuando todo esto acabe la gira sigue teniendo algún sentido, podrá reprogramarse y entonces podréis volver a comprar las entradas.

No podemos seguir lamentándonos por lo que pudo ser y no fue. Nuestra obligación y nuestro derecho es mirar hacia delante, adaptarnos y vivir. Y ser felices.

Besos y abrazos.

Robe

Unos meses después, el 3 de septiembre, Iñaki volvió a pronunciarse al respecto, por última vez:

Hola a todos:

Me asomo aquí para deciros que he hecho todo lo posible, con todas mis fuerzas, hasta el último minuto e incluso hasta después, por intentar que los conciertos de la gira de despedida de Extremoduro se realizasen, ya fuese en 2022, en 2023, o cuando fuera que se pudieran programar conciertos grandes. De hecho, sigo pensando que os lo debíamos. Que os la debemos.

Pero después de los últimos acontecimientos, ahora ya veo (todos lo vemos) que no va a ser posible, que la realidad no siempre se ajusta a nuestros deseos ni a nuestro sentido de la equidad (que no deja de ser el nuestro; el de cada uno) y solo me queda pediros disculpas ya que, por mucho que quisiera, no puedo devolveros la ilusión que —me temo— es lo más importante que estaba en juego: lo que nos mueve.

Hemos podido comprobar que Extremoduro, tal como lo hemos conocido estos últimos veintiocho o veintinueve años ya no es. Ni será nunca más.

Pienso que ha merecido la pena; ahí queda nuestro trabajo, vuestra respuesta a él y, sobre todo, nuestros sentimientos, los de todos: vuestros, nuestros, tuyos, míos, suyos...

Los músicos que hemos estado ahí siempre podremos tocar alguna de esas canciones cuando nos dé la gana, y vosotros siempre podréis escucharlas y cantarlas. Ahí quedan para siempre. Ellas son Extremoduro.

Creo que no tengo más que deciros por ahora y no quiero que me salga una carta lloricona. Me gustaría daros un abrazo, pero entre que sois muchos, que estoy delante de un ordenador y no os veo, y el (o la) Covid esta (o este), me conformo con enviarlo aquí por escrito y sentir los que me queráis mandar de vuelta. Sí, soy capaz.

Y los de los que no estiméis oportuno devolverlo, pues no los sentiré.

Total, es un regalo.

Gracias por todo. Muchas gracias. Un millón de veces, gracias. Sois los mejores.

Y salud. Siempre salud.

Iñaki Antón

Aquella disparidad de criterios entre Robe e Iñaki se mantuvo, y la posibilidad de llevar a cabo la gira anhelada se desintegró. En entrevistas posteriores, ninguno ofreció demasiadas explicaciones al respecto más allá de lo que ya se sabía por todos los comunicados vertidos, ni sobre los motivos de la ruptura. Pero ambos insistieron en que Extremoduro había acabado para siempre.

En una entrevista de Esteban Linés para el diario *La Vanguardia*, publicada el 27 de noviembre de 2021, Robe, que estaba a punto de concluir el primer tramo de la gira que emprendió con *Mayéutica*, se limitó a decir:

«Una de mis máximas siempre ha sido la de hacer las cosas si tienes ganas. Y la ilusión también es básica. Y comencé a sentir que las dos cosas comenzaban a flaquear poco a poco. Supongo que también tuvo que ver que mis discos en solitario eran buenos para mí y tenían muy buena acogida. Y llegó un momento en que sentí que con mi proyecto y con mi propia banda tenía una forma de trabajar y hasta de crear que me resultaba más satisfactoria.

»Ahora estoy muy a gusto con lo que estoy haciendo, estamos muy bien en la banda. Lo de volver a Extremoduro no tiene ningún sentido, sobre todo, cuando acabas de dejarlo. Tengo muchas cosas por delante: primero hacer esta gira, ya que la retomamos en mayo, y luego que ya tengo otro disco completo con los temas nuevos hechos durante el confinamiento; ya estoy impaciente para que salga eso, para grabarlo y demás».

Con Iñaki pude hablar de ello. De sus sensaciones al respecto. Y en el diálogo que mantuvimos surgieron sustanciosas declaraciones sobre el modo en el que ambos, Robe y él, trabajaban las canciones, y sobre la importancia que la suma de sus dones, de sus talentos, tuvo en la trayectoria de Extremoduro desde que constituyeron una sociedad que ha dado algunas de las mejores canciones del rock español de siempre. Esta fue nuestra conversación:

—¿Sientes nostalgia de Extremoduro, de lo que Robe y tú erais, teníais?

—La nostalgia no tiene por qué ser dolorosa. Puede ser reposada, plácida, incluso tener su punto cariñoso. La separación me dolió en presente, fue doloroso y fue cabrón. Sobre todo, porque ni yo estaba acostumbrado a estar en una posición tan diferente a Robe, porque solíamos estar de acuerdo, ni Robe estaba acostumbrado a que yo estuviera en una posición tan diferente a la suya. Pero eso ya pasó. El punto nostálgico queda en los recuerdos, y de verdad, sinceramente, recuerdo muchas cosas, muchas anécdotas, muchos viajes. Pasas por un sitio, por una provincia de España, y te acuerdas de que te quedaste tirado en un sitio con Robe, y recuerdo eso con cariño. Cosas musicales y la convivencia con él, cosas de todo tipo, vitales, podríamos decir. Y que me quiten lo vivido. Eso lo tengo disfrutado, y Robe ocupa un sitio en mi vida. Y prefiero que esa nostalgia sea plácida y amable y sea un buen recuerdo. No me duele. Aquello ha sido una experiencia larga, fantástica, fructífera. Y me quiero quedar con lo bueno de eso. No rechazo la nostalgia, pero sí el dolor.

—Se podría decir que Robe y tú estuvisteis enamorados y fuisteis dos buenos amantes.

—Sí, creo que sí. Y como todas las parejas de buenos amantes tuvimos nuestras etapas de cegamiento, de explosión, de todo tipo. Estamos hablando de una relación muy estrecha, y diaria, prácticamente. De treinta años. Lo cual suma diez mil días. Es mucha vida para olvidarla. Y por qué hacerlo. Hemos hecho muchas, muchas, muchas más cosas bonitas que feas, pues eso que tenemos ganado.

—Hablemos de las bonitas. De las más bonitas. De cómo hacíais las canciones. Me parece el mejor modo de cerrar el capítulo de la separación: hablar de lo mejor que habéis hecho juntos. De lo que os hará inmortales, porque os sobrevivirá.

—Me parece bien. ¿Cómo hacíamos las canciones? Por regla general, Robe hacía una canción con su texto completo, su melodía, y la acompañaba con la guitarra, acústica, normalmente, de forma un poco abierta e imprecisa. Una de las maneras de trabajar que teníamos era que le buscábamos sus velocidades, grabábamos una pista a la guitarra de acompañamiento de Robe, en otra pista la voz, y a partir de ahí eso empezaba a trocearlo, o a estructurarlo, o a acompañarlo... no necesariamente por el principio. Cuando oía a Robe cantarme una canción por primera vez, me venían a la cabeza un montón de cosas, en tiempo real, mientras le escuchaba. Y lo que me había venido con más claridad era por dónde empezaba la canción. Podía comenzar a trabajarla por el estribillo, o por una parte instrumental, y luego iba completando por delante, o por detrás, o me iba a la introducción y luego pensaba en lo de en medio... Iba montando mi puzle, que me fueran convenciendo las piezas. Robe venía muy a menudo y le iba mostrando lo que iba haciendo y él me decía lo que opinaba, me proponía cosas, y así íbamos haciendo una maqueta, realmente una partitura, una partitura del siglo XXI, o XX, con todas las cosas grabadas. Cuando dábamos una canción ya por maquetada, para grabar, en la maqueta estaba todo. Todo. La última pandereta, los coros, los arreglos, las cosas que se me habían ido ocurriendo, las variaciones... Realmente, ahí había una partitura completa del tema, que luego simplemente volvíamos a grabar en condiciones de estudio.

—Entiendo que, de alguna manera, necesitabas interiorizar lo que Robe te enseñaba para, si no hacerlo tuyo, tratar, al menos, de ensancharlo. Y en todo lo que tuviera que ver con la música imagino que disponías de margen de maniobra.

—Sí. Robe me daba todo el margen de maniobra. Luego, en los tiempos más recientes, él cada vez participaba más y opinaba más sobre la música. En los primeros años opinaba menos, le daba más igual. El interés de Robe por los arreglos fue creciendo, pero mi margen de maniobra no fue decreciendo. Si por algo me enganché a trabajar con Robe y a meterme en Extremoduro fue porque era muy libre, cabía cualquier cosa. Siempre he tratado de mantenerme con las piernas de mi mente abiertas cuando él me cantaba una canción y recibir qué era lo que la canción me parecía a mí que pedía o necesitaba. No trataba de hacerla mía. Indudablemente, cuando empiezas a musicarla, o a incorporar una parte, cosas tuyas dejas ahí, es inevitable. Pero trataba de ponerme al servicio de la canción, y lo sigo haciendo. Sea de Robe o mía, incluso. O de cualquiera. Para mí, lo prioritario siempre ha sido la canción, por encima de Robe.

»Y el texto también era importante para mí, para poder armar la canción. Nunca intervine ni propuse intervenir en él, no más allá de algunas chorradas sin importancia. Pero era importante para mí porque, según de lo que hablara la canción, según lo que dijera a cada momento, era algo que tenía muy en cuenta para la música que iba a ir ahí, que iba a ir a continuación, en una parte instrumental, o que iba a preceder a una parte cantada.

»En mi cabeza, en mis ensoñaciones, en mis meditaciones, establecía cierta analogía entre una canción y una joya. Robe iba a por perlas y las traía, y yo las engarzaba y las trabajaba. Simplificando mucho, porque Robe hacía muchas más cosas, pero era así. O que Robe traía una cesta de la compra estupenda y yo cogía los bártulos de la cocina y combinaba esos elementos y los cocinaba de manera que obteníamos un plato sabroso a partir de aquella materia prima.

—¿Robe cazaba y tú cocinabas?

—Sí, podríamos decirlo así.

—No es hacerte de menos, pero ¿si él, Robe, no hubiera cazado no habría habido guiso?

—No habría habido ese guiso. Habría habido otro guiso. No podemos poner en duda en ningún momento que sin la caza de Robe las canciones de Extremoduro no serían. Habría partes instrumentales que serían similares, pero cocinábamos a partir de la materia prima que traía Robe del mercado o del bosque, de cazar. No hay duda de que sin esa caza las canciones no habrían sido iguales. La cadena no comienza ni exite sin un primer eslabón, y ese es Robe.

—Pero por ser rigurosos, ¿había veces en que él llevaba el animal medio vivo o medio muerto y tú lo rematabas y lo cocinabas?

—Pues son muchas canciones, no sé cuántas, quizá más de cien, no se me ha ocurrido nunca contarlas, pero hay de todo. Ha habido veces que [Robe] las traía más cocinaditas; otras, optaba [Iñaki] por dejar el plato semicrudo, porque me parecía que se sostenía y que funcionaba, y otras había que rematar al bicho y cocinarlo cuidadosamente. Entre tantos temas y tantos años ha habido un poco de todo. Y ha habido veces en las que al conejo había que ponerle cara de cordero para que no se pareciera a otro conejo. Hemos trabajado muchísimo, porque éramos trabajadores. Robe es un tío muy trabajador, mucho, y trabajando tanto ocurren muchas situaciones. Porque, aunque nuestra base de trabajo era una, había variantes.

—¿Robe es quien ha sacado lo mejor de ti?

—Sí, yo creo que sí. Robe ha extraído mucho de mí. Ha tenido habilidad para hacerlo, sí. Y además de tener la habilidad de saber extraer mi mejor zumo y de saber provocarme para ello, es que, como te digo, era muy trabajador. Me decía: «El lunes, el miércoles y el viernes voy a tu casa a las cinco», y el lunes, el miércoles y el viernes allí estaba a las cinco. Y ya podía estar yo de resaca, vivo, muerto, con ganas o sin ganas, que me ponía a trabajar. Eso me venía bien. Él es muy metódico. Yo soy muy trabajador, pero cuando quiero, y descanso cuando quiero. Y Robe si se hace un esquema de trabajo lo lleva a cabo. A machamartillo. Eso tan manido de que la inspiración existe pero es necesario que te pille trabajando, a Robe le va a pasar, porque él, todas las tardes, todas, se va a trabajar a su habitación. ¿Y qué es trabajar en el caso de Robe? Pues puede ser fumarse un porro y mirar una mancha en la pared. Y si viene la inspiración le va a pillar en el cuarto de trabajo, no en el bar. Y para escribir una frase, y para buscar una melodía y sacar tres acordes que le han gustado, puede insistir días y días y darle ochenta y cuatro mil vueltas. Trabaja mucho, y eso, unido al talento que tiene, merece resultados.

—Hablamos de dos sensibilidades que se asocian para tratar de hacer una obra de arte que sea una obra maestra, que es a lo que aspira todo artista de veras. Porque no toda obra de arte es una obra maestra, pero toda obra maestra sí es una obra de arte...

—Sí.

—Cuando un novelista, un compositor clásico, un pintor consiguen una obra maestra, la hacen ellos solos. Robe y tú, en cambio, habéis sido un tándem. A la manera de Lennon/McCartney y

Richards/Jagger. Hablamos de dos personas que vienen de sitios distintos, que tienen distintas experiencias, una carga biográfica distinta, y que consiguen ensamblar sus obsesiones, sus miedos, sus deseos, su fortaleza y convertir el animal que uno lleva y el guiso que el otro prepara con la ayuda del cazador, en una canción que gusta a miles de personas que son capaces de llenar un estadio para ver a esos dos creadores en acción.

—Pienso que quizá teníamos ciertos talentos complementarios. Quizá ninguno de nosotros sea completo. Un artista completo capaz de hacer por sí solo, no sé, cualquier canción. Teníamos la suerte de estar de acuerdo en las metas que buscábamos y en tener una filosofía vital parecida. Éramos dos piezas complementarias. Imaginemos que una canción es un círculo, cada uno somos un semicírculo, pero no nos dividimos por el diámetro ni por una línea recta, sino que tenemos nuestras flaquezas, en el plano creativo, y nuestras fortalezas. Se daba la circunstancia de que muchas veces las flaquezas de uno eran fortalezas del otro, y viceversa, de manera que esos dos semicírculos irregulares encajaban muy bien en hacer una creación musical y literaria que funcionaba, que era interesante.

—Como el anillo de la serie animada *Shazzan*, que estaba partido en dos y cuando se unía aparecía el genio salvador.

—Sí, algo así. Y si traías un medio anillo falso y lo juntabas, no funcionaba. Sí, podría ser. Exagerando y simplificando podríamos decirlo así. Cuando escucho ahora, pasado el tiempo, alguna canción, como «El camino de las utopías», me doy cuenta de cuánto de Robe solo hay ahí y cuánto de mí hay ahí, y cómo compagina para crear una sola unidad artística, una sola canción. En suma, cómo dos personas podíamos convertirnos en una sola persona creativa bastante completa. Ahí influye la interpretación, la estructura que le des... Una buena canción de Extremoduro, en su germen, en su origen, en su génesis, interpretada por Robe con una guitarra acústica y cantando era una buena canción, no nos engañemos. Ahí había salsa, había enjundia. Lo que pasa es que habría sido una canción de un buen cantautor. A dónde queríamos llegar y en qué queríamos convertirlo es para lo que trabajábamos juntos. Yo he pensado mucho en la canción y en el oyente. Nosotros somos los que estamos en medio, somos una especie de transmisores, incluido Robe, ¿eh?, pero la canción es el origen del trayecto y el oyente final es el final de ese trayecto. Y lo que tenemos que conseguir es una comunicación fluida entre esa canción y ese oyente. Que todo contribuya a que esa comunicación que se pretende establecer funcione, que la música ayude al texto, que el texto tenga que ver con la música, que las partes instrumentales den descanso al discurso, que a la vez digan algo sobre el tema.

—Pero traicionando siempre al oyente, al seguidor, como sostenía Sabina. Porque si el creador crea pensando en todo momento en lo que puede gustar a su público, se está obstaculizando a sí mismo.

—Absolutamente. Sabina es un poeta y es una forma poética de decirlo, muy bonita. Hay que traicionarlos siempre, sorprenderlos.

»Y por resumir, creo que ni Robe ni yo vamos a hacer nada por separado, solos, como lo que hacíamos juntos. Puede que él haga algo mejor, algo mucho más cojonudo, pero será diferente. Éramos dos químicas que coincidieron en el espacio/tiempo y que artísticamente sacábamos chispa, creábamos riqueza. Y ese mismo cuadro no se va a pintar ya con otros pinceles.

Fue hermoso mientras duró. Mucho. Y ahí está su discografía robustísima para acreditarlo y para volver a ella siempre que se quiera. Para adentrarse en unas canciones nacidas a partir del «amor y la guerra» y que son pedazos de belleza. Como fotografías capaces de mostrar la poesía y el horror al mismo tiempo. La vida.

Ahora, que la fiesta continúe bajo otros nombres y soles y con distintas armas. Sin nada que demostrar ya, salvo el deseo de seguir remando en el océano infinito de la creación. En solitario, sí, pero nunca solos.

IX

Robe en solitario

Contra todos.
Otra vez me levanto contra todos.

ROBERTO INIESTA, «Contra todos»

El 9 de junio de 2015, medio año después de que finalizara la que sería la última gira de Extremoduro, la de *Para todos los públicos,* Robe presentó el primero de sus discos bajo su solo nombre, *Lo que aletea en nuestras cabezas,* un viaje emocional a través de ocho canciones —«Un suspiro acompasado», «... Y rozar contigo», «Nana cruel», «De manera urgente», «Por ser un pervertido», «Ruptura leve», «Guerrero» y «Contra todos»— en las que la voz del hombre herido, de la bestia, nos va relatando su epopeya de deseos e imposibles.

Para armar la música contó con una banda de músicos jóvenes, pero sobradamente preparados. De esos jóvenes formados que uno desearía que no tuviesen que emigrar nunca en busca de mejores oportunidades, como tantísimos españoles se han visto obligados a hacer —como lo hizo Robe— en los últimos años. Esos músicos, paisanos suyos todos ellos, son Carlos «Carlitos» Pérez (Almendralejo, 1990), violín; David Lerman (Cáceres, 1988), bajo, saxo y clarinete; Alber Fuentes (Plasencia, 1986), batería; Lorenzo González (Cáceres, 1975), voces, y Álvaro Rodríguez Barroso (Almendralejo, 1975), teclados y acordeón.

Ninguno se consideraba fan de Extremoduro, lo cual les permitía una distancia crucial para abordar ese trabajo (aunque sí reconocían haberse acercado a ese grupo, y disfrutado de sus canciones, a raíz de trabajar con Robe). Además de solvencia y oficio, cualidades obligadas en todo instrumentista profesional, esos músicos demostraron andar sobrados de sensibilidad, buen gusto y carácter. Esto último era un rasgo indispensable, pues aunque nos consta que Robe sabe muy bien lo que quiere y fue él quien ejerció de director de orquesta, sus conocimientos técnicos son limitados, y por ese motivo no tuvo más remedio que dejarse asesorar, a la fuerza, por quienes sí conocen a fondo el lenguaje de la música, que como cualquier otro posee sus propias leyes y mecánica. Ya que si bien es Robe el fiero frontispicio, el salvaje que aúlla y se desangra, la procela, esos cinco *científicos* son, como hiciera Iñaki en Extremoduro, quienes hacen posible que el arte tan visceral del extremeño brille como el haz de luz de un faro en mitad de la borrasca.

Alber fue el primero en implicarse en el proyecto, y el primero en contactar con el resto de los músicos: David, el bajista, y después los demás. David trataba de no dejarse cegar por el hecho de colaborar con una leyenda viva del rock nacional, como me expresó:

«La verdad es que hemos trabajado el disco de un modo muy natural. Cada uno hemos aportado lo que hemos querido y ha resultado todo muy fácil. Hasta la rueda de prensa, rodeado de cámaras, no he tenido la sensación de decir "jo, qué movida"».

Lorenzo, vocalista de larga experiencia, me dio otro punto de vista:

«Yo sí que noté esa presión, porque entré un poquito más tarde en el proyecto. Recuerdo que le preguntaba a David cómo se desarrollaba la cosa, y él me decía: "Normal, normal"».

Pese a que casi todos ellos tenían experiencia en el rock duro o metal, su formación musical era más amplia, mestiza y plural, por lo que, a la fuerza, debió de chocarles colaborar con Robe, como me reconoció Álvaro, el teclista, un juicio con el que todos coincidían:

«Cuando me lo propusieron, no sabía exactamente a qué me enfrentaba. Luego, el primer día en el local de ensayo, vi que aquello era otra historia distinta, que no era Extremoduro».

Los cinco músicos eran enteramente conscientes de que esa experiencia era como un máster de lujo, algo que incidiría de un modo positivo en su carrera futura, tal y como me relató Alber:

«Sí, yo pensaba, en muchos momentos de las sesiones de trabajo, que esto era como un máster de lujo al que no te podrías haber apuntado en ningún otro sitio. No solo para el futuro, también para el presente. Para enriquecerte como músico y persona. Porque no todo ha sido la música, también ha sido importante la convivencia».

Por su parte, Robe me insistía en que no habían sido meros comparsas, sino que pudieron imprimir su personalidad en el disco:

«Tienen una larga trayectoria y les he dado plena libertad para que desarrollen sus ideas y aportaciones para mejorar las canciones».

Cuando le pregunté si en el improbable caso de que en Extremoduro se produjera una baja —pues el grupo seguía abierto— alguno de esos músicos sería un buen candidato para suplirla, tardó unos segundos en contestar:

«No lo sé... Desde luego, todos ellos tienen calidad suficiente para ello. Pero cuando tienes un grupo como Extremoduro y estás afincado en un sitio [el País Vasco], viviendo todos muy cerca unos de otros, es difícil que alguien que vive muy lejos pueda participar. La distancia sería una gran dificultad, y luego el tipo de instrumentos que tocan. Solo coinciden la batería y el bajo, pero, aun así, son maneras distintas de tocar».

El disco se «construyó» en Plasencia en el verano de 2013, como advertían en el libreto, y al término del verano entraron en el estudio «a seguir experimentando» sin saber bien adónde se dirigían. Fue grabado en los estudios Muxicon por Íñigo Etxebarrieta con la asistencia de sonido de Kerman «Perru» Álvarez, mezclado y producido por Etxebarrieta, Álvaro Rodríguez Barroso y David Lerman, y masterizado por Tony Cousins en los estudios Metropolis Mastering de Londres (Reino Unido).

La cubierta, que muestra un pájaro posado en una rama con algunas hojas y muchas espinas, es una acuarela de Antonio Ojea, y la contra, el lado izquierdo del rostro de Robe con los ojos cerrados, un óleo sobre tabla de Eduardo Alvandor. Las fotos del libreto llevan la firma de Jorge Armestar, con Carlos Ramos como ayudante. El diseño y los «malabarismos gráficos» son obra de Iosu Berriobeña, con Nacho Hernández como ayudante.

Se editó en la compañía El Dromedario Records —en adelante, el sello discográfico que iba a publicar todas las obras de Robe y también de Inconscientes—, con producción ejecutiva de Alén Ayerdi —mánager del grupo y batería, a su vez, de Marea y Ciclonautas— y con Jesús García de ayudante. En los agradecimientos citaban, entre otros, a Uoho, «que nos asesoró un poco en todo y nos prestó de todo», al guitarrista Batiz, «que se volcó en la grabación y nos guio técnica, musical y filosóficamente», a Pedro J., Beatriz Osés, María José Pámpano y J. Óscar Beorlegui, «que revisaron las letras», a Txortx Etxebarrieta, «que nos ayudó en la grabación», y «a ella, por lo que todos sabemos».

Lo que aletea en nuestras cabezas

Desde la noche de los tiempos de Extremoduro, allá por el crepúsculo de los años ochenta, Roberto Iniesta se tomó muy en serio la célebre máxima de Georges Louis Leclerc, conde de Buffon: «El estilo es el hombre». El ilustrado francés vindicaba la búsqueda de la propia personalidad expresiva en la literatura, la distinción frente a una voz predominante, algo que se desarrolló con plenitud, y sin barreras de ningún tipo, en el Romanticismo. Y eso, apuntalar una impronta, una huella digital, un estilo, en fin, fue, como ha quedado de manifiesto a lo largo de este libro, la tarea que el artista extremeño se impuso, con tanta vehemencia como convicción, desde el mismo momento en que empezó a escribir canciones con el propósito de darlas a conocer.

Distanciarte formalmente del resto de tus colegas y abrir nuevos caminos líricos y musicales no solo comporta una dificultad extrema —hay que tener talento, vaya—, sino que, además, entraña riesgos considerables. Pero el que quiera sobresalir y desmarcarse del discurso imperante y del sonido generalista, del lugar común, ha de arrojarse al mar enfurecido e infestado de tiburones sin pensárselo un segundo y comenzar a bracear a contracorriente. Y que sea lo que Dios y el diablo quieran.

El disco *Lo que aletea en nuestras cabezas* certificaba que lo de Robe es auténtica pasión por el riesgo. Aquel era el *primer* disco en solitario de su ya por entonces dilatada carrera musical (en puridad, el primero fue *Pedrá,* aquella larga canción con múltiples ambientes que, por causa de las exigencias de la discográfica, tuvo que ver la luz con el nombre de Extremoduro). Salvo por los cambios de ritmo tan frecuentes en la obra del grupo de origen extremeño, esos largos y suculentos desarrollos, y por la reconocible poesía de Iniesta, *Lo que aletea...* es un trabajo distinto a todo lo anteriormente hecho por él.

De entrada, la falta de electricidad, de caña, es el rasgo más notable que diferencia a ese disco de los alumbrados bajo la marca Extremoduro. Tal y como declaró Robe en la rueda de prensa que ofreció en Madrid:

> «Estas canciones sí podrían haber sido de Extremoduro, aunque en ese caso serían muy distintas».

Esa ausencia de electricidad se ve compensada, no obstante, por una gran intensidad y un marcado dramatismo, por más que en un disco la intensidad queda ineludiblemente atenuada.

No se aprecia en el trabajo de los cinco ejecutantes —la voz de Lorenzo la considero un instrumento más, dada su calidad— ninguna veleidad que chirríe, ningún adorno de más, ningún arreglo impostado, ya que los excesos, que haberlos, haylos, fueron premeditados y, sobre todo, certeros. Quiero decir con esto que, aunque en el libreto del cedé asegurasen que buscaron los arreglos «con la libertad que da la ignorancia», es sabiduría y no otra cosa lo que esas canciones transmiten: la artesanía netamente extremeña acaba funcionando con la eficacia y la precisión del mecanismo de un reloj suizo. Eso sí, dotado de alma. De vida. Dicho de otro modo: entre los seis levantaron un disco delicioso y valiente. Algo más de cuarenta y tres minutos de música emocionante, y tan en las antípodas de las mariconadas a la moda que escupen las radiofórmulas como el cielo lo está del infierno.

En lo concerniente a la letra, a la literatura, los textos de los ocho temas bien podrían haber sido uno solo. Es como si un largo escrito se hubiera troceado debido a las servidumbres propias del formato disco, puesto que todos ellos están elaborados con los mismos ingredientes e idéntico aroma. En ese sentido, el relato, que no el disco, recuerda, salvando todas las distancias, a la *Ley innata,* en donde la narración es como un vórtice enloquecido que, sin embargo, acaba desembocando —¿muriendo?— en el punto de partida. Aquí no es exactamente así, pero casi: la «brisa» y el «frío» son parientes no tan lejanos.

Esa impresión de «texto unitario» viene dada por el hecho de que Robe, como letrista, es —cada vez más— un creador de sensaciones, de atmósferas, de intangibles, y en la confección de sus letras tienen un mayor peso las imágenes, las metáforas, que la literalidad de lo que se expresa (si bien hay fragmentos en los que esta última es tan decisiva como demoledora).

La desolación, el pesimismo y la indesmayable persecución del placer conforman, como tantas otras veces, la sangre de estas ocho piezas, cuya belleza literaria cumple sobradamente con lo esperado.

Porque no hay que engañarse: este es un disco de Roberto Iniesta, y es por ello que, pese a lo novedoso de su propuesta, contiene abundantes muestras de las constantes que como creador ha ido diseminando a lo largo de su vasto cancionero.

En *Lo que aletea en nuestras cabezas* están, sí, muchos de los elementos recurrentes en la obra de Extremoduro: el sol, las flores, la primavera, la luna... Escapar de ti mismo, de tus obsesiones, no es posible. Y para qué.

No faltan tampoco —no podían faltar— los guiños «transgresivos» marca de la casa, si bien hay que conceder que en este caso la fiera está mucho más contenida. El ejemplo más nítido se encuentra en la bellísima e intensa «Contra todos», canción que Robe dio a conocer en la gira *Robando perchas del hotel* (2012): «*Y esta flor, que ya sabes que es tuya, / se descapulla / recordando el roce de tus pelos*».

La épica del guerrero, tan Iniesta, tan Extremoduro, recorre la espina dorsal de la canción del mismo título, «Guerrero», en la que nos topamos con estos versos memorables: «*Del desfiladero / no os voy a dejar pasar. / A este matadero / no hemos venido a mirar. / Como buen guerrero / puedo dar la talla, / puedo darlo todo, / pues doy todo por perdido / en cada batalla. / Y nunca me he rendido / porque si la pierdo, / ¿para qué quiero estar vivo?*». Un espíritu, el de heroico paladín, que le viene de antiguo. De hecho, se hallaba ya en el arriesgadísimo, e imposible de radiar, *Pedrá,* tanto en los versos por él escritos como en aquellos que tomó prestados de los cuadernos —de las servilletas— de Manolo Chinato.

En cuanto al antes citado pesimismo, fruto de la furiosa actualidad, no es esta, insisto, la primera vez que impregna sus composiciones. Ya se encontraba presente, y en grado sumo, en *La ley innata,* un disco en el que las noticias también tenían una importancia crucial, y cuya letra podría resumirse con este par de versos terribles: «*Si quiero ir a la moda / necesito una pistola*». Y aunque en su primer trabajo en solitario Robe no logra superar ese retablo de maldad, sí que hay algunos pasajes inquietantes que retrotraen a aquella obra: «*Ahí afuera / solo hay monstruos, solo hay gente / que te compra y que te vende, / que te odia, que te miente, / que te roba, que te mata, / que te viola y que no siente nada*».

Y está, también, la filosofía. La ya mencionada «Contra todos» no deja de ser una ratificación del pensamiento robeano, pues su esencia ácrata y libérrima —*«Contra todos. / Otra vez me levanto contra todos. / […] Siempre voy a contracorriente, / de la noche el color yo quiero ver, / y apartarme más de la gente / y alejarme de todo en lo que creen…»*— ya estaba impresa en aquel «No quiero ser como tú» que llevaba estampado en una camiseta veinte años atrás.

Por último, y respecto a la utilización de ciertas figuras literarias, hay, al igual que en la discografía de Extremoduro, numerosos ejemplos de personificación o prosopopeya (atribuir propiedades humanas a un animal o a algo inanimado):

«Un suspiro acompasado»:

He notado una brisa pasajera
que me ha dicho que, tal vez,
si quisiera…
[…].
Quédate en silencio y oye
el ruido de mis tripas soñadoras,
que sueñan con comerte a todas horas.
Ruge el deseo contenido.
[…].
Llega el viento mecido
porque acaba de estar contigo.
[…].
Un deseo le he pedido a las flores:
que la busquen, que ellas saben de olores,
que le digan que espero aquí en el sol,
que da en el último escalón,
a que vuelva.

«Nana cruel»:

… El sol se ha ido entusiasmado,
le ha salido bien

este atardecer.
[...].
Duérmete, que ya se ha ido el sol.
Que tenía que hacer, dijo, y se marchó.
Prometió volver al amanecer.

Del mismo modo, se da también el empleo de la metáfora sinestésica —recurso que mezcla sensaciones visuales, auditivas, olfativas, gustativas y táctiles, y que asocia elementos procedentes de los sentidos físicos con los sentimientos—, tan presente en la obra de Juan Ramón Jiménez:

«Un suspiro acompasado»:

Respira [la brisa], y noto su respiración;
habla, y sueño con su voz
y con ella.

«...Y rozar contigo»:

... Ni recuerdo aquel cielo
ni tampoco su olor.

«Nana cruel»:

... Y busco en los colores del atardecer
y no la encuentro.

Y luego está el uso de la anáfora —repetición de una o varias palabras al comienzo de un verso—, tan efectista, como en el largo recitado de «Nana cruel»:

Yo que pasaba las noches en negociación...
Yo, que te espero.
Yo, que hice cada segundo otro mundo mejor...
Yo, que te espero.

Yo, que velaba las noches enteras...

Yo que, yo que querría poder contarte
que ahí afuera está la vida y solo hay gente
que quisiera comprenderte
y abrazarte y alegrarte
y ayudarte siempre.

Yo, que estudié al ser humano, te digo
que no, ya nada espero.
Yo, que intenté comprender sus motivos...
Que no, ya nada espero.
Yo, que quisiera encontrarme contigo...

Yo que, yo que pensaba...
Yo que creí firmemente en el amor...

Hay más ejemplos de esas y de otras figuras literarias, pero no creo necesario señalarlas todas. A veces, es mejor dejarse mecer por la música de las palabras y no preguntarse cuál es su origen y cuáles sus apellidos. Sin olvidar que el poeta químicamente puro, y Robe lo es, no es un filólogo, y cuando escribe no se deja llevar por la teoría ni por la razón, sino por el instinto. Tal y como el placentino confesó en la rueda de prensa de este disco: «Yo compongo con el corazón, no con la cabeza».

Pájaros, pues, en el pecho y no en la sesera, que se ve obligada a mostrarse juiciosa —bueno, tampoco tanto— y a aquilatar el torrente creativo.

Lo que aletea en el corazón de Robe, sobre las incansables olas de la sístole y la diástole, es un anhelo permanente de seguir abriendo puertas, de encontrar las respuestas a las preguntas de siempre, de explicarse en medio de este hermoso caos al tiempo que nos conmueve. A eso también se le llama arte.

«... Y rozar contigo», segundo corte de este disco tan arriesgado en su planteamiento y en la cáscara como necesariamente continuista en lo esencial, en los principios filosóficos que sustentan la obra de su autor, concluye con un derrotista: *«Le ordeno a mi corazón que se detenga»*.

No es cierto, claro. Pero los más dotados poetas, los que más nos gustan porque más daño nos hacen, son aquellos que mejor (nos) mienten.

Entrevista *(El Mundo)*

Estuve en la rueda de prensa que Robe ofreció en el Círculo de Bellas Artes de Madrid, acompañado de los cinco músicos, para presentar el disco, y lo entrevisté para el diario *El Mundo*. Aunque a partir de ahí cambió y presentó cada uno de sus trabajos en solitario, aquello sucedía muy de tarde en tarde. El músico/poeta más esquivo del país, una suerte de J. D. Salinger o Thomas Pynchon del rock, accedió a someterse al escrutinio de unos pocos periodistas. Desde que hacía ya dos décadas ese salvaje ilustrado triunfó rotundamente con el solo impulso de un discurso lírico sin igual en su grey y una inquebrantable fe en sí mismo, era él quien marcaba los tiempos. Una nítida demostración de fuerza después de que los medios generalistas lo proscribieran o ningunearan durante diez años.

He aquí nuestra conversación, que reproduzco íntegra por el valor de las declaraciones:

—¿Acertará quien tras escuchar este disco te ponga la etiqueta de cantautor?

—Cualquiera que hace sus canciones necesita un instrumento; si le quitas a la banda, se queda en cantautor. Pero no soy un cantautor. Tengo una manera de tocar la guitarra que me vale para componer, pero no tengo la calidad suficiente para tocar mis canciones yo solo delante de la gente. Considero cantautor a alguien que por sí mismo ofrece un espectáculo. Yo nunca me he visto así. Veo que necesito una guitarra como instrumento para componer y sobre el que luego trabajan los demás. Y después de hacer esta obra tan compleja, con muchas cosas, menos todavía.

—Pese a que Hilario Camacho, Antonio Vega y Silvio Rodríguez figuran entre tus vicios no tan ocultos, siempre te has servido del rock para divulgar tu poesía.

—Aunque siempre he escuchado a esos autores que citas, cuando empecé a tocar escuchaba más música rock, y ese camino me parecía más fácil. Es más fácil hacer una banda de rock, con gente aportando más cosas, que no solo es la música, que ser un cantautor, que todo se centra en las canciones. Aunque ahora sí creo que las canciones tienen una mayor importancia; que por sí mismas tienen un valor y no hay por qué pegar brincos y poner mil luces de colores para transmitir emociones. Eso vale para ciertas sensaciones, pero se pueden conseguir todo tipo de sensaciones siempre y cuando te abras. Poco a poco me voy atreviendo a abrir un poco el abanico y a no encasillarme en una sola cosa. Puede ser que esté teniendo una tendencia más suave. Pero quizá mañana me dé por hacer un disco mucho más bruto, no lo sé. Lo que está claro es que cada vez me atrevo a hacer más cosas porque voy cogiendo confianza. Me he envalentonado. Y el rollo de este disco era divertirme. Este es un disco que engaña un poco respecto a la intensidad. Date cuenta de que es música con un rollo un poquito clásico, y ahí se le da mucha importancia a la dinámica, a la diferencia de volumen, y un disco no te permite hacer eso. La dinámica que consigues en directo no es fácil llevarla al disco. En un local de ensayo hay partes con una energía y un marchón de cojones. En el disco, en cambio, no se aprecia.

—¿Es cuestión de tiempo que el roquero se atempere, tanto por evolución natural como por supervivencia? Lo digo porque se puede incurrir en el patetismo, dar pena.

—A mí hay algunos que me dan pena, sí. Los Rolling Stones y los AC/DC me dan un poquito de pena. Sé que mucha gente leerá esto y se llevará las manos a la cabeza, pero a mí me dan pena. Es como si se vieran obligados, y yo no me quiero ver obligado. ¿Hay que tener siempre el pelo largo? No. Me lo quiero cortar cuando me dé la gana. Me gusta llevarlo largo, pero no me puedo dejar atrapar por unas señas de identidad. Eso es una esclavitud.

—Declaraste que cuando Extremoduro surgió la música que se hacía en España era bastante moña. ¿Eso sigue siendo así?

—Sí. Hace poco vi en la tele, no sé si en *Ochéntame [otra vez]*, a

Micky cantando que se hacía un canuto y me moría de risa. No es que sea una canción famosa, pero el tío hablaba de drogas libremente. De una manera que hoy en día no saldría en ninguna televisión ni en ninguna radio. En ningún sitio.

—Este disco, lírico y melódico, homogéneo, hermoso, muestra, no obstante, la fiereza del Robe de siempre: *«Ahí afuera / solo hay monstruos, solo hay gente / que te compra y que te vende, / que te odia, que te miente, / que te roba, que te mata, / que te viola y que no siente nada»*. ¿La humanidad no tiene remedio?

—Según me levante. Algunos días me parece que no, pero a veces veo gestos en determinada gente, de honradez, de honestidad, que me hacen pensar que quizá sí tenga solución. Salvación. No sé si ahora estoy en una época demasiado pesimista porque leo demasiadas noticias... Lo normal es que piense que no tenemos solución.

—Tampoco faltan los guiños «transgresivos» marca de la casa: *«Y esta flor, que ya sabes que es tuya, / se descapulla / recordando el roce de tus pelos»*. Esa infrecuente tendencia a la obscenidad, que has convertido en estilo, lo cual es muy difícil, ¿de dónde te viene, cómo surge?

—Creo que hay que usar el lenguaje de una manera óptima. Se pueden decir las cosas de muchas formas. En el lenguaje y en la comunicación, la primera ley es que el interlocutor te entienda. ¿Por qué no voy a utilizar una palabra malsonante? ¿Que no sirven para nada? Mentira. Sirven para ver la intensidad y el sentimiento. El lenguaje hay que optimizarlo y exprimirlo al máximo. No es lo mismo «tu pelo» que «tus pelos». «Tus pelos» son los del coño, y «tu pelo», tu cabello hermoso al viento. Si quieres explicar algo de verdad, intensamente, tienes que usar todas las palabras que te lo permitan.

—También están los elementos recurrentes en las canciones de Extremoduro: el sol, las flores, la primavera, la luna... No es posible escapar de uno mismo.

—Tú, que escribes, esto lo entenderás muy bien. Dices: «Joder. La de veces que repito "ventana" en este capítulo que estoy escribiendo. No puedo decir tantas veces "ventana"». Entonces dices que una persona se asomó por una cosa que había en la pared. Que tenía un cristal, que era transparente y que por ahí él o ella veían la calle...

—Al final, parece un acertijo.

—¡Claro! Es preferible decir «ventana» que sacar al tío del rollo. ¿Que tengo cosas recurrentes en mis canciones? Vale. Pero no siempre dicen lo mismo. Y cuando hablo del sol, por ponerte un ejemplo, puede ser que sí, pero no siempre hablo de lo mismo. O cuando hablo del viento o del mar. Suelen ser metáforas. Pero como son cosas muy grandes, son muy fáciles de usar. La primavera. Joder, otra vez me sale la primavera. Pero, coño, es que es un verso de puta madre y me ha quedado un poema cojonudo. Y si otros tíos me dicen que me he repetido, me importa una mierda. La repetición está justificada si entra bien y arregla un verso.

—La portada lleva un pájaro y pájaros os definís en las líneas finales del libreto del cedé, deudoras de Nietzsche. La libertad es otro de tus grandes temas u obsesiones, y el pájaro, su símbolo.

—Esa portada me gustó, nos gustó a todos, y todos pensamos que ese pájaro habla de la música que lleva dentro. Esa era una de las ideas que barajamos. Algunas eran más amables y otras no.

—En ese sentido, ¿podría haber llevado una pistola en la portada?

—¿Una pistola? No sé... Quizá una pistola no, pero sí algo más borde. Que tenga dramatismo.

—¿Cuántas canciones se han quedado fuera de este disco? ¿Como para hacer otro?

—Sí, incluso dos. Y lo haremos.

—Eso sugiere que Extremoduro va a estar un largo período en hibernación.

—Calculo por lo menos tres o cuatro años sin un nuevo disco de Extremoduro. Lo normal en Extremoduro, vamos.

—Warner ha sido tu casa discográfica durante veintidós años. ¿Qué ha ocurrido? ¿No han hecho los suficientes esfuerzos por mantenerte en su nómina? Me consta que recibiste varias ofertas, y atractivas.

—Los esfuerzos tendrían que haberse dado a lo largo de estos veintidós años, no solo ahora. Ha contado también todo lo que no han hecho. No me marché antes porque tenía un contrato que me impedía hacerlo, a no ser que me hubiera arriesgado a que cualquier juez estúpido, que no tuviera ni puta idea, hiciera como se hizo en su momento con Los Deltonos, que al tener un lío con la discográfica no podían usar su nombre ni dar conciertos. Y al final vas tragando. Además de que meterte en joder un contrato con una discográfica significa mucha energía. Mucha energía negativa. Pero creo que algún día tendré que demandarlos. De buen rollito. Porque ellos no son mala gente, tienen su familia, son amiguetes, los hemos invitado hoy a la rueda de prensa, pero hay un contrato que ellos interpretan de una manera y nosotros de otra. Hay una disparidad de criterios. Entonces tendrá que venir algún juez, esperemos que no sea muy estúpido, y darle la razón a quien la tiene. Warner es una multinacional, y las multinacionales merecen ser demandadas por cualquier cosa. Eso de que hay que hacer tres cosas en la vida: plantar un árbol, escribir un libro y tener un hijo, pues no. Me parece que lo del libro hay que dejárselo a los escritores porque no todo el mundo puede hacerlo, ya que entonces nos quedaríamos todos tontos. Por eso lo podíamos cambiar por demandar a una multinacional. Plantar un árbol, tener un hijo y demandar a una multinacional. Y así lograríamos agotar a sus múltiples abogados, ganaríamos pleitos y haríamos una sociedad mejor. Algún día los demandaré, sí. Pero ya digo: de buen rollito. Ahora he conseguido hacer el contrato, creo, más corto de la historia. Cortísimo: no llega a dos hojas. Y no tiene letra pequeña. Y lo entendería cualquiera.

—Las drogas tienen una gran relevancia en tu obra y en tu biografía. ¿Ahora que ya ni bebes y practicas deporte dejarán de ostentar, por fuerza, el protagonismo de antaño?

—En mis canciones, las drogas unas veces son metáforas. Hablo de coches, o de otras cosas, y estoy hablando de drogas. No sé... No me gusta meterme en estos sitios de si practico o no practico, porque eso pertenece a mi esfera privada, pero ¿acaso no puedo hablar del mar por ser de Extremadura? En la creación todo tiene cabida. No hace falta separarte de tu mujer para escribir de un desamor. La imaginación es lo que hace falta.

—Las pasadas elecciones municipales y autonómicas han bajado de la nube absolutista al PP y han decretado gobiernos en coalición con un mayor poso de izquierdas. ¿Esperanzado?

—Me parece esperanzador que se meta gente nueva y más idealista. Antes, en España, en los setenta, en la Transición, había políticos idealistas que soñaban con cambiar el mundo, pero la llegada del dinero lo cambió todo: se llenó de trepas. Igual que pasó con la música en los ochenta: empezó el *boom* de la música y hubo compañías que se hicieron ricas. Eso hizo que en los años siguientes muchos trepas, es decir, gente sin vocación que se apunta a algo que tiene buena salida, pudrieran la industria. Bueno, pues ahora hay políticos que, de nuevo, quieren cambiar el mundo, que son idealistas. Como antes.

—Tras la Medalla de Extremadura, recibida de manos de José Antonio Monago, le pondrán tu nombre a una importante avenida de Plasencia. A ti podría aplicársete aquello de Cela: «El que resiste, vence». ¿Esos reconocimientos te hacen sentirte orgulloso?

—Siempre me he sentido querido por la gente de mi tierra. En cuanto a lo que dices, tienes la sensación de que te están usando. Pero como hay gente a la que le hará mucha ilusión, haces balance y... ¿Me hace sentirme orgulloso? Hombre, todos tenemos vanidad y sí me hace sentir orgulloso, aunque no dejas de pensar, ya digo, que estás siendo un poquito utilizado.

—¿Los periodistas somos un coñazo o es que tú eres un tanto especial?

—Últimamente me caéis mejor porque me cae peor la gente que ha cogido alma de periodista y me quiere tener todo el día en Facebook y que mi vida sea una cosa pública. Pero los periodistas también tenéis mucha culpa de lo que pasa. Habláis mucho de los políticos corruptos, pero en los periódicos también hay corruptos porque vivís de la corrupción y de las multinacionales. Defendéis cosas que no os gustan porque hay publicidad contratada, os veis obligados a tragar y nos mantenéis en una gran desinformación. Aunque hay periodistas y periodistas, claro.

Su segunda criatura en solitario

El segundo disco de Robe se publicó el 18 de noviembre de 2016, justo un año y medio después de la aparición del anterior. Como aquel, fue grabado en los estudios Muxicon por Íñigo Etxebarrieta, y en los estudios Small Room y 360 Global Media por José Luis Crespo, quien se encargó de mezclarlo (con la asistencia de Nicolás Tsabertidis) y masterizarlo. Txortx Etxebarrieta fue el ayudante de sonido; Kerman «Perru» Álvarez, el técnico de guitarras. Y la producción corrió a cargo de José Luis Crespo y, como en *Lo que aletea...*, dos de los músicos, Álvaro Rodríguez Barroso y David Lerman. Lo editó el sello El Dromedario Records, con producción ejecutiva de Alén Ayerdi y la ayuda de Jesús García. Diego Latorre firma las ilustraciones de la cubierta (una pareja contemplando una puesta de sol desde lo alto de un edificio derruido, como en una ciudad que ha sufrido una guerra nuclear), la contra y las del cedé, y la contraportada del libreto es un trabajo de Eduardo Navarro. La fotografía artística del interior del libreto es de Sonia Valle, y el diseño y los «malabarismos» gráficos son obra de Iosu Berriobeña.

En los agradecimientos citaban a Uoho «y a su coche rojo», a Pedro J., Beatriz Osés y María José Pámpano por la revisión y corrección de las letras, y, como en el disco precedente, «a ella, por lo que solo ella sabe».

De entrada, su título no admitía segundas lecturas y nos avisaba, aun antes de escucharlo, de por dónde iban a ir los tiros (tiros de verdad, balas en toda regla): *Destrozares. Canciones para el final de los tiempos*. ¿Que es una frase grandilocuente? Claro, por supuesto. Pero es que Robe siempre se ha movido con soltura en esas aguas. En el cuadernillo del disco, su autor advertía:

> «La palabra "destrozares"es un sustantivo, pero no viene como tal en el diccionario. No pierdas el tiempo buscándola ni intentando entenderla. Solo siéntela».

Y añadía:

> «En este disco hemos puesto todos lo mejor y lo más puro que te-

nemos dentro. Menos yo. Yo he puesto mis carencias y mis errores. He puesto mi delirio, mi falta de gusto, mi confusión, mis lágrimas, mi vanidad, mi soledad de lechuza y mis contradicciones. Robe atropellando a Nietzsche».

Lo componen diez canciones: «Hoy al mundo renuncio», «El cielo cambió de forma», «Querré lo prohibido», «Cartas desde Gaia», «Del tiempo perdido», «Por encima del bien y del mal», «Donde se rompen las olas», «Puta humanidad», «La canción más triste» y «Destrozares».

Destrozares. Canciones para el final de los tiempos

Todas las guerras son distintas y la misma. Lo saben los fatuos generales y, también, los artistas de veras, quienes para extraer el oro de la genialidad y la distinción viven en una lucha casi permanente consigo mismos y con sus demonios.

Roberto Iniesta ha pertenecido siempre a ese beligerante club. Hasta el punto de que, desde el primero de sus discos, ha construido su mundo artístico a partir de la destrucción, del caos, de un apocalipsis que le nace de las profundidades orgánicas e intelectuales y que entra en sintonía con varios de los males de nuestra época: tragedias humanas, catástrofes medioambientales, abusos de poder.

Sucede que en vez de plasmar en su obra esas turbulencias interiores y externas de forma explícita, recurre con acierto, ya lo he dicho varias veces a lo largo de este libro, a imágenes, metáforas y otros malabarismos estilísticos por medio de una serie de elementos que recorren todos sus trabajos y que son, en apariencia, inocuos (salvo cuando «transgrede» y echa mano del argot marginal, que es como aliñar una ensalada con lava volcánica y, al menos en su caso, no solo salir airoso, sino triunfar). Así pues, el verdadero significado de su lírica, que nunca es gratuita ni inocente, al contrario, subyace tras nombres tan inteligibles como el sol, la primavera, los pájaros, las amapolas, el mar, las nubes o el cielo, entre otros.

Ya en el lejano *Rock transgresivo* (1989), inicialmente titulado *Tú en tu casa, nosotros en la hoguera*, estaba apuntada, insisto, esa lucha abierta contra todo lo que Robe considera que atenta contra el libre desarrollo del individuo y de la naturaleza. Una actitud combativa o «guerrillera», como él prefiere decir, que es una suerte de *leitmotiv* capaz de resumir toda una filosofía de vida. Y no es casualidad que, como cita de apertura a una de las canciones de su segundo disco en solitario, recuperase unos versos de su admirado Manolo Chinato, poeta de lo primigenio, que entroncan con su esencia atronadoramente épica: *«Y verás sin duda el resurgir poderoso del guerrero / sin miedo a leyes ni a nostalgias...»*.

Robe volvía a meter en el quirófano el cuerpo agonizante de nuestro tiempo y le aplicaba el bisturí con pulso firme.

Si tuviera que definirlo de manera brevísima, con una simple frase, algo que resulta harto delicado por cuanto de simplificador tiene, arriesgaría que ese disco es un viaje. Un viaje que nace del hartazgo, de la renuncia a seguir formando parte de esta *«puta humanidad»*, y que arriba a quién sabe qué lugar o estado del alma. Un viaje, en fin, como ya lo fue el anterior, *Lo que aletea...*, y como lo fueron también, bajo la firma de Extremoduro, *La ley innata* y, mucho antes, *Pedrá*. Quiere esto decir que, aunque cada una de sus canciones pueda ser escuchada separadamente, el disco tiene una lógica de conjunto, igual que los capítulos que integran y dan entidad a una novela.

Prueba de ello es que si se enlazan los últimos versos de cada tema con los primeros del siguiente, hay una ilación:

«Hoy al mundo renuncio»/«El cielo cambió de forma»:

Juro que hoy al mundo renuncio.
Doy la vida sin pensar.
No tengo adónde ir.

«El cielo cambió de forma»/«Querré lo prohibido»:

... y huyendo de este tiempo.

Sales, y el mundo espera fuera
y te lleva.

«Querré lo prohibido»/«Cartas desde Gaia»:

Sales fuera. Sales. Vuela.

Hoy he decidido soltar
mi parte animal.

«Cartas desde Gaia»/«Del tiempo perdido»:

Soñar que el mar
anega el mundo entero…

[…] para hacerle al mundo mejoras
y para volar, necesito tiempo.
Únicamente tiempo.

«Del tiempo perdido»/«Por encima del bien y del mal»:

Andar, lo que es andar, anduve
encima siempre de las nubes,
saltando sobre el fuego de una hoguera
de una noche de San Juan […].
[…] Todo lo que no está en ti,
que puedo andar por encima del mal.

«Por encima del bien y del mal»/«Donde se rompen las olas»:

[…] que puedo andar por encima del mal,
por encima del bien y del mal.

[…] Ha pasado el tiempo y voy
totalmente a oscuras.

«Donde se rompen las olas»/«Puta humanidad»:

... viendo romperse las olas,
pobre arbolito que llora.
Hipa al compás de las olas,
viendo romperse las olas.

Bienvenido al temporal.

«Puta humanidad»/«La canción más triste»:

Cierro los ojos y ahora ya no hay nada alrededor,
solo el deseo.

Se terminó.
Ahora ya todo se terminó.
Ya no importan los días
ni la vida.

«La canción más triste»/«Destrozares»:

He llorado tanto...
Y he llorado tan adentro...
He llorado tanto, tanto...
¡Qué apagado está este infierno!

Perdí la dignidad y el sentido del honor,
y no lo siento.
Dirán que deserté y que no tuve valor,
quizá sea cierto.

En realidad, la cosa comenzó unos pocos años atrás, en 2011, con *Material defectuoso*. A partir de ese trabajo, y a través de una buena parte de *Para todos los públicos,* Robe fue desplegando un modo distinto de concebir la música. Una evolución bien entendida por quienes no llevan orejeras y no se muestran refractarios a los cambios, siempre y cuando estos supongan una mejora respecto a lo ya hecho, e incomprendida, como no podía ser de otra forma, por los fundamentalistas de la «tradición», aquellos que se quedaron anclados en *Deltoya* o en *Agila* y de ahí no hay quien los saque.

Pues bien, esos cambios suponían una inteligentísima apuesta de futuro. Una especie de meditado tránsito hacia un tipo de música que, cuando la edad desaconseje seguir moviéndose encima del escenario como una pelota de tenis —«seguir moviendo el culito», en palabras de Robe—, le permitirá prolongar su actividad profesional unos cuantos años.

En lo estrictamente musical, a *Destrozares...*, como al anterior disco en solitario, le falta el distintivo sonoro de Extremoduro: ese latigazo eléctrico, el aguijonazo metálico. Pero no está, precisamente, por eso: porque *no es* Extremoduro, pese a que las melodías y el lenguaje y quien los engendra siguen siendo transgresivos.

Nos encontramos en lugar de ello con una intensidad orquestal que conmueve, y en la que los dotados músicos al servicio del *proyecto Roberto Iniesta* son los protagonistas sin discusión: ahí, el llanto inconsolable o el impulso aguerrido del violín; ahí, la bronca y ubicua batería; ahí, el bajo como un martillo; ahí, ese piano que pellizca el corazón; ahí, los coros envolventes. Todo ello en su justo lugar, en el momento exactísimo, sin error alguno. Metrónomos en las yemas de los dedos, en el cerebro.

Hay dos temas que recuerdan demasiado a dos de los cortes de *La ley innata:* «El cielo cambió de forma» retrotrae sin atisbo de duda a la «Coda flamenca (Otra realidad)» por su toque aflamencado —el espíritu de Lole y Manuel sobrevolando ambos—, mientras que el parecido entre «Por encima del bien y del mal» y «Primer movimiento: el sueño» tiene que ver con una cuestión de fondo; con la insoportable violencia que nos sirve, o más bien nos arroja, una actualidad cada día más desquiciada.

Y dado que hablamos de asuntos de fondo, hay que señalar que la canción que da título al disco, la bella «Destrozares», es el epítome perfecto y redondo de la obra de Robe. Pues no solo contiene los dos principales atributos que sustentan su filosofía

—el anhelo de inspiración y de amor y el hondo dolor que su ausencia provoca—, sino que en ella está todo —¡todo!— cuanto un artista puede aspirar a inmortalizar, con esa pregunta retórica que admite tantos significados como emociones despierta: *«¿Cómo podría explicar, sin ver salir el sol, qué denso sale? / O qué destrozares, qué destrozares, qué destrozares»*.

Respecto a la cáscara, al envoltorio, en absoluto baladí en los discos de Iniesta, las ilustraciones del interior del libreto, elaboradas a partir de las letras, muestran diversos fragmentos del desastre: una niña sentada en un árbol, sobre un arroyo, que es cegada por una mano surgida del lado oscuro; unas aves negras atravesando un cielo que presagia el peor de los escenarios posibles; una mujer que transporta sus escasas pertenencias y contempla, quizá con precaución, quizá con temor —se encuentra de espaldas y es imposible saberlo—, el futuro inmediato que se abre ante ella *(«Que vuelva, que vuelva a casa»);* un hombre que se demora en el fango; un reloj demente al que se le han amotinado las horas; una chica que levita en medio de una inquietante penumbra; un mar verde y encrespado bajo la mirada de un árbol tristísimo; una superviviente con trazas góticas que fuma en una estancia en ruinas presidida por un televisor desventrado; una lluvia deletérea como el ácido; una mujer con una máscara antigás bajo unos arcos de piedra cariados por una enredadera muerta y, al fondo, una construcción en llamas; Robe sentado en una roca mientras hunde (¿o extrae, como si se tratase de la espada Excálibur?) su Gibson Les Paul en unas aguas que, en alianza con el cielo, lo abrazan.

Y me viene a la cabeza, de pronto, la portada de *Agila,* aquella ilustración de Ramone en la que un hombre emerge del páramo cual géiser. Porque en este disco Robe es, más que nunca, ese salvaje ilustrado que se lanza a la aventura de vivir en un medio tan hostil como necesario. La bestia sediciosa que ha de abrirse camino en un territorio superpoblado de bestias gregarias, pero cuya lanza está más afilada que las de sus congéneres. Solo que aquí no es ningún dibujo, no: es un hombre de hiriente carne y hueso.

Aunque es la ilustración de la cubierta la que merece especial atención, ya que bien podría ser la viñeta siguiente a la de la portada de *Para todos los públicos:* la explosión nuclear da paso a un paisaje posapocalíptico, metáfora pura y dura de la desolación. Pero en la cima del edificio derruido brota una flor impensada: una pareja que ha logrado sobrevivir y que, quizá, quién sabe, plantará la semilla de un nuevo mundo, de un orden nuevo. Puesto que el sol, a pesar de estar envenenado aún, ha vuelto a asomar de donde quiera que sea que estuviera sepulto.

Como puede observarse, las complejidades de Robe como creador tienen que ver, sin embargo, con las demandas más básicas que imaginar quepa. Él es ese hombre que se siente afortunado y agradecido con la vida cuando tras el sueño ve amanecer y cuando la lluvia empapa la tierra y riega los alimentos que le permitirán seguir adelante. Pero al mismo tiempo es aquel que se insubordina contra Dios por permitir que el Mal, en sus múltiples formas, campe a sus anchas en el planeta que Él creó y que anda dejado de su mano. Y es por esa razón por lo que reniega de su mandato y potestad y emprende un viaje incierto, lleno de peligros, hacia la búsqueda de una Arcadia en donde las únicas leyes dignas de ser acatadas sean la belleza y el amor. Un lugar aún incontaminado por el hombre cuya sola bandera, ay, *«son sus bragas negras»*.

Bien sabe Robe que aquel verso de Lorca que reza: *«... y la vida no es noble, ni buena, ni sagrada»* es una biblia difícil de refutar. No obstante, quienes de verdad aman la vida serán capaces de advertir la presencia de una rosa aun en el infierno. Y la música puede ser uno de los medios para conseguirlo.

La música te puede salvar del horror, sí, posee ese don. A quienes la hacen y a quienes la escuchan. Como en aquella escena de *El pianista,* de Roman Polanski, en la que el protagonista —un Adrien Brody en estado de gracia— comienza a tocar el piano delante del oficial nazi y el mundo parece detenerse: mientras dura la pieza, el espanto de la guerra queda fuera, se olvida, se evapora. Allí solo está el prodigio inigualable de la música, del hombre.

Pese a la denodada insistencia de su legión de imitadores, la música de Robe no tiene parangón en nuestra geografía. Nadie, en este país, alberga un mundo creativo como el suyo (no hablo de mejor o peor, sino de su unicidad). Nadie crea, en suma, en unas coordenadas artísticas semejantes, y eso lo convierte en alguien de una modernidad incontestable.

No ha entendido aún la inmensa mayoría que la modernidad nada tiene que ver con el aspecto exterior y mucho con la cabeza. Pero hay una minoría de gente inmensa que sí sabe que ser moderno es ser, por encima de todo, fiel a uno mismo y a las propias certezas. Y, a su vez, seguir teniendo a la curiosidad como principal estímulo y no pensar jamás que ya todo se sabe o conoce. O lo que es igual, con unas pocas aunque eficaces armas continuar cabalgando —hacia delante, siempre hacia delante— ajeno a los ladridos de la canalla, a la risa de las hienas.

Suena la voz de Robe en la habitación y, pese a que es de día, parece noche cerrada. Su grito te inunda: *«¡Qué apagado está este infierno!»*. Es imposible no reconocer a quien desde hace tres décadas lleva el fuego alojado en la sangre y el machete afilado en la mirada.

El protagonista de la novela sonora de título *Destrozares...*, *alter ego* del propio Robe, es alguien que ha dicho basta. Que ha abandonado el mundo de los seres ¿vivos? para instalarse en una galaxia propia. Un universo compuesto del eco del dolor de toda una raza, pero también de la felicidad que produce contemplar el mar en calma tras un largo y extenuante viaje; del milagro de estar, al cabo de tantas coronas de espinas y tantas crucifixiones, por encima del bien y del mal.

El postrero soldado de una estirpe única.

Entrevista *(El Mundo)*

Volví a entrevistar para *El Mundo* al fiero emblema de Extremoduro por ese disco, que podría pasar por ser la más pesimista de sus obras. Diez canciones ásperas y a la vez profundamente acogedoras. He aquí nuestra charla:

—Con el anterior disco te pregunté si la humanidad aún tenía remedio. «Según me levante», dijiste. Después de escuchar este (*«juro que, hoy, al mundo renuncio»*), veo que la cosa ha ido francamente a peor.

—Va a peor, sí. Muy a peor. No sé si es que yo soy un poco paranoico, pero si ves un telediario es como para hacer apuestas.

—Hace diez años los telediarios no eran menos terribles.

—No, pero a lo mejor ahora soy más consciente. No sé si hace diez años había más hambre en África que ahora, pero sí que había una amenaza concreta, que era la Guerra Fría y salvar las ballenas. Ahora eso se ha multiplicado: ya no hay una guerra fría sino que estamos en muchas guerras calientes, incluida la Guerra Fría, porque esa sigue: aunque no entre la URSS y Estados Unidos. Hay muchos conflictos.

—La Guerra Fría, pues, nunca se ha enfriado.

—No, no se ha enfriado del todo porque ha habido otros componentes. Hay muchos más países con armamento nuclear. Coño, que es difícil ver una noticia buena en política, ver que se pongan de acuerdo. Las emisiones de CO_2, por ejemplo. «Pues se han reunido todos los países. No se ha llegado a ninguna solución, pero han pasado allí unos días.» Creo que la cosa está mucho peor porque no se arregla nada.

—Sucede que ahora tenemos más canales de información y todo nos llega al momento. Pero pensar que, no sé, en la Edad Media se vivía mejor que ahora es una insensatez. El mundo se ha ido civilizando, aunque es verdad que una gran mayoría pasa necesidades y que los ricos lo son cada vez más.

—Lo de «civilizando» habría que verlo. Ir de traje no tiene que ver. Hablas de la Edad Media y... Yo me refiero a los instintos. Siguen existiendo los mismos instintos. El egoísmo. Para mí. Para mi familia. Para los de mi pueblo. Para nosotros. Siempre barriendo para casa.

—Los pecados capitales siguen siendo los mismos, por supuesto.

—Claro. Lo demás sigue evolucionando. Y lo de más civilizados... Sí: «Usted, ¿me deja pasar?», «sí, le dejo pasar». Pero, en realidad, todo sigue igual.

—En «Puta humanidad» dices: *«He perdido el interés / en la puta Hu-*

manidad». Aun así, aquí estamos los dos. Hablando civilizadamente. No queda otro remedio que intentarlo.

—Desde luego que sí. No es este un disco de rendirse y sí de cabreo, de ya está bien. Al final, hay cosas que no puedes decir. No puedes decir: «Creo que lo mejor será una guerra nuclear». Está el cabreo ese de: bueno, vamos a reaccionar, ya está bien. Y, de algún modo, estás diciendo: como ya hemos hablado mucho de esto, se está agotando el tiempo. En el medio ambiente estamos llegando a un punto de no retorno, porque se están perdiendo especies. Puntos de no retorno que se dan un día tras otro.

—Has citado lo de la explosión nuclear, algo que también estaba en la portada del último disco de Extremoduro, *Para todos los públicos*. Parece que últimamente te levantas y te acuestas con esas imágenes de catástrofes. Son casi obsesiones.

—Sí, puede ser, puede ser. Tengo una idea como de catástrofe inminente. Como que ya no me sorprende nada. Veo en un telediario lo peor y digo: «Bueno, normal. Tenía que llegar. ¿Ha salido Trump? Claro, con tantos millones de subnormales...». Parece una visión catastrofista, pero es realista. Estamos aquí pensando que es todo muy estable y mira lo que pasó en la sala Bataclan. Estaban en el concierto y creían que era un día más y que era imposible que pasara nada raro. El que no iba a follar pensaba que no iba a follar, y el que iba a follar que qué bien, pero todo lo demás era inamovible. Y, de repente, se fue todo a la mierda. Cada vez veo menos cosas inamovibles. Todo parece estar pendiente de un hilo, de volcar. En cualquier sitio.

—Pese a ello, aún hay lugar para la esperanza: *«Para hacerle al mundo mejoras, /[...] necesito tiempo»*. Si eso fuera imposible, ni siquiera el tiempo lo conseguiría.

—Sí, por eso tampoco este disco es un rollo de tirar la toalla y decir no puedo. Hay un poco de enfado, como digo, pero en más de una canción hay otra visión, aunque seguramente sean menos llamativas.

—Imagino que cuando hablas de «hacerle al mundo mejoras» te refieres a «tu» mundo. ¿El único modo de cambiar el mundo en general es cambiar, primero, el nuestro en particular?

—Sí, pero también se pueden hacer ayudas. Por lo que tú decías antes de que las canciones las escucha mucha gente y va a darles muchas vueltas.

—En lo que respecta al sonido, las canciones de este disco bien podrían haber estado en el anterior. No noto una fractura. Quizá en aquel sentasteis las bases y en este se ha desarrollado ese proyecto.

—Puede ser. En el primero era ver lo que teníamos y las cosas que podíamos hacer, y en este ha sido hacerlo con un poco más de ir a ello y de ver todas las posibilidades que teníamos. Hemos experimentado mucho y para nada hemos querido que se pareciera al anterior, al contrario. Tratamos de no repetirnos ni en los arreglos ni en la forma de hacer las canciones. Un poco como tú dices: ver las armas y las posibilidades que teníamos.

—Lo único que separa a estas canciones —que tienen una gran intensidad, son orquestales y poseen fuerza— de las de Extremoduro es la falta de electricidad. Si a «Locura transitoria» y «El camino de las utopías», ambas de Extremoduro, les quitas la electricidad podrían haber entrado en este o en el anterior disco. Y es porque las has parido tú y tienen que ver con un momento creativo concreto. El último Extremoduro es, en fin, muy similar a esto.

—Puede ser, sí. El Extremoduro de los últimos tiempos tiene bastante que ver. La diferencia está en la forma de trabajar las canciones, de hacerlas.

—Y la poesía. Las letras son, ineludiblemente, Extremoduro. Cuando cantas *«Mi única bandera / son sus bragas negras»* no puedo evitar retrotraerme a aquellos otros versos de *La ley innata: «Miente el carné de identidad: / tu culo es mi localidad»*. O a: *«...Y es que me siento extranjero / fuera de tus agujeros»*. Idéntica filosofía. La esencia es la esencia y la cabra ya sabemos para dónde tira.

—Sí, sí. Y también a: *«Las banderas de mi casa / son la ropa tendía»* [«Malos pensamientos», *¿Dónde están mis amigos?*]. Pero no es algo planificado, es más un dejarme llevar.

—¿Tu lenguaje, el de este disco, sigue siendo transgresivo?

—Yo creo que sí. Este disco no da cosas por sentadas. Hace pensar, que es de lo que se trata.

—Y si Extremoduro es «rock transgresivo», ¿esto qué sería? ¿Con qué otra palabra sustituimos «rock»?

—Ah, amigo, esto qué sería. Hay que buscar el titulillo.

—«Música transgresiva.»

—«Música transgresiva», sí. O: «Letras transgresivas». No lo sé. Tampoco tengo muy claro lo que es rock. Ni si todo lo que ha hecho Extremoduro es rock. En Extremoduro hay muchas cosas muy amplias, música de distintos tipos. Y creo que esto es transgresivo, pero no es rock duro.

—¿Te ves incluyendo en un disco de esta etapa argot marginal como «lefa», que ya has utilizado otras veces?

—Sí, por qué no. Igual que entra «Puta humanidad» como un título totalmente entendible, pues siempre puede caerse un chorretón de lefa en una poesía (risas).

—¿No sé si eras consciente cuando escribías *«Dime que no pensarás en su boca de fresa»* de que eso viene de Rubén Darío y, después, de Sabina («Princesa»)?

—Sí. Pero es que Sabina no es el dueño de las bocas de fresa. Esa canción suya me gusta mucho, por cierto. No puedes decir: «Esto lo he escrito yo y ya no lo puede escribir nadie», no. Vale, ¿que te van a decir que lo has copiado? Bueno, pues que digan lo que quieran. Pero es que a mí me gusta mucho decir esto.

—Del mismo modo, y para tu escándalo, también está Perales: *«...Y el vestido que te regalé»*.

—No, eso es... [Las risas de fondo de sus músicos, atronadoras, aplastan su frase].

—Bueno, pues que sepas que has citado a Perales. Y, además, vuelven a estar las amapolas. Y la primavera, y el sol...

—Ya, pero... ¿No vuelvo entonces a hablar de esas palabras que uso, no las vuelvo a usar? Es que cada vez significan cosas diferentes y me parecen metáforas fáciles de entender. Y no puedo decir: esta palabra ya la he usado, esta palabra también la he puesto. El viento. Ya no puede salir el viento. ¿Cómo? Coño, a ver... Me niego a no poder seguir diciendo lo que es el viento. Son palabras que tienen un sabor y no se pueden descartar. Intentas no repetirte, pero no hay que ser tan estrictos.

—En «Decidí», de tu primer disco, el llanto estaba proscrito: *«Hoy lloré. / Se me habrá metido un poco de arena, / eso no es para mí»*. Y también en «Puta», quince años después: *«Y se me sale, dando pedales, / sin mi permiso, una lagrimilla»*. Ahora ya no te da miedo mostrarte vulnerable: *«He llorado tanto… / Y he llorado tan adentro»*, confiesas. Aunque el llanto sea metafórico porque, como bien dices, las letras no hay que tomarlas al pie de la letra.

—Sí. Por eso el atropello a Nietzsche del que hablo en el disco. Porque Nietzsche, cuando habla de eso, está diciendo que esas cosas no se piensan cuando se es valiente. Y yo le estoy llevando la contraria: yo soy valiente y lo pienso y lo digo. Y lo hago como un acto de valentía.

—No es menos hombre el hombre por llorar.

—Claro. Y es mucho más hombre y mucho más valiente cuando lo reconoce.

—«Los Rolling Stones y los AC/DC me dan un poquito de pena», me dijiste en nuestra última charla, en alusión a esa forzada eterna juventud rayana con el patetismo. ¿A ti eso no te pasará, te encargarás de que no te ocurra? Es fácil criticar a los demás, pero hay que aplicarse el cuento.

—La teoría me la aprendo bien, pero llegará el momento y no sé qué haré. Por eso ahora, cuando pienso en tocar estas canciones sentado en un teatro, me pregunto si seré capaz de hacer eso. En Extremoduro estás tocando y si no oyes que están bramando, te dices: no les está gustando. Por eso pienso: ¿voy a ser capaz de estar ahí sentadito, tranquilito?

—Lo de tocar con el torso desnudo, sin ir más lejos. Llegará un momento en el que eso no venga a cuento. Por una cuestión de edad.

—Claro, no vas a estar ahí exhibiendo tu cuerpo triste. Si tienes setenta años y estás moviendo el culito eróticamente, te has pasado tres pueblos. En un momento perdiste el norte y empiezas a ser una caricatura de lo que eras. Intentaré que las cosas sean naturales y si me apetece hacer una gira con marcha, hacerla. A la hora de componer soy poco considerado conmigo. Compongo cosas que me cuestan mucho trabajo y que a lo mejor casi ni llego, o cosas muy cañeras, y digo: coño, para qué habré compuesto esto. Ahora lo tengo que cantar, con el trabajo que me cuesta llegar hasta ahí. Pero eso también me da libertad. Estoy componiendo lo que quiero hacer y luego, en directo, haré lo que el cuerpo me pida. No creo que tenga que mover el culito con setenta años. Mi arte va más allá.

—El reciente Nobel a Dylan, más allá de si lo merece o no, ha abierto un debate muy interesante: si los escritores de canciones más dotados merecen la consideración de literatos y, por ello, galardones literarios institucionales.

—¿Un poeta es un literato? Porque un poeta, entonces, ¿qué es? Yo creo que los letristas sí merecen esos premios. ¿Que el letrista tiene el arma de la música? Supongo que los escritores tienen otras armas, no solo la pura escritura.

—Entonces, ¿estás de acuerdo con el Nobel a Dylan?

—Sí.

—Y si le concedieran el Cervantes a Sabina, ¿te parecería bien?

—Sí, me parecería bien.

—Y si a ti te lo dieran en un futuro, ¿irías a la ceremonia?

—No sé, según me pillara [ríe]. Como aquel lío de la Medalla de Extremadura... Cuando me la dieron, lo pensé un poco y, al final, hice lo que creí que debía hacer. ¿Que no me gustó tener que ir? Claro que no, no me gustan esas mierdas. Pero luego, pensando en la gente, me pareció bien ir.

—Cuando hablas de «la gente», ¿te refieres a tu entorno más cercano, a tu familia y amigos?

—No, me refiero a toda la gente. Un político intenta quedar bien con la gente, y supongo que si un político me da una medalla es porque piensa que así va a quedar bien con la gente. Por lo tanto, la gente quiere dármela.

—No quisiste pecar de ingrato con la gente.

—Sí, hay un poco de eso. Me cuesta trabajo porque, claro, te llaman para muchas cosas, premios y no sé qué, y al final no puedes hacerlo porque tienes que dedicarte a tu trabajo y no a hacer el paripé por ahí todo el día. Y en ese caso no quería ser desagradecido y pensé que podía usar aquello para decir algo de otra manera que en las canciones, más concreto. No salvar el mundo, no: locales de ensayo. Recuerdo cuando estaba allí esperando a que me dieran la medalla, con todos a los que ya se la habían dado, mucho uniforme: curas, militares, picoletos... Gente con la que yo no tenía nada que ver. Y la chavalita que me llevó se quedó allí conmigo para que no me fuera o algo, porque ella veía que yo allí no pegaba. Entre otras cosas, porque había que ir con un traje oscuro y yo iba de blanco y con una camiseta de colores. A la chica le parecía que era un bicho tan raro allí en medio que se quedó conmigo como diciendo: tú tranquilo, que no te van a hacer nada (risas). Hasta que se acercaron algunos: «¡Hombre, Robe!», y tal y cual, y ya entonces se fue.

Interviene Lorenzo, el vocalista que forma parte de su banda:

—El debate de la Medalla de Extremadura a Robe se ha repetido todos los años. El mundo de la cultura extremeña reivindicaba la medalla a Robe desde hacía mucho tiempo. ¿Qué han hecho? Pues atender esa petición popular. Y creo que han tardado mucho porque en diferentes medios de comunicación se ha reivindicado, ya digo, desde hace mucho.

Robe, de nuevo:

—Pero Ibarra no les dejó a los socialistas que me dieran ningún premio.

—Ibarra te la tenía jurada [tuvieron varios enfrentamientos en el pasado].

—Hombre... Él ahora no está. Pero es como Felipe González, que no está, porque está trabajando en el puesto que le hayan dado o él se haya cogido, pero en el fondo sigue estando.

—Antes has citado a Trump. ¿Le hemos puesto un peluquín rubio a un planeta alopécico?

—Es que no sé si decirlo, porque como te ponen las entrevistas tanto tiempo después y te dicen: mira lo que dijiste un día... Antes estaba borracho y podía decir lo que quisiera, pero ahora ya te tienes que pensar las cosas un poco más porque luego te avasallan. Yo creo que eso es lo malo de la democracia, que todo el mundo pueda votar. Creo que eso está mal. No todo el mundo debería poder votar. No digo que yo esté capacitado, ¿eh? Pero del mismo modo, no todo el mundo está capacitado para votar.

—¿Habría que pasar un examen previo?

—Habría que pasar varios exámenes. Estamos diciendo que la Historia nos tiene que valer para algo, y que la experiencia, estos miles de años que llevamos viviendo en el planeta, nos tiene que servir para algo. Nuestra propia historia, la guerra que hemos tenido, todo lo que nos ha pasado tiene que servir para avanzar. Pero ¿cómo puede votar un tío que no sabe quién fue Napoléon? ¿Por qué puede votar? ¿Cómo puede votar gente que no tiene ni puta idea de historia?

—¿Sugieres que sea una aristocracia, una élite, la que vote?

—Es que así era la democracia primera. No era todo el mundo a votar, venga. «A ver, tú, el más tonto, ¿tú quién dices?» No puede ser. Ya sé que es políticamente incorrecto, pero lo pienso. A lo mejor mañana pienso otra cosa y cuando me digan: «Tú dijiste esto», lo negaré. Pero ahora lo pienso. No todo el mundo está capacitado para votar. Esa gente que está pensando nada más que en comer donuts y en ponerse más gorda de lo que está, ¿esa gente va a votar?

Robe en imágenes

Este doble cedé/deuvedé en directo, que se publicó el 30 de noviembre de 2018 en El Dromedario Records, tras los dos primeros discos de creación de Robe, es la grabación de un concierto confeccionado con fragmentos de tres de las actuaciones —Barcelona (Palau de la Música Catalana, 12 de junio de 2017), Mérida (Teatro Romano, 8 de septiembre de 2017) y Madrid (WiZink Center, 11 de noviembre de 2017)— de la gira española que Roberto Iniesta realizó a lo largo de 2017 junto a los músicos extremeños que forman parte de su banda. Esa gira llevó por nombre *Bienvenidos al temporal* y constó de tres tramos: el primero, *Ponte a cubierto;* el segundo, *Casi me corto el pelo,* y el tercero,

Nadie se baña dos veces en el mismo río, con un total de treinta y cuatro actuaciones por toda España. En el libreto del disco se especificaba por qué aquel era un concierto frankenstein:

«Quisimos grabar en tres escenarios diferentes para tener una muestra más amplia de lo que fue la gira, pero también para contar con tres versiones de cada canción y poder elegir el mejor de nuestros momentos».

El deuvedé, que recoge todas las canciones incluidas en los dos cedés, fue dirigido por Diego Latorre, quien se ocupó a su vez de la ilustración de portada, que muestra el teatro romano de Mérida como un barco sobre un mar proceloso, y del diseño gráfico se ocupó Iosu Berriobeña, con fotografías interiores, de los conciertos de Madrid y Mérida, de Javier Valiente. Fue mezclado en Muxicon Estudios, en Mungia, Vizcaya, y masterizado por Steve Fallone en los estudios Sterling Sound de Nueva York (USA).

En el CD1 (primera parte) se recogen las siguientes canciones: «El cielo cambió de forma» (Madrid), «Hoy al mundo renuncio» (Barcelona), «Por ser un pervertido» (Mérida), «Donde se rompen las olas» (Madrid), «Querré lo prohibido» (Barcelona), «Ruptura leve» (Barcelona), «Nana cruel» (Mérida), «Destrozares» (Mérida), «Guerrero» (Mérida), «La canción más triste» (Mérida), y en el CD2 (segunda parte): «Cartas desde Gaia» (Madrid), «De manera urgente», (Mérida), «Puta humanidad» (Mérida), «Del tiempo perdido» (Mérida), «Contra todos» (Mérida), «... Y rozar contigo» (Madrid), «Por encima del bien y del mal» (Mérida), «Si te vas...» (Madrid) y «Un suspiro acompasado» (Madrid).

Bienvenidos al temporal

La poesía y la épica que desprenden las composiciones que conforman sus dos títulos en solitario se amplifican por mor del poder persuasor de las imágenes, que, en vez de ser adulteradas, maquilladas, lo cual es siempre una tentación para un realizador, se mantienen casi prístinas, con su esencia original (con predominio de un azul bellísimo y hechizante y un uso efectista, rítmico, del zoom), en lo que ha de considerarse un acierto del director, Diego Latorre. En ellas, aparte de al ídolo iracundo se puede apreciar la labor decisiva de los músicos que hacen posible que el mensaje nos llegue sin mácula ni error, nítido y atronador a un tiempo. Pero de este concierto idealizado nada más voy a añadir porque ya he escrito acerca de los dos discos que le dan cuerpo, y porque cuando se va a ver o escuchar una actuación musical no es necesario que nos sea destripada su arquitectura: basta con dejarse llevar sin más por aquello que nos es mostrado y emprender ese viaje como quien se adentra en una película o en una novela, ligeros de equipaje y dispuestos a abstraernos de la grosera realidad mientras dura la inmersión.

Sí que quiero señalar, sin embargo, lo que he podido ver bajo esas canciones. He visto a un hombre que asciende una pendiente hacia el punto más elevado de sí mismo, hacia el torreón de sus emociones. Unas emociones que contagian inevitablemente al espectador y lo iluminan, incluso en aquellos momentos en los que la boca del poeta vomita pedazos de noche detenida y apocalipsis.

El mayor logro de su etapa en solitario es haber demostrado que la suya es una vocación sin fisuras. Quiero decir que en lugar de conformarse con las muchas medallas ya obtenidas, siguió investigando con la inequívoca intención de acariciar ese Santo Grial que es la obra maestra. ¿Lo ha conseguido? Me temo que esa respuesta solo la darán el tiempo y ese caprichoso club denominado posteridad.

Es por otro lado imposible no ver en esta exhibición de esfuerzo y búsqueda una acuciante necesidad de que sus obras no pasen desapercibidas. Eso nos indica que nos hallamos ante un artista en el sentido estricto del término, puesto que crea espoleado por una fiebre inspiradora que lo lleva a abrir puertas nunca antes franqueadas y cuyo anhelo último es el reconocimiento de quienes asisten al espectáculo de su arte. Porque para aquellos que todavía no lo sepan, desde que saltó al ruedo musical, más de tres décadas atrás, Robe, reverso exacto del artista común, no ha hecho otra cosa que buscar el amor de la gente.

De todos modos, aquel a quien vemos clamar *«Del tiempo perdido / en causas perdidas, / nunca, nunca, me he arrepentido, / ni estando vencido, / cansado, prohibido»* no es un simple músico, no. A quien vemos, en realidad, es a Ben-Hur, a Espartaco, al Capitán Trueno. A un luchador flanqueado por un comando de élite y armado de una guitarra que mata lugares comunes y prosaísmo, y al que el fragor del campo de batalla le humedece la mirada.

Pero que nadie se equivoque: las lágrimas de Robe son de acero. Las únicas lágrimas que un guerrero es capaz de derramar.

Entrevista *(El Mundo)*

Los días en los que Robe dispensó a los medios de comunicación la misma medicina que estos le habían dado a él, el desprecio absoluto, habían quedado definitivamente atrás. La década de ninguneo que sufrió, la devolvió enterrando el teléfono idéntico número de años. Unos años en los que los periodistas se lamentaron por no haber advertido antes que el metal del que estaba hecho ese poeta y músico que manejaba con igual maestría la lira y el bardeo, era oro puro. Pero en sus últimos trabajos, tanto al frente de Extremoduro como en su caminar en solitario, levantó el «veto» y charló con los chicos no tan malos de la prensa, y yo volví a hablar para el diario *El Mundo* con él. He aquí nuestra conversación:

—Esto de hablar con los periodistas se está convirtiendo en una fea costumbre. ¿A qué se debe semejante aperturismo?

—Bueno, ruedas de prensa siempre hemos hecho. Lo de venir un día a Madrid y cascarnos todo el día trabajando, eso ya no. Y lo del aperturismo es por no ser intransigente.

—¿Son entonces los medios de comunicación útiles para el artista?

—Sí. Eso nunca se ha cuestionado. Los medios son útiles, claro. Pero también el exceso hace que os canséis un poco, igual que la gente, y no es bueno.

—Cuando el año pasado presentaste la gira, invitaste a varias asociaciones humanitarias y ecologistas, y convertiste un acto cultural en todo un acontecimiento solidario. Ahora, en vez de lanzar un deuvedé y a correr, estrenas el concierto en cines. O eres un maestro de la mercadotecnia o estás muy bien asesorado.

—Algunas veces me han dicho que manejo el marketing, pero qué va. Son cosas que salen de forma natural.

—Respecto a ese gesto solidario que tuviste, ¿crees que toda persona con cierta relevancia pública está moralmente obligada a aprovechar cualquier evento propio para ayudar a los más necesitados, ya sean estos personas, animales o vegetales?

—No, no creo que haya esa obligación. Son cosas que te tienen que salir, tienes que poder hacerlas, se tiene que dar la oportunidad. No creo que sea una obligación. El arte es arte. ¿Que está la obligación de dar ejemplo? Bueno. Según qué cosas. Cuando estoy haciendo un acto de promoción no creo que tenga la obligación de sacar a otra gente en altavoz. Cuando eres un poeta tienes que hacer tus poemas, y cuando haces canciones tienes que hacer tus canciones. Y si de vez en cuando puedes ser altavoz y ayudar a alguien, pues está muy bien. Pero no creo que sea una obligación el estar todo el día reivindicando porque entonces no haríamos otra cosa.

—¿No es osado estrenar en cines lo que no deja de ser un concierto? ¿La gente pagará para ver un concierto en el que no puede interactuar?

—Técnicamente hablando, es que me la suda. Si dependiera de que la gente lo comprara para poder hacerlo, pues me lo plantearía. Pero es que ese no era el objetivo. Se trataba de tener una grabación en deuvedé, como se ha hecho siempre. Y lo del cine es algo que da igual, porque nadie pierde nada.

—¿En qué medida crees que las imágenes amplifican el efecto de la música, que la mejoran?

—Esto es un poco como las carreras de coches y de motos. Las ves en casa y te enteras de todo, pero si las ves en directo, no te enteras de nada.

—Los puristas, esos talibanes de la tradición, dicen que ya no molas. Que te has refinado. Que antes escupías fuego y ahora contemplas las olas como un adolescente enamorado. ¿Te la pela o quisieras decir algo?

—Me la pela porque tampoco puedes hacer nada contra eso. El que es auténtico es auténtico, haga lo que haga. Camarón también decía algo así porque con él se metían mucho por lo de la pureza. Yo no sería más auténtico si me preocupara por hacer lo que la gente quiere que haga. Siempre va a haber gente que cargue contra ti, sobre todo, cuando llevas tanto tiempo. Tengo que hacer lo que siento que debo hacer.

—Tu música ha experimentado una evolución, no una involución. ¿La curiosidad es la principal causa de tu crecimiento?

—Sí. Mi curiosidad, mis ganas de hacer cosas nuevas. Y las ganas de sorprenderme.

—Pienso que *La ley innata* es el mejor disco de rock español en lo que va de siglo, y que tus dos trabajos en solitario son absolutamente distintos a cualquier cosa que un artista de pop o rock haya hecho en España. ¿Tienes la sensación de jugar en una liga distinta, quizá superior?

—[Largo silencio.] Superior no. Pero a veces no entiendo lo que hacen los demás, esa es la verdad.

—Paco de Lucía me dijo que todos los grupos de rock y pop españoles de los ochenta eran malísimos, algo en lo que tú coincidías cuando señalaste que eran muy moñas. ¿Eso ha cambiado o sigue siendo así?

—¿Si seguimos con la corriente moñas? Sí. Lo de los ochenta, lo que pasó con la Movida, ocurrió en toda España, pero en Madrid estaban los medios. Había muchos grupos que eran pura provocación, y eso estaba bien, hacía falta, pero fue más el fenómeno sociológico que la calidad musical. Y solo hay que ver los grupos que han ido quedando.

—Te gustaban Antonio Vega, Hilario Camacho, Manolo Tena, Lole y Manuel. Sé que no eres mitómano, pero ¿podrías darme el nombre de algún músico español en activo que te guste, aunque no esté en tus coordenadas estéticas?

—Pues no sé, no me acuerdo ahora mismo de nadie. En cuanto al rock, veo poco relevo. Creo que hoy en día hay grupos que están haciéndose famosos por cosas distintas a la música, secundarias.

—Una concursante de *OT* quiso cambiar la palabra «mariconez» de una letra de Mecano porque la consideraba homófoba, y su autor se negó. Si cantaran una canción de Extremoduro, la tendrían que cambiar entera. ¿Qué te parece esta ola de corrección política?

—Pues que nos estamos pasando. Se habla de la libertad de expresión, los jueces y tal. Pero no son los jueces, no es la libertad de expresión, es la gente. La sociedad en general. Hay que tener mucho cuidado con cómo hablas de las mujeres... Una frase así... rara, puede ser racista... La frase «comparar a Dios con un gitano» ya no se puede emplear. La corrección política siempre me ha parecido un disfraz para los malos. En uno de mis discos hay un aviso para los niños, que no se fíen de la gente que nunca dice tacos. Hay que hablar con más libertad. Y el movimiento de los «micromachismos»... Ya hay que cogérsela con papel de fumar.

—¿Y el Me Too? No faltan hombres, y también mujeres, que consideran que es una caza de brujas contra el hombre.

—Lo que está pasando en Hollywood me parece un poco raro. Gente que ha sentido abusos hace muchos años y los ha consentido, y que gracias a esos «abusos» ha tirado para delante con su carrera porque eso era algo normal, y que saquen ahora todo eso... Coño. No te obligaron a hacer el *casting* del sofá. Está bien que se reivindiquen cosas, que haya una igualdad y que cambien cosas que estaban mal. No es normal hacer un *casting* en un sofá, no tienes por qué hacerlo. Pero no lo digas al cabo de diez o veinte años.

—¿Ser hombre hoy día es vivir bajo sospecha?

—Un poco sí. Sí. Es como si todos tuviéramos que mostrar nuestro feminismo acérrimo. Por mis expresiones, seguramente me podrían decir que soy machista, micromachista o maximachista, pero yo no me lo considero. Yo me considero feminista. En las giras, que hay que contratar a mucha gente, nunca he dicho «esa no porque es una tía, para ese puesto hace falta un tío». Nunca.

—¿Entre Francia y Portugal cuántos países hay?

—[Largo silencio.] ¿Soberanos o no soberanos? Pues a mí me gustaría que soberano no hubiera ninguno. Ni entre Francia y Portugal ni en ninguna parte. Estoy hasta los cojones de países soberanos y naciones soberanas que se piensan que pueden hacer lo que se les ponga en la punta del nabo. Tenemos que avanzar hacia poner ideas en común y aceptar ideas, poner bases. Debemos ir más hacia una unión que hacia un separar. No hablo de un mundo feliz donde todo el mundo se mueva según las mismas leyes. Las personas somos diferentes y está bien que las leyes sean diferentes.

—«Mi única bandera son sus bragas negras», canta Robe. ¿Roberto Iniesta, el ciudadano, lo suscribe?

—Sí. Las banderas no me gustan nada, como te digo. Ni los países. No me gusta la división, hay que avanzar. Estamos en un mundo global, con problemas globales, como es el medioambiente. Ya hemos visto que no se puede ensuciar un sitio y mantener otro muy limpio. Tendría que haber alguien que pusiera orden. Unos términos filosóficos aceptados por todos. Mínimos. Como definir el bien y el mal, empezar por ahí. Es una cosa básica y, sin embargo, quizá no nos pondríamos de acuerdo en eso.

—En la anterior entrevista que te hice, dijiste que lo malo de la democracia es que todo el mundo puede votar, y la liaste parda. ¿Lo sigues pensando?

—Sí. No creo que desde entonces haya cambiado nada ni que la gente se haya hecho más lista. Mientras siga votando la gente que solo vota en su propio interés y en el de su país, estamos condenados a la confrontación, a la guerra y a la puta mierda. A la desigualdad.

Mayéutica

El tercer disco de estudio de Robe empezó a cocinarse como el último disco de Extremoduro, pero al final salió bajo su solo nombre y se presentó como la continuación o secuela de *La ley innata*. Entre el «Interludio» y la «Coda feliz», tenemos cuatro *movimientos:* «Después de la catarsis», «Mierda de filosofía», «Un instante de luz» y «Yo no soy el dueño de mis emociones».

En el libreto del disco nos encontramos la siguiente nota explicativa de Robe:

«Este disco fue creado durante el año 2018, justamente diez años después de la publicación de *La ley innata.*

»Diez años tardé en volver.

»Y de este regreso, o tal vez de todo lo vivido mientras tanto, surgió esta inesperada continuación.

»*Mayéutica* es una canción concebida como una sola obra que consta de cuatro movimientos. Comienza con un interludio, que la enlaza con *La ley innata,* y acaba con una coda sin final.

»La armamos y la grabamos durante el verano de 2019, ya con Woody Amores integrado como guitarrista en el grupo».

Mayéutica —método socrático con que el maestro, mediante preguntas, va haciendo que el discípulo descubra nociones que en él estaban latentes—, que se editó en la compañía El Dromedario Records, fue grabado en los PKO Studios y en Tresnueces Estudio con Caco Refojo como ingeniero técnico y con Frank Lozano y Camilo Aristizábal como asistentes. La reamplificación de las guitarras se hizo en Sonak Studios & Live con Luismi García. Íñigo Etxebarrieta fue el técnico de sonido, y lo masterizó José Luis Crespo en los Small Room. La producción corrió a cargo del pianista de la banda de Robe, Álvaro Rodríguez Barroso.

Del diseño de portada, contraportada y de las ilustraciones del libreto se ocupó Diego Latorre, e Iosu Berriobeña fue el diseñador gráfico. Alén Ayerdi ejerció de productor ejecutivo, con Jesús García de ayudante.

En los agradecimientos citaban a los miembros oficiales de Extremoduro, Miguel Colino, Iñaki «Uoho» Antón y José Ignacio Cantera, y a Félix Landa y Aiert Erkoreka, el guitarrista de apoyo en las giras y el teclista, «por su aportación cuando este disco se estaba gestando», pues todos ellos estuvieron ensayando esas canciones con la intención de salir de gira con ellas hasta que el covid-19 hizo su aparición.

Nos hallamos ante una —larga— canción concebida como una sola obra con —ya lo he dicho— una entrada, cuatro fragmentos y un cierre. En realidad, más que un disco es un incendio, un huracán. Una fiesta superlativa de música y poesía con profusión de luz y alguna que otra sombra. Son poco más de cuarenta minutos de inspiración y audacia en donde un violín, un piano, una guitarra eléctrica, una batería, un bajo y los aullidos bajo la luna de Robe nos transportan al espacio exterior y, tras sacudirnos y acariciarnos, dejan en el paladar el sabor inequívoco de la felicidad.

En *Mayéutica* está el espíritu guerrero tan arraigado en Robe: *«Buscando la manera / de hacer revoluciones, / pasé la vida entera / tocando los cojones: / tener un ideario / y perder las convicciones, / volver a lo primario…»*.

Está lo utópico como eterna cuenta pendiente: *«Quise hacer el mundo más feliz / y quise volar y hacer un mundo nuevo / y, aunque todo esté por conseguir, / no me desespero»*.

Está la importancia capital del amor: *«Hablamos del amor / y ya no existen condiciones. / Cruza la puerta y quédate conmigo»*.

Está la posibilidad de acariciar los anhelos incumplidos: *«Empieza la función, / aquí se admiten peticiones. / Todos los sueños que no se han cumplido»*.

Y está la búsqueda incansable de la inspiración —la vida para el creador— expresada con un lirismo propio de un poeta de estatura: *«… tú queriendo descifrar / mi empeño por poner / un cielo azul aquí entre tanto trasto»*.

Mayéutica es, en fin, una extensa canción imprevisible y vivísima. Como una novela de aventuras. Como una película épica. Como una batalla sin fin.

Puro Robe. Extremadamente Robe.

X

Iñaki: Inconscientes / Uoho

Todo tiene sentido,
y es que dista mucho de ayer,
y ayer es nunca jamás.

Iñaki Antón y María Martín, «Mi desierto»

Quimeras y otras realidades

Tuvieron que pasar casi diez años hasta que vio la luz el segundo disco de Inconscientes. Tras *La inconsciencia de Uoho* (2007) llegó *Quimeras y otras realidades* (El Dromedario Records), que se publicó el 9 de diciembre de 2016 con Iñaki, guitarras, coros, teclados y trombón; Jon Calvo, guitarras, voz y armónica; José Ignacio Cantera, batería; Miguel Colino, bajo, y Aiert Erkoreka, piano, órganos y coros, y que contenía quince canciones con un mismo aroma y distinta temperatura rítmica diseminadas a lo largo de dos cedés, y grabadas y mezcladas por Iñaki y Jorge e Íñigo Etxebarrieta entre Laukariz, Sopelana, MuxicOn y la casa de Iñaki.

Mientras que Robe seguía en la senda de la experimentación, Iñaki volvía a sus orígenes netamente roqueros. Un terreno que considera su hábitat natural. En el primer cedé, ocho temas: «Otra realidad», «El último hombre libre», «Arden las sábanas», «Detrás del universo», «No te detengas», «Polvo eres», «Ayer» y «Jugando». En el segundo, siete: «Cacareo», «Encadenado», «Soy mi enemigo», «Mi desierto», «Empieza la función» (recuperada del primer disco), «Debajo de un abedul» y «Sin fronteras». Iñaki firmaba la autoría de todos los temas con Calvo, a excepción de «Mi desierto», con María Martín, y «Empieza la función» y «Polvo eres», a solas. «Debajo de un abedul» está compuesta por Carlos Chaouen. Kutxi Romero, de Marea, echó una mano en las letras, aunque se negó a que especificaran en cuáles.

Colaboraron en él Gino Pavone (percusión); María Martín y Sara Íñiguez (coros); Humberto Armas (viola); Jorge Guillén (violín) y Pachi Urchegui (trompeta).

Del diseño de la portada, el libreto y la parte gráfica se ocupó Jon, y las fotos las tomaron Irantzu Antón y un poco todos.

En el disco indicaban unas «Instrucciones de uso»:

«Al crear *Quimeras y otras realidades* no lo hemos concebido como un disco doble, sino como dos discos con un ambiente y una vida paralela cada uno. Estos dos discos, aunque forman parte de un mismo trabajo, poseen vocación de discos independientes, y los hemos estructurado para ser escuchados por separado, no de un atracón. Creemos, además, que cada uno de ellos puede acompañar diferentes momentos, estados o espacios.

»El sonido final está diseñado para ser escuchado a buen volumen, cuando eso sea posible. Por ello, aunque parezca paradójico, la masterización final no tiene un volumen exageradamente alto. Si prefieres esto último, también lo hemos hecho: puedes bajártelo gratuitamente introduciendo el código que encontrarás en la tarjeta que incluye el disco. Ahora solo te queda pincharlos, subir el volumen y acompañarnos por un rato a nuestro universo».

El salto respecto al anterior disco era notable. Hablo de la calidad: las nuevas canciones estaban más elaboradas y eran más ambiciosas. Eso es algo que se apreciaba desde el primer corte, «Otra realidad», con un *riff* de guitarra que atrapa y el solo marca de la casa, muy melódico, muy Iñaki.

La mayor parte de los temas son pegadizos, entendiéndose esto como un piropo. Quiero decir que son canciones pensadas para funcionar muy bien en directo y hacer saltar al personal.

Respecto a las letras, no son textos sobresalientes, pero sí eficaces. Se sostienen y cumplen las exigencias de un disco de rock.

Hay algunas imágenes surrealistas, como en «Encadenado»: *«Lanzo mi mente a imaginar laberintos de cristal»*. O *«yo, sumergido en tu mar*». O ese verso de «Arden las sábanas»: *«Si su calor me calcina los sueños, / dime: ¿por qué las tengo que besar?»*.

Quimeras y otras realidades era, en fin, uno de los mejores discos de rock que se podían encontrar en España en ese momento.

Iñaki me comentó de forma somera algunas de las canciones de aquel disco doble:

«Otra realidad»:

«Viene sobre una idea de Jon, y posteriormente trabajamos bastante en ella. Es, de hecho, la primera canción en la que empezamos a trabajar en aquella temporada. Es atresillada, tendente al rock duro, a una música más potente. Cuando la haga yo [para Uoho], que le cambiaré un poco la onda de la letra, ya la comentaré».

«El último hombre libre»:

«Otra canción que viene de otra idea de Jon, y a la que le añadimos unas partes y la recolocamos, y que trabajamos mucho entre los dos. Es un rock con un toque más hispano. Está en el polo extremo, aunque ambas sean rock, de "Otra realidad". Tiene trasfondo, o eso creo».

«Arden las sábanas»:

«Es rock sin concesiones. No tiene otras pretensiones que lo que es. Rock, mensaje y final».

«Detrás del universo»:

«La primera idea es de Jon. Todo el asunto de "Detrás del universo", yo me largo para no ver esta mierda... A mí me gustó mucho, y le hicimos desarrollos instrumentales».

«Polvo eres»:

«Es una canción mía. Se le nota un estilo más *plateresco*».

«Ayer»:

«Una balada sin disimulos».

«Jugando»:

«Una instrumental que me encanta. Es Miguel [Colino] quien viene con el esqueleto de esa canción. Decidimos dejarla instrumental, una instrumental jipi, te diría, y la verdad es que me gusta mucho, me parece muy guapa».

«Cacareo»:

«Un blues lento que yo creo que tiene un texto buenísimo, obra de Jon. Un tiempo muy tirado, muy lento, muy relajado. Tiene, porque lo pretende, un toque clásico».

«Encadenado»:

«Es otra idea de Jon con un toque más cincuentero, con más influencia de Brian Setzer, el rockabilly… Igual no lo sabíamos y estábamos buscando raíces, nuestras profundidades. Hay veces en las que te apetece experimentar y otras en las que te apetece ir al centro. Quizá, y lo estoy pensando ahora, en este disco nos apeteciera».

«Mi desierto»:

«Curiosa y atípica, porque la escribió María [su mujer, responsable de los coros de muchas de las canciones de Extremoduro desde *La ley innata*]. La escribió y la cantó sin ningún tipo de acompañamiento. Me dijo "he escrito esto", y lo cantó, pero sin guitarras, sin acordes y sin nada. A capela. Y le dije "cántamela otra vez", y la armonicé y le puse todo lo que tiene. Es una canción de un agente externo al grupo que la hacemos nuestra. Antes de que nos juntáramos para trabajar en ese disco, en esa nueva etapa de Inconscientes, al haberla hecho ella y haberla apañado yo, arreglado, era una canción que ya teníamos maquetada».

«Empieza la función»:

«Otra canción mía. Un rock con un toque *plateresco*, es lógico, porque lo tengo yo. Con ella empezamos a ensayar en las reuniones o en las pruebas de sonido. Sentimos que es uno de nuestros temas representativos».

«Debajo de un abedul»:

«A mí me gusta mucho Carlos Chaouen. Me parece uno de los mejores escritores de canciones del país. Y hablando con él surgió, no sé si se lo dije yo a él o él a mí, que hiciera una canción para el disco. Entonces se vino un par de días a mi casa, estuvimos muy a gusto, y me grabó con la acústica, y cantando, media docena de canciones. Yo iba a elegir otra, que luego él posteriormente ha editado, pero hablando con Jon, que era con el que más trabajaba en este aspecto, le pregunté que cuál le gustaba y me dijo que "Debajo de un abedul", y decidimos hacer esa. A mí me parece cojonuda, tiene un texto de la hostia, y algunos pasajes del texto, frases, son grandiosos. Pero no sé. Son canciones que no tienen la misma aceptación, repercusión, el mismo eco que canciones más facilonas. Aunque ahí está. Funcione más o menos, estoy orgulloso de haberme hecho merecedor de que Carlos me la prestara y de haberla grabado, porque me gusta cómo quedó».

Entrevista *(El Mundo)*

Con motivo de la publicación de ese disco, entrevisté a Iñaki para el diario *El Mundo:*

—Este disco sale al filo del fin de año y es uno de los mejores discos de rock/rock de 2016. ¿Por qué es tan difícil encontrar hoy, en España, un buen disco de rock?

—Pese a que he pensado mucho en ello, no tengo una respuesta. Una razón podría ser que la gente joven le dedica más horas a la tecnología que a la guitarra. Ahora los músicos tenemos muchos medios para plasmar lo que hacemos rápidamente, en un disco duro y con efectos. Y cuando trabajo con gente que empieza, detecto que pasan muy poco tiempo tocando entre ellos, creando en la intimidad. Te dicen: «Mira, he hecho esto y lo quiero oír ya, le quiero poner efectos...», y todo ese tiempo que se emplea en el ordenador se le quita a la creación. Es la impaciencia; una tendencia social a consumir mucho y muy deprisa, y a querer hacer las cosas muy rápido. No me gustaría hablar como un abuelo cebolleta, pero los que empezamos en los noventa queríamos tocar, no cobrar. Ni siquiera soñábamos con vivir de ello. Eso era una quimera. Hay gente que me ha llegado a preguntar cómo tiene que ser una canción para que guste. Haces una canción para que te guste a ti. Y si es buena para ti, seguro que para alguien más también lo será.

—El rock siempre ha sido un género contestatario y estos son tiempos idóneos para protestar. ¿Por qué, entonces, siguen mandando el pop y el pop/rock?

—A mí me acojona ver cómo las instituciones, los políticos en general, han querido llevarse el rock a su terreno. «Nosotros somos guais y apoyamos el rock.» Y creo que quienes hacemos rock debemos estar en el otro lado porque el rock es una forma de expresión en la que lo que importa es tocar los cojones y decir lo que no te gusta, molestar a tu vecino el de la corbata.

—Si nos atenemos a la portada del disco, los miembros de Inconscientes viven en un mundo de «quimeras y otras realidades» y, a veces, se asoman a este. ¿Es esa una metáfora de lo que significa vivir *en* músico?

—Sí, perfectamente. Los músicos tenemos dificultades; nunca sabemos cómo nos vamos a ganar la vida ni qué va a ser de nosotros. A los músicos y toreros, a la vejez os espero. Pero tenemos la suerte de contar con nuestro propio universo, que es una palabra que aparece varias veces en el disco, nuestro mundo paralelo, en el que nos refugiamos, nos sumergimos y en el que de alguna manera nos protegemos.

—Del primer disco (2006) a este segundo parece que haya habido unos cuantos más por medio. Hablo de evolución: está mucho más hecho en todos los sentidos, letras, sonido, producción. Parecen dos grupos distintos.

—Hay dos factores que explican esa evolución. Una es que el primer disco fue un arrebato, una cosa mucho más juvenil, aunque tampoco éramos tan jóvenes. Un desparrame, un patadón. Y este ha surgido con una perspectiva diferente. Hemos esperado todo lo necesario hasta poderlo hacer bien y hemos trabajado las canciones, en su preproducción o en su composición o en sus arreglos, con mucha tranquilidad y mimo, tomándonos todo el tiempo necesario hasta que nos han convencido. Y el segundo factor importante es que somos diez años mayores, y en ese tiempo hemos estado aprendiendo.

—Quizá en este caso deberíais haber quitado el «In» y haberos llamado Conscientes porque, en realidad, el primer disco pudo ser una inconsciencia, pero este, salvo por el hecho de que sea doble, algo arriesgado, es un disco bastante sensato: coherente, con un sonido homogéneo, con un mismo aroma. No es una colección de canciones, sino un proyecto.

—Un proyecto, sí, y como tal lo hemos trabajado. Lo hemos dividido en dos ambientes para distintos momentos, pero con una filosofía de sonido y de trabajo igual. No hemos querido hacer un puré ni una ensaladilla, sino algo con una coherencia y unidad.

—¿En qué punto entre el mero divertimento y la responsabilidad de un grupo serio se encuentra Inconscientes? La reina madre es Extremoduro, y esto solo tiene cabida cuando ese grupo descansa.

—Eso fue así en el primer disco, que surgió por divertimento y por ganas de hacer cosas y de ocupar un espacio. Esta vez nos lo hemos tomado de otra manera. Veníamos con ganas de años de hacer esto y hemos tenido que encontrar el hueco necesario para hacerlo con calma y reposo, como se deben hacer las cosas de las que quedas orgulloso, no de cualquier manera. Hemos recomenzado una andadura más alejada del divertimento y más próxima a la profesionalización del grupo.

—Mirando al futuro.

—Mirando al futuro, sí, y dedicándole tiempo de nuestras vidas y disfrutando de ello.

—En ese sentido, ¿te has planteado hacer las Américas? Esa sí que sería la prueba de que vais en serio.

—Yo me planteo hacer las Américas inmediatamente, lo que hace falta es que alguien en América tenga ganas de que vayamos. Nosotros podemos pedir a la gente de la discográfica que lo mueva, pero no es fácil. Sí que es cierto que el tema de las redes sociales elimina muchas fronteras, o las difumina. Ahora mismo lo que estamos haciendo aquí puede ser visto en América, algo impensable hace unos años sin la edición previa de un disco. Pero sí, estamos al acecho de que allí ocurra algo con nosotros para visitar esos países y dar la lata. Nos encantaría.

—Robe lleva ya dos discos bajo su nombre. Fito Cabrales, tras Platero y Tú, decidió también llevar en solitario las riendas de su música. Tu primer disco después de Extremoduro llevó tu nombre, pero enseguida te arrepentiste y lo cambiaste. En una lectura rápida podría pensarse que tienes miedo a hacerte famoso en solitario.

—La verdad, no lo he pensado nunca. Lo estoy pensando según me lo preguntas y sí, me daría miedo, no quiero. Me gusta mi trabajo, me gusta hacer música, tocar..., pero has dicho la palabra «famoso» y no me gusta. Me gusta andar por la calle como uno más.

—Quizá no haya empleado la palabra adecuada. Me refería a triunfar en solitario.

—No sé si quizá por los grupos de los que he bebido, Led Zeppelin, Deep Purple, Rolling Stones, tengo más una idea de grupo, además de por la forma de trabajar. No me gusta defenderme yo solo, hacer todo yo. Me encanta trabajar en equipo, en esto y en todo lo demás, y creo que un grupo es un equipo. El grupo se llamó Inconscientes desde el principio. Nos convenció la compañía, Muxik, de la que yo formaba parte, y Robe pensaba que era bueno, y por eso me convenció para que pusiéramos al grupo La Inconsciencia de Uoho. Pero cuando tuve el objeto físico en mis manos me horrorizó tanto que lo mandé todo para atrás e hice que se volviera a fabricar todo de nuevo, perdiendo el dinero de todos los discos fabricados. O de las portadas, no me acuerdo ya porque hace diez años de eso.

—¿Pánico escénico?

—No, no, en absoluto. No sé muy bien por qué. Me parece muy bien que un artista en solitario sea un artista en solitario, y debe ser así, pero no era mi caso. Siento que trabajamos en equipo y me pareció, incluso, irrespetuoso para la demás gente del grupo.

—Con Inconscientes atiendes a tus propios impulsos, a tu esencia, el rock clásico, y no tienes que trabajar a partir de las semillas de Roberto Iniesta. ¿Volar sin Robe es como quitarse una tonelada de encima?

—Bueno, quizá lo que ocurre es que después de todos los años que llevamos trabajando intensamente, con una mente tan creativa, tan obsesiva en su trabajo, tan perfeccionista, y él creo que podría decir lo mismo, coma por coma, de mí, necesitábamos, o nos apetecía, darle un descanso a Extremoduro, a tanta intensidad. Él ha hecho las cosas a su manera, en este punto de su vida le apetecía probar con otros sonidos, otros ambientes, otros instrumentos, otros ritmos, y yo me he ido inmediatamente a hacer lo que me apetecía, rock directo que salga del estómago, pasando por el peaje del coco, al exterior.

—Eso también se notará en los conciertos. La responsabilidad cuando tocas con Robe es mucho mayor, pues hay que tenerlo todo calculado al milímetro. Imagino que aquí estás más relajado.

—A la gente que hemos bebido mucho del blues, del rock, nos gusta mucho ese punto de improvisación en el que puedan pasar cosas diferentes. En Extremoduro siempre intento mantener un momento en el concierto en el que ocurra así, pero es difícil. Son conciertos muy grandes, con mucha responsabilidad, para mucha gente, y lo que queremos, y a Robe le gusta, es que salga todo bien.

—Los conciertos de Extremoduro son conciertos muy guionizados, con muy poco lugar para la repentización.

—Sí. Me consta que hay otra gente que los guioniza aún más, tratamos de dejar cierto margen, pero de alguna forma los conciertos de Extremoduro están muy guionizados, sí. En un concierto de Inconscientes pueden pasar cosas, que se cambie una canción o se toque una que no estaba prevista. Cosas inesperadas.

—Robe, con la música que está haciendo, parece estar preparando un plan de pensiones, su jubilación, pues podrá tocar en recintos más pequeños e incluso sentado. A ti, en cambio, sí que podría tachársete de inconsciente, ya que sigues instalado en el rock como un eterno Peter Pan. ¿No temes a la vejez?

—Puede que lo de Robe sea como dices. Tú lo has visto así y yo no sé del tema lo suficiente para confirmarlo o desmentirlo. Ni soy quién. Lo que sí que está claro es que soy un inconsciente porque voy a gastar toda la gasolina, y cuando no quede una sola gota me sentaré a ver qué hago. Voy a gastar toda la gasolina acelerando. Es una insensatez, pero soy así. He visto a Chuck Berry liarla parda con noventa tacos. Yo me conformo con llegar a la edad de jubilación que le parezca al gobierno de turno acelerando.

—El formato de la gira que comienzas ahora es la antítesis de Extremoduro. ¿Te sientes más cerca a la gente en lugares pequeños o es más arriesgado? Lo digo porque Dylan declaró que tocar ante cien mil personas es como tocar ante una sola, pero que si tocas para cincuenta cada una de ellas tiene entidad propia.

—Lo que dice Dylan tiene fundamento. Cuando estás ante cincuenta personas ves a cada individuo, pero cuando estás ante treinta mil es un océano. Aparte de que están más lejos. Yo tengo un recurso, que es quedarme con alguien a quien le interesa el concierto. Más de uno fliparía si supiera que toqué un concierto entero para él. O ella.

—Es bonito eso que cuentas: como una lucecita en medio del mar.

—Sí, por eso me encanta tocar en salas: por el contacto con la gente, tener a alguien a solo tres metros. Tocar ante muchísima gente es más emocionante, pero también, no cabe duda, más impersonal.

—A propósito de Dylan, Robe, a quien entrevisté para este mismo diario, opina que merece el Nobel, y que si le dieran el Cervantes a Sabina, también asentiría. ¿Lo compartes?

—No soy quién para opinar porque, para empezar, no domino el inglés. Tengo traducido algo de lo que Dylan ha escrito, pero no tengo ni puta idea para opinar si Dylan merece el Nobel, eso sí que sería una insensatez por mi parte. Ahora bien, que una Academia tan clásica se abra a la posibilidad de que un peludo roquero, un tío que escribe canciones, sea un candidato al Nobel, me parece muy bien. Creo, en ese sentido, que ya era hora, que era necesario. Se han quitado la corbata. Pero, por otro lado, me acojona un poco. Como te decía antes, a nosotros, a la gente del rock, nos apetece que las instituciones serias estén en su sitio y nosotros en el nuestro. Y que nos abracen mucho puede quitarnos identidad. Ahí tengo una sensación bastante contradictoria. Y en cuanto a Sabina y el Cervantes, para mí Joaquín, como escritor de canciones, es un referente. No son buenas en arte las clasificaciones, decir si es el mejor o no, pero, desde luego, él está en el reducido grupo de los mejores, de los que verdaderamente hacen arte con la escritura de una canción, y merece estar, al menos, entre los candidatos, entre los elegibles. Estaría bien que la Academia española abriera un poco los ojos al mundo y que viera que detrás de Cela ha habido más gente escribiendo y que, como la gente que ellos contemplan habitualmente, también son grandes. Y que sin imitar a nadie, por iniciativa propia, abriera los ojos, viera estas cosas y leyera todo lo que merece la pena ser leído. Al fin y al cabo, ese es su trabajo.

—Robe, en otro orden de cosas, destapó la caja de los truenos cuando en esa misma entrevista me dijo que lo malo de la democracia es que todo el mundo puede votar. ¿A favor o en contra de eso?

—La democracia siempre me ha parecido un mal sistema. No me parece justo, y de hecho me indigna, que valga lo mismo el voto del difunto José Luis Sampedro que el de Belén Esteban. «No, es que son dos personas y tienen los mismos derechos...» Sí, son dos personas y tienen los mismos derechos, vale, pero que decida Belén Esteban al mismo nivel que José Luis Sampedro quién va a dirigir la economía de mi país, me parece un puto disparate. Debería poder votar solo la gente que demuestre una cualificación mínima, como sucede para manejar un vehículo o desarrollar cualquier profesión. Un nivel de estudios o de conocimiento. La democracia es un sistema que fomenta el que los gobiernos creen generaciones de borregos para que sean manejables, y así nos va. La democracia la inventaron los griegos, y allí no votaba todo dios. Yo no pienso que sea una persona preparada para decidir quién debe gobernar y quién va a ser nuestro próximo ministro de Economía, ¿me vas a preguntar a mí? No tengo ni puta idea, no me dejes votar. No soy quién para elegir a nadie. Además, sinceramente, ¿a quién le puede interesar lo que un puto músico opine sobre la democracia?

—Volviendo al rock, ¿sigue siendo el País Vasco la gran cantera del rock español?

—En Euskadi hay algo más de circuito que en el resto de España, pero ese circuito en el que tú montabas un grupo, como cuando nosotros empezábamos con Los Platero, aquellos tiempos dorados de los *gaztetxes*, que aunque no cobrabas una pela tocabas todas las semanas, ya no es, ni mucho menos, lo que era.

—Imagino que la gran mayoría de los grupos vascos ha entendido que para poder llegar a todas las zonas de España debían cantar en español, puesto que el euskera es algo local y difícilmente exportable.

—Ha habido y hay grupos que eligen el euskera como su vehículo de expresión. También depende mucho de cuál sea el idioma materno de quien escribe, o debería ser de importancia. No creo que sea cuestión de elegir un idioma; es una forma de expresión y es tan difícil desnudarse en las canciones...

—Pero quien tenga idea de crecer, de expandirse, me da igual el euskera, que el catalán o el gallego, al final ha de entender que el español es el idioma que te va a permitir abrirte. Por no hablar de América Latina.

—Tienes dos opciones. En español puedes expandirte y ser escuchado y entendido en toda España y, ya apuntando muy alto, en Hispanoamérica, y en euskera vas a tener tu circuito reducido al ámbito de Euskal Herria y parte de Francia. Pero también es verdad que si eliges el euskera vas a empezar con más facilidad. No obstante, insisto en que lo más importante y lo más auténtico es escribir en tu lengua materna sin tener en cuenta qué te conviene más.

—Luego depende de si se apuesta a corto o a medio y largo plazo. De la ambición que uno tenga.

—En un lado de la balanza están las posibilidades de expansión, y en el otro la inmediatez de poder comunicarte rápidamente. El idioma [en el que se canta], en cualquier caso, no debería elegirse, sino ser aquel en el que te expresas habitualmente.

—Sí, lo que sucede es que la música sí que es un lenguaje universal, pero el lenguaje no. La misma música es entendida por alguien de Nigeria y por alguien de Pekín, pero eso no vale para el lenguaje.

—Exacto. Eso es cierto.

—Pide un deseo realista para 2017 relacionado con la música o la cultura.

—Le pido alguna banda de rock, o más de una, joven, con talento, que venga pisando fuerte.

—¿Aunque os haga la competencia?

—Sí. Nos tendríamos que poner aún más las pilas, pero llevo tanto tiempo esperando eso...

—No hay un relevo generacional.

—No, aún no lo hay.

—Al final, las bandas tributo, tan tristemente de moda, van a gobernar el panorama musical. La gente parece que prefiere escuchar a los clásicos y no abrirse a música nueva.

—Si sucediera eso, sería el fin. Sin duda.

No somos viento

El tercer disco de Inconscientes, *No somos viento* (El Dromedario Records), lo grabó, mezcló y masterizó Iñaki en su casa, solo —salvo las baterías, que se grabaron en MuxicOn—, y se publicó en mayo de 2018. Consta de nueve temas: «No somos viento» (Erkoreka, Antón, Calvo); «Todas las calles tienen tu nombre» (Calvo, Antón); «Alaridos» (Calvo, Antón); «El avispero» (Antón, Calvo); «Lloverá» (Calvo, Antón), con la colaboración de Fito Cabrales; «Ruge la roca» (Calvo, Antón); «Con mis pies» (Colino, Antón, Calvo), con la colaboración de Carlos Tarque; «En el pulmón» (Antón, Calvo), con la colaboración de Kutxi Romero, y «Entre otras vidas» (Erkoreka, Antón, Calvo).

Kutxi afiló los textos con Iñaki, y entre ellos se creó una comunión y una amistad para siempre. Además, Gino Pavone se ocupó de las percusiones y María Martín y Sara Íñiguez, de los coros. El diseño de la portada y del libreto los hizo Iosu Berriobeña, con fotos interiores de Mikel Masa (Jon Calvo), Antonio Garrido y Javier Martín (Iñaki), Álvaro Moreno (Cantera), Iván Viña Álvarez (todo el grupo), Íñigo Malvido (Colino) y Teresa Rodríguez (Aiert).

Son nueve canciones poderosas, sólidas, puro rock. Un trabajo rico en matices, deudor de los clásicos, que se desmarca del pop teñido de rock de diseño que manda hoy día en las emisoras de radio y reivindica a los grandes. Un trabajo concebido para el directo, con apenas anticlímax, y en el que la guitarra reina. Fito Cabrales, Kutxi Romero y Carlos Tarque dejaron su impronta vocal en él.

Las letras son, indudablemente, más ambiciosas y líricas que las de los discos anteriores, están mucho más trabajadas. Hay versos muy logrados en «Alaridos», en donde usan con acierto la personificación o prosopopeya *(«... no conozco las venas de este bosque / donde pájaros insomnes han tallado el hormigón / y el ocaso no está en el horizonte»)*, al igual que en «El avispero» *(«... trae consigo el temblor / de los brazos inertes / que sujetan el sol»)*.

Las mejores canciones son «No somos viento» (suena a AC/DC, con esos coros con ecos del rock estadounidense, un solo de guitarra espléndido y el órgano con momentos muy Purple), «Todas las calles tienen tu nombre» (un ritmo adictivo y una letra que tiende al surrealismo), «En el pulmón» (directísima, con una guitarra/taladro. Te eleva. Otra vez el órgano deeppurpleano) y «Entre otras vidas», una hermosa canción con momentos de (buena) canción italiana.

Iñaki me comentó algunos de los temas:

«No somos viento»:

«Es un caso curioso el de Aiert, que siendo teclista le gustan mucho los *riffs* de guitarra. Y se vino con un *riff* guitarrero, tocado con el órgano, y a partir de ahí, con una estrofa, colocamos estribillo e hicimos tema. Un tipo de tema muy rítmico, muy de corcheas, que siempre, en todos los discos, nos gusta hacer alguno. En el primer disco el paralelismo podría ser "Dentro de una botella", ese *riff* seco».

«Todas las calles tienen tu nombre»:

«Me gusta mucho. Y sí, tiene un buen título del amigo Kutxi [Romero]. Porque en ese disco estuvimos varios meses trabajando juntos mañana, tarde y noche. En los textos. Él nunca ha querido que se supiera en cuáles participó. Y en entrevistas de aquel tiempo, yo les decía a los periodistas: "Hay que adivinarlo". O sea, Kutxi ha escrito cosas, a ver si adivináis cuáles. A mí me parecía un acertijo muy fácil, pero luego me hacían entrevistas y no acertaba ninguno ni pa' Dios. Y me encanta el tiempo de esa canción, el arranque que tiene... Soy un tío que no escucha sus propios discos, porque cuando los termino acabo hasta los huevos. Pero esa es una canción que si voy en el coche y me sale en una lista de Spoty, no me importa escuchar por la autopista. Hostia. Cómo anda esto».

«Alaridos»:

«Ahí fuimos a buscar nuestra raíz setentera, que quizá es la más arraigada en nosotros mismos. Y es una canción que, en cuanto a la repercusión, se quedó por debajo de las otras del disco. Y no sé por qué».

«El avispero»:

«Es otro rocanrol *plateresco,* otra canción que hice yo. Habla de miedos, de cosas del ser humano... Y cuando digo *plateresco,* vamos a decir que es una canción *iñakosa* o *iñakesca,* porque en Platero estaba también Fito. Los dos estábamos muy en consonancia con la música, nos gustaba un poco lo mismo. A veces, Fito tiraba un poco más para un lado y yo para otro, pero ahí andábamos».

«Lloverá»:

«A Fito le pasé la maqueta que teníamos y dijo: "¡La cinco, la cinco! Yo quiero la cinco. Pa' mí". Y la dejó de puta madre, claro. Estamos hablando de Fito, no de ningún changabailes».

«Ruge la roca»:

«Me gusta mucho. Eso sí que es un *blusaco.* Es un blues curioso. Tiene tres estrofas y tres estribillos. Los tres estribillos van profundo en la tierra, en busca de la raíz. Y las tres estrofas, cada una es diferente de las otras. Me molaba mucho, me ponía, trabajábamos con ella. Y creo que todas las canciones de los discos no tienen que ser singles. Hombre, es mejor que haya singles, canciones *pegonas,* pero un disco es como una aventurilla de cuarenta minutos que la escuchas y pasan cosas. Tienes que dejar minutos de ese disco para que pasen cosas, aunque sepas que no van a ser un éxito en la puta vida. Pues este es el caso de esta canción».

«Con mis pies»:

«Es una canción de Miguel. Cuando hablamos de canciones de Miguel o de Jon, traen la idea y dejan en mis manos que lo vista y lo apañe, porque quieren. La vestimos, pero es una canción de Miguel. Y no la iba a cantar Carlos Tarque, sino yo, porque pensamos que Carlos estaría muy guay y le quedaría de la hostia "Entre otras vidas". Le pregunté si quería cantar alguna y me dijo que claro, y le dije que había pensado en esa, "Entre otras vidas". Se la envié y me llamó para decirme que no le iba bien de tono, que si se lo podíamos cambiar, y le dije que menuda putada, porque ya teníamos grabados todos los instrumentos. Entonces le mandé el resto de las canciones y dijo "esta, esta me gusta". Era "Con mis pies"».

Entrevista *(El Mundo)*

Volví a entrevistar a Iñaki para el diario *El Mundo* con motivo de la publicación del tercer trabajo del grupo que él creó:

—Tras una década de inactividad, Inconscientes ha producido dos discos de estudio en menos de dos años, uno de ellos doble, veintiséis canciones en total. Ante tal derroche creativo podría pensarse que Extremoduro coarta la creatividad de Iñaki Uoho o, al menos, que no la sacia.

—Yo no lo veo del todo así. Si algo me gusta de Extremoduro es que es un grupo en el que, musicalmente, cabe todo, o casi todo; no hay más que dar un repaso a los discos para comprobarlo. En ese aspecto, me parece un proyecto muy rico. Ahora bien, yo tengo, también, la enfermedad del rocanrol, y es en Inconscientes donde puedo dar rienda suelta a otra visión de la música y de las canciones, desde un punto de vista más estrictamente roquero.

—Tienen tus nuevas canciones un aroma inequívocamente clásico, deudor de Deep Purple y AC/DC. Puede parecer contradictorio el que, por más que abras nuevos caminos, desemboques siempre en los mismos sitios, pero yo diría que es, incluso, lógico: la cabra —está en su naturaleza— se lanza al monte.

—Exacto. Y esa es, precisamente, la función que cumple Inconscientes en la vida de sus miembros. Podemos abordar diferentes estilos, o tratar de inventarlos, pero es en Inconscientes donde no nos cortamos de disfrutar de nuestras influencias más primitivas, a las que necesitamos dar salida.

—En los textos de *No somos viento* has trabajado mano a mano con Kutxi Romero, líder de Marea y discípulo aventajado de Robe. ¿A Inconscientes le faltaba enjundia lírica y de ahí ese fichaje?

—Lo que nosotros pretendemos es ofrecer trabajos de calidad, y es en los textos donde pienso que teníamos más margen de mejora, sí. Por eso hemos dedicado un espacio de tiempo generoso a trabajar exclusivamente en ellos; para colocarlos, al menos, al nivel de nuestra música. Ha sido muy enriquecedor, tanto desde el aspecto personal como desde el creativo, abordar los textos a partir de ideas preconcebidas y pulirlos con esmero y con paciencia. Kutxi domina muy bien el idioma, y vive para escribir o, por lo menos, vive escribiendo. Aprendo mucho trabajando junto a él y, además, me lo paso muy bien. No sé si es discípulo de Robe (me refiero al aspecto literario, que es de lo que estamos hablando), pero su forma de trabajar los textos y su estilo van por caminos muy diferentes. Diría, incluso, que bastante opuestos.

—¿Agradecerán los seguidores de Inconscientes, amantes de las frases inmediatas, directas, esa mayor complejidad letrística?

—Hemos tratado, en general, de no abusar de la metáfora que esconde, dejando que cada oyente o lector pueda darle su propia interpretación a los textos, sí, pero dejando que se entrevea el fondo para quien quiera buscarlo. No queremos hacer música en la que en dos escuchas hayas descubierto todo, y con las letras tratamos de llegar a ese mismo punto.

—La presencia en una de las canciones («Lloverá») de tu antiguo compañero Fito Cabrales, con el que llevabas años distanciado, ha sido una grata sorpresa. ¿El reencuentro fue un «decíamos ayer», como si no hubiese transcurrido el tiempo?

—Sí, así fue. Parecía totalmente (como le pudo ocurrir a Don Miguel) que habíamos estado juntos en el estudio la semana anterior. Todo fue muy sencillo de hacer para ambos. Y muy divertido.

—¿Tuvisteis ocasión de hablar acerca de colaborar en algo más ambicioso o esa etapa ya pasó para siempre?

—Aquello fue muy importante en nuestras vidas y, en nuestro caso, no puede pasar para siempre; al menos, permanece en nuestra memoria y en nuestros sentimientos. Hablamos de una colaboración mía en sus conciertos de Bilbao, hablamos de la vida, hablamos de Platero y tú también, sí... pero en pasado, con cariño. Batallitas de antiguos compañeros que han vivido mucho juntos y que se quieren.

—Durante años compaginaste Platero y Tú y Extremoduro, y ahora te divides entre Extremo e Inconscientes. ¿El pluriempleo es por gusto, necesidad o ambas cosas?

—No lo sé. Quizá sean ganas de hacer cosas. Mientras quieras hacer cosas, estás vivo. Da igual que sea música, cooperar en la otra punta del planeta, macramé, criar hijos o escribir tus memorias, aun sabiendo que no las leerá absolutamente nadie. Espero tener siempre ganas. De lo que sea.

—En un mundo cada vez más tecnológico, vives no ya de hacer música, sino rock. ¿Te sientes de una estirpe en vías de extinción?

—Tal y como está el tema de la música ahora mismo en el país, hay veces que sí. Pero se me pasa.

—De hecho, eres, te guste o no, una «leyenda viva» del rock español. ¿Esa etiqueta pesa demasiado cuando abordas un nuevo trabajo, sientes una responsabilidad extra?

—Creo (porque las cosas del interior nunca se saben con absoluta certeza) que no siento que yo pueda ser alguien tan importante, y quizá eso me libere de mucha presión y me ahorre lo que me imagino que tiene que ser una horrible trabajera: competir contra mí mismo y contra el resto del mundo para ser la hostia. Eso me robaría la mayor parte del disfrute que obtengo con mi trabajo.

—Como vasco castellanohablante, ¿entiendes el conflicto catalán? ¿Le ves solución?

—Respecto al conflicto, llamémoslo así, catalán, creo que la solución es obvia: el respeto y la convivencia. Cuando el respeto decrece, inmediatamente, los conflictos crecen. Si los políticos empiezan a respetar, lo más probable es que la gente que les sigue les imite. Y respetar no es pedir respeto a los demás: es empezar por uno mismo.

—La moción de censura presentada por el PSOE prosperó gracias al apoyo, nada desinteresado, de una amalgama de siglas y ya tenemos un nuevo Gobierno, por más que se inicie una etapa de incertidumbre. ¿Te parece bien que Pedro Sánchez comande la nave o crees que deberían convocarse elecciones para que sean los ciudadanos quienes decidan quién debe hacerlo?

—No entiendo, ni quiero entender, de política, pero, a pesar de ello, me atrevo a pensar que en una situación tan excepcional como esta —quizá la más excepcional de la era democrática—, lo lógico es votar y reorganizar. Un político que tiene miedo a unas elecciones en una situación así, acojona. Porque, sin duda, está diciendo sin disimulos que le interesa más el poder que la ciudadanía. Con todo, deseo que lo haga mejor que los anteriores por la cuenta que nos trae. No debería ser difícil.

Uoho

El grupo Uoho, del que Iñaki es el rostro y el alma, nació como una propuesta de la promotora Live Nation, que le planteó que cantara las canciones de toda su trayectoria —Platero y Tú, Extremoduro, Extrechinato y Tú, Inconscientes— y le pusiera su nombre al grupo. Junto a él están los músicos de Extremoduro, el bajista, Colino, y el batería, Cantera, y Aiert Erkoreka, el teclista de Extremoduro en las giras.

En abril de 2022 arrancaron con una minigira —con paradas en Barcelona y Madrid, entre otras ciudades, y en la que en Sevilla ejercieron de teloneros de Guns N' Roses— y la publicación de varios discos en Spotify, *Interpretaciones* —actos 1, 2 y 3—, que Iñaki considera como «la construcción de los cimientos sobre los que edificaremos, dentro de unos meses, nuevas canciones».

Charlé con él para este libro sobre este nuevo grupo:

—¿Cómo nació Uoho?

—Fue una propuesta que llegó de fuera, de la promotora Live Nation. Yo no me habría atrevido a hacer esto por mí mismo. Por timidez o coherencia. Pero ha sido una patada en el culo que me ha venido muy bien, porque lo estoy disfrutando mucho. Yo no era consciente de todo lo que había hecho, de las canciones con Platero y Tú, Extremoduro e Inconscientes, y me dije, coño, pues sí que he hecho cosas. Y reencontrarme con las canciones de Platero, algunas de las cuales llevaban treinta años guardadas, ha sido un flipe. Y ahora estoy esperando con impaciencia el momento de hacer música nueva, pero me ayuda mucho el disfrutar el presente.

—Pese a ser una propuesta externa, ¿es una reivindicación de Uoho?

—Sí. No tanto una reivindicación, pero sí que has dado en el clavo cuando has dicho que es una propuesta externa, y entonces me doy cuenta de que es un buen momento para este proyecto. Un proyecto más personal, sí, aunque espero que no sea unipersonal. Tengo claro que somos cuatro músicos.

—Pero sí más personal de lo que fue Inconscientes. Un poco como lo que hizo Fito cuando se emancipó y lo que ha hecho también Robe. En este caso, la tercera vía.

—Sí. Tengo que agradecer esa propuesta y esa patada en el culo. Es algo que ya me había dicho Robe hace muchos años y no le hice caso. Ahora, la responsabilidad administrativa y económica de la banda la asumo yo, y sí, es un proyecto en el que yo pongo la cara, pero estamos todos.

—Supongo que cantar fue el mayor reto.

—Fue una propuesta arriesgada, valiente, porque los de Live Nation no me habían oído cantar. Yo me decía que no podía cantar, que no sabía. Mi mujer, que es cantante, me dijo que no cantara, que lo hacía muy mal... Lo hablé con el grupo y, venga, vamos a probar. El primer ensayo fue un desastre... Pero cogí un profesor y fui grabándome, escuchándome, porque me daba pánico, pero fui acostumbrándome y haciéndome, venciendo esa timidez e inseguridad, y la cosa fue mejorando hasta un punto. Empeorar no podía. Y me siento como en el año 1990, cuando empecé con Platero. Estoy con un nuevo grupo y canto yo, y tengo que aprender, y los Platero, entonces, también estábamos aprendiendo, aunque un músico siempre está aprendiendo. Hemos hecho unos conciertos y ha habido gente que ha comprado entradas, lo cual me ilusiona un montón, y este es mi nuevo trabajo. No esperaba encontrar tanto calor como el que estoy recibiendo. Sé que no soy de cara a la galería una cara muy visible ni un tío célebre, soy un músico que ha trabajado mucho en los grupos en los que ha estado, pero siempre en un segundo plano. Pero el recibimiento está siendo cojonudo. La conexión está siendo impresionante, de auténtica fiesta, tanto en Barcelona como en Madrid. Robe es más trascendente, pero Fito y yo más festivos y más espontáneos, y volver a eso lo estoy disfrutando mucho. Es una comunión muy sólida.

—¿Te jubilarás en Uoho?

—Sí. Soy una persona acostumbrada a ser fiel a la gente con la que trabaja. Comprendo a los que les gusta cambiar de gente, pero no es mi caso. Estoy muy a gusto. No me imagino tocando con otro batería, son muchos años ya. Y me pasa igual con el bajista y el pianista. Es mi banda, y es el grupo perfecto. Cojonudo. Yo, en los matrimonios y en la música siempre he sido de largo recorrido. Con mi primera mujer estuve veinte años, y con la segunda llevo quince, y lo más seguro es que no tenga una tercera mujer. Y con el grupo pasa igual.

UNAS PALABRAS DE ROBE E IÑAKI SOBRE ESTE LIBRO[1]

El artista es el que crea cosas bellas.
Dar a conocer el arte y ocultar al artista, es la meta del arte.

OSCAR WILDE

Nos pidió Javier unas líneas para incluir en el libro. Le dijimos que no le podíamos prometer nada, porque no sabríamos qué poner. Pero, aun así, lo intentaremos.

¿Qué se supone que puede decir alguien en un libro que habla de su vida? Muy fácil. Que todo lo bueno es verdad y que todo lo malo es mentira.

Pero lo cierto es que no podemos decirlo porque no hay en este libro nada malo sobre Extremoduro. Todo son alabanzas. Está escrito con cariño. Quizá con demasiado cariño para poder ser imparcial.

Entonces, ¿todo lo que aquí se dice es verdad? No. De ser así, no hubiéramos podido autorizarlo.

No obstante, de esta manera, el libro cumple mejor su cometido, el cometido del arte.

1. Esta página es la que llevó la primera edición.

BIBLIOGRAFÍA Y PRENSA CONSULTADAS[1]

Para armar la parte de este volumen que se ocupa de la estricta biografía del grupo, además de mis conversaciones con Roberto Iniesta e Iñaki «Uoho» Antón, así como con algunos empleados de la discográfica Warner y con varios músicos, he consultado, naturalmente, distintos libros e infinidad de recortes de prensa.

Dentro de los primeros no puedo dejar de mencionar dos títulos: *Extremoduro. Historia del rock transgresivo* (La Máscara, 1997), de Iñaki Fernández, que me ha sido de gran utilidad para despejar diversas incógnitas de la etapa primigenia de Extremoduro —desde *Rock transgresivo* hasta *¿Dónde están mis amigos?*—, y *Cultura de bar. Conversaciones con Fito Cabrales* (Zona de Obras / SGAE, 2004), de mi estimado Darío Vico, de cuyas páginas he extraído comentarios vertidos por el músico y compositor bilbaíno, quien ha compartido muchas horas de escenario y amistad con Iñaki y Robe.

Del mismo modo, he citado fragmentos de la entrevista que el novelista Lorenzo Silva les hizo a Robe y a Iñaki —«La paz del coyote»— para la revista *Rolling Stone*.

En cuanto a la prensa, las cabeceras de los diarios y revistas las he ido señalando, en la mayoría de los casos, en las páginas donde

1. Esta página es la que llevó la primera edición.

se alude a esas reseñas. De cualquier forma, las más recurrentes han sido *El Mundo, El País* y *Hoy*.

Por último, internet, que es lo más parecido a *La biblioteca de Babel* de Borges, un océano de información en el que se puede encontrar casi de todo, ha sido también una fuente de inevitable consulta. Si bien en este caso, y dada la dificultad que entraña verificar la autenticidad de lo que pulula por la red, he procurado ser en exceso cauteloso. Ha habido, sin embargo, algunas notables excepciones, como, por ejemplo, el blog *extremoduroenplasencia,* de M. P. y Juancar (extremoduroenplasencia.blogspot.com.es), que cuenta con información exhaustiva sobre el grupo, y la cual ha resultado valiosa para aderezar algún pasaje del libro.

Gracias a todos ellos.

J. M. F.

P. D.: Dos de mis libros, *Miénteme mientras me besas. Encuentro con la Música* y *Sabina en carne viva. Yo también sé jugarme la boca,* me han servido para redondear, a través de las opiniones que recabé de otros músicos, diferentes aspectos de la trayectoria de Extremoduro.

El apartado de las influencias musicales no habría podido levantarlo de ninguna de las maneras de no ser por mi apreciable colección de discos, amasada desde la adolescencia hasta ayer mismo.

Para esta reedición

Aparte de mis conversaciones con Iñaki Antón, Miguel Colino, José Ignacio Cantera, Aiert Erkoreka y Félix Landa, para el capítulo de *Para todos los públicos* y los de los trabajos en solitario de Robe e Iñaki (Inconscientes, Uoho) me he servido de distintas entrevistas que les hice para el diario *El Mundo* y la revista *Rolling Stone* —las cuales he conservado casi en su integridad por el interés que sigue teniendo lo que en ellas me contaron sobre su música y otras cuestiones— y de varios artículos que publiqué en mi blog *Arte en vena.*

Hay algunas declaraciones tomadas de diarios, revistas y libros cuyas cabeceras y títulos están mencionados en los pasajes correspondientes.

Descubre otros títulos del autor en Booket

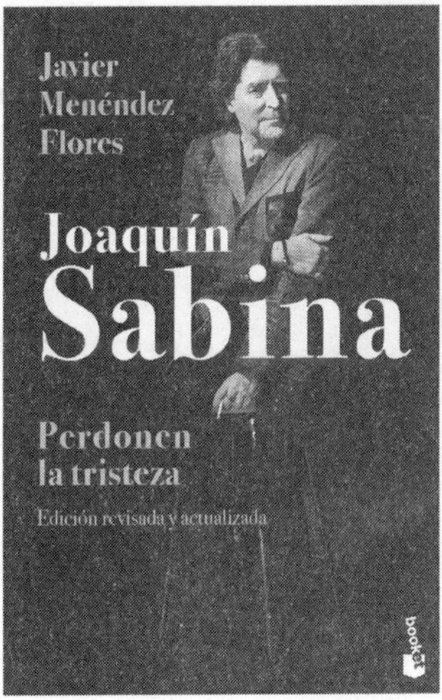